코리아타운 사람들

코리아타운 사람들

2019년 4월 1일 초판 인쇄
2019년 4월 5일 초판 발행

지은이 | 임영상 · 주동완 외
펴낸이 | 이찬규
펴낸곳 | 북코리아
등록번호 | 제03-01240호
주소 | 13209 경기도 성남시 중원구 사기막골로 45번길 14
우림2차 A동 1007호
전화 | 02-704-7840
팩스 | 02-704-7848
이메일 | sunhaksa@korea.com
홈페이지 | www.북코리아.kr
ISBN | 978-89-6324-646-8 (93300)

값 25,000원

코리아타운 사람들

임영상 · 주동완 외 공저

북코리아

책머리에

삶의 한국학 현장, 코리아타운의 텔러(teller)가 필요하다

『코리아타운과 한국문화』(2012), 『코리아타운과 축제』(2015)에 이어 세 번째로 『코리아타운 사람들』을 펴내게 되었다. 2018년 2월에는 꼭 내려고 했는데 1년이 더 늦어졌다. 또 이런저런 사정으로 미국과 일본, 그리고 중국과 러시아만을 대상으로 했다. 우선, 시민사회의 NGO · NPO 활동이 활발한 미국과 일본은 앞선 두 권의 책에서 다룬 LA와 뉴욕, 오사카와 가와사키, 도쿄를 모두 다루었다. 중국과 러시아는 문화활동을 중심으로 활동하고 있는 심양과 상트페테르부르크의 한중교류문화원과 한국청소년교육문화센터 외에 각기 재한동포사회인 서울 서남권의 중국동포타운과 안산 · 광주의 고려인마을을 다루었다.

해외의 코리아타운뿐만 아니라 '국내의 코리아타운'인 중국동포타운과 고려인마을을 포함한 것은 다음과 같은 이유에서다. 80만을 넘어 85만에 이르고 있는 재한중국동포와 최근 급속히 늘어나 8만 명을 넘어선 고려인동포들이 우리나라의 도처에서 집단거주지를 형성하고 있기 때문이다. 조선족과 고려인에 대한 한국사회의 시선이나 편견도 작용했지만, 중국문화와 러시아 · 중앙아시아문화권에서 살아온 동포들이 서로 모여 사는 것이 여러모로 편안하기 때문이다. 중국동포타운과 고려인마을은 같은 한민족이기 때문에 시간의 흐름에 따라 지역의 한국인 선주민과 한 동네를 이룰 수도 있을 것이다. 그러나 경우에 따라서는 다문화 한국 속의 색다른 명소로 발전할 수도 있다는 점에서 한국사회도 중국동포사회와 고려인마을의 존재와 그 가치를 인정할 때이다.

미국은 세계 시민활동의 모범 국가답게 시민사회단체의 활동이 활발하다. 세계 최대의 코리아타운을 형성하고 있는 LA를 포함한 남가주 일대의 코리아타운에는 1992년 4 · 29폭동 이후 1.5세, 2세 중심의 단체들을 중심으로 다른 커뮤니티와의 협업, 파트너십도 늘어나고 있다. 뉴욕 한인의 이민역사는 뉴욕 한인사회단체의 역사라 할 만한데, 시기별로 한인사회를 주도하는 단체의 변화 양상이 드러나고 있다. 아직도 종교단체와 친목단체들의 수가 압도적이지만, 직능단체, 문화 · 예술 · 체육단체 그리고 봉사단체들도 활발하게 활동하고 있다. 특히 1992년 4 · 29 LA폭동을 겪으면서 한인사회의 정치력 신장과 정치가 배출의 중요성을 인식하여 시민참여센터 같은 단체의 역할이 필요해졌고, 2000년대 이후에는 뉴욕한인봉사센터 같은 봉사단체들의 활동이 두드러지고 있다.

일본은 시민사회가 발달하기는 했지만, 미국과 그 양상이 다소 다르다. 재일코리안의 최대 집거지인 오사카 코리아타운은 이쿠노 코리아타운 축제를 주관하면서 한인사회뿐만 아니라 지역의 다른 다문화사회에도 관심을 기울이는 코리아NGO센터의 활동을 소개했다. 가와사키 코리아타운은 일본사회의 혐한시위를 온몸으로 막아낸 가와사키 시민연대의 활동을 소개했다. 도쿄의 한인사회는 아쉽게도 오사카나 가와사키 같은 사례를 찾기 어렵다. 그 대신에 도쿄 일원의 재일본조선족사회의 한글학교(도쿄샘물한글학교)의 활동이 특별하여 포함했다.

연변조선족자치주를 제외하고 중국에는 중국조선족의 집거지인 동북의 거점도시 심양(선양)뿐만 아니라 북경(베이징), 청도(칭다오), 상해(상하이) 등 중국의 대도시마다 코리아타운이 형성되어 있다. 또한 이들 코리아타운은 조선족과 한국인이 함께 살고 있으며 심양 서탑 코리아타운에는 북한사람들도 공생하고 있다. 그러나 최근 한중관계의 변화 속에 중국의 코리아타운은 적지 않은 변화를 겪고 있다. 다만 심양은 과거 조선족기업의 조선족문화예술교육을 지원한 문기결합(문화와 기업의 결합)인 '심양 현상'이 최근에는 한국인 기업가가 주도하는 '신심양 현상'의 주체인 한중교류문화원의 활동으로 한민족 공동체의 구현 현상이 돋보인다는 점에서 소개했다.

러시아 · CIS 고려인사회는 역사는 오래되었지만, 그 양상이 다르다. 러시아, 중앙아시아의 카자흐스탄과 우즈베키스탄, 우크라이나 등 CIS 지역의 많은 도시에 고려인협회가 설립되어 있고 활동도 활발한 편이다. 그러나 한민족이 집거하고 있고 민족상점들이 밀집한 코리아타운은 부재하다. 그런 가운데 거주 한인은 적지만 한국어와 한국문화를 알리는 단계를 넘어 공공외교 측면에서도 좋은 성과를 보이고 있는 러시아 상트페테르부르크 한국청소년교육문화센터('난')의 활동이 모범이 될 만하여 소개했다.

이 책에서는 제2부(재외한인사회와 연구소/연구학회)로 학술NGO 차원에서 특별히 한인사회를 연구하는 미국의 연구소 두 곳과 중국과 일본의 조선족사회를 연구하는 학회 등 네 곳을 소개했다. 먼저 2010년에 공식 설립되었으나 2007년부터 본격적으로 준비해온 UC 리버사이드 김영옥재미동포연구소이다. 특정 한국인의 이름을 가진 연구소가 세워진 것은 전무후무한 일이다. 또한 한국 정부와 LA 한인사회가 함께 힘을 모아 한인사회연구소를 설립하여 활동하고 있다. 미국에서 LA 다음으로 큰 한인사회가 형성된 뉴욕의 뉴욕시립대학교 퀸즈칼리지 재외한인사회연구소는 2009년에 한 독지가의 지원으로 설립되었는데, 지난 8년 동안 참으로 눈부신 연구업적을 이루었다. 특히 플러싱 코리아타운에 자리한 이점을 살려 한인사회를 위한 다양한 조사 및 강연활동도 전개하고 있다. 왜, 한국정부와 한국사회가 해외에서 코리아타운을 연구하는 재외한인사회연구소를 주목하고 지원해야 하는지를 연구소가 수행해온 활동을 통해 확인할 수 있을 것이다.

재외한인사회를 연구하는 학회로서는 2008년 북경에서 공식 설립된 중국조선민족사학회와 2007년부터 본격적인 연구학회로 발전한 일본조선족연구학회를 소개하고 있다. 중국조선족연구학회는 개혁개방과 한중수교 이후 대변혁이 이루어진 동북의 조선족사회 발전을 위해 1994년부터 조선족 발전을 위한 학술심포지엄과 워크숍을 개최해온 중앙민족대학 황유복 교수의 헌신적인 노력으로 중국 정부로부터 공식 1급 학회로 등록되었다. 학회가 설립된 지 10년이 넘은 현재까지 '기업과 학문의 만남'이라는 새로운 전통을 확립하고 학회의 발전을 이루어가고 있다는 점에서 국내외를 막론하고 모범이 되고 있다. 1999년 일본 유학생 출신 조선족 연구자들이 중국조선족 연구회로 시작한 일본조선족연구학회는 연구자들 스스로가 힘을 합해 일구어낸 연구자모임으로, 한중일 3국의 연구자를 아우르는 국제학술회의도 여러 차례 개최하는 등 학회의 참모습을 보여주고 있다는 점에서 또한 모범이 되고 있다.

이 책의 제3부는 코리아타운과 코리아타운 사람에 대한 스토리텔링의 실제로 준비했다. 그동안 필자는 늘 코리아타운 사람들을 소재로 한 다양한 문화콘텐츠로 코리아타운을 일군 원로들의 삶이 텔링(telling)되었으면 좋겠다고 생각했다. 2015년 한일수교 50주년을 앞둔 2014년 10월 필자는 출연 중이던 KBS World Radio 프로그램의 전경숙 PD와 노희준 작가에게 11월 7일(일)에 열린 이쿠노 코리아타운 축제를 소개했다. 〈광복 70년 미래 30년, 대한민국 100년 KBS World Radio 신년특집 2부작: 한일관계, 이쿠노 코리아타운에서 길을 찾다〉의 1부 「홍가네 사람들」(2015년 1월 1일 방송)의 방송대본을 실었다.(이 자리를 빌려 방송대본의 사용을 허락해준 KBS World Radio 측에 감사드린다.) 또한 2016년 10월 정막래 교수가 쓴 고 홍여표 씨가 이쿠노 코리아타운을 안내하는 형식의 스토리텔링의 글도 함께 실었다. 이어서 떠오르는 베트남 한인사회(호치민 푸미홍 코리아타운은 이미 LA에 이어 세계 제2의 코리아타운으로 부상했다)에 대한 특별한 관심으로 정호완 대구대학교 명예교수의 「홍강(洪江, Sông Hong)은 흐른다」를 소개하기로 했다. 경상북도 봉화군이 만들고 있는 베트남타운에 상응하여 베트남의 옛 수도이자 하노이 근교에 위치한 박닌성 딘방 마을에 만들어질 코리아타운을 알리기 위해서이다.

시민단체, 연구소와 학회를 소개했지만, 사실은 한인들의 이야기이자 코리아타운의 이야기이다. 디지털시대에 이들의 이야기가 디지털 기술과 접목되어 '코리아타운 위키백과'가 만들어지고, 이를 토대로 글로벌 한인 청년들이 코리아타운 텔러(teller)로 새로운 이야기, 새로운 콘텐츠를 지속해서 만들어 콘텐츠산업과 한류가 더욱 발전하기를 바라고 있다.

『코리아타운과 사람들』에 글을 모아준 국내외 연구자들께 먼저, 감사드리며 함께 기쁨을 나눈다. 그리고 이 책이 전 세계 코리아타운의 활성화 사업을 전개하고 있는 재외동포재단, 신한촌 등 연해주를 무대로 독립운동을 전개한 '시베리아의 페치카' 최재형 선생을 기리는 독립운동가 최재형기념사업회, 여름마다 공존과 동행 글로벌한인청년캠프를 열고 있는 아시아발전재단, 남북협력·평화시대 재외동포의 역할에 특별한 관심을 두고 있는 사단법인 평화 등 여러 단체와 기관 등에 유익하게 활용되기를 바라는 마음이다. 또한 학문의 길뿐만 아니라 교수의 길을 이끌어준 이인호 서울대 명예교수님께 깊은 감사를 드리며, 어려운 출판 사정에도 불구하고 이번에도 책을 잘 만들어준 북코리아 이찬규 사장님과 편집부 여러분께도 감사의 마음을 담아드린다.

2019년 4월

필자들을 대표하여

한국외국어대학교 명예교수 임영상

차례

Part 2 재외한인사회와 연구소/연구학회

Part 3 코리아타운과 스토리텔링

서설

코리아타운과 시민단체, 글로벌 한인청년*

임영상(한국외국어대학교 명예교수)

1. '이주와 이산'에서 '글로벌 · 다문화' 시대로

이주(移住, Migration)의 역사는 인류의 역사와 함께 시작되었다. 인류는 끊임없이 더 많은 기회와 더 나은 삶을 위해 이동해왔기 때문이다. 오늘날 코리안 디아스포라(Diaspora)는 1860년대 초반 '살길을 찾아' 두만강을 건너 러시아 연해주와 중국 연변(옌벤)으로 자진 이주한 조선 사람들에 의해 시작되었다. 이후 100년이 지난 1960년대 한국인은 남미를 시작으로 전 세계로 이주했는데, 이 또한 '더 많은 기회와 더 나은 삶'을 위해서였다.

이산(離散, Separation)은 이주가 가져온 어쩔 수 없는 현상이다. 가족과 친지, 공동체 전체가 이주를 할 수 없는 일이 생기기 때문이다. 2018년 6월 21일(목) KBS1 TV는 〈KBS 스페셜: 중국-한국-일본에서 살아가는 조선족 모녀 3대의 이산〉을 방영했다. 이 프로그램은 중국 연변, 한국 서울, 일본 도쿄에 살고 있는 조선족 모녀 3대의 이산(離散)과 정착을 다루었다. 외할머니(오순희)와 어머니(정명옥)는 가족이 함께 모여 살 날을 바라고 있으나 조선족 3세대인 일본에 사는 딸 석춘화는 도쿄의 회사에서 해외영업 실무자로 중국과 한국의 고객을 상대하는 전문 직업인으로 살아가고 있다.

---

* 이 글은 2018년 8월 13일 아시아발전재단이 주최한 '2018 공감과 동행 글로벌 한인청년 여름캠프'에서 발표한 내용을 보완한 것으로 제1부에 나오는 내용의 일부를 활용했다.

오늘날 인류에게 이주와 이산의 문제는 평범한 일이 되었다. 그런 만큼 세계의 주요 도시마다 온・오프라인 에스닉 집단을 만나는 일이 어렵지 않게 되었다. 세계 도처에 차이나타운을 형성한 화인(華人) 못지않게 한인(韓人)도 코리아타운을 형성하고 있다. 많은 코리아타운에서 다양한 시민단체 활동을 통해 거주국의 다문화 명소로 만들고 있는 글로벌 인재들을 만날 수 있다. 한민족 공동체인 코리아타운은 해외에서뿐만 아니라 동포들의 새로운 '귀환'으로 한국에서도 발전하고 있다. 더불어 동포 중심의 시민단체 활동도 활발해지고 있다.

국내외 주요 코리아타운에서 활동하고 있는 한인단체와 활동가들을 통해 글로벌 한인청년의 비전을 나누려는 것이 이 책의 목적이다. 이러한 목적을 이루기 위해 아래에서 중앙 및 지방정부로부터 지원금을 받고 또 기부문화가 활발한 미국(LA와 뉴욕 코리아타운)의 한인사회와 정부지원보다는 시민사회 혹은 독지가의 지원으로 운영하는 일본(오사카 코리아타운)과 중국(심양 코리아타운)의 한인사회들의 사례 중심으로 살펴보았다. 그리고 마지막 맺음말로 재한 중국동포타운과 고려인마을의 현 상황을 개관하면서 한국사회의 과제를 언급했다. 아울러 국내외에서 이중언어를 구사할 수 있는 글로벌 한인청년 세대가 시민단체의 전문활동가로서 활약할 날을 기대한다.

2. 미국의 한인사회와 시민단체

미국의 한인사회는 종교(특히 기독교)단체가 중요하다. 왜냐하면 인적・물적 자원을 풍부하게 갖고 있기 때문이다. 그럼에도 불구하고 전체 한인커뮤니티에 대한 기여는 적었으나, 위안부 기림비/소녀상 건립 서명운동, 또 최근 LA의 경우 코리아타운 주민의회 지역구를 방글라데시 주민의회로 분할하려는 문제에서는 종교계도 적극적으로 참여하고 있다. 또한 각종 직능단체는 계속 중요한 역할을 하고 있다. 중앙 및 지방정부에 지원금을 신청하고 또 한인사회의 기부를 이끌어내어 한인 및 다른 소수계 사회의 발전에 기여하고 있는, 소명(calling) 의식을 가진 전문직업인들이 참여하는 사회단체가 우리의 관심을 끈다. 그중 LA와 뉴욕 코리아타운의 사례를 살펴본다.

1) LA 코리아타운의 비영리단체

2010년 LA시가 정한 코리아타운의 정식 구역은 아래 〈그림 0-1〉과 같이 버몬트~웨스턴, 올림픽대로~3가를 경계로 하고 있다. 메트로폴리탄 LA의 한인사회는 세계 최대 규모를 자랑하는 LA시의 코리아타운뿐만 아니라 LA카운티와 오렌지카운티(OC) 내의 한인 대형 마켓을 중심으로 각 타운의 코리아타운들도 아우르고 있다. LA시를 포함한 LA카운티에 약 20만 8천 명, 바로 남쪽의 오렌지카운티에도 9만 3,500여 명의 한인이 살고 있다.

LA 한인단체들은 초기에는 신규 이민자에 대한 정보 제공과 한인 또는

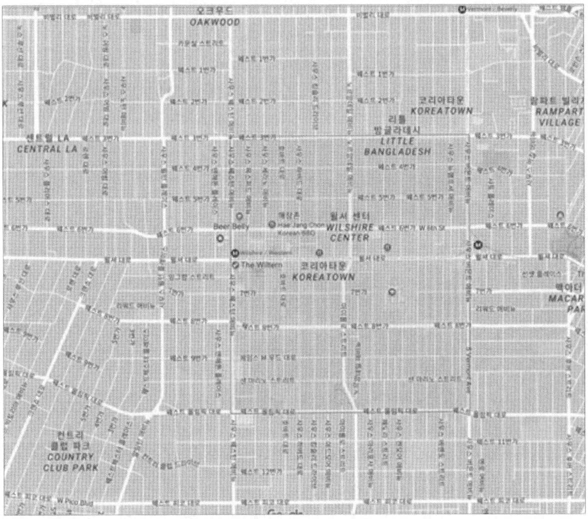

그림 0-1 LA시 코리아타운 구역도

회원의 권익 보호 및 신장을 위주로 활동했으며, 한국문화와 한인사회를 지역의 주류사회에 알리는 역할도 수행했다. 어려운 이민생활을 서로 돕는 친목도모의 성격이 짙었다. 그러다가 1980년대 들어와 비정부 혹은 비영리 단체로서의 모습을 갖추고 본격적으로 시민사회를 위한 봉사활동을 하게 되었다. 이들이 지금의 LA 비영리단체의 한 축을 이루고 있는데, 이웃케어클리닉, 한미연합회, 한인가정상담소, 한인타운청소년회관 등이 대표적이다.

이때 생긴 커뮤니티 서비스 단체들은 한인 1.5~2세들이 주축이 되었는데, 대부분 지난 20~30년 동안 크게 성장하여 현재도 활발하게 활동하고 있다.[1] 이들 단체 가운데 한인타운청소년회관(다민족 · 다문화 커뮤니티센터를 목표로 1999년 7월 한인청소년회관에서 개명)의 송정호 관장은 2000년부터 "다문화 · 다민족이 섞여 독특한 문화를 형성해가고 있는 한인타운에서 청소년들을 바르게 교육하는 것이 KYCC의 사명"이라고 강조하면서 사업을 펼친 바 있다.

표 0-1 LA의 한인사회단체

기관명	설립 연도	기관명	설립 연도
한인타운청소년회관(KYCC)	1975	한인타운노동연대(KIWA)	1992
코리안복지센터(KCS)	1975	미주한인봉사교육단체협의회(NAKASEC)	1994
한미연합회(KAC)	1982	한인기독교커뮤니티개발협회(KCCD)	2001
민족학교(KRC)	1983	파바월드(PAVA)	2001
한인가정상담소(KFAM)	1983	OC한인건강정보교육센터	2000
이웃케어클리닉(Kheir)	1986	한미특수교육센터(KASEC)	2000
한미가정상담소(KFCC)	1990		

1) 이들 단체의 설립 뒤에는 제2차 세계대전과 한국전쟁에 참전해 혁혁한 공을 세운 전쟁 영웅 김영옥 대령이 있었다. 그는 퇴역 후 지역사회 봉사활동에 전력을 다한 한인사회의 진정한 영웅이었다.

그림 0-2 송정호 관장

30년 넘게 KYCC를 지켜온 송정호 관장은 2018년 새해에는 기존의 청소년 상담 및 튜터링 등 청소년 대상 서비스는 물론 저소득층 주거 프로젝트, 저소득층 대상 정신건강 서비스, 커뮤니티 경제개발 및 스몰 비즈니스 지원 서비스, 낙서 지우기와 나무 심기 등 환경 서비스, 차일드케어센터 등 다양한 프로그램 외에 "세금, 마약, 보험 등 주민의 실생활에 영향을 끼치는 정책들에 대한 큰 변화가 예고된 만큼 이를 잘 숙지해 커뮤니티에 알릴 수 있도록 할 계획"이라고 말했다. 그만큼 KYCC에는 전문적인 활동가들이 늘어났다.

한편, LA 지역의 한인단체와 한인사회는 1992년 4 · 29폭동 이후 변화하기 시작했다. 4 · 29폭동의 발단은 흑인 로드니 킹을 구타한 백인 경찰들이 무죄 평결을 받자 이에 분노한 흑인이 폭동을 일으켰는데, 그 분노의 대상은 백인 주류사회가 아닌 한인사회였다. 분노의 화살이 평소 흑인 지역에서 비즈니스를 하며 상권을 장악한 한인에게로 향한 것이다. 한인에 대한 반감 · 반발이 내재돼 있다가 로드니 킹 사건이 터지면서 한-흑 갈등이 불거진 것이다.

4 · 29폭동으로 흑인의 분노의 불똥이 튄 한인타운과 한인사회는 정부 차원의 보호를 전혀 받지 못했다. 백인 밀집 지역에는 경찰 인력을 투입하면서도 방화, 약탈 등으로 이어진 폭동의 피해를 입은 한인타운은 외면했다. 이를 통해 한인은 그동안 살기에 급급해 미처 신경 쓰지 못한, 또 한인끼리만 어울리며 지역사회와 타인종 커뮤니티에는 관심을 갖지 않다가 리더십 · 정치력 부재, 인종 간 · 세대 간 갈등, 타인종과의 이해 · 소통 부족 등을 자각하게 되었다.

이후 한인단체들의 활동은 조금씩 달라졌다. 한인타운노동연대는 한인

노동자의 권익향상 도모를 목적으로 설립되었으나, 4 · 29폭동이 일어나자 한인을 넘어서서 한인타운 거주 노동자 전체의 권익향상을 위한 기관으로 위상을 재정립했다. 이와 같이 한인타운이 다인종/다민족 지역이라는 점을 인정하고, 한인뿐만 아니라 다른 커뮤니티 거주자들의 권익과 공생을 도모함으로써 지역사회 삶의 질을 높이고, 갈등을 줄이려는 노력도 점점 가시화되어가고 있다.

또한 한인단체들은 다른 소수계 커뮤니티와의 연결 · 접촉 · 소통에 적극 나서는 한편, 한국 전통문화에서 나아가 한국 및 한인 역사, 한인사회를 알리는 활동도 늘려나갔다. 또 지역의 미국사회에 참여하고자 하는 의지를 보이기 시작했다. 한미연합회와 민족학교 등이 시민권 신청과 유권자 등록을 도우며 풀뿌리 정치운동에 뛰어들었다. 비영리단체의 특성상 특정 정치인 후보를 지지할 수는 없지만, 한인 후보가 선거에 출마하면 대대적인 유권자 등록 및 선거 참여 촉구 캠페인을 벌였다. 한인, 한인사회, 이민자, 소수계에 불리한 법안이나 주민발의안의 경우에도 그 내용을 설명하고 찬반 캠페인을 벌여 투표를 호소했다. 미국사회와 미국정치에도 적극적으로 개입해 한인 정치인뿐만 아니라 한인과 한인사회에 도움이 될 후보를 지지하거나 후원했다. 또한 한국 정부를 상대로 재외국민선거 유권자 등록, 선천적 복수국적 제도 개정운동 등 다양한 캠페인을 전개하고 있다.

LA 한인타운의 경우, LA시 정부 산하 기관인 주민의회 중 한인타운이 포함된 윌셔센터-코리아타운 주민의회에 의원으로 참여해 한인사회의 목소리를 대변하고 있다. 또 한인타운을 관할하는 LA경찰국(LAPD) 올림픽경찰서 후원회를 별도로 만들어 한국어 통역서비스를 지원하거나 나이트아웃 등의 행사, 세미나를 공동 주최하고 있다.

2010년 중반에 이르면서 한인사회 지형에 변화가 일고 있다. 한인 1세 신규 이민자와 유학생 감소로 한인 인구는 정체상태다. 한인 이민 역사가 길어져 한인사회도 인구 노령화가 가시화되면서 1세와 1.5세 중심이던 한인사회와 단체들도 2세와 3세로 바뀌는 과도기를 맞고 있다. 이는 단체 성격 및 활동에도 영향을 주고 있다.

2010년 이후 눈에 띄는 단체 활동은 세 가지로 볼 수 있다. 첫 번째는 활동 목적에 따라 캠페인별 · 프로젝트별 · 프로그램별로 다른 단체와 뭉치는 것이다. 그 시작은 한인단체연합(KOA)이다. 한미박물관을 중심으로 1.5, 2세 단체들이 박물관을 세우기 위해 미국 및 한국 정부와 개인 재단 등의 지원을 받아 2000년 LA한인타운 6가와 하버드의 6층 건물을 매입했다. 현재 이 건물에는 앞서 언급한 이웃케어클리닉, 한미연합회, 한인가정상담소, 한인타운청소년회관의 4개 단체가 입주해 있는데, 한미박물관은 결국 이 건물에 박물관을 짓지 못하고 5층 사무실만 사용하다가 6가와 버몬트에 단독 건물 건립 프로젝트를 추진하면서 현재는 문을 닫은 상태다.

한인 건강을 위해 설립된 한인건강연합(KAHC)은 2016년에 시작해 이제 막 걸음마를 뗀 단계이지만, 연례 한인 건강 콘퍼런스를 성공적으로 개최하며 기대를 높이고 있다. 이 연합에는 미국의대졸업한인의사협회(KAGMA), 가주한인약사협회, 이웃케어클리닉, 한미연합회, 한인가정상담소, 한인타운청소년회관, 민족학교, 한인기독교커뮤니티개발협회, 남가주한인변호사협회(KABA), OC한인변호사협회(OCKABA), 코리안복지센터 등 LA는 물론, 오렌지카운티에서 활동하는 단체도 참여하고 있다. 가장 최근에 생겨난 것이 LA한인회와 한인건축사협회(KAIA)가 주축이 된 코리아타운2030이다. 아직 추진 단계이기는 하지만 LA한인타운의 난개발을 막고 장기적인 발전을 위한 마스터플랜을 만들어 비즈니스 활성화와 주민의 삶의 질 향상을 꾀하고 한인타운이 균형을 이루며 체계적으로 발전할 수 있도록 한다는 방침이다.

2) 뉴욕 한인사회와 시민단체

1960년 뉴욕한인회의 창립을 시작으로 2017년 현재 뉴욕 메트로폴리탄 지역에는 1천여 개의 한인 단체와 협회가 활동하며 뉴욕 한인사회를 이끌고 있다. 뉴욕 메트로폴리탄 지역은 맨해튼을 중심으로 2시간 이내의 1일 생활권(〈그림 0-3〉에서 지역명이 표기된 부분)으로, 인구수가 2,200만 명에 이르러 미국 최대의 메트로폴리탄 지역을 형성하고 있다(2010 인구조사). 이는 미국인 15명 중 1명이 뉴욕 메트로폴리탄 지역에 거주하고 있다는 뜻이며, 이 지역의 한인 수는 2010년 센서스 자료를 기준으로 약 22만 1천 명으로 집계되었으며, 뉴욕 한인 커뮤니티 추산으로는 약 50만 명에 이르는 것으로 나타났다.

1970년대부터 본격적으로 형성되기 시작한 뉴욕의 한인사회는 1980년대까지만 해도 이민사회 정착을 위해 종교단체의 역할이 컸다. 뉴욕은 LA와 더불어 미주지역 한인 이민자의 주요 이민관문도시로 1970년대 초반부터 한인 이민자가 대거 유입되기 시작했고, 한인 기독교 교회들이 곳곳에 세워지면서 한인 이민자의 초기 정착에 많은 도움을 주었다.

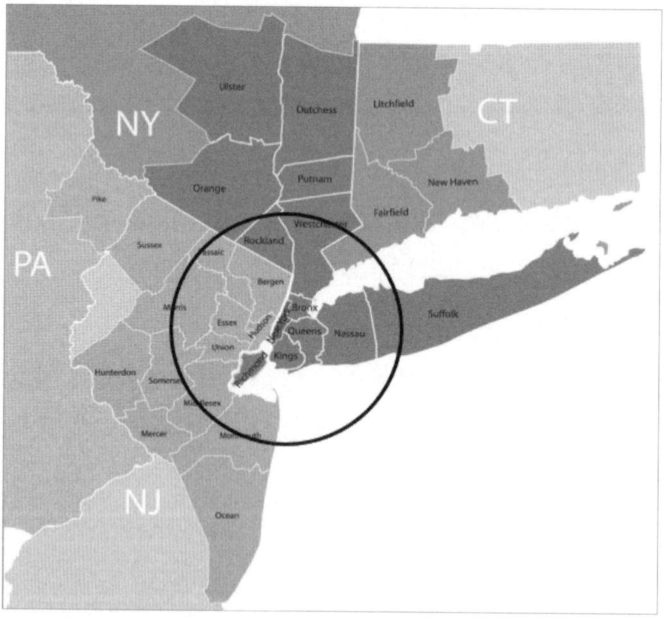

그림 0-3 뉴욕 메트로폴리탄 지역과 한인 밀집 지역(검은색 원)

이와 함께 1970년대에서 1980년대에 이르는 기간 동안 뉴욕 한인사회는 학교 동창회와 고향 향우회 및 성씨 종친회 등과 같은 한국에서부터 맺어 온 1차적인 사회적 관계에 기초한 정의(情誼)적인 친목단체 숫자가 상대적으로 많았고, 그 활동이 활발했다. 이러한 친목단체들 역시 초기 한인 이주자의 정착에 물심양면으로 많은 도움을 주었다.

그러나 한 세대가 지난 2017년 현재의 뉴욕 한인사회단체 현황과 비교해보면, 절대적인 단체 숫자에서 종교단체와 친목단체도 상당히 증가했지만, 상대적으로 직능단체, 문화/예술/체육단체 그리고 봉사단체의 증가가 두드러진다. 절대적인 숫자에서는 종교단체와 친목단체 숫자가 각각 511개와 125개로 압도적으로 많지만, 증가비율로 보면 직능단체, 문화/예술/체육단체 그리고 봉사단체들이 1983년에 비해 2017년에는 8.5배, 7.5배, 6.1배 등으로 더 크게 증가한 것은 그만큼 이들 분야 단체들이 한인사회로서는 더 필요했고, 필요했던 만큼 이들 단체들의 활동이 더 활발했다는 것을 의미한다고 하겠다. 또한 이러한 단체들은 단체의 성격상 절대적인 숫자가 무한정 증가할 수는 없으며, 단체 활동의 내용과 질적인 면에서 보면 뉴욕 한인사회를 이끌어오는 데 종교단체와 친목단체보다 더 크고 중요한 역할을 해왔음을 알 수 있다.

뉴욕의 한인사회 단체들 가운데 1980년대를 대표하는 사회단체로는 뉴욕한인소기업센터(1985년 설립)가 있다. 뉴욕한인소기업센터는 뉴욕의 한인 청과상들이 늘어나고 협회 활동이 활발하던 시기인 1985년에 뉴욕한인청과협회의 봉사실장을 하고 있던 김성수에 의해 설립된 사회단체로서, 이름 그대로 한인 소기업들을 위해 뉴욕시 정부당국에 대항하기도 하고 로비를 하기도 한 단체다. 특히 뉴욕한인소기업센터는 한인 소기업 업주들을 위해 안정적인 상가 임대를 위한 입법에 많은 노력을 기울였으며, 골목상권에 대형 슈퍼마켓이나 대형 전문매장들이 들어오는 것을 저지하기 위한 '메가스토어법' 제정, 한인 소상인의 목줄을 매는 각종 면허취득 실시 저지 등과 같은 굵직굵직한 활동은 물론 청과업을 비롯한 많은 한인 소기업들이 뉴욕시 행정당국으로부터 받는 과태료 등의 처리를 주업무로 하여 많은 한인 업주들을 도와주었다.

표 0-2 뉴욕 한인사회의 주요 사회단체

기관명	설립 연도	기관명	설립 연도	기관명	설립 연도
The Child Center of NY	1953	사회복지상담소	1989	청소년과 가정	1999
뉴욕한인봉사센터(KCS)	1973	대뉴욕지구 원로성직자회	1990	자비원	1999
한인가정문제연구소	1974	장애인재활협회	1990	FGS코리안커뮤니티센터	2000
뉴욕지구한인교회협의회	1975	국제장애인선교회	1990	뉴욕코코장애아동서비스	2000
한인상록회	1976	한인교사협회	1991	KALCA	2000
한인YWCA	1978	뉴욕청소년센터	1991	패밀리터치	2001
한인청소년센터	1984	한미장애인협회	1991	플러싱경로회관	2001
민권센터	1984	한인학부모협회	1992	한미정신건강협회	2001
뉴욕한인소기업센터	1985	뉴욕한인이민봉사센터	1992	플러싱커뮤니티경로센터	2002
재미한국부인회	1985	무지개의 집	1993	ELCOS	2002
한글학교연합회	1985	한흑연대기구	1993	한미커뮤니티재단(KACF)	2002
한인청소년문화센터	1985	미주한인청소년재단	1993	세계한민족여성네트워크	2003
뉴저지한인YWCA	1986	한인상담소	1993	Francis Care Center	2003
한미인력개발원	1987	브루클린노인회	1995	뉴욕미션하우스	2004
스태튼아일랜드노인회	1987	뉴욕밀알선교단	1996	뉴욕원광복지관	2006
브롱스노인회	1988	AKA	1996	뉴욕아름다운재단	2006
뉴욕가정상담소	1989	한인유권자센터(KACE)	1996	봉사단체협의회	2009
뉴저지가정상담소	1989	한미장애인협회(Peter성)	1997		
청소년센터	1989	Angel School	1998		

1990년대에 설립된 단체들 가운데 뉴욕 한인사회를 대표하는 단체는 한인유권자센터(1989년 설립)다. 1992년 4월 29일 LA폭동이 일어나자 미주 곳곳에서는 한인의 정치력 신장의 중요성을 외치고 한인 정치가를 배출해야 한다는 여론이 비등했다. 하지만 정치력 신장이나 정치가 배출은 흔히 하는 말처럼 하루아침에 이루어질 수 있는 것이 아니었다. 뉴욕에서 그 구체적인 방법을 찾기까지는 1996년 한인유권자센터의 설립을 기다려야 했다. 한인유권자센터는 비정파 비영리단체로, 1996년 뉴욕시에서 설립되었고 2000년에는 뉴저지에도 사무실을 열었다. 최근에는 한인유권자센터(Korean American Voters' Council)에서 시민참여센터(Korean American Civic Empowerment)로 단체명을 바꾸고, 한인 커뮤니티가 자신들의 이익과 권익을 보호하고 지역사회의 발전을 위해 활동할 수 있도록 다양한 방식으로 지원하는 중요한 역할을 담당해오고 있다. 한인유권자센터는 한인의 정치력 신장과 한인 정치가 배출을 위해 유권자 등록을 하고 선거 때마다 참여하여 한인 후보를 당선시키는 전략을 세워 지난 30년 동안 노력해왔다. 그 결과 뉴욕 일원의 메트로폴리탄 지역에서도 많은 선출직 정치가와 행정가들이 나올 수 있었다.

2000년대를 대표하는 뉴욕 한인사회의 단체는 뉴욕한인봉사센터(KCS)라고 할 수 있다. 뉴욕한인봉사센터는 1973년 뉴욕 한인 사회단체 가운데 가장 먼저 설립된 사회단체였을 뿐만 아니라 단체 활동도 지속적으로 활발하게 해왔다. 특히 한인 노인의 복지를 위한 각종 프로그램을 개발 및 운영해오고 있으며, 한인 단체들 가운데에서 뉴욕시로부터 가장 많은 보조금을 받고 있다. 2017년에는 유태인 회관으로 사용하던 건물을 새로 매입하여 봉사센터의 규모와 시설을 확장함으로써 명실상부한 뉴욕 최대의 한인 커뮤니티센터로 거듭나기도 했다. 한인사회의 노인 인구의 증가로 앞으로 뉴욕한인봉사센터의 역할은 더욱 커질 것으로 예상되고 있다.

영향력 있는 뉴욕 한인사회단체 중 비교적 가장 최근인 2002년에 설립된 한인커뮤니티재단(KACF)은 주로 한인 2세들로 구성된 단체다. KACF가 해온 가장 큰 일은 기부금 모금과 후원금 전달이다. 매년 개인 또는 한국과 외국계 기업으로부터 거액의 기부금을 받아내고, 하루 1달러 캠페인을 전개하여 풀뿌리 기부금도 거두며, 자선골프대회와 여름후원의 밤, 마라톤 및 사이클팀 봉사활동 등과 같은 이벤트를 만들어 기금을 마련한다. 매년 KACF의 갈라 디너에는 1천 명 이상의 후원자들이 모여 하루 만에 140만 달러 상당의 기금을 모금한다. KACF는 이렇게 모은 기금을 여러 한인단체와 아시안아메리칸아동가정연합, 뉴욕아시안여성센터 등에 전달해오고 있다. 2007년에는 반기문 유엔사무총장과 마이클 블룸버그 뉴욕시장도 참석했을 정도로 큰 영향력을 갖고 있다.

뉴욕 한인사회의 문화단체들은 한인사회의 초창기인 1970년대에는 주로 태권도를 비롯한 체육단체들이 활발히 활동을 전개했다. 이는 이미 오래전에 미국 땅에 정착한 태권도 사범들이 주축이 되어 활동한 결과이며, 한국에서 매년 개최되는 전국체전에 출전하기 위한 선수들의 선발전을 치러야 했기 때문이다. 미동부한국문인협회도 비교적 이른 1989년에 결성되어 활

뉴욕한인소기업센터(김성수) 1980년대

시민참여센터(김동석, 김동찬) 1990년대

뉴욕한인봉사센터(김광석) 2000년대

한인커뮤니티재단(윤 경) 2010년대

그림 0-4 시기별 뉴욕의 한인사회단체와 활동가들

동을 시작했는데, 이처럼 한인단체들의 모체가 한국에 있는 문화단체의 경우 이른 시기에 그 활동을 시작했음을 알 수 있다.

그 외 미술, 음악 등의 예술단체들도 1990년대 들어서면서 하나 둘 설립되어 활동하기 시작했는데, 미술 · 음악 단체들은 한국에 연고가 없이 주로 뉴욕에서 활동하는 작가들을 중심으로 단체가 설립되어 체육단체와는 차이를 보이고 있다. 특히 뉴욕은 예술의 도시로 명성이 높으며 많은 유명한 미술 · 음악대학, 전시장과 공연장 등 예술분야에서 훌륭한 인프라를 갖추고 있을 뿐만 아니라 관람객과 관객층이 이미 형성되어 있어 미술 · 음악 등의 예술단체들이 비록 늦게 설립되었지만 활동 면에서는 괄목할 만한 성장을 이루어가고 있다.

3. 일본과 중국의 한인사회와 시민단체

일본과 중국의 한인사회는 미국처럼 중앙 · 지방정부의 지원을 받는 것이 쉽지 않다. 일본의 오사카 이쿠노 코리아타운에서 활동하고 있는 코리아 NGO센터는 공적 원조지원을 받지 않는 시민단체이며, 중국의 심양 서탑 코리아타운을 중심으로 활동하고 있는 한중교류문화원 역시 비영리단체로 한국인 기업이 사업운영비를 지원하되 한국인과 조선족이 함께 운영하고 있다.

1) 오사카 이쿠노 코리아타운과 코리아NGO센터

오사카 이쿠노구는 한인 인구가 25%에 달하는 일본 내 최대의 한인 집거지다. JR · 킨텐츠 · 지하철 3개 노선이 지나가는 쓰루하시역에 내리면 김치와 일본식 불고기집인 야키니쿠, 그리고 한복 상점이 밀집해 있어 쓰루하시역을 끼고 있는 이 지역을 코리아타운으로 이해하곤 한다. 그러나

그림 0-5 코리아NGO센터(합동회사 '한길'도 함께 운영) 간판

'KOREA TOWN' 게이트를 만날 수 있는 곳은 미유키모리상점가이며, 미유키모리상점가-쓰루하시역-모모다니역을 잇는 삼각형 지역을 코리아타운이라 칭하고 있다.

미유키모리상점가 인근에 위치한 코리아NGO센터는 2004년 3월 기존의 민족교육문화센터, 원코리아페스티벌실행위원회, 재일한국민주인권협의회의 세 단체를 모체로 '인권', '평화', '공생'이라는 이념을 내걸고 재일코리안 NPO(특정비영리활동법인)로 설립되었다. 이후 2010년 NPO법인 코리아인권

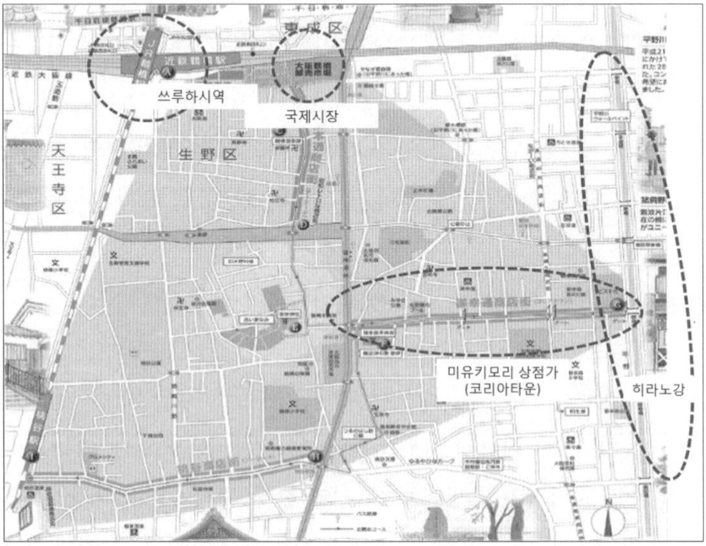

그림 0-6 쓰루하시역-국제시장-미유키모리상점가

생활협의회와 통합한 후 현재에 이르고 있다.

코리아NGO센터의 미션은 다음 세 가지다. 첫째는 외국인의 인권보장과 다민족·다문화 공생사회 실현, 둘째는 재일코리안 사회의 풍요로운 사회 기반 창조와 코리아네트워크의 발전, 셋째는 남북 평화통일과 남북·일본 시민사회 및 동아시아 공동체 번영이다. 여기에서 우리가 우선적으로 관심을 갖는 것은 첫 번째 미션이다. 즉, 급격한 외국인 인구 증가로 인하여 다민족화가 불가피한 상황임에도 여전히 '단일민족' 의식이 강하게 남아 있는 일본(오사카) 사회에서 코리아NGO센터가 펼친 '공생' 활동이다.

과거 일본은 잃어버린 20년을 보내면서 대부분 지역 상점가가 쇠퇴했지만, 오사카시 이쿠노구 미유키모리상점가(이하 코리아타운)는 일본 국내에서 성공한 상점가 중의 하나로 손꼽히는 곳이다. 이는 이쿠노구 코리아타운이 재일코리안이 가장 많이 거주하고 있는 밀집지역으로서, 에스닉타운으로 일본사회와 공생사회를 실현하면서 도시재생에 성공했기 때문이다.

코리아NGO센터는 설립 당초부터 지역 공립학교의 민족학급[2)]을 중심으로 재일코리안의 민족교육이 제도적으로 보장받을 수 있도록 하는 것을 주요 과제로 사업을 추진해왔다. 민족학급은 재일코리안 학생들이 민족적 아이덴티티와 자존감을 키우는 중요한 장인 동시에 일본 어린이는 물론 일본 사회의 국제이해와 이문화 이해를 촉진하는 장으로서 중요한 역할을 해왔다.

2016년 현재 오사카부 내에는 180여 개 초·중학교에 민족학급이 설치·운영되고 있으며, 2천 명이 넘는 재일코리안 학생들이 한국의 역사와 문화를 배우고 있다. 코리아NGO센터는 민족학급과 민족학급을 담당하는 민족교사의 배치 및 국제이해교육의 코디네이터 역할과 일본의 공립학교 내에서 일어나고 있는 민족차별에 대한 대응창구 역할을 하고 있다. 또 민족학급에서 사용하는 교재 작성과 민족학급 교원 간의 조정 역할을 하고 있다. 이

2) 민족학급이란 일본 공립학교에서 방과 후 재일코리안 학생을 대상으로 민족교육을 하는 것을 말한다.

렇게 민족학급과 민족교사의 현장지원은 물론 제도보장을 위해 행정기관에 정책제안 등의 노력을 지속한 결과, 2007년 오사카시에서 민족학급 제도를 '국제이해교육추진사업'을 위한 교육위원회 사업으로 자리매김함과 동시에 제도정비가 진척되었다.

또한 코리아NGO센터는 일본사회 안에서 다문화 공생의 필요성을 제기하고 실천해나가면서 지역에서의 다문화 공생사회 실현을 위하여 이쿠노 코리아타운 상가연합회와의 협력하에 재일코리안의 역사와 문화를 체험하는 이문화 체험 연수 프로그램인 '마을학교'를 실시하고 있다. 마을학교 프로그램에는 간사이(關西) 지역으로 수학여행을 온 학생은 물론 오사카부, 인근 공립학교의 야외수업, 학부모회, 국제교류 단체 및 기업 등 다양한 연령과 계층의 사람들이 참가하고 있다. 참가자 수는 2014년 9,301명(173건), 2015년 8,920명(173건)이다. 이외에도 '김치 만들기', '한글 강좌', 그리고 다양한 강좌에 강사를 파견하는 일들을 하고 있다.

아울러 코리아NGO센터는 이쿠노 코리아타운 연수프로그램 협력기관으로서 지역 활성화를 도모하기 위한 협력 체제를 굳건히 해나가는 동시에 코리아타운에서 개최되는 '코리아타운 마쓰리'의 사무국으로서 전면적으로 협력하고 있다. 특히 김광민 사무국장의 헌신은 귀감이 되고 있다.

이쿠노 코리아타운은 세 개의 상점가(서상점가, 중앙상점가, 동상점가)와 일본인, 올드커머 재일코리안 2세 및 3세, 뉴커머 상점주 등 다양한 사람들이 이곳을 생활 터전으로 경제활동을 하고 있다. 이쿠노 코리아타운 내에서 코리아NGO센터는 일본인 사회와 재일코리안 사회, 올드커머와 뉴커머 사회의 갈등 조정은 물론 중개자와 매개자 역할을 담당하고 있다.

한류 붐 이후 코리아타운은 일본 국내에서도 성공적인 상점가의 사례로 알려져 있다. 특히 한류 붐 이후에는 뉴커머 상점주들이 가게를 열기 시작하면서 기존의 일본인 상점주는 물론 같은 동포 사이인 올드커머 상점주들과도 갈등이 빚어지고 있다. 즉, 오랜 세월 동안 이 지역에서 생활하면서 일본

사회의 풍습과 관습에 맞추어 살아온 올드커머 2・3세와 한국의 생활양식을 그대로 이행하려는 뉴커머 사이에는 갈등이 생길 수밖에 없다. 상점가에서 갈등상황이 발생했을 경우 상가연합회에서 어느 정도 갈등 조정 역할을 하지만, 뉴커머 상점주와의 갈등상황은 문화적 차이 등으로 인해 발생하는 경우가 많아 상가연합회에서 조정이 불가능할 경우가 많다. 이런 경우 일본사회와 한국사회에 대해 잘 아는 코리아NGO센터가 일본인・올드커머 상점주와 뉴커머 상점주 사이의 갈등 조정자이자 매개자로서의 역할을 담당하고 있다. 다시 말해 코리아NGO센터는 일본인, 올드커머, 뉴커머가 한 지역 안에서 서로 이해하고 협력하면서 지역주민으로 함께 공생할 수 있도록 중개자・매개자 역할을 하고 있다.

현재 오사카 이쿠노 코리아타운은 재일코리안에게는 그리운 고향 같은 장소이면서 일본인에게는 가장 가까이에서 한국을 체험할 수 있는 곳으로 각광받고 있다. 현재 코리아NGO센터는 코리아타운의 역사적인 형성과정과 재일코리안 최대 집주지역이라는 지역적 특색을 살려 이곳을 마을학교로 활용하고 있다. 이로써 이쿠노 코리아타운과 코리아NGO센터의 존재는 재일코리안의 생활권 옹호와 재일코리안의 내부역량을 강화시키는 역할은 물론 일본사회를 비롯하여 한국사회에 다문화 공생사회의 필요성을 끊임없이 제기하면서 에스닉타운의 성공적인 롤 모델로서 중요한 시사점을 던져주고 있다.

그림 0-7 일반인 대상 필드워크(왼쪽)와 김치 담그기 체험에 참가 중인 학생들(오른쪽)

2) 심양 서탑 코리아타운과 한중교류문화원

심양 서탑 코리아타운은 LA 코리아타운의 뒤를 이을 만한 큰 규모를 자랑하며, 일제강점기에도 심양 서탑은 '제2의 연변'이라고 일컬어질 정도로 한민족의 집거지로 발전했다. 1945년 해방 이후 많은 조선 사람이 한반도로 귀환하여 심양의 한인 인구가 줄어들기도 했으나, 서탑은 서탑조선족유치원, 서탑조선족소학교, 심양시조선족제6중학교, 한국화음유치원 등 조선인 교육시설과 심양시조선족련의회, 심양시조선족문화예술관, 심양시조선족병원, 심양조선문서점, 서탑조선족교회 등 많은 조선인단체 및 기관을 유지해왔다.

1992년 한중수교 이후 서탑을 찾아 정착한 한국인과 함께 한중교류가 활발해지면서 서탑은 '조선인거리'에서 '코리아타운'으로 발전해왔다. 그러나 근래 중국에 진출한 많은 한국 기업인들이 동남아시아 등 다른 지역으로 옮기거나 한국으로 되돌아왔으며, 심양도 마찬가지였다. 이로써 심양 서탑의 분위기도 예전 같지 않다. 이런 가운데 2014년 7월 심양한국인(상)회가 운영하던 심양한국인문화원이 문을 닫은 자리에 한국인과 조선족이 함께 운영하는 한중교류문화원이 문을 열었다.

한중교류문화원은 2014년 7월 19일 개원한 이래, '한국과 중국, 중국과 한국의 문화 교류를 통한 우호 증진'을 목표로 다양한 행사를 펼쳐왔다. 그간 활동 내역을 대별하면 자체추진행사와 대외협력행사로 나눌 수 있다. 자체추진행사는 공연, 교육, 체육, 전시, 기타 등으로 분류할 수 있고, 대외협력행사는 국가기관 협력행사와 민간기관 협력행사로 분류할 수 있다.

여기에서는 지난 4년간 진행한 자체추진행사 내용을 공연과 교육 부문을 중심으로 살펴본다. 공연은 국악이나 사물놀이를 중심으로 한 전통공연 및 대중음악을 중심으로 한 현대공연으로 이루어졌다. 전통공연은 한국에서 전문가를 초청하여 실연을 펼치는가 하면, 희망자에 한해 전문가로부터 전통

음악을 강습받는 형태로 이루어졌다. 현대공연은 한중교류문화원의 산하단체 중 하나인 '심양노찾사(2018년 광익문화예술단으로 귀속)'를 중심으로 단체의 회원들이 노래 연습을 하고 무대를 만들어 경연하는 축제 형태로 이루어졌다.

교육 부문은 어린이, 청소년, 장년, 노년 등 전 세대를 포괄한다는 목표하에 각 세대별로 맞춤식 교육 프로그램을 개발하여 이루어졌다. 어린이는 '슬로 리딩(Slow Reading)'이라는 교육 방법을 통해 조선어를 더욱 친숙하게 읽고 쓸 수 있도록 지도했으며, 청소년은 영상을 결합시킨 인문학 강좌를 통해 문학, 역사, 철학의 기본 소양이 배양될 수 있도록 지도했다. 장년은 심양시조선족여성연합회 회원을 중심으로 주로 '여성들의 삶이 어떻게 전개되어왔는가?'라는 주제로 특강을 열어 본인의 삶을 성찰할 수 있도록 했다. 그리고 노년은 배움에 대한 열망이 가장 높은 연령층으로, 대부분 대학교육을 받지 못했기 때문에 일종의 평생교육 차원에서 관련 커리큘럼을 도입하여 교육했다.

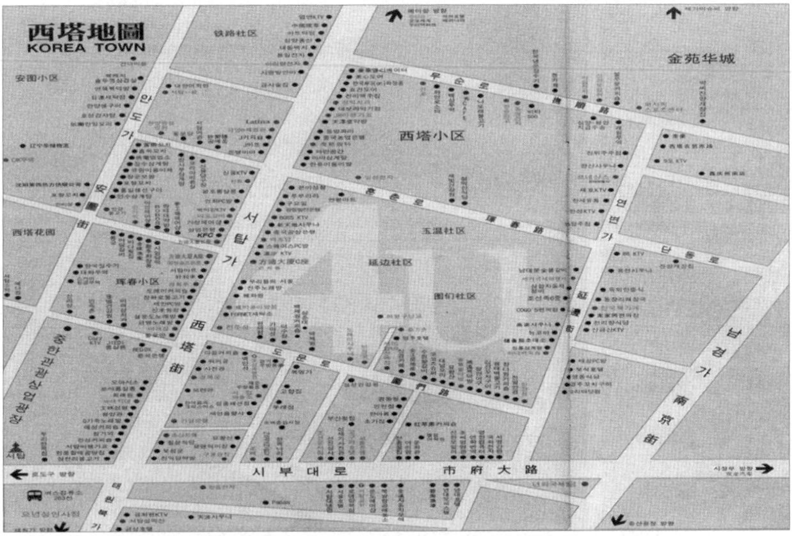

그림 0-8 심양 서탑 코리아타운 지도(거리 이름으로 연변의 지역들이 나옴)

표 0-3 한중교류문화원 공연 부문 행사 일람

연번	행사 기간	행사 명칭
01	2014. 11. 08	압록강청소년예술단 발족 및 청년문화 YCC 출범
02	2014. 12. 01	제1기 실버건강문화대학 노래자랑
03	2015. 01. 09	경인여자대학교 초청 문화공연
04	2015. 03. 20	김광석 가요제
05	2015. 03. 20	심양노찾사 발족식
06	2015. 05. 30	한중연합 자선음악회 등려군 가요제
07	2015. 12. 30	연길 청춘콘서트
08	2016. 01. 01	새해맞이 훈춘 용호각 문화공연
09	2016. 03. 05	제2기 노찾사 복면가요제
10	2016. 03. 13~17	한국 나누리전통예술단 사물놀이 강습 1
11	2016. 05. 08	부모사모 가요제
12	2016. 07. 10~23	한국 나누리전통예술단 국악 강습 1
13	2016. 09. 10~18	한국 나누리전통예술단 국악 강습 2
14	2016. 10. 09	압록강실버예술단 창단 및 노인절 축하공연
15	2016. 12.19~01.05	한국 나누리전통예술단 사물놀이 강습 1
16	2016. 12. 25	제1회 동북문화예술대상 시상식
17	2017. 01. 15	신년 희망 음악회
18	2017. 02. 22~26	한국 나누리전통예술단 무용 강습
19	2017. 02. 26	새봄맞이 한중 연합 시낭송 음악회
20	2017. 03. 15~22	한국 나누리전통예술단 국악교실
21	2017. 06. 30	한중 수교 25주년 기념 성남시생활무용협회 공연
22	2017. 08. 18	청소년을 위한 한국음악 교실
23	2017. 12. 27	건강행복노래교실 새해맞이 가무 대잔치
24	2018. 02. 05	광익문화예술단 창단 및 축하공연

한편 한중교류문화원은 키다리아저씨라는 후원단체와 함께 '심신몽(沈新夢) 0123'을 슬로건으로,[3)] 심북신구조선족학교 발전 프로젝트를 추진하고

있다. 조선족과 한국 기업인들이 한마음으로 폐교 위기에 처한 조선족학교를 지원함으로써 민족교육이 유지되기를 바라는 순수한 사업이라고 할 수 있다.

표 0-4 한중교류문화원 교육 부문 행사 일람

연번	행사 기간	행사 명칭
01	2014. 11. 03~02. 09	제1기 실버건강문화대학
02	2017. 04. 20~07. 09	제2기 실버건강문화대학
03	2015. 07. 18	만화도서관 개관
04	2015. 10. 17~01. 02	제1기 만화창의탐구단
05	2015. 10. 28~01. 06	제1기 노래문화교실(시서가무단)
06	2015. 11. 14~15	YCC 청춘포럼
07	2015. 12. 31	연변 보고문학상 시상식
08	2016. 03. 02~현재	심북신구조선족학교 발전 지원
09	2016. 03. 23~06. 09	제3기 실버건강문화대학
10	2017. 01. 10	심북신구조선족학교 예체능 특성화 교육 축제
11	2017. 03. 01~05. 17	제4기 실버건강문화대학
12	2017. 07. 18~09. 30	제1기 건강행복노래교실
13	2017. 10. 21~01. 06	제2기 만화창의탐구단
14	2017. 11. 09~01. 24	제2기 건강행복노래교실
15	2018. 01. 18~02. 13	제2기 겨울방학 청소년 가야금교실
16	2018. 03. 31~06. 30	영상 인문여행, 청소년 스크린 인문학
17	2018. 04. 04~06. 27	제5기 실버건강문화대학
18	2018. 06. 22~현재	화신소학교 슬로 리딩(Slow Reading) 교육 지원

3) '심신몽(沈新夢)' 0123의 상징적 의미는 다음과 같다.
0: 기숙사 생활 및 방과 후 교육을 무상으로 지원한다.
1: 학생 모두가 한 가지 이상의 예능·체능 실력을 보유한다.
2: 학생 한 명당 담당교사를 2명으로 배치하여 면대면으로 교육한다.
3: 학생 모두가 중국어, 한국어, 영어, 즉 세가지 언어를 자유자재로 구사한다.

심양은 조선족 기업인이 조선족 문화교육사업을 지원한 문화와 기업, 즉 문기결합(文企結合)인 '심양 현상'의 발상지로 동북 전체의 조선족사회의 귀감이 된 바 있다. 이번에는 심양의 한국인 기업인이 어려운 여건에도 불구하고 '신심양 현상'을 일으키고 있다. 이제 설립한 지 만 4년이 되고 있는 한중교류문화원은 비영리단체(Non Profit Organization)다. 기업(신생활집단유한공사) 이익의 사회 환원 차원에서 적지 않은 예산을 투입해왔다. 한중교류문화원은 자체적으로 기획한 사업뿐만 아니라 동북의 조선족사회와 한국 정부기관의 요청을 받아 수행해야 할 문화콘텐츠사업이 늘어남에 따라 2015년 10월 한국의 문화콘텐츠전문가를 영입하여 한중문화콘텐츠연구소를 창립했다.

한중문화콘텐츠연구소에는 한국인 소장과 조선족 기획자들이 함께 일하고 있다. 서탑 코리아타운을 살리려는 지방정부의 신서탑운동에도 협력하지만, 한중교류 관련 문화관광산업도 적극적으로 추진하고 있다. 앞서 문화원이 개관한 중한동북항일자료전시관의 전시활동에 이어 한중 양국이 공유할 수 있는 동북3성 항일유적지 개보수 사업과 함께 항일유적지 탐방사업 등을 시행하고 있다. 한중 양국 청년세대의 적극적인 호응 속에 사업이 확대되고 있다.

시민단체가 지역사회와 함께 사업을 전개할 수 있는 것은 바로 지역주민의 적극적인 참여와 지원이다. 이 점에서 한중교류문화원의 '심양노찾사', '실버가무단', '시니어악단' 사업은 심양 한민족사회의 큰 공감을 받고 있다. 아래는 수요노래문화교실 졸업발표회에서 졸업생이 적은 감사의 글인데, 이 문화교실이 이들 조선족에게 얼마나 가치 있는 일인지를 잘 알 수 있다.

> 남들에게는 항상 밝고 행복해 보이는 내가 "정말 웃는 게 웃는 게 아니야!"라고 말하면, 이런 내 마음을 알아줄 수 있을까? 이처럼 불행한 고민을 항상 짊어지고 마음속 한가운데가 늘 그늘져 있는 나 자신에게도 모든 근심걱정을 훌훌 떨쳐버리고 마음대로 활짝 웃고 동심으로 돌아가 회춘하는 시간이 있으니 그것은 다름

아닌 한중교류문화원의 수요노래문화교실이다. 지금까지의 모임들이 늘 익숙한 사람들과 함께한 익숙한 만남이었다면, 수요노래문화교실은 마치 산소처럼 전혀 기대하지 않은 신선함과 활력을 주입하는 새로운 만남이라고 할 수 있다. 이날만큼은 손바닥이 아프도록 박수치며 나 자신을 자연스레 잊는다. 단지 스승과 제자로서. 나는 마음속 깊이 이렇게 의미 있는 활동을 조직해주신 분들에게 심심한 감사를 드리며, 또 수요노래문화교실을 사랑한다.

2018년 2월 5일 한중교류문화원은 광익문화예술단을 설립했다. 이날 안청락 한중교류문화원 공동이사장은 더욱 조직적이고 체계적인 문화공연을 하기 위해 그간 개별적으로 운영하던 '심양노찾사', '실버가무단', '시니어악단'을 통합하여 광익문화예술단으로 명명하고 정식으로 창단한다고 선포했다.['광익(廣益)'이란 '너른 나눔'이라는 뜻으로, 동북의 조선족사회뿐만 아니라 중국 전역으로 문화 나눔을 실천하겠다는 의지가 담겨 있다.] 문화원은 김창선 씨를 광익문화예술단 단장으로, 한국인 임유빈 씨를 광익문화예술단 부단장으로, 심양시조선족문화예술관 아리랑예술단 김성일 단장을 광익문화예술단 고문으로 임명했다.

한중교류문화원 김경철 원장은 "몇 달 동안의 준비작업을 거쳐 광익문화예술단이 끝내 설립되었다. 광익문화예술단에는 단원이 31명으로서 심양과 무순지역에 살고 있는 문화예술을 즐기는 조선족과 한국인으로 구성되었다. 올해 광익문화예술단 단원들을 인솔하여 성내 여러 시를 돌며 노인들을

그림 0-9 한중문화콘텐츠연구소 개소식(왼쪽)과 광익문화예술단 창립식(오른쪽)

위한 위문순회공연을 펼칠 계획이다"라고 밝혔다. 한중교류문화원은 짧은 기간임에도 서탑을 중심으로 한 심양의 한민족사회를 위한 문화봉사와 학술 활동을 넘어 요녕성 및 한국과의 교류와 콘텐츠 개발사업으로 사업을 확장하고 있다. 전문직업인 활동가들이 필요한 상황인데, 문화사업에서 문화산업으로 발전할 수 있을지 귀추가 주목된다.

4. 맺음말

정보사회의 출현과 인터넷의 발달, 참여욕구의 증대 및 삶의 질에 대한 관심 증대로 1980년대 이후 전 세계적으로 NGO(비정부기구, Non-Govermental Organization)/NPO(비영리조직, Non-Profit Organization) 등 민간단체의 활동이 활발해졌다. 근래에는 NGO 혁명이라 할 정도로 전문직업인으로서 시민단체 활동가들이 다양한 영역에서 국가와 지역사회에 영향력을 행사하고 있다. 이런 점에서 미국의 한인사회단체는 전문가 집단으로서 한인사회 및 소수민족사회를 돕고 있으며, 일본과 중국의 경우는 다소 차이가 있으나 미국의 한인단체처럼 한민족 공동체 및 지역사회에 영향력을 제고하고 있다. 미국과 일본, 중국뿐만 아니라 우리가 다루지 못한 러시아(연해주) 등 세계의 한민족 공동체(한인 집거지)에서도 이중언어를 구사할 수 있는 활동가의 공간이 넓어지고 있다.

한국사회도 시민사회의 발전과 함께 시민단체 활동이 이미 전문직업인의 영역이 되었다. 특히 글로벌 · 다문화 시대의 전개와 함께 재한동포사회도 자체의 동력으로, 혹은 한국사회가 돕는 형태로 시민단체 활동이 확산되고 있다. 새로운 삶터로 한국을 희망하여 '이주'가 아니라 '귀환'하고 있는 중국 조선족과 CIS 고려인은 같은 한민족이지만 '에스닉' 집거지를 형성해가고 있다. 자신들의 '한국살이'를 위해서이지만, 양자는 뚜렷한 차이를 보이고 있다.

10만 명의 한국 국적 회복/취득자를 포함해 80만 명에 이르는 한국 내 중국조선족은 한국어를 구사할 수 있고 동아시아 유교문화권 속에서 살아왔다. 따라서 2007년 조선족/고려인 동포들에게 합법적인 체류를 부여한 방문취업(H2) 비자제도가 시행된 이후 중국조선족은 중국동포로서 다양한 단체를 조직하면서 '한국사회의 구성원'이 되어왔다. 특히 가리봉동과 대림동 등 서울 서남권의 중국동포타운은 이미 지역경제를 주도할 뿐만 아니라 지역에서 도시재생의 주체로 성장했다. 문제는 중국동포에 대한 한국사회의 편견과 중도입국하고 있는 동포 자녀를 위한 이중언어/문화교육 부재 등이 현안이 되고 있다. 또한 동포들도 한국인과 공감을 나눌 수 있는 한국역사와 문화를 이해하려는 노력이 필요하다.

러시아와 중앙아시아 등 CIS 지역에서 '귀환'하고 있는 고려인 동포들도 근래 그 수가 급증하여 2018년 통계에서 8만 명이 넘었으며 안산과 광주, 인천, 화성, 천안, 경주 등 전국에 많게는 1만 명에서 적게는 500여 명이 집거지를 형성해나가고 있다. 그러나 고려인은 한국어를 상실했고 러시아 · 중앙아시아문화 속에서 살아온 탓에 한국살이 자체가 다른 외국인과 다를 바 없는 실정이다. 따라서 안산과 광주에 고려인마을을 이루었으나, 한국인뿐만 아니라 고려인 유학생 등 한국어와 러시아 이중언어를 원활하게 구사할 수 있는 활동가들이 지역 고려인마을의 주체로 참여하기까지는 한국 시민사회의 도움이 절실히 필요한 상태다. 안산과 광주의 고려인마을도 지역에서 도시재생의 가능성을 확인해주고 있다.

한국에 체류하고 있는 재외동포도 재외동포재단으로부터 한국민으로서의 정체성 교육 등의 지원을 받을 수 있는 〈재외동포재단법 일부 개정법률안〉이 통과되어야 한다. 왜냐하면 재한동포는 재외동포의 지원에서도, 다문화 관련 법률의 지원에서도 제외된 상태이기 때문이다. 특히 고려인의 경우 19대 국회에 이어 20대 국회에서도 논의되고 있는 〈고려인동포 합법적 체류자격 취득 및 정착 지원을 위한 특별법〉의 개정법률안이 조속히 통과되어야 한다.

한국살이에 어려움을 겪고 있는 안산과 광주, 인천과 경주 등 전국의 고려인집거지뿐만 아니라 전국의 주요 중국동포타운에도 국가예산으로 지원하는 동포지원센터(가칭)가 시급히 만들어져야 한다. 인구절벽 시대에 같은 한민족도 품지 못한다는 것은 참으로 부끄러운 일이다. 동포지원센터(가칭)를 통해 '청운(靑雲)의 꿈'을 이루고자 한국을 찾은 재외동포 유학생 또한 글로벌 한인청년으로 출신국에서든 한국에서든 동포사회를 위한 활동가로서의 미래 비전을 갖게 될 것이다.

KOREA TOWN

Part 1

코리아타운과 시민단체

1

남가주 한인사회와 비영리단체*

장태한(UC리버사이드 소수인종학과 교수)
이재희(전 미주 중앙일보 기자)

1. 머리말: 남가주 한인 인구와 한인타운

미국 캘리포니아주에 있는 로스앤젤레스(LA)는 한국을 제외하고 해외에서 가장 많은 한인이 모여 사는 도시로 그에 걸맞게 가장 큰 규모의 한인사회를 형성하고 있다. 당연히 한인이 운영하는 비즈니스와 한인 단체도 가장 많다.

미국 연방 센서스국에 따르면 2019년 1월 기준 미국 인구는 약 3억 2,830만 명이다. 인구가 가장 많은 주는 캘리포니아로 약 3,980만 명(2018년 7월 기준)이 살고 있다. LA카운티 인구는 1,016만 명(2017년 기준), LA시 인구는 400만 명(2017년 기준)을 넘어섰다. 미국 내 한인 인구는 2010년 약 170만 7천 명에서 계속 늘어 2014년 182만 4,300명으로 최고점을 찍은 후 2015년 182만 2,200명, 2016년 181만 6,600명을 기록하며 감소세로 돌아섰다. 최근 몇 년 사이 이민 증가속도가 둔화하고 트럼프 행정부 이후 유학이 주춤한 추세가 미국 내 한인 인구 감소에 반영된 것이다.

하지만 이는 센서스 통계이고 한국 정부 및 한인사회는 이보다 70~100

* 이 글은 『재외한인연구』 제44호(2017.10)에 실린 글을 보완한 것임.

만 명이 많은 250~280만 명가량으로 추산하고 있다. 한국 외교통상부는 재외 공관별 한인 인구 현황에서 2016년 12월 31일 기준 미국 내 한인 수를 249만 2,200여 명으로 집계했다. 여기에 포함되지 않은 서류미비자 20만 명(미국 연방정부 추산)까지 합하면 270만 명가량이 되는 셈이다. 센서스 집계에서 2016년 기준 캘리포니아 내 전체 한인 인구는 약 46만 6천 명에 그치지만, 한인사회는 한인 100만 명가량이 LA를 비롯해 남가주에 살고 있는 것으로 보고 있다. 실제 재외 공관별 한인 인구 현황에서도 남가주에만 59만 6,400명가량으로 나타났다. 미국 내 전체 한인 인구 4명 중 1명꼴로 남가주에 몰려 있다. 특히 2015년 센서스국 조사에서 미국 내 한인 인구가 가장 많은 톱 10 도시에 LA와 오렌지카운티에서만 6개 도시(LA, 어바인, 풀러턴, 토런스, 글렌데일, 부에나파크)가 포함됐다.

그렇다면 한인은 언제부터 LA를 중심으로 한 남가주에 이주해 한인타운과 한인사회를 형성하며 자리를 잡았을까?

미주 한인 이민 역사를 살펴보면, 한인이 공식적인 이민으로 처음 발을 디딘 것은 1903년 하와이다. 이민 초기, 북가주 샌프란시스코 등 미국 본토에서 단체가 생겨난 것도 비슷한 시기다. 이후 1965년 〈이민법〉 개정으로 1970년대에 이민이 본격적으로 시작되면서 중심이 LA로 옮겨왔다. 따라서 한인이 터를 잡아 한인타운을 형성하고 비즈니스를 하는 한편 단체를 설립하고 사회활동을 한 곳은 LA를 비롯한 남가주라고 할 수 있다.

남가주에는 한인이 밀집해 살고 있는 LA · 오렌지 · 샌디에이고 카운티를 비롯해 최근 한인 인구가 늘고 있는 리버사이드 · 샌버나디노 카운티, 그리고 임페리얼 · 벤투라 · 산타바바라 8개 카운티가 속해 있다.

그중 한인이 가장 많이 사는 곳은 LA카운티다. LA카운티에만 약 23만 4천 명, 바로 남쪽에 있는 오렌지카운티에는 10만 3,700명, 샌디에이고에는 2만 8,500명, 샌버나디노 1만 7천 명, 리버사이드카운티에는 1만 5천 명가량이 사는 것으로 집계됐으며 실제로는 이보다 많은 것으로 보인다. 도시별로

그림 1-1 남가주지역 한인밀집 8개 카운티

는 2017년 기준 LA가 약 11만 7,500명, 어바인 2만 2,200명, 풀러턴 1만 8,300명, 샌디에이고 1만 6,900명, 토런스 1만 1,200명, 글렌데일에 9,700명 가량이 살고 있다. LA한인타운 거주 인구는 14만 8천 명으로, 이 중 한인이 25%가량을 차지하고 있다.

LA 한인타운은 1960년대 말 LA 다운타운에서 서쪽으로 2~3마일 떨어진 올림픽가(Olympic Blvd.)를 중심으로 생겨났다. 1970년대 초 올림픽과 하버드(Harvard Ave.) 인근에 올림픽식품(Olympic Market)을 시작으로 떡집 김방아, 한식당 영빈관, 상가 VIP플라자 등 한인 업소가 하나 둘 문을 열면서 본격적으로 형성되기 시작했다. 한인타운 초기에는 동서로는 버몬트(Vermont Ave.)에서 웨스턴(Western Ave.), 남북으로는 피코(Pico Blvd.)에서 8가(8th St.)까지를 가리켰다. 1980년대 초 LA시 정부는 버몬트~웨스턴, 올림픽~8가를 코리아타운으로 정식 지정했다.

현재 동서로는 후버(Hoover Ave.)에서 크렌셔(Crenshaw Blvd.), 남북으로는 올림픽에서 비벌리(Beverly Blvd.)까지 넓어졌다. 중심도 1992년 4 · 29 LA폭동 이후 백인, 유대인이 빠져나간 윌셔(Wilshire Blvd.)로 북상했다. 윌셔가에 있는 부동산 가격이 하락하자 제이미슨서비스그룹을 비롯해 한인이 고층건물을 사들였기에 가능했다. 그러면서 기존에는 리커스토어/슈퍼마켓, 세탁소, 식당 등이 주를 이루던 한인 비즈니스가 금융, 보험, 재정, 회계, 법률 변호사 등 전문직 사무실로 채워지면서 다양화됐다.

2000년대 중반 이후에는 미국시장에 진출하기 위해 LA 한인타운을 시험무대로 삼은 베이커리, 치킨, 커피 등 한국 업체, 한국 프랜차이즈들이 앞다퉈 매장을 열면서 6가(6th St.)를 중심으로 요식업이 발달했다. 이 같은 LA 한인타운 발전은 2008년 터진 서브프라임 금융위기로 주춤했다가 2013년 이후 경기침체에서 벗어나면서 다시 활기를 띠게 된다. 불경기로 중단됐던 대형 · 고급 주상복합 개발 붐이 일면서 상가 수도 많아지고 규모 또한 커졌기 때문이다. 실제 아파트나 콘도, 호텔과 상가가 결합한 형태의 주상복합 건축 등 LA시 도시계획국(Department of Planning)에 접수된 LA 한인타운 내 개발 · 재개발 프로젝트는 2017년 9월 기준 60~70건에 달해 LA카운티에서 가장 빠르게 변화하는 지역으로 꼽히고 있다.

여기에 한류와 K팝, K푸드, K뷰티 등의 연이은 인기로 타인종, 타민족이 LA 한인타운으로 몰리기 시작했다. 코리안 바비큐, 즉 구이 일색이던 식당도 베트남계 루이지애나 스타일 시푸드 레스토랑 체인 보일링크랩(Boiling Crab), 중동음식 프랜차이즈 할랄가이즈(The Halal Guys), 대만계 베이커리 체인 85℃ 베이커리, 스페인 스타일 타파스 레스토랑 세이퍼(Sapor) 등 비한인 업소 입점 러시로 다양화되며 미국 주류시장, 주류사회의 조명을 받게 된다. 이에 스타벅스, 팻버거, 타겟 같은 유명 · 대형 프랜차이즈는 물론, 2010년 전후 핑크베리로 시작된 요거트숍 열풍에 힘입어 형성된 디저트시장에 스페셜티 커피, 빙수, 아이스크림 같은 디저트 전문 카페 등이 속속 들어서면서 다양한 먹거리를 즐길 수 있는 메카로 자리 잡았고, 최신 트렌드를 주도하는 인기 있는 장소로 떠올랐다.

이렇듯 성장을 거듭하면서 한인 비즈니스는 한인타운 외곽에도 골고루 퍼져 있으며 거주지 또한 동쪽으로 LA 다운타운, 서쪽으로는 핸콕파크

(Hancock Park)까지 확장했다. 2010년 LA시가 정한 코리아타운 정식 구역은 버몬트~웨스턴, 올림픽~3가를 경계로 하고 있다(〈그림 1-2〉 참조). 한인 비즈니스는 LA 한인타운에만 2,400개가 넘으며 오렌지카운티에는 가든그로브와 어바인에 이어 최근 부에나파크와 풀러턴에 한인 비즈니스가 늘면서 7천 개, 남가주 전체로는 2만 4천 개가량이 있는 것으로 추산된다.

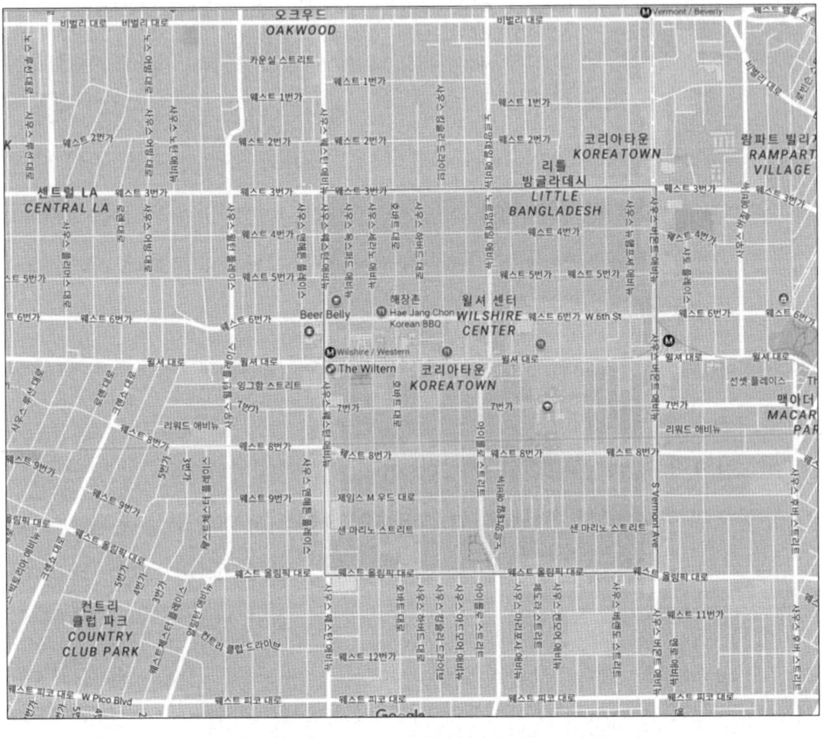

그림 1-2 2010년 LA시가 정한 코리아타운 정식구역

2. 남가주 한인사회와 단체

1) 역사와 형성과정

이민 초기 남가주 지역의 한인타운은 현재의 LA에 있었던 것이 아니다. 샌프란시스코를 중심으로 독립운동을 하던 도산 안창호 선생(1878~1938)이 1904년 리버사이드로 이주해 이곳에 있는 오렌지 농장에서 일하며 한인 집단 거주촌인 파차파캠프(1905~1918, 리버사이드 시정부는 2017년 파차파캠프를 시 문화 관심지 1호로 지정했다)를 만들었다. 이는 하와이를 제외한 미국 본토에 생긴 최초의 한인타운이다. 도산 선생은 이곳에서 한인공립협회, 대한신민회 등의 단체를 발기했다. 이와 비슷한 시기인 1905년 현재 LA 한인타운의 남쪽 남가주대학(USC)이 있는 제퍼슨(Jefferson Blvd.)에 나성한인연합장로교회에 이어 1909년 대한인국민회(LA시는 1991년 국민회관을 사적지로 지정했으며 지금도 이곳에는 2004년 개관한 대한인국민회 기념관이 있다)가 설립되면서 LA를 중심으로 한 남가주 한인사회가 형성되기 시작했다.

초기 한인 단체는 교회와 흥사단(1913), 대한인애국단(1919) 등 도산 선생을 중심으로 한 모임이 대부분이었고, 후에 이승만 전 대통령을 후원하는 대한인동지회(1929)도 설립됐다. 이들 단체는 주로 일제강점기 대한민국의 독립을 위해 활동했다. 특히 대한인국민회는 여권 대체 서류 제공 등 망명 정부 역할을 하기도 했다. 이렇게 대한인국민회관과 교회, 단체가 생겨나면서 한인이 모여들기 시작했고 1930년대에는 제퍼슨 선상 버몬트와 노먼디 사이에 그로서리스토어 등 한인이 운영하는 업소도 늘어나게 된다. 이 구역이 지금은 '올드 코리아타운'으로 한인 이민 역사에 남아 있다.

그러다가 1960년대에 들어서면서 한인의 구심점 및 사랑방 역할을 하는 단체가 생겨나기 시작했다. 주요 활동은 이민 온 한인이 미국에 정착할 수 있도록 지원하고 함께 모여 친목을 다지며 이국에서의 외로움을 달래는 정도였다. LA에서는 1962년 설립된 가주 한인센터(Korean Community Center)가 그 역할을 했다. 이 가주 한인센터가 지금 LA한인회의 전신이라 할 수 있는데 1968년 재미한인거류민회, 1972년 남가주한인회, 1982년 LA한인회로 개명해 지금에 이르고 있다. 한인 이민이 활발해진 뒤 1972년에는 LA 한인타운 남쪽 버몬트와 24가에 한국문화를 알리는 한국문화회관(Korean Culture Center, 현재는 성광교회로, LA시 사적지로 지정돼 있다)이 문을 열었다. 한국문화회관은 이민 초기 한국 문화예술과 역사, 한인사회 발전을 위해 활동했으며 1990년대까지 한인의 모임장소, 문화공간 등 사랑방 역할을 했다. 2015년에는 LA시가 버몬트와 24가를 한국문화회관 광장(Korean Culture Center Inc. Square)으로 명명하기도 했다.

어찌 보면 한인타운, 한인사회는 한인이 운영하는 대형마켓을 중심으로 상권이 발달하면서 형성됐다고 볼 수 있다. 매장크기 2만 스퀘어피트 이상 규모의 대형마켓 시대는 웨스턴과 5가에 가주마켓이 개장하면서 열렸다. 이후 1975년 올림픽가에서 중형 마켓으로 시작한 HK한국수퍼마켓이 1987년 웨스턴가 1가로 확장 이전하고 1988년 4월 플라자마켓, 1988년 6월 한남체인이 잇달아 문을 열면서 한동안 마켓 간 규모 경쟁이 벌어졌다. 1976년부터 식품도매를 하던 대우정육도 1990년 이름을 그린랜드로 바꾸고 본격적인 마켓 사업에 뛰어든다. 어느 정도 매장 크기를 키운 한인마켓들은 1990년대 말부터 매장 수 확장에 열을 올려 2000년 초반에는 20여 개에 달하게 된다. 이렇듯 한인마켓들이 LA 한인타운에서 다른 지역으로 매장을 늘리면서 가든그로브, 다이아몬드바, 밸리, 부에나파크/풀러턴, 세리토스, 어바인, 가디나/토런스 등의 한인 상권이 발달하여 지역마다 제대로 된 한인타운의 모습을 갖추게 된다.

한인마켓은 한때 LA 한인타운과 다운타운에만 매장이 10개에 달했다. 2009년 초 18개 업체, 34개 매장으로 정점을 찍은 후 생겼다가 사라지기를 반복하고 있다. 이 과정에서 가든프레시, 그레이트하베스트, 도레미마켓, 시

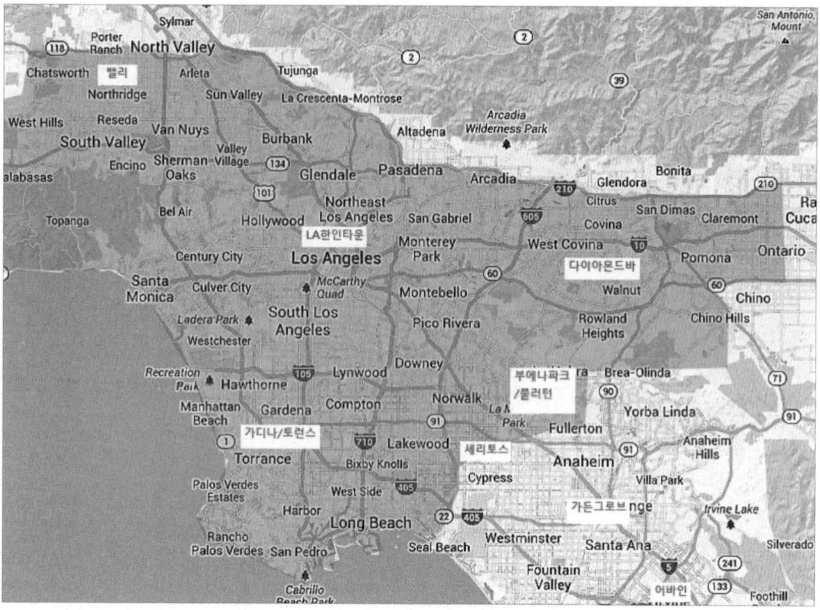

그림 1-3 한인마켓의 증가에 따라 확장된 남가주 코리아타운

티마켓, 라팔마 한남수퍼, 우리마켓, 프레시아마켓 등이 폐업하고 미 동부에서 출발해 남가주에 진출했던 그랜드마트와 아씨수퍼도 남가주에서 철수했다. 이들 마켓은 폐업하고 일부 매장도 폐점했지만 매장 대부분은 기존 마켓이 인수하여 마켓 이름만 바꿔 계속 영업하고 있다.

2019년 1월 현재 한인마켓은 9개 업체 30개가량으로 매장 수는 뉴저지에 기반을 둔 H마트가 2007년 다이아몬드바에 남가주 1호점을 열며 서부 지역에 진출한 뒤 계속 확장해 올해 안에 개장 예정인 한인타운 2호점까지 합쳐 11개로 가장 많고 샌디에이고에서 시작해 2006년 하와이언가든, 2009년 LA에 입성한 시온마켓이 5개로 그 뒤를 잇고 있다. 시온마켓 역시 1~3년 안에 LA 한인타운에 매장 1~2개를 더 열 예정으로 이 매장을 더하면 7개 매장을 운영하게 된다.

표 1-1 LA 코리아타운 내 한인마켓 현황

마켓	설립 연도	매장(2019년 기준)	매각·폐점한 매장/비고
가주마켓	1986	LA 한인타운	LA 한인타운 베벌리점, 세리토스, 노워크, 가든그로브
갤러리아마켓/ HK한국수퍼마켓	2001 1975	LA 한인타운 2개, 밸리(노스리지) LA 한인타운	롤랜드하이츠 글렌데일
그린랜드	1976	밸리, 롤랜드하이츠	전신 대우정육
리틀도쿄마켓플레이스	2009	LA 다운타운	
시온마켓	1981	LA 한인타운 3곳(2곳은 예정), 부에나파크, 샌디에이고 어바인 2곳	세리토스, 하와이언가든
아리랑수퍼마켓	1983	가든그로브, 풀러턴	
플라자마켓	1988	LA 한인타운	
한남체인	1988	LA 한인타운, 토런스 3곳(1곳은 예정), 라팔마, 부에나파크, 다이아몬드바	가든그로브, 랜초쿠카몽가
H마트	1982	LA 한인타운 2곳, 토런스, 세리토스, 노워크, 부에나파크, 가든그로브, 어바인, 다이아몬드바, 아케이디아, 샌디에이고	2007년 남가주 진출

2) 한인사회 지역별 확산과 비영리단체 현황

한인사회는 마켓 → 상권 → 한인타운 형성 과정을 거쳐 LA지역에서 인근지역으로 뻗어나갔다. 초기에는 LA와 오렌지, 샌디에이고 카운티로, 현재는 리버사이드와 샌버나디노 카운티로까지 영역을 넓히고 있다. 이렇게 형성된 지역별 한인사회에서 단체들도 자연스럽게 생겨나 함께 성장하고 있다.

오렌지카운티에 한인사회가 형성되기 시작한 것은 LA 한인타운보다 조금 늦은 1970년대 중·후반이다. 비즈니스는 LA 한인타운에서 하면서 거주 및 교육 환경이 좋은 오렌지카운티에 둥지를 튼 한인이 늘자 이들을 타깃으로 한 비즈니스와 단체가 생겨나기 시작했고 1978년 오렌지카운티 한인상공회의소(이하 OC상의), 1979년 오렌지카운티 한인회(이하 OC한인회)가 잇달아 창립한다. 이들 단체가 가든그로브(Garden Grove Blvd.)에 사무실을 열고 각각 OC한인축제, 한미 친선의 밤 개최 등 다양한 활동을 하면서 LA 한인사회와는 별개의 행사들이 생기며 별도의 오렌지카운티 한인사회가 형성된다. 2000년 이후에는 가든그로브에 집중돼 있던 한인사회가 학군이 우수하고 생활이 편한 어바인, 풀러턴에 한인 이민자뿐만 아니라 유학생 및 조기 유학생, 기러기 가정, 주재원 등이 유입되면서 이들 지역을 중심으로 오렌지카운티 전역에 폭넓게 형성되기에 이른다. 이에 오렌지카운티 한인 상권과 중심도 LA 한인타운과 마찬가지로 처음에는 가든그로브를 중심으로 발달했지만, 현재는 북쪽인 부에나파크와 풀러턴으로 옮겨왔다. 이는 부에나파크 비치(Beach Blvd.)와 맬번(Malvern Ave.) 코너에 한남체인, 시온마켓, H마트가 잇따라 문을 열면서 비즈니스가 빠르게 늘었기 때문이다. 여기에 비치와 오렌지도프(Orange thorpe Ave.)에 한인 운영 대형 쇼핑몰 더 소스까지 개장하면서 상권이 더욱 커지고 있다.

이렇듯 한인 인구가 늘고 한인마켓과 상권이 발달하자 2000년 이후 단체들이 새로 생겨나고 기존에 LA 한인사회 단체의 지회・분회 역할을 하던 단체가 분리하면서 독자적인 활동을 하게 된다. 2003년 LA카운티에 가깝지만 오렌지카운티 생활권에 있는 세리토스를 비롯해 이들 카운티 경계에 있는 지역에 살거나 비즈니스를 하는 한인이 모여 재미남가주중부한인회를 만들고 활동하기도 했다. 이를 기점으로 2004년 부에나파크/풀러턴 지역을 근거로 한 북부오렌지카운티한인상공회의소, 2005년 어바인한인상공회의소와 세리토스 일대에서 활동하던 중부한인상공회의소가 잇따라 창립했고 2007년에는 북부OC상의와 중부상의가 남가주중부한인상공회의소로 통합되기도 했다.

오렌지카운티 북부 지역에는 한인 단체가 꾸준히 생겨났다. 2011년 창립한 OC북부한인타운번영회는 2013년 OC북부한인회로 이름을 바꿨고 2014년에는 OC북부한인상공회의소, 2015년에는 OC한인요식업협회, 2017

년에는 한인중앙상공회의소와 아리랑문화예술협회가 각각 설립됐다. OC한인축제재단은 2013년 아리랑축제재단으로 이름을 바꾸고 사무실도 가든그로브에서 부에나파크로 옮겨왔다. OC한인축제 이름도 OC아리랑축제로 바뀌었다. 이렇게 오렌지카운티 북부 지역에도 한인사회가 별도로 형성되기에 이른다.

특히 정치적인 측면에서는 강석희 · 최석호 씨가 2003년 어바인 시의원에 당선된 이후 조재길 씨가 세리토스, 밀러 오 씨가 부에나파크 시의원, 영김 씨는 풀러턴을 관할하는 가주 하원의원, 가주 조세형평국 위원을 지낸 미셸 박 스틸 씨는 오렌지카운티 수퍼바이저에 도전해 당선되는 등 한인 정치인을 잇따라 배출하며 위상이 높아져 LA한인사회와 비교해 상대적으로 앞선 상황이다.

LA와 오렌지, 샌디에이고 카운티 등과 최근에는 리버사이드와 샌버나디노 카운티까지 남가주 전역에 한인이 고르게 분포해 살고 있다. 이에 따라

표 1-2 남가주지역 한인회 현황

카운티	지역별 한인회	설립연도
LA	LA한인회	1962
	LA동부한인회	2002
	LA북부한인회	2011
	샌퍼낸도밸리한인회/밸리	1999
	사우스베이한인회	2017
오렌지	OC한인회	1979
	OC북부한인회	2011
	라구나우즈한인회	1998
	실비치레저월드한인회	2000
샌디에이고	샌디에이고한인회	1979
리버사이드	인랜드한인회	1993
샌버나디노	빅토밸리한인회	1992

LA와 오렌지 등 카운티를 대표해 각각 있던 한인회도 카운티별로는 물론 도시별로도 세분화돼 생겨나면서 현재는 10개에 이르고 있다. 가장 최근 설립된 한인회는 올해 발족한 사우스베이한인회로 가디나와 토런스를 중심으로 활동하고 있다.

이렇게 한인회를 중심으로 경제/직능, 종교, 문화예술, 체육/스포츠 등 직종별 · 분야별 단체가 활발하게 생겨났다. LA에서 활동하는 경제/직능 단체로는 1973년 설립된 코리아타운번영회가 전신인 LA한인상공회의소와 LA세계한인무역협회가 대표적이다. 의류/패션 관련 업종이 몰려 있는 LA 다운타운이 있는 만큼 의류협회, 봉제협회, 섬유협회, 원단협회 등이 발달한 것이 LA 한인사회의 특징이라고 할 수 있다. 이외에도 건설, 건축, 부동산, 호텔, 보험, 재정, 상사 지사, 물류, 미용, 뷰티서플라이, 세탁, 식품상, 요식업, 은행, 변호사, 의사, 약사, 간호사, 치과, 한의사, 회계사 등 주요 경제단체만 40여 개에 이른다. 이민 초기에는 한인이 많이 종사한 세탁소, 리커스토어/슈퍼마켓 또 식당 등 관련 단체가 생겨났고 이민 역사가 길어지면서 전문직 종사자가 늘어나자 변호사, 의사, 회계사 등이 모여 단체를 설립했다. 최근에는 정치인 보좌관, 과학자, 영화 또는 IT 업계 종사자 등 시대에 따라 다양해진 한인 직업군을 반영한 새로운 분야의 직능 단체 또는 모임이 늘어나고 있는 추세다.

오렌지와 샌디에이고 카운티도 마찬가지다. 처음에는 OC상의 등 몇 개에 그쳤지만 지금은 LA 단체와 함께 활동하던 단체들이 독립해 OC부동산협회, OC식품상협회 또는 SD변호사협회 등을 만들어 독자적인 활동을 하고 있다. 다만 상공회의소의 경우, 한인회와 마찬가지로 롤랜드하이츠, 세리토스, 롱비치, 어바인, 빅토밸리, 빅토빌 등 지역마다 생겨났지만 오래 가지 못하고 사라지거나 활동을 중단한 채 휴지기에 들어갔다. 현재 상의는 LA와 오렌지, 샌디에이고, 그리고 올해 생긴 OC아리랑상의 등 4개 정도가 있다. 리버사이드와 샌버나디노 카운티는 한인회 외에 아직까지는 같거나 비슷한 성격의 단체가 별도로 생겨나 LA와 겹치기보다는 세탁협회, 분재협회처럼 지역 특성에 맞게 활동하는 단체가 늘고 있다.

한인사회 및 한인타운의 지역별 형성, 확장과 함께 늘어난 것이 지역별 축제다. LA의 한인축제, 오렌지카운티의 OC아리랑축제 등 1970년대 중반부터 1980년대 초에 시작한 축제 외에도 LA 한인타운에서는 2013년부터 열린 코리아타운 나이트마켓이 젊은 층과 다민족의 좋은 반응을 얻고 있으며, 부에나파크에서 아리랑축제가 열리자 가든그로브 상권 활성화를 위해 새로 출범한 OC한미축제재단이 2017년부터 가든그로브에서 다민족축제를 개최하고 있다. 어바인에서는 강석희 · 최석호 씨가 2004년 시의원에 동반 당선된 이후 한국문화 축제가 생겨 매년 열리고 있다. 또 글로벌 빌리지 페스티벌이라는 다민족 축제에서도 한국 문화와 음식 등을 알리고 있다. 이외에 샌디에이고의 한국문화축제, 샌퍼낸도밸리한인회의 전통문화 축제, LA북부한인회

그림 1-4 2013년부터 LA 한인타운에서 열리고 있는 코리아타운 나이트마켓을 찾은 젊은 층이 힙합공연에 열광하고 있다.
출처: 코리아타운 나이트마켓 홈페이지

의 한가위맞이 한국 전통문화 축제 등 단독 축제가 지역별로 활발하게 열리고 있다. 단독 축제는 아니더라도 지역사회와 함께 다인종 · 다민족 축제를 열거나 지역 행사에 참가해 사물놀이, 태권도, 전통무용, 한식 등 한국을 알리는 기회가 늘어나고 있다.

교회와 종교 단체는 숫자로는 단연 가장 많다. 1965년 20개 정도였던 한인교회는 4천여 개로 늘었다. 미주크리스천신문이 2017년 초 발행한 〈세계한인교회주소록〉에 따르면 2016년 11월 말 기준 미국 내 한인교회 수는 4,018개로 캘리포니아에 1,162개, LA에 300여 개가 있다. 하지만 이는 2013년 4,323개, 2014년 4,303개, 2015년 4,251개에서 감소한 것이다. 캘리포니아에도 한때 1,500개에 육박할 정도였지만 현재는 1천 개 안팎으로 파악되고 있다. 이는 이민 증가세가 둔화되고 이민 역사가 길어지면서 한인 2 · 3세들이 한인교회가 아닌 미국 또는 다인종교회로 옮겨가는 등 젊은 층이 빠져나가 교인 수가 줄어든 것이 교회 수 감소에 영향을 미친 것으로 풀이된다. 하지만 기독교교회협회, 목사협회, 전도사협회 등 교회와 밀접한 단체, 남가주밀알선교단, 비전시각장애인센터, 한인기독교상담소, 정신건강가족미션 같은 장애인이나 가정폭력, 정신건강 문제 등에 관심을 가지고 사회적 사업을 하는 종교 단체가 늘고 있다는 점은 주목할 만하다. 교회들도 산하에 비영리재단을 설립하여 더 적극적으로 커뮤니티 사업을 하고 있다. 이외에 교회 또는 종교 단체들은 오랫동안 울타리선교회, 오병이어처럼 노숙자나 북한 어린이 등 어려운 이웃을 돕는 사역을 하거나 교회 산하에 한글 또는 한국학교를 운영하며 한인 1.5~3세에게 한국어와 한국 문화 및 역사를 가르치는 교육 단체의 역할을 하고 있다.

문인, 미술가, 음악가, 무용가 등이 모인 문화단체 활동 역시 활발하다. 이들 단체는 초기 친목 위주의 동호인 모임 성격이었으나 지금은 협회지나 작품집 발간, 공연이나 전시회 같은 행사 개최 외에도 글쓰기 강좌나 독서 모임, 음악 감상 등을 통해 취미, 여가를 즐기고 싶어 하는 한인과의 접촉점을 꾸준히 늘려가고 있다. 취미, 여가에 대한 요구뿐만 아니라 건강에 대한 관심이 높아지면서 전통적인 체육/스포츠 단체들은 함께 모여 해당 종목을 연습하며 실력과 친목을 다지는 한편, 일반인이 참가할 수 있는 대회가 늘어나고 있다. 또 체육/스포츠에서 영역이 넓어져 최근에는 특히 등산, 여행 등 운동과 여가를 동시에 즐길 수 있는 단체들이 빠르게 늘고 있다.

그 밖에 인구 노령화에 따라 지역별 노인회와 상조회는 물론, 시니어를 위한 단체가 관심을 끌고 있다. LA 한인타운에 있는 코리아타운 시니어&커뮤니티센터 시니어 수강생이 월 평균 6천 명을 훌쩍 넘기는 현실을 미루어볼 때, 노인 관련 단체는 앞으로도 계속 늘어날 것으로 보인다. 이에 맞춰 교회들도 시니어를 위한 평생교육학교를 설립하고 영어교실, 컴퓨터교실, 라인댄스 같은 다양한 프로그램을 제공하고 있다. 이와 함께 청소년 단체 수 증가가 눈에 띈다. 2001년 시작한 파바월드(PAVA)를 비롯해 러브인뮤직 등이 환경보호, 무료 과외 또는 레슨, 노숙자 봉사 등 커뮤니티 서비스를 하고 있다.

이렇게 활동하는 한인 단체가 LA에만 220개가 훌쩍 넘는다. 한인 업소록에 나온 단체는 LA와 오렌지카운티에 420개 정도가 있다. 연방 국세청(IRS) 웹사이트에서 '코리아(Korea)'를 포함한 단체를 검색하면 미 전역에 면세 자격을 유지하고 있는 한인 단체는 2,090여 개에 달한다. 이 중 810여 개가 캘리포니아에 있다.

3) 4·29 LA폭동과 1.5, 2세 비영리단체

한인 단체들은 초기에 신규 이민자에게 정보 제공, 한인 또는 회원 권익 보호 및 신장을 위주로 활동했다. 한국문화와 한인사회를 지역사회, 주류사회에 알리는 역할도 했다. 하지만 떠나온 모국을 함께 추억하고 힘든 이민생활을 위로하는 친목 도모 성격이 짙었다. 그러다가 1980년대 들어와 비정부(Non-Governmental Organization, NGO) 기구, 비영리(Non-Profit Organization, NPO) 단체로서의 모습을 갖추고 본격적으로 시민활동과 사회봉사를 하게 된다. 이때 생긴 커뮤니티 서비스 단체들은 한인 1.5~2세들이 주축이 됐는데, 대부분 지난 20~30년 동안 크게 성장하여 현재도 활발하게 활동하고 있다.

이들이 지금의 남가주 비영리단체의 한 축을 이루고 있는데 LA 한인타운 6가와 하버드 코아빌딩(KOA Building)에 입주해 있는 이웃케어클리닉(Kheir, 구 건강정보센터), 한미연합회(KAC), 한인가정상담소(KFAM), 한인타운청소년회관(KYCC)이 대표적이다. 이 4개 단체 외에 민족학교(KRC)와 협력단체인 미주한인봉사교육단체협의회(NAKASEC), 한인타운노동연대(KIWA), 한인기독교커뮤니티개발협회(KCCD) 등을 꼽을 수 있겠다. 오렌지카운티에는 코리안복지센터(KCS), 사무실은 LA카운티에 있지만 오렌지카운티에서 주로 활동하는 한미특수교육센터(KASEC) 등이 있다.

이민 초기 한인 단체의 중심에 도산 안창호 선생이 있었다면, 1980년대에 생긴 이들 단체의 설립 뒤에는 전쟁 영웅 김영옥 대령이 있었다.

표 1-3 LA 주요 한인단체의 설립연도 현황

단체	설립연도
한인타운청소년회관(KYCC)	1975
코리안복지센터(KCS)	1975
한미연합회(KAC)	1982
민족학교(KRC)	1983
한인가정상담소(KFAM)	1983
이웃케어클리닉(Kheir)	1986
한미가정상담소 HFCC	1990
한인타운노동연대 KIWA	1992
미주한인봉사교육단체협의회(NAKASEC)	1994
OC한인건강정보교육센터	2000
한미특수교육센터(KASEC)	2000
한인기독교커뮤니티개발협회(KCCD)	2001
파바월드(PAVA)	2001

김영옥 대령은 제2차 세계대전과 한국전쟁에 참전해 혁혁한 공을 세운 인물이다. 퇴역 후에는 봉사활동을 활발히 전개하여 지금의 한인사회와 비영리단체들의 뿌리가 된 한미연합회와 한인가정상담소, 이웃케어클리닉 등 1.5, 2세 비영리단체들의 설립을 주도했다.

이들은 각각의 영역에서 다양한 프로그램을 운영하며 서비스를 제공하고 있다. 아시안약물남용방지프로그램(AADAP)이 1975년 한인 청소년을 대상으로 진행한 프로젝트인 한인청소년센터(KYC)로 시작해 1982년 독립한 한인타운청소년회관은 초기에 갱, 마약으로부터 청소년을 보호하는 활동을 했다. 지금은 청소년의 사회봉사 및 자원봉사, 유치원 및 방과 후 프로그램, 저소득층을 위한 서민아파트 운영 및 세금보고 지원, 창업 교육 및 지원, 한인타운 환경을 가꾸기 위한 나무 심기, 낙서 지우기, 정신건강 상담 등에 이르기까지 다양한 프로그램을 운영하고 있다.

이외에 한미연합회는 시민권 신청 대행, 유권자 등록 지원, 차세대 리더 양성 등을 통한 정치력 신장을, 민족학교는 이민자와 서류미비자의 권익 옹호 및 신장을 꾀하고 있다. 한인가정상담소는 상담과 가정폭력 및 성폭력 방지에 나서고 있으며 커뮤니티클리닉인 이웃케어클리닉은 보건의료, 한인타

그림 1-5 1.5, 2세 커뮤니티 서비스 단체의 맏형 격인 한인타운청소년회관(KYCC)의 1975년 사무실 개소식 모습. 당시 이름은 한인청소년센터(KYC).
출처: KYCC 웹사이트

운노동연대는 노동자 권익 보호를 담당하고 있다.

한인단체, 한인사회는 1992년 4·29폭동 이후 달라지기 시작했다. 4·29폭동의 발단은 흑인 로드니 킹을 구타한 백인 경찰이 무죄 평결을 받으면서다. 이에 분노한 흑인이 폭동을 일으켰는데 그 분노의 대상은 백인이나 주류사회가 아닌 한인, 한인사회였다. 분노의 화살이 평소 흑인 지역에서 비즈니스를 하며 상권을 장악한 한인에게로 향한 것이다. 한인에 대한 반감, 반발이 내재돼 있다가 로드니 킹 사건이 터지면서 한-흑 갈등이 불거졌다.

4·29폭동은 한인에게 세 가지를 깨닫게 했다. 첫째, 흑인의 분노의 불똥이 튄 한인타운과 한인사회는 정부 차원의 보호를 전혀 받지 못했다. 백인 밀집 지역에는 경찰 인력을 투입하면서도 방화, 약탈 등으로 폭동 피해를 입은 한인타운은 외면했다. 이를 경험하면서 정치력 신장, 차세대 리더 양성의 필요성을 뼈저리게 느꼈다. 둘째, 문화적 차이와 서로에 대한 이해 부족의 심각성을 인식하는 계기가 됐다. 서로에 대한 불신으로 야기된 긴장과 갈등의 심화가 폭동으로까지 갈 수 있다는 것을 일깨워준 전환점이 됐다. 셋째, 한인사회 내부의 여러 문제점이 한순간에 노출된 사건이기도 했다. 그동안 살기에 급급해 미처 신경 쓰지 못한, 또 한인끼리만 어울리며 우리만의 리그 안에서 지역사회, 타인종 커뮤니티에는 관심을 갖지 않다가 리더십·정치력 부재, 인종 간·세대 간 갈등, 타인종과의 이해·소통 부족 등을 자각하게 됐다.

이후 단체들의 활동은 조금씩 달라졌다. 다른 소수계 커뮤니티, 미국사회와의 연결, 접촉, 소통에 적극적으로 나서는 한편 한국 전통문화에서 나아가 한국 및 한인 역사, 한인사회를 알리는 활동도 늘려나갔다. 또 지역사회, 미국사회에 참여하고자 하는 의지를 보이기 시작했다. 한미연합회와 민족학교 등이 시민권 신청과 유권자 등록을 도우며 풀뿌리 정치운동에 뛰어들었다. 비영리단체 특성상 특정 정치인 후보를 지지할 수는 없지만, 한인 후보가 선거에 출마하면 대대적인 유권자 등록 및 선거 참여 촉구 캠페인을 벌이고 있다. 한인, 한인사회, 이민자, 소수계에 불리한 법안이나 주민발의안의 경우, 내용을 설명하고 찬반 캠페인을 벌이고 투표를 호소하고 있다. 미국사회, 미국정치에도 적극적으로 개입해 한인 정치인뿐만 아니라 한인, 한인사회에 도움이 될 후보를 지지하거나 후원하기도 한다. 한국 정부를 상대로 해서도 재외선거 유권자 등록, 선천적 복수국적 제도 개정운동 등 다양한 캠페인을 전개하고 있다.

LA 한인타운의 경우, LA시 정부 산하 기관인 주민의회 중 한인타운이 포함된 윌셔센터-코리아타운 주민의회에 의원으로 참여해 한인사회의 목소리를 대변하고 있다. 또 한인타운을 관할하는 LA경찰국(LAPD) 올림픽경찰서 후원회를 별도로 만들어 한국어 통역서비스를 지원하거나 나이트아웃 같은 행사, 세미나를 공동 주최하고 있다. 각 지역 한인회나 요식업협회, 경찰후원회도 정기적으로 코리안 바비큐 파티를 열어 경찰과 지역주민에게 한식을 소개하고 타인종 커뮤니티 축제 등 행사에 참가해 한국 전통문화와 역사, 한인 이민 역사를 알리는 일도 하고 있다. 그 밖에 미용협회와 한의사협회는 캘리포니아 자격면허시험에 한국어를 도입하게 하는 성과를 냈으며, 주류협회 등은 소주를 하드리커가 아닌 비어&와인 라이선스로 유통·판매할 수 있도록 가주 법안 상정 및 통과를 위해 로비를 벌이기도 했다. 한인타운노동연대는 한인사회를 대상으로 식당근로자 처우 개선, 노동법 준수 캠페인 등을 펼치는 한편, 정치인들과 손잡고 생활임금 정착, 최저임금 인상, 노동법 단속 강화법, 임금 착취 방지법 등에 대한 법안을 통과시키는 쾌거를 거두기도 했다.

이렇듯 이민자, 미국 국민으로서의 권리를 찾고 제대로 누리고자 본격적으로 한인사회의 목소리를 내기 시작했고 어느 정도 성과를 내기에 이르렀다. 하지만 지역사회 이슈를 담은 캠페인이나 지역구 정치인 초청 타운홀, 개발 프로젝트나 공원 조성 등에 앞서 열리는 공청회 같은 행사 참여는 여전히 저조해 정치력 신장이나 시민사회 활동에 걸림돌이 되고 있다.

4) 2010년 이후 변화와 트렌드

2010년 중반에 이르면서 한인사회 지형에 변화가 일고 있다. 한인 1세 신규 이민자와 유학생 감소로 한인 인구는 정체상태다. 한인 이민 역사가 길어지고 한인사회도 인구 노령화가 가시화되면서 1세와 1.5세 중심이던 한인사회와 단체들도 2세와 3세로 바뀌는 과도기를 맞고 있다. 이는 단체 성격 및 활동에도 영향을 주고 있다.

2010년 이후 눈에 띄는 단체 활동은 세 가지로 볼 수 있다. 첫 번째는 활동 목적에 따라 캠페인별 · 프로젝트별 · 프로그램별로 다른 단체와 뭉치는 것이다. 그 시작은 한인단체연합(Korea Organization Association, KOA)이다. 한미박물관을 중심으로 1.5, 2세 단체들이 박물관을 세우기 위해 미국 및 한국 정부와 개인 재단 등의 지원을 받아 2000년 LA 한인타운 6가와 하버드의 6층 건물을 매입했다. 현재 이 건물에는 앞서 언급한 이웃케어클리닉, 한미연합회,

그림 1-6 K-ARC 관계자와 LA 한인타운 주민이 LA카운티 수퍼바이저위원회 회의에서 커뮤니티센터 건립에 대한 지지의사를 밝히고 있다.
출처: 미주 중앙일보

한인가정상담소, 한인타운청소년회관의 4개 단체가 입주해 있다. 한미박물관은 결국 이 건물에 박물관은 짓지 못하고 5층 사무실만 사용하다가 6가와 버몬트에 단독 건물 건립 프로젝트를 추진하면서 현재는 문을 닫은 상태다.

한인타운에 커뮤니티센터를 짓자는 취지로 LA한인회, LA상의, KYCC, KAC, KFAM, Kheir, KRC, KIWA, KCCD, 파바월드 등 10여 개 단체가 모여 코리아타운 아트&레크리에이션 커뮤니티센터(Koreatown Art & Recreation Center, K-ARC)라는 연합체를 만들기도 했다. K-ARC는 실제 LA 한인타운, 한인사회에 커뮤니티센터, 공원의 필요성을 지역사회와 LA시 정부에 적극 알리고 정부 기금 사용에서도 감시 역할을 했다. 특히 LA카운티 정부가 추진 중인 버몬트 선상 4~6가 사이 대규모 재개발 프로젝트에 처음에는 계획에 없던 커뮤니티센터를 포함해 달라고 적극적으로 촉구해 프로젝트 중 하나인 저소득층 아파트에 커뮤니티센터를 짓기로 카운티 수퍼바이저의 결정을 이끌어냈다. 커뮤니티센터 건립 기금도 카운티 정부 등이 부담하기로 했다.

한인사회에서 정신건강 문제가 사회적 이슈로 떠오르자 한인가정상담소를 중심으로 KYCC, Kheir, 나성영락교회 산하 비영리재단인 와이낫재단(Young Nak Outreach & Transformation Foundation, YNOT)과 아시안약물남용방지프로그램 등 6개 한인과 아시안 비영리단체가 힘을 모아 LA카운티 정부로부터 180만 달러가 넘는 기금을 따내기도 했다. 이들 단체는 이 기금을 언어 장벽과 문화 차이로 정부 및 미국 기관의 혜택을 받지 못하는 한인 등 이민자에게 정신건강 상담 및 치료, 마약중독 치료 등을 위해 사용했다. 특히 이를 시작으로 한인의 정신건강 치료를 전담하는 한인통합서비스(KA-ISM)를 가동해 보험 혜택을 받지 못하는 한인에게 서비스를 제공하고 있다. 이외에 세미나를 공동 주최하거나 프로그램을 공동 운영하며 추가로 기금을 따오는 등의 시너지 효과를 내고 있다.

한인 건강을 위해 설립된 한인건강연합(Korean American Health Coalition, KAHC)은 2016년에 시작해 이제 막 걸음마를 뗀 단계이지만, 연례 한인 건강 콘퍼런스를 성공적으로 개최하며 기대를 높이고 있다. 이 연합에는 미국의 대졸업한인의사협회(KAGMA), 가주한인약사협회, 이웃케어클리닉, 한미연합회, 한인가정상담소, 한인타운청소년회관, 민족학교, 한인기독교커뮤니티개발협회, 남가주한인변호사협회(KABA), OC한인변호사협회(OCKABA), 코리안복지센터 등 LA는 물론, 오렌지카운티에서 활동하는 단체도 참여하고 있다.

가장 최근 생겨난 것이 LA한인회와 한인건축사협회(KAIA)가 주축이 된 코리아타운2030이다. 아직 추진 단계이기는 하지만 LA 한인타운의 난개발을 막고 장기적인 발전을 위한 마스터플랜을 만들어 비즈니스 활성화와 주민의 삶의 질 향상을 꾀하고 한인타운이 균형을 이루며 체계적으로 발전하도록 한다는 방침이다.

경체 단체 중에는 남가주한인경제단체협의회가 있다. 한인 경제 활성화와 한인 경제인 권익 보호를 목적으로 LA한인상공회의소를 비롯해 가주한인건설협회, 미주한인건축가협회, 한인의류협회, 미주한인봉제협회, 샌페드로패션마트협회, 재미중소기업협회, 재미한인미용협회, 미주한인물류협회, 한인공인회계사협회, 한인은행협회 등이 참여하고 있다. 이외에 세계한인무역협회LA지부(OKTA LA), 한미관세무역연구포럼, 한국상사지사협외회 등은 매년 무역아카데미를 공동주최하고 있으며 최근에는 한인 일식당들을 상대로 생선이름 표기를 놓고 악의적인 공익소송이 제기되자 한인 업주들이 모여 미주한인일식협회를 구성하고 대처에 나서 원고 측이 소송을 취하하는 성과를 내기도 했다. 또 변호사, 의사 등 전문직에 종사하는 한인 1.5, 2세들이 모여 한인전문직네트워크(KPN)라는 단체를 만들고 네트워킹 강화를 통한 커뮤니티 서비스를 확대하는 등 연대 · 연합이 다양한 형태로 나타나고 있다. 단체별로 회원에게 다양한 혜택을 제공하며 회원 권익 옹호 및 신장에 치중하며 친목을 다지던 것에서 나아가 연대 · 연합을 통해 전체 한인사회, 나아가 지역사회 발전을 위한 활동이 두드러지고 있다.

두 번째는 다른 커뮤니티와의 협업, 파트너십이다. 4 · 29폭동 이후 다

그림 1-7 민족학교, 한인타운노동연대 등 12개 한인 및 아시안 단체와 15개 미디어가 모여 대규모 시민권 취득 독려 캠페인을 벌이고 있다. 2017년 미국 대통령 선거를 앞두고 캠페인 론칭 행사에서 관계자들이 한 자리에 모였다.
출처: 미주 중앙일보

른 인종 · 민족과의 관계 개선, 화합의 중요성과 필요성에 눈을 뜬 한인단체들은 1.5, 2세 단체들을 중심으로 협업을 꾀하고 있다. 아시안아메리칸정의진흥연대(AAAJ)와의 파트너십이 주를 이루는데 민족학교, 이웃케어클리닉 등이 함께 시민권 신청 대행, 건강보험 가입 지원 등에 대한 캠페인을 전개하고 서비스를 제공하는 식이다. 또한 리틀도쿄서비스센터(LTSC)와도 긴밀한 관계를 맺고 있다. 민족학교, 한인타운청소년회관 등이 LTSC와 함께 저소득층 아파트 건립 프로젝트를 진행한 바 있다. 이외에 한인가정상담소는 아태여성보호센터(CPAF)와 가정폭력, 성폭력 및 인신매매 등의 사업을 따로 또 같이 진행하며 한인타운노동연대의 경우 식당, 마켓, 봉제공장 등 한인 비즈니스 직원으로 일하는 히스패닉 근로자가 늘면서 라티노 단체들과의 교류를 확대하고 있다. 이들 아시안 단체 또한 이 같은 흐름에 발맞춰 한인 직원을 늘리고 이사를 영입하는 한편, 한인사회에 대한 서비스를 확대하고 있다.

아예 아시안 커뮤니티가 모여서 단체를 만들기도 한다. 법률 관련 서비스를 제공하다가 현재는 다양한 분야로 활동범위를 넓힌 AAAJ(아태법률센터에서 이름을 바꿨다), 아시안 정치인을 배출하고 차세대 리더를 양성해 정치력 신장을 꾀하는 아시안정치력시장연합(CAUSE), 아시안 여성들을 가정폭력 등으로부터 보호하고 피해를 방지하는 활동을 하는 아태여성보호센터, 아태분쟁조정센터(APADRC) 등이 이에 해당한다. 한인은 이들 단체에서 소장 또는 사무국장, 회장, 이사장 등 요직을 맡고 있다.

한인단체들이 같은 아시안 단체들과 협업하는 이유는 한인, 중국계, 일본계 등 하나하나의 커뮤니티보다는 아시안으로 뭉쳐야 더 큰 힘을 발휘할 수 있기 때문이다. 미국 내 아시안 인구가 늘면서 경제적 · 사회적 · 정치적 지위가 올라가고 있다고는 하지만 미국사회에서 아시안을 하나로 바라보는 경향이 짙고 또 수적으로도 백인, 히스패닉에 밀리는 현실이 아시안, 나아가 아태계를 하나로 묶는 연결고리가 되고 있다. 아시안으로 뭉쳤을 때의 결과가 한인사회 단독으로 일을 추진했을 때보다 좋은 것은 말할 것도 없다.

이는 또 기금 확보와도 무관하지 않다. 특히 정부나 기업, 재단 등의 지원금을 받기 위해서는 단체 역사와 인지도, 신뢰도, 프로그램의 타당성, 서비스 대상의 다양성 등이 뒷받침돼야 하는데 뭉쳤을 때 기금을 받기가 훨씬 유리하기 때문이다. 설립한 지 오래됐다거나 규모가 크면 상대적으로 기금을 받기 쉬워지지만, 그렇다고 무조건 받을 수 있는 것이 아니다. 따라서 지원금 제공자와 지속적으로 관계를 해온 대표 단체가 목적, 성격이 비슷한 단체들과 모여 팀제로 기금을 신청하면 그랜트 제공자가 요구하는 조건을 충족하면서 더 큰 액수의 기금을 받을 확률을 높이게 된다. 이 때문에 최근 2~3년 사이 기금 확보에 유리한 조건과 환경을 만들기 위해 단체들끼리 통합하는 현상도 일어나고 있다.

지역사회, 다른 커뮤니티와의 융화와 협업이 중시되다 보니 단체들도 한인사회에 국한된다는 이미지에서 탈피해 다양한 커뮤니티에 친근하게 다가가고자 하는 노력을 기울이고 있다. 그중 하나가 단체 이름을 바꾸는 것이다. 한인청소년회관에서 한인타운청소년회관, 한인건강정보센터에서 건강정보센터를 거쳐 이웃케어클리닉(영어이름 Kheir Clinic), 한인노동상담소에서 한인타운노동연대 등 이름을 바꿔 한인이 아닌 단체의 주요 활동 지역인 한인타운을 내세우면서도 한인으로서의 정체성을 버리지 않는 쪽을 택하고 있다. 이는 실제 서비스 대상이 한인에서 나아가 아시안, 히스패닉, 흑인, 백인 등으로 확대돼 더 이상 한인만을 대상으로 하는 단체가 아니기도 하지만 다양성을 중시하는 미국사회에서 한인만을 대상으로 하면 기금을 받기가 불리하기 때문이기도 해 한인 단체이면서도 전체 지역사회를 아우르는 전략을 쓰고 있다.

마지막으로 미국 전역, 해외 단체로 발돋움하고 있다. 온라인상으로, 특히 소셜미디어(SNS)를 활용해 지역, 거리에 상관없이 얼마든지 실시간으로 교류할 수 있다는 점이 이를 가능케 하고 있다. 기존의 한인회, 상공회의소, 무역협회, 세탁협회 총연합회 외에도 한인호텔협회 등 전국 단위 단체들이 늘어나고 있다. 또 한-미 이해 및 협력 증진을 위한 코리아소사이어티가 뉴욕을 중심으로 활동하고 있다면 정치력 신장, 한인사회 권익 강화를 위해 미국 전역 각 지역 한인 리더들이 모여 만든 미주한인위원회(Council of Korean American, CKA)는 미국 동부에 기반을 두면서도 전국 단위 비영리단체를 표방, 미국 전역을 무대로 활동 지역을 넓혀나가고 있다. 매년 워싱턴 D. C.에서 전국 한인 리더십 콘퍼런스를 개최하는 한편, 고 김영옥 대령에게 자유의 메달을 수여하도록 캠페인을 벌이고 한인 비영리단체들에 기금을 지원해 프로그램 운영을 돕고 있다.

한국과의 교류, 비즈니스가 늘어나면서 세계 각국에서 활동하고 있는 한국계 검사로 구성된 한인검사협회(KPA)나 과학자기술협회 등도 미국과 한국, 또는 유럽 등 지역을 번갈아가며 최소 1년에 한 번씩 만나 단순한 친목도모, 네트워크 강화에서 나아가 세미나, 콘퍼런스, 포럼 등을 열어 지역사회에도 서비스하고 있다. 아예 온라인, 소셜미디어에서만 활동하는 비영리단체도 생겨났다. 이민자 권익 옹호 활동을 하고 있는 코리안아메리칸스토리는 홈페이지와 페이스북 페이지 등을 통해 한인을 비롯한 이민자에 대한 기사나 스토리를 소개하고 있다. 자체 제작하는 콘텐츠도 있지만, 여기저기 흩어져 있는 기사나 뉴스를 찾아내 한 곳에서 보여주는 것이다.

미국 전역, 해외 단체 활동이 가능해진 이유는 온라인, 소셜미디어의 발달이다. 전화비 부담도 없고, 보낸 이메일에 대한 답메일을 받기까지 시간차도 없이 카카오톡 등을 통해 일대일 또는 단체로 아이디어와 의견을 실시간으로 주고받을 수 있고 서류, 사진, 동영상 등을 보내는 방법도 훨씬 간편해지고 빨라졌으며 스카이프 등으로 화상회의도 할 수 있기 때문에 얼마든지 연례 포럼, 만찬 및 시상식 등의 기획을 할 수 있게 된 것이다. 이외에 해당 협회 관련 정보는 물론, 맛집이나 여행 정보 공유 등 개인적인 교류도 가능해 소셜미디어상에서 쌓은 친분이 오프라인으로 자연스럽게 이어져 행사를 무리 없이 치를 수 있다는 점도 한몫하고 있다.

3. 맺음말 및 제언

한인단체들이 생겨나고 본격적인 활동을 한 것이 1970년대라고 하면 한인단체 역사도 50년이나 됐다. 그동안 숫자도 늘었고 규모도 커졌으며 한인사회와 지역사회 발전에도 기여했다. 하지만 앞으로 50년, 100년을 가기 위해서는 넘어야 할 산도 많다.

가장 문제시되고 있는 걸림돌이 1세 단체들의 내부 분란이다. LA에서는 한미동포재단과 한인회가 한인회관 관리를 놓고 벌써 몇 년째 법정 싸움을 하고 있다. 축제재단도 전·현직 회장단의 갈등이 소송으로까지 번졌다. 미주한인회총연합회와 미주한인상공회의소총연합회도 회장이 바뀔 때마다 둘로 갈라졌다가 하나로 합쳤다 하기를 반복하고 있다. 이로 인해 해당 단체의 위상이 추락했을 뿐만 아니라 전체 1세 단체들에 대한 부정적 이미지를 낳았고, 결국 한인으로부터 외면을 받고 있다.

단체 예산 마련 및 운영도 끊임없이 지적되는 부분이다. 특히 1세 단체들은 회장 공탁금과 이사 회비, 개인 기부 등 커뮤니티 의존이 절대적이며 미국 정부 · 기업 · 재단 기금 신청 및 이용은 거의 전무하다. 회장의 재정적 능력과 사회적 지위가 기금 마련에 영향을 미치다 보니 예산 운영도 몇몇 사람에 의해 좌지우지되는 경향이 있다. 이 때문에 예산 운영에 투명성이 담보되지 않고 1세 단체들의 내부 분란의 원인이 되고 있다. 회장이 바뀌면서 전직 회장단의 기금 운용에 의심을 하거나 한정된 기금 출처를 놓고 서로 받겠다고 다투면서 갈등이 야기되고 있다. 1.5, 2세 단체들도 사정은 비슷하다. 정부, 기업, 재단 등의 지원금이 예산의 70~80%에 달하기는 하지만 따온 지원금 성격에 맞춰 프로그램을 운영하다 보니 때로는 단체 설립 취지, 단체 성격과 맞지 않는 프로그램이나 서비스를 운영하면서 단체의 정체성이 흔들리는 지경에 이르기도 한다. 그 때문에 예산 마련의 한계가 단체 성장의 발목을 잡고 있다고 우려한다.

후임자를 비롯한 차세대 양성은 어찌 보면 앞의 두 가지 문제보다 더 심각하다고 할 수 있다. 차세대 리더 양성의 중요성과 필요성은 진작에 제기됐지만, 미처 준비되지 않은 채 최근 2~3년 사이 예상보다 치명적으로 다가왔기 때문이다. 1세 단체는 회장을 하겠다고 나서는 이사가 없어 존폐 위기에까지 몰리고 있다. LA한인상공회의소는 차기 회장 후보가 나타나지 않자 20여 년 전에 이미 회장을 지낸 원로 이사가 회장으로 복귀하는 상황을 연출했다. 업계가 전반적으로 침체기에 접어든 한인의류협회도 회장으로 나서는 사람이 없어 급기야 협회 존립 자체를 걱정하는 처지에까지 놓였다가 다행히 이사장이 회장으로 추대되면서 문제가 일단락됐다. 협회는 40대 중반의 회장과 이사장이 취임한 것을 계기로 이참에 세대교체가 이뤄져 앞으로 젊은 임원 및 회원이 들어와 협회에 활기를 불어넣어주기를 기대하고 있다. 이 같은 분위기에 1세 단체들은 최근 몇 년간 1.5, 2세 젊은 세대를 이사나 회원으로 끌어들이려고 안간힘을 쓰고 있다.

1.5~2세 단체들도 후임자에 대한 고민이 깊다. 20~30대에 단체에 발을

들여 단체장이 된 이들도 이제 40~50대에 들어서면서 은퇴를 생각할 나이가 됐고 본인이 은퇴한 후 단체를 이끌 후임자 선정에 고심하고 있다. 현재 이들 단체의 사무국장이나 소장을 구하기 쉽지 않은 현실이다. 실제로 민족학교와 한미연합회는 사무국장 없이 공석으로 단체를 운영했으며 어렵게 구한 후에도 얼마 가지 않아 그만두거나 교체되는 등 시련을 겪었다. 이는 1세 단체의 경우, 단체 활동에 참여하는 사람만 참여하기 때문이다. 1.5, 2세 단체는 한국과 한인 문화와 정서, 미국사회 모두를 이해하고 잘 알아야 하고 한국어와 영어를 모두 할 줄 알아야 하며 미국사회와의 교류 확대를 위해 정부, 정치인과의 네트워크를 기본적으로 갖춰야 하는데 이 같은 조건을 모두 충족하는 인물이 드물다는 것이다. 즉, 1세 단체나 1.5, 2세 단체 모두 인재 풀이 작다는 게 문제다.

최근 한인사회가 요구하는 비영리단체의 역할은 커뮤니티 서비스를 제공하고 정치력 및 한인사회 영향력 신장에 기여하며 한인사회가 미국에서 비중 있는 소수계 커뮤니티로 성장하도록 지원하는 것이다. 이러한 활동을 하려면 한인사회와 지역사회 및 미국사회를 잇는 능력을 갖춰야 한다. 이 같은 역할은 먼저 한인사회에서 자리매김을 해야 가능하다. 앞서 지적한 문제들에 대해 한인들은 1세 단체들에 감투 욕심, 자리 욕심을 버릴 것을 주문하고 있다. 단체를 사유화하려는 욕심도 버려야 한다. 말로만이 아닌 봉사를 하고자 한다면 회장 자리, 돈 문제를 놓고 싸울 이유가 없다. 개인이 원하는 대로 몇몇 친한 임원이나 이사와 함께 단체를 운영하려 하기보다는 민주적 절차에 따라 체계적으로 운영해야 한다는 목소리도 있다. 이를 위해서는 이사회의 권한과 역할이 더 커질 필요가 있다.

1.5, 2세 단체들의 장점 중 하나가 바로 이사회의 감시 · 감독 기능이다. 일부 단체장이 10년, 20년 넘게 단체를 이끌고 있지만 잡음이 나는 일은 드물다. 오래한 만큼 단체 내 장악력이나 직원, 이사, 후원자 등과의 관계를 탄탄하게 다지기도 했겠지만 단체장은 기금 운영 내역 및 활동사항을 이사회

에 보고하고 이사회는 단체장과 직원들을 격려하기도 하는데 단체장이 마음대로 단체를 운영하지 못하도록 제재하는 역할을 하고 있다. KOA나 K-ARC 등 여러 단체가 모인 연합체도 마찬가지다. 여러 단체가 모인 만큼 여러 생각과 목소리가 나오고 때로는 의견 충돌이 생기기도 하지만, 모임의 취지와 목표를 위해 서로 조금씩 양보하는 모습을 보이고 있다. 차세대 양성과 세대교체에도 관심을 기울이고 준비해야 한다. 그런 면에서 OKTA가 앞서가고 있다. OKTA는 매년 개최하는 차세대 무역스쿨에서 배출한 졸업생을 협회 준회원으로 영입해 단체 활동을 경험하게 하면서 선배들의 노하우를 전수하고 있다.

예산 문제는 회장의 사비, 기업 후원금, 개인 기부금 등 커뮤니티 의존도를 낮추고 정부나 재단 그랜트를 신청해볼 것을 조언하고 있다. 회장이 바뀌면 사업도 바뀌고 직원도 바뀌는 현재와 같은 상황으로는 물론 힘들다. 그랜트 신청 필수조건인 활동사항 기록, 재정 보고, 자료 보관 등도 취약하다. 비영리단체이니 저임금 또는 무상으로 봉사해야 한다는 인식도 뿌리 깊다. 하지만 자신의 임기만이 아니라 장기적으로 바라보고 시간과 비용을 사람에게 투자해 이들 직원이 경험과 전문성을 갖추게 된다면 기금 확보에서 나아가 차기 회장이나 후임자에 대한 고민도 덜 수 있을 것이다.

이와 함께 한인사회에도 기부문화가 정착돼야 한다. 현재는 소수의 기부자, 후원기업이 여러 단체를 돕거나 단발성 기부, 후원에 그치는 경우가 많다. 단체장 인재 풀도 그렇지만 기부자 풀이 작다 보니 기금도 쉽게 고갈되고 한계에 쉽게 부딪히게 된다. 그보다는 재단 설립 등을 통한 커뮤니티 공공기금을 확보하고 운용할 수 있는 방향으로 나아가는 게 바람직하다. 기부를 하려면 무조건 액수가 커야 한다는 생각은 기부문화 확산을 해친다. 받는 사람과 주는 사람이 같이 개선돼야 비영리단체들이 재정적으로 안정되고 한인사회가 자생력을 가질 수 있을 것이다.

이런 문제들이 풀린다면 차기 회장, 후임자 문제는 어찌 보면 쉽게 해결

될 수도 있다. 갈등, 분열 없이 단체가 잘 운영되고 예산 걱정 없이 단체를 운영할 수 있다면 큰 부담 없이 회장이나 사무국장을 하겠다고 나서는 이도 나타날 것이기 때문이다. 다행히 단체들마다 차세대 리더 양성을 위한 사업을 하고 있다. 다만, 더 체계적이고 장기적인 계획에 따라 실질적인 경험과 노하우를 쌓을 수 있도록 운영돼야 한다. 같은 강사가 여기저기 나와 단체 프로그램마다 중복되고 매년 프로그램 내용이 반복돼서는 의미가 없다. 분야별로 전문적으로 가르치고 각각의 차세대 리더 양성 프로그램을 아우르는 허브가 있으면 좋을 것이다. 또 프로그램 후에도 참가자들이 지속적으로 한인사회와 비영리단체에 관심을 갖고 각각의 프로그램 참가자들이 만나 네트워크를 쌓으며 관계를 발전시킬 수 있도록 하는 등 사후관리도 필요하다.

요즘 한인타운, 한인사회가 타인종 커뮤니티, 미국사회에 매력적인 곳으로 비치고 있다. 이 기류를 잘 활용한다면 단체들도 성장하고 한인사회도 한 단계 도약하는 기회가 될 수 있을 것이다.

참고문헌

센서스 인구현황 추계조사(American Community Survey) 등 미국 연방 센서스국 웹사이트 https://www.census.gov/

한국 외교통상부 재외 공관별 한인 인구 현황, http://www.mofa.go.kr

Reconcile Asian의 '4·29 다시 기억하기 & 새로운 미래 보고서'

LA시 도시계획국 웹사이트, http://cityplanning.lacity.org/

중앙일보, 한국일보 업소록

LA한인회 웹사이트, http://www.kafla.org/ko/

미주크리스천신문, 세계한인교회주소록, https://www.chpress.net:4462/

연방 국세청(IRS) 웹사이트, https://www.irs.gov/

저자 소개

장태한

현재 UC리버사이드 대학교 소수인종학과(Ethnic Studies) 교수이며 김영옥재미동포연구소 소장. 인천고등학교 졸업(1975). UC 버클리 대학에서 박사학위(1990). 9권의 저서와 7권의 편저가 있으며 수십 편의 논문을 썼다. 가장 최근의 저서로는 『파차파 캠프: 미국 최초의 한인타운』(2018), 『외로운 여정』(2016), *Korean American Pioneer Aviators: The Willows Airmen, 1920 대한민국, 하늘을 날다*(2013)가 있고, *Unsung Hero: The Story of Col. Young Oak Kim* (2011)을 번역 출판했으며, *Ethnic Peace in the American City: Building Community in Los Angeles and Beyond* (1999), New York: NYU Press, 1999(with Jeannette Diaz-Veizades), 『아시안 아메리칸』(책세상, 2004), 「미국의 흑인 그들은 누구인가」(고려대학교, 2012) 등이 있다. 한흑 문제 및 LA폭동에 대한 전문가로 인정받아 하버드, 예일, 스미스칼리지, 존스홉킨스, 미시간, 에바나, 샴페인, UC 버클리, UCLA 등의 미국 주요 대학에서 수차례 초청 강연을 했다. SAT II 한국어 채택에 기여한 공로로 대한민국 정부로부터 훈민정음 반포 549돌을 맞이하여 대통령 표창을 수상했다(1995). 현재 미주한인위원회 이사이며 재외동포재단 자문위원이다.

이메일: edward.chang@ucr.edu

이재희

펜실베이니아 주립대학에서 방송을 전공했다. 스포츠서울/한겨레USA를 거쳐 미주 중앙일보 LA지사에서 기자로 일했다. 15년 동안 사회부, 경제부, 정치부, 문화부, 오렌지카운티 지국 등을 거치며 다양한 취재 분야를 경험했다. 현재는 이웃케어클리닉에서 언론 · 홍보 담당으로 일하고 있다.

이메일: Jaeheelee0408@gmail.com

2

뉴욕 한인 시민단체들의 현황과 활동*

주동완(한국외국어대학교 부교수/코리안리서치센터 원장)

1. 머리말

1965년 미국의 개정 〈이민법〉 제정으로 1970년대 초반부터 본격적으로 형성되기 시작한 뉴욕 한인의 이민 역사는 한인사회 단체와 협회의 역사라고 해도 과언이 아니다. 오히려 오늘날의 뉴욕 코리아타운 같은 한인사회가 형성되기 전에 이미 한인단체가 만들어졌다.

1910~1920년대를 거치면서 미국 전역에 흩어져 있던 한인 유학생들은 각 지역별로 소규모의 유학생회를 조직하고 있다가[1] 1921년 뉴욕에서 북미한인유학생총회를 발족시켰다. 뉴욕에서 북미한인유학생총회의 발족과 더불어 뉴욕 유학생 중심의 뉴욕한인회가 창립되었다. 당시 컬럼비아대학에 유학 중이던 조병옥이 뉴욕 일원의 한인 거류민과 한인 학생들을 중심으로 한인회를 조직했다.[2] 그러나 조병옥이 조직한 한인회는 오래가지 못하고 1924년 '뉴욕한인교민단'이라는 단체가 생겨 이를 이어갔다. 1924년 12월 10

* 이 글은 『재외한인연구』 제44호(2018. 2)에 실린 글을 보완한 것임.

1) 뉴욕한인회. 『뉴욕한인회 50년사』. 뉴욕한인회, 2010. 21-22쪽.

2) 조병옥. 『나의 회고록』 중에서. 뉴욕한인회 웹사이트 「간추린 뉴욕한인회 발자취」에서 재인용. http://www.nykorean.org/history/(검색일: 2017. 12. 20.)

일 뉴욕시에서 안정수, 홍득수, 리봉수, 송세인, 신성구, 허정, 라진일 등의 발기로 '뉴욕한인교민단'이 설립됐다.[3)]

해방 후 정부가 수립되고 뉴욕에는 1949년 뉴욕총영사관 주도의 관제 뉴욕한인회가 발족되어 뉴욕총영사 남궁염이 한인회 회장이 되고, 부회장에는 부영사 최용진이 들어서서 동지회 식으로 운영한 적이 있었다. 1952년 남궁염 총영사가 한인회 회장을 떠난 다음에 한국은행 뉴욕사무소장을 지냈던 유창순(전 국무총리)이 한때 한인회 회장의 바통을 이어 받았으나 본국 전임으로 흐지부지되었다. 해방 이후 정부수립, 한국전쟁의 혼란기를 거치는 동안 뉴욕 일원의 한인사회는 이렇다 할 단체 활동 없이 지냈다.

오늘날의 뉴욕한인회가 출범한 것은 1960년 5월 1일 7인의 발기인 모임 이후에 6월 12일(일요일) 창립총회를 가지면서부터다. 이날 오후 3시 뉴욕한인교회에서 개최된 뉴욕한인회 창립총회에는 약 40명의 한인이 참석했는데, 이날 한인회 설립준비위원회를 대표하여 강한모의 사회와 김승만의 지휘로 애국가를 제창했다. 뉴욕한인회 발기회가 1개월여 동안 준비해온 「뉴욕한인회규칙」을 확정하고, 뉴욕한인회 초대회장에 서상복을 선출했다. 창립 첫해 한인회 예산은 745달러 10센트였다.[4)]

이렇게 뉴욕한인회의 창립을 시작으로 2017년 현재 뉴욕 메트로폴리탄 지역에는 1천여 개의 한인단체와 협회가 활동하며 뉴욕 한인사회를 이끌고 있다. 뉴욕 메트로폴리탄 지역은 맨해튼을 중심으로 2시간 이내의 1일 생활권(〈그림 1-8〉에서 지역명이 표기된 부분)으로 인구수가 2,200만 명인[5)] 미국 최대의 메트로폴리탄 지역을 형성하고 있다. 이는 미국인 15명 중 1명이 뉴욕 메트로폴리탄 지역에 거주하고 있다는 뜻이며, 이 지역의 한인 수는 2010년 센서

---

3) 김원용. 『재미한인50년사』 중에서. 뉴욕한인회 웹사이트 「간추린 뉴욕한인회 발자취」에서 재인용.

4) 뉴욕한인회 웹사이트 「간추린 뉴욕한인회 발자취」와 뉴욕한인회. 사반세기 뉴욕한인회. 뉴욕한인회. 1985. 39-51쪽 참조.

5) 2010 인구조사 결과.

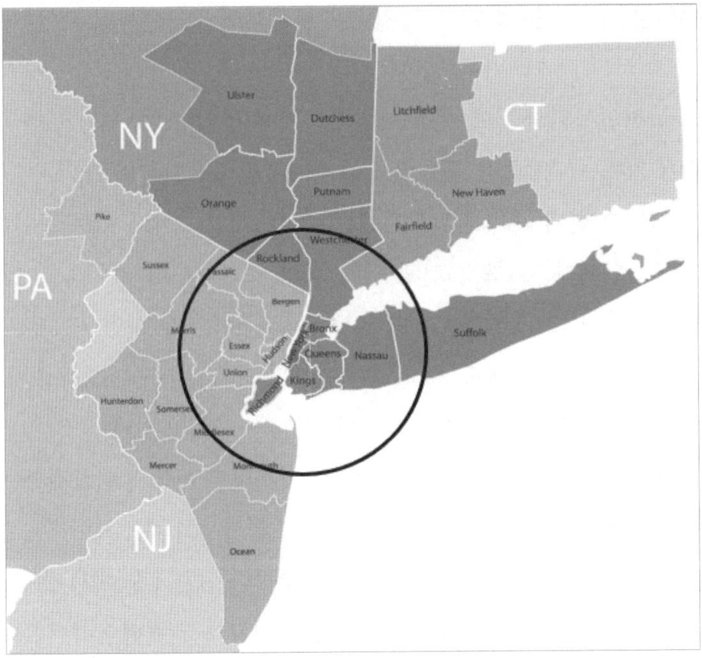

그림 1-8 뉴욕 메트로폴리탄 지역의 한인 밀집지역(검은색 원)

스 자료를 기준으로 약 22만 1천 명으로 집계되었으나, 뉴욕 한인 커뮤니티 추산으로는 약 50만 명에 이르는 것으로 알려져 있다.[6]

이 글에서는 이들 뉴욕 한인 시민단체(NGO · NPO)들의 역사와 현황 및 활동 내용과 변화 등을 살펴보고 문제점 지적 및 향후 전망과 함께 한인 시민단체들의 활동전략으로서 위키백과의 활용을 제안하고자 한다. 미국에서 시민단체(NGO · NPO)라 함은 미 국세청 규정[Internal Revenue Code 501©(3)]에 따라 등록된 총 29개 종류의 면세(Tax Exemption)기관으로 지정된 단체를 말한다.[7]

6) 주동완. 「해외 한인문화의 자원화 방안 연구: 뉴욕 코리아타운 축제의 지식맵 구축을 중심으로」. 한국외국어대학교 박사학위논문. 2016. 86-99쪽.

7) 미 국세청 규정 Internal Revenue Code 501©(3)에 의거하여 지정된 시민단체의 종류: Religious, Educational, Charitable, Scientific, Literary, Testing for Public Safety, to Foster National or International Amateur Sports Competition, or Prevention of Cruelty to

2. 뉴욕 한인사회 단체 현황 개관

뉴욕 한인사회의 단체 현황을 파악하기 위하여 2017년 뉴욕 한국일보 주소록에 등재된 단체들을 종류별로 나누어보면 〈표 1-4〉와 같다.[8] 표에서 보듯이 2017년 현재 뉴욕 한인사회에는 총 914개의 단체가 활동 중인데, 그 가운데 종교단체가 511개로 전체 단체 수의 약 55.9%를 차지하고 있으며, 다음이 직능단체 128개(14.0%), 친목단체(13.7%) 등이 뒤를 이었다. 그 밖에 문화/예술/체육단체가 83개로 9.1%, 봉사단체가 50개로 5.5%, 그리고 각 지역별 한인회 등 지역단체가 17개로 1.9%를 각각 나타내고 있다.

이러한 뉴욕의 한인사회 단체 현황을 시기별로 어떻게 변화해왔는가를 살펴보기 위해 약 한 세대 전인 1983년 뉴욕 한인사회 주소록인 「뉴욕가이드 한인록」[9]에 등재된 단체 현황과 비교해보았다. 〈표 1-5〉에서 볼 수 있듯이 먼저 1983년 뉴욕 한인사회에는 187개의 단체가 존재했으며, 이 가운데 종교단체가 약 60.0%인 114개로 가장 많았고 그다음이 16.6%를 차지한 31개

표 1-4 2017년 뉴욕 한인사회 단체 현황

단체 종류	개	비율(%)
종교단체	511	55.9
직능단체	128	14.0
친목단체	125	13.7
문화/예술/체육단체	83	9.1
봉사단체	50	5.5
지역단체	17	1.9
계	914	100.0

Children or Animals Organizations.

8) 『뉴욕한인록』. 뉴욕한국일보사. 2017.

9) 『뉴욕가이드 한인록』. 세계출판사. 1983.

표 1-5 뉴욕 한인사회 단체의 시기별(1983년 vs. 2017년) 변화

단체 종류	1983		2017		증가율(배)
	개	비율(%)	개	비율(%)	
종교단체	114	60.0	511	55.9	4.5
직능단체	15	8.0	128	14.0	8.5
친목단체	31	16.6	125	13.7	4.0
문화/예술/체육단체	11	5.9	83	9.1	7.5
봉사단체	8	4.3	50	5.5	6.1
지역단체	8	4.3	17	1.9	2.1
계	187	100.0	914	100.0	4.9

의 친목단체가 뒤를 이었다. 그 외에 직능단체가 8.0%(15개), 문화/예술/체육단체가 5.9%(11개) 그리고 봉사단체와 지역단체가 각각 4.3%(8개)씩으로 나타났다.

1970년대부터 본격적으로 형성되기 시작한 뉴욕의 한인사회는 1980년대까지만 해도 이민사회에 정착하는 데 있어서 종교단체의 역할이 컸다. 뉴욕은 LA와 더불어 미주지역 한인 이민자의 주요 이민 관문도시로서, 1970년대 초반부터 한인 이민자가 대거 유입되기 시작했다. 그와 더불어 한인 기독교 교회들이 곳곳에 세워지면서 한인 이민자의 초기 정착에 많은 도움을 주었다. 전해지는 이야기로 당시 뉴욕지역 한인 교회 목회자들의 주요 일과 중의 하나는 시간이 날 때마다 JFK공항에 가서 새로 이주해오는 한인을 영접하는 일이었다고 한다. 미리 소개되는 경우도 있었지만 사전 소개 없이 공항에서 생면부지의 한인 이주자를 맞이한 한인 교회 목회자들은 그들에게 교통편 제공과 숙소 안내 및 취직자리 알선까지 세트로 마련해주곤 했는데, 이러한 봉사는 바로 그 교회의 교인 증가로 나타났다. 한인 교회들 간에 이러한 새로운 한인 이민자 쟁탈을 위한 봉사 경쟁이 벌어지기도 했다. 어쨌든 뉴욕지역으로의 한인의 유입 증가는 한인 교회 성장에 큰 요인이 되었으며, 한인 교회들의 초기 한인 이민자를 돕기 위한 적극적인 활동은 한인사회 발전에

많은 기여를 했다.

이와 함께 1970년대에서 1980년대에 이르는 기간 동안 뉴욕 한인사회는 학교 동창회와 고향 향우회 및 성씨 종친회 등과 같은 한국에서의 1차적인 사회적 관계에 기초한 정의(情誼)적인 친목단체들의 숫자가 상대적으로 많았고, 활동도 활발했다. 이러한 친목단체들 역시 초기 한인 이주자의 정착에 물심양면으로 많은 도움을 주었다.

그러나 한 세대가 지난 2017년 현재의 뉴욕 한인사회 단체 현황과 비교해보면, 절대적인 단체 숫자에서 종교단체와 친목단체들도 상당히 증가했지만, 상대적으로 직능단체, 문화/예술/체육단체 그리고 봉사단체들의 증가가 두드러진다.[10] 절대적인 숫자에서는 종교단체와 친목단체의 숫자가 511개와 125개씩으로 압도적으로 많지만, 증가비율로 보면 직능단체, 문화/예술/체육단체 그리고 봉사단체들이 1983년에 비해 2017년에 8.5배, 7.5배, 6.1배 등으로 더 높이 증가한 것은 그만큼 이들 분야 단체가 한인사회로서는 더 필요했고, 이들 단체의 활동이 더 활발했다는 것을 의미한다고 하겠다. 또한 이러한 단체들은 단체의 성격상 절대적인 숫자가 무한정 증가할 수는 없으며, 단체 활동의 내용과 질적인 면에서 보면 뉴욕 한인사회를 이끌어오는데 종교단체나 친목단체보다 더 크고 중요한 역할을 해왔음을 알 수 있다.

지역단체는 뉴욕 메트로폴리탄의 각 지역에 집단거주하고 있는 한인을 대표하는 '한인회'를 가리킨다. 뉴욕 메트로폴리탄 지역 한인회들은 1980년대 이후 뉴욕 한인사회가 팽창함에 따라 뉴욕 메트로폴리탄 지역 곳곳에 한인의 집거지역이 형성되면서 수적으로 증가했다. 한인의 집거지역인 코리아타운들의 변화에 따라 1990년대까지는 지역 한인회들이 분화 및 증가하는 경향을 보였다면, 2000년대 중반에 들어와서는 통합 및 감소하는 경향을 보

10) 1983년부터 2017년까지 뉴욕 한인사회의 단체 현황 변화를 보면 종교단체는 4.5배, 친목단체는 4.0배의 증가에 그친 반면, 직능단체는 8.5배, 문화/예술/체육단체는 7.5배 그리고 봉사단체는 6.1배가 증가했다.

이고 있다. 그 대표적인 예가 뉴욕 한인사회를 대표하는 플러싱한인회를 들 수 있다.

1960년에 뉴욕한인회가 설립된 이후, 1970년대에 들어서면서 뉴욕지역 한인 인구가 급속히 증가하여 플러싱 지역이 한인의 주거지역으로 각광을 받기 시작했다. 1970년대 당시 대부분의 뉴욕지역 한인이 플러싱에 거주하며, 플러싱에서 사업을 시작하거나 플러싱에 거주하면서 맨해튼으로 출퇴근하며 플러싱 코리아타운을 키워나갔다. 지금까지 미국 동부지역 최대 한인 밀집지역으로 남아 있는 플러싱에도 1970년대 말부터 새로운 한인회의 필요성이 대두되어 결국 1980년 플러싱한인회가 탄생하게 되었다. 그리고 곧이어 맨해튼 42번가에서 플러싱 메인 스트리트까지를 오가는 7번 지하철 노선을 따라 서니사이드, 우드사이드, 잭슨하이츠, 엘머스트 등지에도 한인의 밀집 거주 지역들이 형성되기 시작했다.

이에 플러싱을 제외한 이들 지역에서도 새로운 한인회의 필요성이 제기되어 1984년에는 이들 지역을 아우르는 중부퀸즈한인회가 발족되었다.[11] 플러싱한인회와 중부퀸즈한인회는 지역 한인의 대변인 역할을 하고 한인에게 실질적인 도움을 주며 그 활동 범위를 넓혀갔다. 하지만 2000년대에 들어서면서 플러싱과 중부퀸즈지역의 한인이 좀 더 생활 여건이 좋은 교외지역으로 이주해나가기 시작하면서 이들 지역의 한인 인구가 격감하기 시작했다. 이에 따라 플러싱한인회와 중부퀸즈한인회는 그 역할과 기능이 축소되어 겨우겨우 명맥을 유지하다가 결국 2008년 뉴욕퀸즈한인회로 통합되었다.[12]

11) 중앙일보. 「플러싱한인회+퀸즈중부한인회… '퀸즈한인회'로 태어난다」(2008. 12. 19.) http://www.koreadaily.com/news/read.asp?art_id=757357(검색일: 2018. 1. 12.)

12) 중앙일보 위의 기사 및 뉴욕퀸즈한인회 웹사이트. 「뉴욕퀸즈한인회 연혁」 참고. http://www.kaaq.org/index.php?mid=P02(검색일: 2018. 1. 12.)

표 1-6 뉴욕 메트로폴리탄 지역의 지역단체(한인회)

기관명	설립연도
뉴욕한인회	1960
플러싱한인회	1980
퀸즈중부한인회	1982
브루클린한인회	1983
스태튼아일랜드한인회	1989
롱아일랜드한인회	1993
웨체스터한인회	1996
맨해튼한인회	2000

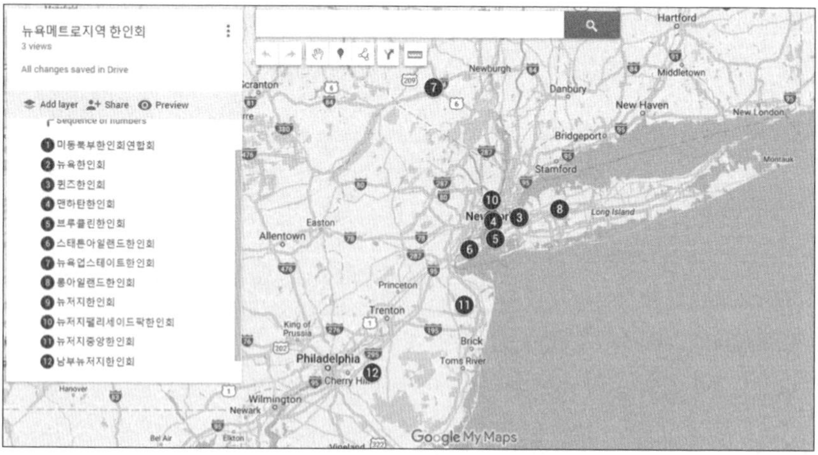

그림 1-9 뉴욕 메트로폴리탄 지역 한인회들의 분포 현황

출처: https://www.google.com/maps/d/edit?hl=en&authuser=0&mid=1SPBa8Div9uYcj9n1Te6AJGQxuLQ&ll=40.67806710798262%2C-74.18487085000004&z=8

이와는 반대로 1990년대에 들어서면서 뉴욕 메트로폴리탄의 교외지역들 가운데 자녀 교육환경이나 주거환경이 좋은 지역들에는 새롭게 한인이 모여들어 한인 밀집 거주지역을 형성하면서 롱아일랜드한인회(1993년 설립), 웨체스터한인회(1996년 설립), 맨해튼한인회(2000년 설립) 등 새로운 한인회들이 생겨나게 되었다.

3. 한인 단체의 유형별 특징

1) 직능단체

직능단체는 같은 업종에 종사하는 한인이 자신들 사업의 권익을 옹호하고 서로의 친목을 도모하기 위해 조직한 단체를 말한다. 따라서 직능단체 회원들은 자신들 사업의 이익 보호를 최우선으로 하여 조직되었기 때문에 단체의 결속력이 강하고 조직이 체계적으로 구성되어 있다. 특히 직능단체는 사업 소유주들의 단체이므로 회원들의 회비 갹출이나 단체 활동을 위한 후원금 모금이 비교적 용이하며, 이 같은 경제적인 여유로 말미암아 단체 활동이 어느 정도의 규모를 갖고 있으며 장기적·지속적으로 유지가 가능했다.

〈표 1-7〉에서 보는 바와 같이 뉴욕 한인사회에서는 1973년 뉴욕한인약사회의 설립을 시작으로 2000년대 초반까지 한인사회 주요 직능단체들이 설립되었다.

표 1-7 뉴욕 한인사회의 주요 직능단체

기관명	설립연도	기관명	설립연도
재미한인과학기술자협회	1971	뉴욕한인의사회	1988
뉴욕한인약사회	1973	뉴욕한인기술인협회	1989
뉴욕한인청과협회	1974	뉴욕한인식품협회	1986
뉴욕한인수산인협회	1977	한미미용인협회	1991
대뉴욕지구한인상공회의소	1977	대뉴욕지구 한인보험재정협회	1994
뉴욕한인경제인협회	1978	대뉴욕한인뷰티서플라이협회	1995
뉴욕한인드라이클리너스협회	1978	대뉴욕지구한인공인회계사협회	1995
대뉴욕지구한인봉제협회	1980	한인2세의사회	1995
뉴욕한인우정협회	1981	뉴욕한의사협의회	1996
뉴욕한인건설협회	1985	뉴욕한인공무원협회	1997
대뉴욕한인변호사협회	1986	미국의대출신 한국인의사모임	2002
뉴욕한인네일협회	1987		

이외에도 다른 많은 직능단체들이 설립되었지만, 〈표 1-7〉에 보이는 직능단체들이 주로 한인사회와 함께 활동해왔으며 현재까지도 왕성한 활동을 보여주고 있는 단체들이다. 특히 한인사회 직능단체들의 설립연도를 보면 당시 한인사회의 현황과 함께 어느 시대에 어떤 사업 업종들이 한인의 주력 사업이 되었는가를 파악할 수 있다.

먼저 1971년 재미한인과학기술자협회가 1971년 12월 11일 워싱턴 D.C.에서 창립 모임을 갖고 미주 지역 한인 단체로서는 초창기에 설립되었는데, 이는 1950년대와 1960년내에 한국에서 유학 온 유학생 출신들이 주로 과학과 기술 분야로 진출해 있었던 결과다. 뉴욕지역의 의료 전문인 직능단체로서는 최초로 1973년 뉴욕한인약사회가 설립되고 1988년 뉴욕한인의사회, 1995년 한인2세의사회, 1996년 뉴욕한의사협의회, 그리고 2002년에 미국의대출신 한국인의사모임 등이 차례로 설립되었는데, 이처럼 의료전문 단체들이 뉴욕에 먼저 형성된 것도 1965년 미국 이민법 개정으로 한국으로부터 의사, 간호사, 약사 등 전문 의료 인력들이 가장 먼저 미국으로 이민을 왔기 때문이다. 그리고 이렇게 순서적으로 의료분야의 단체들이 탄생한 것은 한인 의료분야 종사자들의 미국 주류사회의 의료분야에서 정착해가고 있는 과정을 보여주는 것이라고 할 수 있다.

의료분야에서 약사들은 당시 팽창해가는 뉴욕 메트로폴리탄 지역의 코리아타운과 함께 다른 의료분야 종사자들보다 비교적 쉽게 자영업을 시작할 수 있었으므로 단체 설립도 빨랐다. 하지만 의사들의 경우는 한인사회 내에서 자립적인 단체를 만들 수 있을 정도가 되기 위해서는 1988년까지 좀 더 시간이 필요했다. 또한 한인 의사들은 직업의 성격상 자신들의 권익 보호를 위한 단체 설립의 필요성을 그렇게 크게 느끼지 않았으므로 단체 설립이 늦어진 원인도 있다. 그리고 한인 2세 의사들이 단체를 만들기까지는 한인 2세 전문의사들이 배출되기 시작한 1990년대까지 기다려야 했다. 1996년 뉴욕한의사협회가 발족한 것은 한의사 면허자격 실시와 관계가 있다. 한인사회 내에 점증하는 한의사들 가운데 무자격 한의사들에 대한 자체 정화를 위해 협회가 만들어졌다. 2002년 미국의대출신 한국인의사모임이라는 단체가 조직된 것은 주로 1세들로 구성된 한국의대출신 의사와 미국의대를 나온 한인 2세 의사들을 구분하려는 한인 1세와 2세 간의 세대 간 갈등 또는 차별의식을 나타내고 있는 듯하다. 어쨌든 한인 의료업계 종사자들은 자신들이 결성한 이러한 단체들을 통해 한인사회에 많은 의료봉사를 해오고 있는 것은 사실이다.

뉴욕 한인사회 직능단체들 가운데 뉴욕 한인사회와 밀접한 관련이 있으면서 뉴욕 코리아타운 형성에 많은 영향을 미친 단체는 1970년대에 조직된 뉴욕한인청과협회(1974년), 뉴욕한인수산인협회(1977년), 뉴욕한인경제인협회(1978년), 뉴욕한인드라이클리너스협회(1978년) 등을 들 수 있다.[13] 이들은 1970년대에서 1980년대에 걸쳐 뉴욕 한인의 대표 업종들로서 한인사회의 경제를 이끌어왔으며, 한인의 '아메리칸 드림'을 이루게 해준 업종들로, 아직까지도 뉴욕 한인사회에 주력 업종으로 남아 있다.

뉴욕한인청과협회의 경우 뉴욕 한인의 대표적인 업종 종사자들의 단체였던 만큼 한때 뉴욕 한인 최대 규모의 단체였으며 뉴욕 한인사회를 위해 많은 일을 해왔다. 뉴욕 메트로폴리탄 일대에 약 3,500개의 한인 청과업소들이 블록마다, 지하철 정거장마다 자리하고 있어 지역경제를 활성화하는 데 큰 역할을 했을 뿐만 아니라 밤늦게 또는 24시간 가게 문을 열어놓아 주변을 밝혀주어 인근지역 치안과 안전 문제를 해결하기도 했다. 청과업은 특별한 기술이나 지식이 필요 없고, 또 '영어'라는 언어의 장벽 없이 적은 자본과 가족노동력을 동원하여 쉽게 시작할 수 있었다. 밤 10시부터 새벽 4시까지 브롱스의 헌츠포인트 청과도매시장에서 과일과 채소 등의 물건을 구입해서 아침

13) 뉴욕한인청과협회(1974)는 과일과 채소를 취급하는 한인 청과업자들의 단체이며, 뉴욕한인수산인협회(1977)는 생선을 취급하는 가게 주인들이 만든 단체이고, 뉴욕한인경제인협회(1978)는 주로 맨해튼 32가를 중심으로 형성된 가방, 장신구, 모자 및 잡화 등을 취급하는 도매상들의 단체이며, 뉴욕한인드라이클리너스협회(1978)는 세탁업에 종사하는 한인 업주들의 단체다.

일찍 다듬어 진열대에 진열해놓기만 하면 되는 청과업은 조금 부지런하기만 하면 누구나 시작할 수 있는 사업이어서 갓 이민 온 한인에게는 안성맞춤의 업종이었다.

하지만 청과업이라는 업종의 성격상 과일과 채소 상자 등 무거운 짐을 날라야 하고 아침 일찍부터 밤 늦게까지 가게 문을 열어야 하는, 비교적 노동 강도가 세고 노동집약적인 업종이다. 따라서 사업이 나아지면 나아질수록 가족 노동력만으로는 유지하기 힘들어 타민족 노동력을 고용하기 시작했다. 여기서 타민족이란 주로 라티노 출신의 히스패닉계 노동자들을 말한다. 처음에는 한인 청과가게에서 열심히 일하던 히스패닉계 노동자들은 자신들을 거칠게 다루는 한인 청과업소 주인들에게 인간적인 대우를 요구하다가 저임금과 초과근무시간에 대한 권리를 주장하기 시작했고, 결국 노조를 결성하여 법적으로 대응하기 시작했다.

또한 초기 한인 청과업소들은 주로 가게를 열기 쉬운 흑인 중심의 저소득층 지역에서 문을 열었는데,[14] 지역 흑인주민과의 문화의 상이함과 언어상의 소통 문제 등으로 상점 주인과 고객 간의 마찰이 일어나 한인 상점 불매운동(보이콧)으로 발전하기도 했다. 1980~1990년대 뉴욕 한인 소기업들을 상대로 흑인이 벌인 보이콧 시위는 모두 15건이 보고되었는데, 이 가운데 40%에 해당하는 6건이 한인 청과업소에 대한 보이콧이었다.[15] 더구나 이 6건의 보이콧 가운데 5건이 35일에서 17개월에 이르는 장기간의 보이콧이어서 해

14) 뉴욕에서 최초의 청과업을 시작한 사람은 1973년 브루클린 처치 애비뉴 선상에 청과물 가게 문을 연 곽도섭이다. 곽도섭은 자신의 청과업소의 문을 열었던 당시를 이렇게 회고했다. "1973년에 브루클린 처치 애비뉴 선상에 유태인 할아버지가 은퇴하면서 내놓은 청과업소를 하나 구입했지. 그때 브루클린에 나 말고 다른 한인 청과상이 하나 더 있었어. 그 사람은 이태리 주인에게서 그의 청과업소를 샀지. 하지만 그 한인 청과상은 곧 그의 청과업소를 팔고 내 가게에 와서 매니저로 일하기 시작했지." Min, Pyong Gap. 『Ethnic Solidarty for Economic Survival: Korean Green Groders in New York City』. Russel Sage Foundation. 2008; p. 50. 주동완. 「해외 한인문화의 자원화 방안 연구: 뉴욕 코리아타운 축제의 지식맵 구축을 중심으로」. 한국외국어대학교 박사학위논문. 2016. 115쪽 재인용.

15) Min, Pyong Gap. 『Ethnic Solidarty for Economic Survival: Korean Green Groders in New York City』. Russel Sage Foundation. 2008. pp. 68-80.

당 한인 청과업소는 물론 뉴욕 메트로폴리탄 지역 거의 모든 한인 청과업소에 대한 이미지와 영업에 영향을 미치기도 했다.

다른 한편으로 한인도 한인에게 부당한 행위를 한 기업의 업주나 뉴욕시 정부기관 또는 언론사들에 대해 항의시위와 보이콧 등을 전개했는데, 1970년대 말부터 1990년대 중반까지 총 18건의 사례가 보고되었다.[16] 이 18건의 사례 가운데 10건이 청과업소들이 뉴욕한인청과협회를 중심으로 벌인 보이콧이었다. 그리고 10건의 보이콧을 내용별로 보면 7건이 한인 청과상들이 과일과 채소 등을 구입하는 도매업자 또는 도매업소에서 일하는 직원들의 부당한 행위에 대항한 것이었고, 한인 청과업소에 대한 뉴욕 언론의 부당한 보도와 뉴욕 경찰과 청과 도매시장조합 측의 부당한 사건 처리 등에 대항한 경우가 각 1건씩이었다.[17] 이처럼 뉴욕 한인 청과상들은 라티노 고용인들과의 고용 문제, 흑인 고객과의 갈등, 백인 도매상과 그 직원들의 차별, 경찰과 정부기관[18]들의 부당한 처우 등에 감내해야 했을 뿐만 아니라 그들이 사업을 하고 있는 가게의 부동산 소유주들의 끊임없는 렌트비(가게 월세) 인상요구에 시달려야 했다.[19]

이렇게 청과업에 종사한 한인은 라티노 고용인, 흑인 고객, 백인 도매업자와 랜드 로드(가게 건물주) 그리고 정부기관 등 5중고를 겪으며 사업을 해야 했다. 게다가 이들은 앞서 지적한 대로 하루 15시간 이상의 장시간 노동과

16) 이 18건의 사례는 Min, Pyong Gap. 위의 책. pp. 61-67; Min, Pyong Gap의 다른 책. 『Caught in the Middle』. University of California Press. 1996. pp. 193-202의 내용을 합친 것이다.

17) Min, Pyong Gap. 『Ethnic Solidarty for Economic Survival: Korean Green Groders in New York City』. Russel Sage Foundation. 2008. p. 65 표 내용 분석결과.

18) 특히 청과업소의 경우 채소와 과일 등의 쓰레기 처리가 심각한 문제였다. 뉴욕시의 규정상 쓰레기 처리를 제대로 하지 못해서 가게 주변이 지저분해지거나 악취가 나면 벌금딱지를 받고 수백 달러에서 수천 달러까지 벌금을 내야 했다. 또 청과업소들은 과일과 채소를 그들의 가게 밖에까지 진열해 놓는 것이 가게 매상을 올리는 데 매우 중요해서 많은 한인 청과업소들은 과일과 채소 상품을 그들의 가게 경계선 너머까지 좌대(임시로 만든 상품 진열대)를 놓고 상품을 진열했는데, 뉴욕시법상 좌대가 가게 벽면으로부터 3피트 이상 돌출할 경우 벌금딱지를 매겼다. 한인 청과상들은 이 같은 쓰레기와 좌대 문제로 인한 많은 벌금으로 지속적인 고통을 받았다.

19) 민병갑은 이러한 한인의 어려운 소기업 상황을 그의 책 제목 『Caught in the Middle』에서와 같이 '중간에 낀 존재'라고 실감나는 표현을 하기도 했다.

함께 가게에 드나드는 좀도둑과 밤에는 권총강도 등과 같은 생명의 위협까지 감수하며 그들의 사업을 키워나가야 했다.[20] 이러한 상황은 생선가게를 운영하는 한인 수산업 종사자나 세탁업 종사자 또는 일반 잡화 취급업소까지 별반 다르지 않았다. 각 업소 나름대로의 고충과 어려움이 항상 한인 업주들의 앞을 가로막았지만, 한인 소기업 상인들은 모든 어려움을 슬기롭게 극복해나가며 이민생활에 정착하고 이민자로서의 '아메리칸 드림'을 이루어나갔다. 한인 소기업 업주들이 비즈니스상 이렇게 어려운 역경을 헤치고 나길 수 있었던 것은 동종 업종의 업주들이 결성한 직능단체의 역할이 절대적으로 컸기 때문이다.

한인 직능단체들은 단체 회원들의 권익만 옹호한 것이 아니라 한인 커뮤니티를 위해 많은 일을 했다. 대표적인 것이 어느 업종보다 여러 가지 힘든 상황임에도 불구하고 1982년부터 미 동부지역 최대 한인민속잔치인 추석맞이 민속잔치를 개최해온 뉴욕한인청과협회다.[21] 뉴욕한인청과협회 회원들은 처음에는 회원들 간에 한인으로서의 강한 민족적 정체성을 갖고 협회의 활동을 해오면서 남다른 단결력이 배양되어 이같이 커다란 한인 축제도 30년 이상 장기간에 걸쳐 개최해올 수 있었지만, 이제는 오히려 이러한 뉴욕한인청과협회 회원들의 강한 단결력이 민족적 정체성을 유지하는 데 매우 큰 역할을 해오고 있다.[22] 그 외에 다른 한인 직능단체들은 모국인 한국과

20) 미주 한인 소기업자들의 성공 스토리는 타민족에게 모범이 되어 코리안 아메리칸(미주 한인)을 모델 마이노리티(모범적인 소수민족)라고 칭하고 있지만, 이렇게 소기업 운영에서 한인의 어려운 사정을 감안하면 이는 단순히 '모델'이라고 하기에 문제가 있다는 비판도 제기되고 있는 실정이다.

21) 1982년부터 뉴욕한인청과협회에 의해 개최되어온 뉴욕 추석맞이 민속대잔치는 2014년을 마지막으로 하여 개최되었고, 2015년부터는 축제재단이 별도로 생겨 개최되고 있다. 뉴욕 추석맞이 민속대잔치와 관련된 내용은 임영상·주동완. 「뉴욕의 한인사회와 축제」. 『코리아타운과 축제』. 북코리아. 2015; Min, Pyong Gap. 『Ethnic Solidarty for Economic Survival: Korean Green Groders in New York City』. Russel Sage Foundation. 2008; 주동완. 「해외 한인문화의 자원화 방안 연구: 뉴욕 코리아타운 축제의 지식맵 구축을 중심으로」. 한국외국어대학교 박사학위논문. 2016 참조.

22) 민병갑의 『Ethnic Solidarty for Economic Survival: Korean Green Groders in New York City』는 뉴욕한인청과협회 회원들의 단결력이 그들의 민족적 정체성을 더욱 강하게 해주는 과정을 설명해주고 있다.

뉴욕 한인을 연결시켜주는 초국가적(transnational) 활동의 일환으로 한국의 상품을 미국에 소개하고 판로를 개척하기도 하며, 각종 장학금을 마련하여 한인 커뮤니티 내의 청소년을 위한 교육적인 활동에도 많은 역할을 하고 있다.

2) 사회단체

직능단체들의 활동이 주로 회원들의 권익보호와 친목 그리고 한정된 범위 내의 커뮤니티 활동에 그쳤다면, 뉴욕 한인사회 내의 각종 사회단체들의 활동은 한인 커뮤니티 전체에 영향을 미쳤을 뿐만 아니라 그 활동의 다양성 면에서도 한인의 생활 전반에 걸쳐 도움을 주어왔다. 〈표 1-8〉에서 보듯이 뉴욕 한인의 사회단체는 청소년에서 노인 문제에 이르기까지 활동범위가 전 세대에 걸쳐 있으며, 여성 문제, 장애인 문제, 한·흑 간의 문제, 이민 문제, 교육과 직업 문제 등에 이르기까지 광범위한 범위에 걸쳐 있으며, 각 분야에서 전문적으로 한인 커뮤니티를 위해 봉사하고 있다.

한인 사회단체들 가운데 1980년대를 대표하는 사회단체로는 뉴욕한인소기업센터가 있다. 뉴욕한인소기업센터는 앞서 이야기한 뉴욕의 한인 청과상들이 늘어나고 협회의 활동이 활발하던 시기인 1985년에 뉴욕한인청과협회의 봉사실장을 하고 있던 김성수에 의해 설립된 사회단체로서, 이름 그대로 한인 소기업들을 위해 뉴욕시 정부당국에 대항하기도 하고 로비를 했던 단체다. 특히 뉴욕한인소기업센터는 한인 소기업 업주들을 위해 상가 렌트 안정을 위한 입법을 위해 많은 노력을 했으며,[23] 골목상권에 대형 슈퍼마켓이나 대형 전문매장들이 들어오는 것을 저지하기 위한 '메가스토어법' 제정, 한인 소상인들의 목줄을 매는 각종 면허취득 실시 저지 등과 같은 굵직굵직

23) 한국일보. 『상가렌트안정법 콘퍼런스』. 2016. 3. 19. 민권센터 웹사이트 참조. http://minkwon.org/kr/newsroom-kr/minkwon-in-the-news-kr/03192016-business-conference-kt-kr(검색일: 2018. 1. 14.)

표 1-8 뉴욕 한인사회의 주요 사회단체

기관명	설립 연도	기관명	연도	기관명	설립 연도
The Child Center of NY	1953	사회복지상담소	1989	청소년과가정	1999
뉴욕한인봉사센터(KCS)	1973	대뉴욕지구 원로성직자회	1990	자비원	1999
한인가정문제연구소	1974	장애인재활협회	1990	FGS코리안커뮤니티센터	2000
뉴욕지구한인교회 협의회	1975	국제장애인선교회	1990	뉴욕코코장애아동 서비스	2000
한인상록회	1976	한인교사협회	1991	KALCA	2000
한인YWCA	1978	뉴욕청소년센터	1991	패밀리터치	2001
한인청소년센터	1984	한미장애인협회	1991	플러싱경로회관	2001
민권센터	1984	한인학부모협회	1992	한미정신건강협회	2001
뉴욕한인소기업센터	1985	뉴욕한인이민 봉사센터	1992	플러싱커뮤니티경로센터	2002
재미한국부인회	1985	무지개의집	1993	ELCOS	2002
한글학교연합회	1985	한흑연대기구	1993	한미커뮤니티재단(KACF)	2002
한인청소년문화센터	1985	미주한인청소년재단	1993	세계한민족여성 네트워크	2003
뉴저지한인YWCA	1986	한인상담소	1993	Francis Care Center	2003
한미인력개발원	1987	브루클린노인회	1995	뉴욕미션하우스	2004
스태튼아일랜드노인회	1987	뉴욕밀알선교단	1996	뉴욕원광복지관	2006
브롱스노인회	1988	AKA	1996	뉴욕아름다운재단	2006
뉴욕가정상담소	1989	한인유권자센터(KACE)	1996	봉사단체협의회	2009
뉴저지가정상담소	1989	한미장애인협회(Peter성)	1997		
청소년센터	1989	Angel School	1998		

한 활동은 물론 청과업을 비롯한 많은 한인 소기업들이 뉴욕시 행정당국으로부터 받는 과태료 처리를 주 업무로 하여 많은 한인 업주들을 도와주었다.[24]

1990년대에 설립된 단체들 가운데 뉴욕 한인사회를 대표하는 단체는 한인유권자센터다. 1992년 4월 29일 LA폭동이 일어나자 미주 곳곳에서는 한인의 정치력 신장의 중요성을 외치고 한인 정치가를 배출해야 한다는 여론이 비등했다. 하지만 정치력 신장이나 정치가 배출은 하루아침에 이루어질 수 있는 것이 아니었다. 뉴욕에서 그 구체적인 방법을 찾기까지는 1996년 한인유권자센터의 설립을 기다려야 했다. 한인유권자센터는 비정파 · 비영리 단체로, 1996년 뉴욕시에서 설립되었고 2000년에는 뉴저지에도 사무실을 열었다. 최근에는 한인유권자센터(Korean American Voters' Council)에서 시민참여센터(Korean American Civic Empowerment)로 단체명을 바꾸고 한인 커뮤니티가 자신들의 이익과 권익을 보호하고, 지역사회의 발전을 위해 활동할 수 있도록 다양한 방식으로 지원하는 중요한 역할을 담당해오고 있다. 한인유권자센터는 한인의 정치력 신장과 정치가를 배출하기 위해서는 한인이 유권자 등록을 하고 선거 때마다 참여하여 한인 후보를 당선시키는 전략을 세우고 지난 30년 동안 노력해왔다. 그 결과 뉴욕 일원의 메트로폴리탄 지역에서도 많은 선출직 정치가와 행정가들이 탄생했다.[25)]

뉴욕 한인사회의 2000년대를 대표하는 단체는 뉴욕한인봉사센터(KCS)라고 할 수 있다. 뉴욕한인봉사센터는 미국 이민이 본격화되던 1973년에 설립된 미 동부 최초의 한인사회 전문복지기관이다. 지난 45년간 KCS는 맨해튼, 코로나, 플러싱, 브루클린 등 다섯 곳에서 매일 1,100명 이상의 노인들에게 다양한 사회복지 서비스를 제공해왔다.[26)] 뉴욕한인봉사센터는 1973년

24) 김성수 소장과 뉴욕한인소기업센터에 대한 인터뷰 기사 참조.
한국일보. 「차 한잔의 초대/뉴욕한인소기업센터 김성수 소장」. 2014. 3. 6.
http://www.koreatimes.com/article/842152(검색일: 2018.1.14.)

25) 한국일보. 「차한잔의 초대/시민참여센터 김동찬 대표」. 2013. 8. 22.
http://www.koreatimes.com/article/811117(검색일: 2018. 1. 14.)
KBS World Radio. 「재미 한인 풀뿌리 운동 벌이는 시민참여센터(KACE) 김동찬 대표」. 2017. 8. 12.
http://world.kbs.co.kr/korean/program/program_hanglobal_detail.htm?No=705(검색일: 2018. 1. 14.)

뉴욕 한인 사회단체 가운데 가장 먼저 설립된 사회단체였을 뿐만 아니라 단체 활동도 지속적으로 활발하게 증가시켜왔고, 특히 한인 노인들의 복지를 위한 각종 프로그램을 개발 및 운영해오고 있으며, 한인 단체들 가운데에서 뉴욕시로부터 가장 많은 보조금을 받고 있다. 2017년에는 유태인 회관으로 사용하던 건물을 새로 매입하여 봉사센터의 규모와 시설을 확장하기도 하여 뉴욕에서 명실상부한 커뮤니티센터로 거듭나기도 했다. 한인사회의 노인 인구 증가로 앞으로 뉴욕한인봉사센터의 역할은 더욱 커질 것으로 예상되고 있다.[27]

영향력 있는 뉴욕 한인사회단체 중 비교적 가장 최근인 2002년에 설립된 한인커뮤니티재단(KACF)은 주로 한인 2세들로 구성된 단체다. KACF가 해온 가장 큰 일은 기부금 모금과 후원금 전달이다. 매년 개인 또는 한국과 외국계 기업으로부터 거액의 기부금을 받아내고, 하루 1달러 캠페인을 전개하여 풀뿌리 기부금도 거두며, 자선골프대회와 여름후원의 밤, 마라톤 및 사이클팀 봉사활동 등과 같은 이벤트를 만들어 기금을 마련한다. 매년 KACF의 갈라 디너에는 보통 1천 명 이상의 후원자들이 모여 하룻밤에 140만 달러 상당의 기금을 모금한다. KACF는 이렇게 모금된 기금을 여러 한인 단체와 아시안아메리칸아동가정연합, 뉴욕아시안여성센터 등에 전달해오고 있다. 2007년에는 반기문 유엔사무총장과 마이클 블룸버그 뉴욕시장도 참석할 정도로 큰 영향력을 갖고 있다.[28]

---

26) 뉴욕한인봉사센터 웹사이트 「사명선언문」 중에서.
http://www.kcsny.org/ko/%EC%82%AC%EB%AA%85-%EC%84%A0%EC%96%B8%EB%AC%B8/(검색일: 2018. 1. 14.)

27) 한국일보. 「차 한잔의 초대/창립 40주년 맞은 KCS 김광석 회장」. 2013. 11. 7.
http://www.koreatimes.com/article/822638(검색일: 2018. 1. 14.)

28) 한국일보. 「차 한잔의 초대/뉴욕한인커뮤니티 재단(KACF) 윤경복 사무총장」. 2015. 7. 2.
http://dc.koreatimes.com/article/927448(검색일: 2018. 1. 14.)

3) 문화단체

뉴욕 한인사회의 문화단체들은 1970년대 한인사회 초창기에는 주로 태권도를 비롯한 체육단체들이 활발히 활동을 전개했다. 이는 이미 오래전에 미국 땅에 정착한 태권도 사범들이 주축이 되어 활동한 결과이며,[29] 한국에서 매년 개최되는 전국체전에 출전하기 위한 선수들의 선발전을 치러야 했기 때문이다. 미동부한국문인협회도 비교적 이른 1989년에 결성되어 활동을 시작했는데, 이처럼 한인 단체들의 모체가 한국에 있는 문화단체인 경우 이른 시기에 그 활동을 시작했음을 볼 수 있다.

그 외에 미술, 음악 등의 예술단체들도 1990년대 들어서면서 하나 둘 설립되어 활동하기 시작했는데, 미술 · 음악 단체들은 한국에 연고가 없이 주로 뉴욕에서 활동하는 작가들을 중심으로 단체가 설립되어 체육단체와는 차

표 1-9 뉴욕 한인사회의 주요 문화단체

기관명	설립연도
대뉴욕지구태권도협회	1978
뉴욕체육회	1978
미주한인서화협회	1986
미동부한인문인협회	1989
뉴욕한인미술협회	1993
호연회	1994
기독문학동우회	1995
세종 솔로이스트	1995
TKC소년소녀합창단	1997
스페이스 월드	1998
우륵챔버오케스트라	2000
알 재단	2003

29) 한국일보. 「사람.사람들/대뉴욕지구 태권도협회 박연환 회장」. 2006. 2. 27. http://www.koreatimes.com/article/20060227/299902(검색일: 2018. 1. 14.)

이점을 보이고 있다. 특히 뉴욕은 예술의 도시로 명성이 높으며 많은 유명한 미술 · 음악 대학, 전시장과 공연장 등 예술분야에서 훌륭한 기반 조건이 구축되어 있고, 많은 관람객과 관객층이 형성되어 있어 미술과 음악 등의 예술단체들이 비록 늦게 설립되었지만 그 활동 면에서는 괄목할 만한 성장을 이루어가고 있다.

4) 종교단체

뉴욕 한인사회의 주요 종교단체들은 개신교, 불교 그리고 가톨릭으로 나누어볼 수 있다. 개신교의 경우 1921년에 세워져 미 동부지역에서 가장 오래된 뉴욕한인교회가 있다. 뉴욕한인교회는 일제강점기 조국의 독립을 위해 뉴욕 한인의 구심점 역할을 했으며, 한국이 독립한 후에는 한국 정부수립에 많은 인재를 공급하는 역할을 했고, 한국이 군사정권하에 있을 때는 한국의 민주화를 위해 많은 역할을 했을 뿐만 아니라 뉴욕 한인사회를 이끌어가는 중심 역할을 했다. 그 외에 오늘날 한인교회 중 비교적 대형교회로 성장하여 한인 커뮤니티에서 중요한 역할을 하고 있는 교회들은 대부분 1970년대 이전에 설립되어 교회의 역사가 오래될수록 교회의 성장규모와 비례함을 보여주고 있다.

가톨릭과 불교의 경우에는 1967년 맨해튼한인성당이 설립되었고 이어서 1969년에 원각사가 설립되었다. 1970년대부터 각 지역별로 주요 성당들이 연이어 설립되었으며, 불교사찰은 1970년대부터 1990년대에 걸쳐 플러싱을 중심으로 지속적으로 설립되었다. 불교사찰은 개신교나 가톨릭보다 조금 늦은 1990년대에 주로 세워졌다.

표 1-10 뉴욕 한인사회의 주요 종교단체 1(개신교)

기관명	설립연도	기관명	설립연도
뉴욕한인교회	1921	퀸즈중앙장로교회	1975
뉴욕한인중앙교회(브루클린한인교회)	1963	뉴욕동부교회	1975
퀸즈한인교회	1969	후러싱제일교회	1975
롱아일랜드한인교회	1970	뉴욕한빛교회	1976
뉴욕장로교회	1970	뉴욕성결교회	1976
뉴욕감리교회	1971	순복음뉴욕교회	1976
퀸즈장로교회	1974	뉴욕베델교회	1977
뉴욕만백성교회	1974	뉴욕한국인교회	1978
뉴욕한민교회	1975	뉴욕한성교회	1979
포레스트한인장로교회	1975	웨스트체스터연합교회	1979

표 1-11 뉴욕 한인사회의 주요 종교단체 2(불교와 가톨릭)

불교 기관명	설립연도	가톨릭 기관명	설립연도
원각사	1969	맨해튼 한인성당	1967
원불교	1975	뉴저지성당	1972
전등사	1979	퀸즈성당	1973
한마음선원	1982	스태튼 아일랜드 성당	1978
연국사	1982	롱아일랜드 성당	1979
정명사	1994	뉴욕북부(브롱스) 성당	1980
관음사	1995	그레이트넥 성당	1983
불광선원	1996	베이사이드 성당	1997
백림사	1997		
마하선원	2000		

전반적으로 1980년대와 1990년대 들어서면서 한인 종교단체들이 양적으로 급성장하는 모습을 보였지만, 이른바 대형 종교단체라고 하는 뉴욕 한인사회의 주요 종교단체들은 1970년대에 설립되었다. 이처럼 역사가 오래될수록 더욱 성장하는 경향을 보이는 뉴욕의 한인 종교단체들은 종교의 역

사성을 보여주는 특성에서 비롯된 일반적인 현상이라고 할 수 있다.

4. 뉴욕 한인 단체들의 변화

이상에서 살펴본 뉴욕 한인사회 내의 주요 단체 136개를 연대별 그리고 유형별로 정리해보면 아래 〈표 1-12〉와 같다. 먼저 뉴욕 한인사회 주요 단체들이 설립된 연대별로 보면 1960년대에 5%, 1970년대에 27%, 1980년대에 24%, 1990년대에 29% 그리고 2000년대에 15%가 각각 설립되었다. 뉴욕 한인사회의 경우 한인 단체들의 양적인 면에서의 성장은 대략 1970년대부터 증가하다가 1990년대를 정점으로 감소하고 있음을 보여준다.

이들 136개의 뉴욕 한인사회의 주요 단체들을 시대별 그리고 유형별로 나누어보면 다음의 〈그림 1-10〉과 〈그림 1-11〉와 같은 분포를 보이고 있다.

주요 종교단체는 주로 1970년대, 지역단체와 직능단체는 1980년대, 그리고 사회단체와 문화단체는 1990년대에 양적으로 가장 많이 증가하는 모습을 보여주고 있는데, 이는 각 연대별로 한인사회에서 필요로 하는 단체의 유형을 반영한 것이라고 할 수 있다. 즉, 한인 이민사회 형성 초기에는 교회 같은 주요 종교단체들이 한인의 이민 초기 정착을 위해 중요한 역할을 했으며,

표 1-12 연대별 · 유형별 뉴욕 한인사회 주요 단체 현황(총 136개)

연도	지역단체	직능단체	사회단체	문화단체	종교단체	계
1960	1		1		5	7
1970		7	5	2	23	37
1980	4	8	14	2	4	32
1990	2	7	20	6	5	40
2000	1	1	15	2	1	20
계	8	23	55	12	38	136

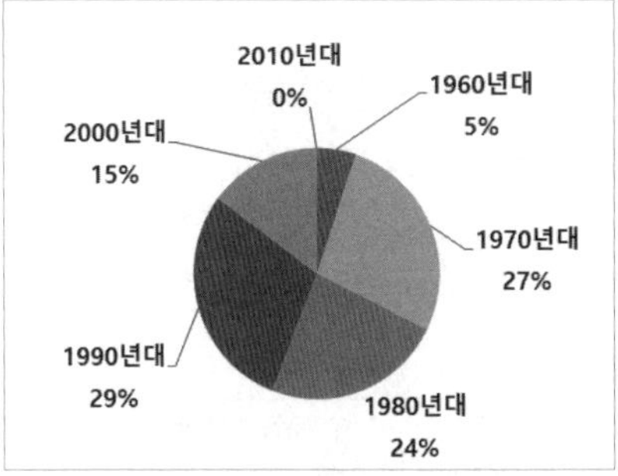

그림 1-10 연대별 뉴욕 한인 주요 단체 분포

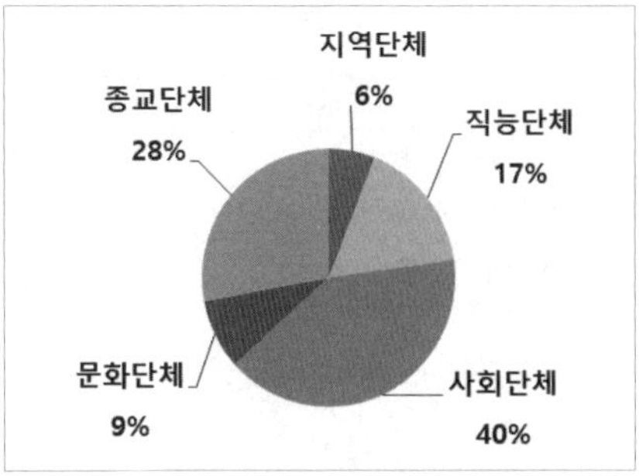

그림 1-11 유형별 뉴욕 한인 주요 단체 분포

1980년대 한인 이민사회의 성장기에는 한인의 권익을 위해 노력하는 지역과 직능단체들이 필요한 역할을 담당했고, 어느 정도 이민사회가 안정기에 들어선 1990년대에는 좀 더 전문적으로 한인의 요구를 충족시켜주고 문화적으로 향유하며 삶의 질을 높여줄 수 있는 사회단체와 문화단체들이 설립되어 활발히 활동하는 모습을 나타내고 있다.

주요 단체들을 유형별로 보면, 지역단체 6%, 직능단체 17%, 사회단체 40%, 문화단체 9%, 종교단체 28%로 각각 나타났다. 여기서 보듯이 주요 단체 가운데 한인 커뮤니티 전반에 걸쳐 중요한 영향을 미치고 있는 사회단체들이 양적으로 많은 비중을 차지하고 있어 다른 단체들보다 한인사회에서 중요한 역할을 하고 있음을 파악할 수 있다. 종교단체의 역할을 조금 예외로 하면 그다음으로 직능단체의 역할이 한인사회에서 중요함을 볼 수 있다. 실제로 각 주요 직능단체들의 주요 활동은 다음 〈표 1-13〉에서 보듯이 회원들의 권익옹호를 위하여 실질적인 활동들을 해온 것을 볼 수 있다.

또한 뉴욕 한인사회 내의 주요 사회단체 55개를 시대별 · 종류별로 구분해보면 다음 〈표 1-14〉와 같다.

표 1-13 주요 직능단체들의 주요 활동 내용

단체명	설립연도	주요 활동 내용
뉴욕한인청과협회 (뉴욕한인청과상조회)	1974	뉴욕시 법규, 백인 도매상과 랜드로드, 도매업소 종업원, 라티노 고용인, 흑인 고객과의 갈등
대뉴욕지구한인상공회의소 (뉴욕한인실업인협회)	1977	경기침체 초기 시기 치안문제와 비싼 임대료
뉴욕한인드라이클리너스협회	1978	비즈니스 성장기 때 태동
대뉴욕지구한인봉제협회	1980	노동법규, 불법체류 노동자, 공장 임대료 인상, 노동조합 침투, 중국계와의 경쟁
뉴욕한인우정협회	1981	공무원 직에 대한 선호
뉴욕한인건설협회	1985	면허취득
뉴욕한인네일협회	1987	네일 면허시험 연기
뉴욕한인식품협회 (뉴욕한인그로서리협회)	1989 (1986)	우유회사의 가격횡포에 대항
뉴욕한의사협의회	1996	무면허 한의사 폐해근절

표 1-14 뉴욕 한인사회 내의 주요 사회단체의 시대별·종류별 현황

	1960년대	1970년대	1980년대	1990년대	2000년대	계
종교		1		1		2
경제			1			1
인력			1			1
가정		1	2		1	4
여성		1	2	1	1	5
청소년	1		3	6	1	11
교육			1	1		2
장애인				5	1	6
이민				1		1
정치			1	2	1	4
노인		2	2	2	3	9
복지			1	1	3	5
건강					1	1
기타					3	3
계	1	5	14	20	15	55

앞서도 지적한 바와 같이 각 시대별로 단체들의 양적인 숫자의 변화는 각각의 시대에 필요로 하는 정도가 다르기 때문이라고 할 수 있다. 즉, 세월이 가면서 한인 이민사회의 성격도 변화하고 그 변화하는 성격에 맞는 역할을 감당할 사회단체들이 더욱더 생겨나는 경향을 보이고 있다. 그러한 경향을 가장 잘 보여주는 것이 바로 한인 사회단체의 시대별 · 종류별 현황이라고 할 수 있다.

〈표 1-14〉에서 보듯이 1970~1980년대는 주로 한인의 경제 문제 외에 종교 · 여성 · 청소년 문제 등을 위한 사회단체들이 한인사회 내에서 중요한 역할을 한 것으로 보이는 반면, 1990년대에는 청소년 · 교육 · 장애인 문제 외에 정치와 문화가 중요한 이슈가 되고 있다. 그리고 2000년대에는 노인, 건강, 2세대 및 복지 문제 등이 중요한 문제임을 관련 사회단체들의 숫자가 증가하고 있음을 통해 알 수 있다.

이러한 한인 사회단체들의 시대별 활동변화를 요약해서 그림으로 나타내면 〈그림 1-12〉와 같다. 즉, 각 시대별 한인사회가 처한 상황에 따라 그 문제들을 해결하기 위한 사회단체들이 양적으로 증가한다고도 할 수 있지만, 역으로 각 시대별 한인 사회단체들의 수적 증가를 보고 각 시대에 한인

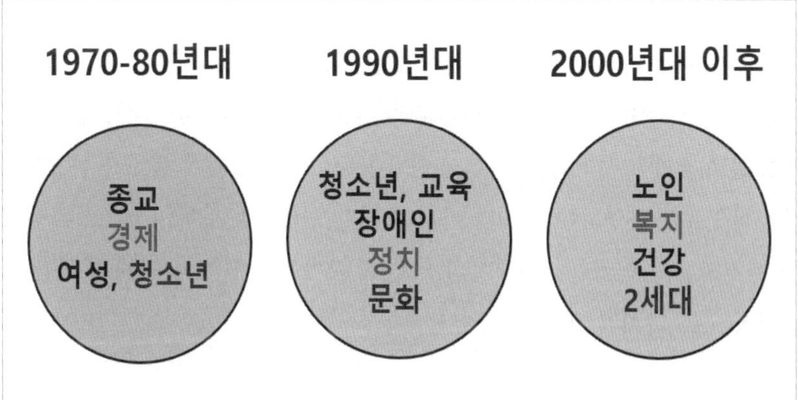

그림 1-12 한인 사회단체들의 시대별 활동 변화

사회에 어떠한 문제점들이 있었는지를 읽어볼 수 있다. 바로 이러한 점이 뉴욕 한인의 이민 역사는 뉴욕 한인사회의 단체의 역사와 궤를 같이한다고 하는 점이다.

5. 맺음말

이상에서 살펴본 바와 같이 뉴욕 한인의 이민 역사는 뉴욕 한인사회의 단체 역사다. 뉴욕 한인사회에는 여러 종류의 많은 단체가 활동하고 있지만, 한인사회가 이민 정착 시기를 거쳐 생활의 안정기를 지나 이민생활을 향유하는 등의 사회 전반에 걸친 사회적 성격이 변화함에 따라 각 시기별로 한인사회가 필요로 하는 한인 단체의 모습이 달라지는 것을 볼 수 있다.

즉, 1980년대는 이민생활 정착기로서 많은 한인 소기업들이 우후죽순처럼 가게 문을 열면서 이러한 소기업을 대변해줄 뉴욕한인소기업센터 같은 단체의 역할이 중요했던 반면, 1990년대는 뉴욕 한인이 소기업을 운영해오면서 겪었던 타민족 또는 지역 주민과의 마찰과 갈등으로부터 그리고 결정적으로는 1992년 4 · 29 LA폭동을 겪으면서 한인사회의 정치력 신장과 정치가 배출의 중요성을 인식하여 시민참여센터 같은 단체의 역할이 필요했다.

2000년대 이후에는 한인사회의 노령화로 노인들의 복지 문제가 중요한 화두로 대두되면서 뉴욕한인봉사센터 같은 단체의 활동이 활발해졌으며, 2010년 이후에는 뉴욕 한인사회의 단체활동도 세대교체에 들어가 한인끼리 한국식으로만 운영하는 단체가 아니라 한인 2세들에 의해 미국식으로 단체를 운영하는 한인커뮤니티재단의 역할과 같이 한인사회의 단체 활동을 한 단계 높이는 단체가 요구되고 있다.

뉴욕한인소기업센터(김성수) 1980년대

시민참여센터(김동석, 김동찬) 1990년대

뉴욕한인봉사센터(김광석) 2000년대

한인커뮤니티재단(윤 경) 2010년대

그림 1-13 시대별 한인단체의 대표 활동가들

이처럼 그동안 한인사회의 단체들은 한인사회에 대한 봉사활동으로 한인사회의 단체로서 정체성을 갖고 활동해왔지만, 시대에 따라 단체들의 역할의 중요성이 달라져 단체 활동의 부침이 적지 않게 있어 왔다. 또 다른 한편으로 한인사회의 단체들은 뉴욕 한인사회를 앞장서서 이끌어가는 역할도 해왔다. 이러는 가운데 뉴욕 한인사회 단체 활동의 몇 가지 문제점과 그에 대한 해결책을 제안하고자 한다.

첫째, 뉴욕 한인사회의 단체들은 이제 주먹구구식의 운영에서 벗어나 전문가에 의한 전문적인 운영이 필요하다. 이는 앞서 지적한 바와 같이 2000년대 들어서면서 기존 한인 단체들 내에서 한인 1.5세 또는 2세로의 세대교체가 이루어지고 또 새로운 한인 2세들이 주도하는 한인단체들이 설립되면서 많이 나아지고 있는 실정이다.

둘째, 뉴욕 한인사회의 단체들끼리 상호협력과 네트워크 형성이 중요하다. 다행스럽게도 2009년에 뉴욕 한인 단체들 간에 '한인봉사단체협의회'[30]를 조직하여 상호협력과 네트워크를 형성하고 있지만, 아직 그 실질적인 활동은 미미한 단계다. 앞으로 뉴욕 한인사회의 단체들은 한인의 권익옹호와 커뮤니티 보호를 위해 한인 단체들 상호 간뿐만 아니라, 뉴욕 정부기관과 주류사회와 타민족의 단체들과도 연대할 필요가 있다.

셋째, 이 같은 뉴욕 한인사회 내의 한인 사회단체들의 활동에 뉴욕 한인사회의 관심과 참여가 필요하다. 한인의 경우 교회를 비롯한 종교기관에는 많은 헌금을 내면서 자신들이 속한 커뮤니티를 위해 봉사하는 한인 단체들에는 관심과 참여가 부족하고 후원금을 비롯한 지원이 부족하다는 비판을 받고 있다. 실제로 이러한 사회단체들을 통해 많은 혜택을 보면서도 이를 오히려 당연한 것으로 알고 무료라는 인식이 강한 면이 없지 않은데, 사회기부에 대한 인식을 전환하고 기부문화가 한인사회 내에 정착될 필요가 있다.

넷째, 현재 뉴욕 메트로폴리탄 지역에는 뉴욕 쪽에 'KCS 뉴욕한인봉사센터'가 있고 뉴저지 쪽에 'KCC 한인동포센터'라는 한인 커뮤니티센터가 있다.[31] 앞으로는 각 지역마다 이 같은 커뮤니티센터가 세워져 커뮤니티센터를 중심으로 모든 단체의 활동이 연합하여 이루어지면 그 시너지 효과가 훨씬 클 것으로 생각된다.

마지막 다섯째로, 뉴욕 한인사회 내의 이슈를 찾아 점검하고 그에 대한

---

30) '한인봉사단체협의회'는 1994년 창립된 이후 2년여 만에 활동이 중단됐다가 2009년부터 새로운 임원진을 구성해 운영해오고 있다. 협의회에는 19개의 한인 지역, 직능, 사회 및 문화단체들이 회원단체로 가입되어 있다가 현재는 12개만 남아 있는 실정이다. 2009년 활동을 재개하면서 한인사회 내의 봉사단체들에 대한 활동내용과 연락처가 명기된 디렉토리를 제작하기로 했는데, 2018년에 겨우 발행됐다.
한국일보.「뉴욕봉사단체협의회 신임회장 김동찬 대표 선출」. 2014. 12. 26.
http://www.koreatimes.com/article/892743(검색일: 2018. 1. 15.)
KRB뉴욕라디오코리아. 「뉴욕한인봉사단체 협의회 서비스 안내 디렉토리 제작」. 2017. 12. 12.
http://www.nyradiokorea.com/board_zHSE34/25472(검색일: 2018. 1. 15.)

31) 이런 한인 커뮤니티센터는 유태인의 Jewish Community Center가 좋은 모델이 될 수 있다.

대책을 마련하여 한인사회 내 단체들의 활동 방향과 장기적인 전략 수립을 위한 연구소 같은 조직이 필요하다. 앞으로 위에 언급한 '한인봉사단체협의회'에서 그와 같은 역할을 수행할 수도 있고, 이런 연구 분야의 전문가들에 의해 한인사회 단체들의 활동방안 마련과 전략수립을 전문적으로 제안해줄 수 있는 연구기관이 필요하다. 이 연구기관은 각 한인 단체들의 활동을 기록하여 한인사회의 역사를 기록하고 이런 기록을 통해 축적된 자원을 갖고 한인 단체들이 연합하여 한인사회에 더 크게 봉사할 수 있도록 제시해주는 역할도 할 수 있을 것이다.

이러한 뉴욕 한인 단체들의 역사와 활동 기록을 위해 한 예로 지난 2016년 한국외국어대학교의 글로벌문화콘텐츠연구센터가 실시한 '플러싱 코리아타운 위키백과 구축' 과제[32]의 일부를 소개하면 〈그림 1-14〉에서 보는 바와 같이 뉴욕의 한인 단체들을 위키백과의 항목으로 만들어 〈그림 1-15〉과 같이 단체의 역사부터 시작하여 각 단체들의 활동까지 기록할 수 있다.

그림 1-14 뉴욕 한인단체들을 위키백과 항목으로 구축한 모습

---

32) 한국외국어대학교 글로벌문화콘텐츠연구센터에서는 2016년 재외동포재단의 연구비를 받아 플러싱 코리아타운의 아카이빙을 위해 '플러싱 코리아타운 위키백과 구축 시범사업'을 수행했다. 본 연구과제에는 동 연구센터의 임영상 센터장과 한국외국어대학교의 한동현 교수 그리고 뉴욕의 코리안리서치센터의 주동완 원장 등이 참여했다.

그림 1-15 뉴욕 한인단체들을 소개하는 위키 페이지의 모습

위키백과는 '개방성'과 '공유성'을 기본 정신으로 한 백과사전이므로 누구나 참여하여 정보를 게재할 수 있으며 게재된 정보를 공유할 수 있다. 이러한 정보들은 각 단체의 아카이브가 될 수 있으며, 단체들 간에 서로 활동 내용을 파악하고 상호 소통하며 협력할 수 있는 장이 될 수 있다. 또한 이러한 단체의 기록들은 시간이 갈수록 계속 축적되어 한인사회의 역사기록이 될 수 있으며, 이러한 단체들의 역사적인 자료들은 새로운 파생 콘텐츠들을 생산해 내어 뉴욕 한인사회를 발전시키는 역사적 · 문화적 자원이 될 수 있다.

참고문헌

뉴욕한국일보사. 『뉴욕한인록』. 뉴욕한국일보사. 2017.

뉴욕한인회. 『사반세기 뉴욕한인회』. 뉴욕한인회. 1985.

뉴욕한인회. 『뉴욕한인회 50년사』. 뉴욕한인회. 2010.

세계출판사. 『뉴욕가이드 한인록』. 세계출판사. 1983.

임영상. 『코리아타운과 한국문화』. 북코리아. 2012.

임영상 · 주동완. 「뉴욕의 한인사회와 축제」. 『코리아타운과 축제』. 북코리아. 2015.

주동완. 「해외 한인문화의 자원화 방안 연구: 뉴욕 코리아타운 축제의 지식맵 구축을 중심으로」. 한국외국어대학교 박사학위논문. 2017.

Kim, Il Soo. 『New Urban Immigrant: The Korean Community in New York』. Princeton Univ. Press. 1981.

Min, Pyong Gap. 『Caught in the Middle』. University of California Press. 1996.

Min, Pyong Gap. 『Ethnic Solidarty for Economic Survival: Korean Green Groders in New York City』. Russel Sage Foundation. 2008.

한국일보. 「사람.사람들/대뉴욕지구 태권도협회 박연환 회장」. 2006. 2. 27.

중앙일보. 「플러싱한인회+퀸즈중부한인회… '퀸즈한인회'로 태어난다」. 2008. 12. 19.

한국일보. 「차한잔의 초대/시민참여센터 김동찬 대표」. 2013. 8. 22.

한국일보. 「차 한잔의 초대/창립 40주년 맞은 KCS 김광석 회장」. 2013. 11. 7.

한국일보. 「차 한잔의 초대/뉴욕한인소기업센터 김성수 소장」. 2014. 3. 6.

한국일보. 「뉴욕봉사단체협의회 신임회장 김동찬 대표 선출」. 2014. 12. 26.

한국일보. 「차 한잔의 초대/뉴욕한인커뮤니티 재단(KACF) 윤경복 사무총장」. 2015. 7. 2.

한국일보. 「상가렌트안정법 콘퍼런스」. 2016. 3. 19.

KRB뉴욕라디오코리아. 「뉴욕한인봉사단체 협의회 서비스 안내 디렉토리 제작」. 2017. 12. 12.

KBS World Radio. 「재미 한인 풀뿌리 운동 벌이는 시민참여센터(KACE) 김동찬 대표」. 2017. 8. 12.

뉴욕퀸즈한인회 웹사이트 http://www.kaaq.org/

뉴욕한인봉사센터 웹사이트 http://www.kcsny.org/

뉴욕한인회 웹사이트 http://www.nykorean.org/history/

민권센터 웹사이트 http://minkwon.org/

저자 소개

주동완

한국외국어대학교 부교수. 뉴욕 소재 코리안리서치센터 원장. 고려대학교 사회학과 학사. 한국학대학원 한국사회전공 석사. 뉴욕시립대학교(City University of New York at Graudate Center) 사회학과 박사과정 수료. 한국외국어대학교 글로벌문화콘텐츠학과 박사. 뉴욕시립 퀸즈대학교 재외한인사회연구소(The Research Center for Korean Community) 연구원과 뉴욕신학대학원(New York Theological Semianry) 전임교수로 재직. 주된 연구 관심 분야는 해외동포의 이민역사, 코리아타운과 한류(韓流), 문화콘텐츠와 지식콘텐츠 및 디지털인문학 분야이며, 저서로는 공동 편집한 『코리아타운과 축제』(2015)가 있다.

이메일: krci4@hotmail.com

3

일본의 재일외국인 비영리조직 활동에 관한 실태와 현황: 코리아NGO센터의 사례를 중심으로*

손미경(전 오사카시립대학교 도시연구플라자 특별연구원)
고정자(고베대학교 겸임교수)

1. 머리말

1) 연구배경 및 목적

정보사회의 출현과 인터넷의 발달, 참여욕구의 증대 및 삶의 질에 대한 관심 증대로 1980년대 이후 전 세계적으로 비정부기구(Non-Governmental Organization: NGO)와 비영리조직(Non-Profit Organization: NPO) 등 민간단체가 조직 및 확산되었다.[1] 국제사회는 더욱 다원적이고 상호의존적으로 변화하고 있다. 주권국가 간의 이해관계에 의해 발생하는 분쟁으로 인해 많은 사람들이 희생됨에 따라 사람들의 인식은 인간의 행복과 안전을 국가만으로는 보장할 수 없다는 새로운 문제의식을 갖게 되었다. 애초에 교회의 자선사업과 개발도상국에 대한 선진국의 민간지원으로 시작된 NGO 활동은 21세기를 맞이하여 새로운 지구시민사회 운동으로 연결되었다. NGO 혁명이라 할 정도로

---

* 이 글은 『글로벌문화콘텐츠』 제30호(2017.10)에 실린 글을 보완한 것임.

1) 황윤섭 · 오윤조 · 김철. 『지역연구개론』. 도서출판 청람. 2015. 75쪽 참조.

세계 여러 지역에서 다양한 영역의 이슈를 다루는 NGO가 생겨나 국가와 시장에 영향력을 행사하고 시민의 요구에 부응하고 있다.[2)] 일본사회에서도 1950년대에 국제원조라는 명목하에 NGO 활동이 시작되어 1979년 인도차이나 난민 지원, 1980년대 초부터 국제화에 따른 외국인 노동자의 수용 등에 의해 정부와 지방자치단체가 해결하기 힘든 각종 영역에서 NGO 활동이 이루어져왔다. 물론 공적자금 원조를 받지 않고 독자적으로 활동하는 NGO도 많이 있었는데, 그중 하나가 2004년 설립된 코리아NGO센터다.

2013년 재특회(재일조선인의 특권을 허락하지 않는 모임, 이하 재특회) 소속의 한 여중생의 「쓰루하시(鶴橋) 대학살 예고」라는 '헤이트 스피치'는 유튜브를 통해 일본 국내는 물론 전 세계로 퍼져나갔다. 코리아NGO센터는 이 여중생의 헤이트 스피치를 계기로 주목받기 시작했다. 이 여중생의 충격적인 헤이트 스피치는 유튜브를 통해 퍼져나갔으며, 아이러니하게도 이 영상을 통해 전 세계인에게 'ZAINICHI' 코리안의 존재가 널리 알려지게 되었다. 특정 인종, 출신 국가, 종교, 성적 취향, 성별, 장애 등에 대해 개인 혹은 단체 공격, 협박, 모욕을 주는 발언과 언동을 지칭하는 헤이트 스피치는 일본사회가 지금까지 배양해온 인권의식을 근본부터 뒤엎는 것이었다. 특히 재일코리안 공격을 주활동으로 하고 있는 재특회는 교토(京都) 제1조선초급학교(2009)를 시작으로 나라(奈良)의 스이헤이샤(水平社)박물관에 대한 차별적인 거리선전(2010), 같은 해 도쿠시마(德島)현 교조난입사건[시코쿠(四国) 조선학교를 지원하는 현 교직원조합], 로토제약 강요죄 사건(광고에 한국 여배우를 기용한 것에 대한 저항) 등이 연속적으로 발생했다. 2011년 교토 지방법원에서는 이들 사건이 모두 '인종차별'로 인정되어 유죄판결을 받았으며, 2012년 2월 23일 대법원에서 상고가 기각되면서 형이 확정되었다. 같은 해 민법소송에서 교토 지방법원이 '인종차별'로 손해배상 청구 판결을 내렸으며, 2014년 오사카 고등법원 또한 원고 승소 판결을

2) 황윤섭 · 오윤조 · 김철. 앞의 책. 75쪽.

내렸다. 같은 해인 2014년 대법원에서 상고가 기각되면서 인종과 국적차별이 주내용인 헤이트 스피치에 대한 위법화가 인정되었다. 또한, 재특회는 스이헤이샤박물관에도 150만 엔의 위자료를 지급(2012년 6월 25일)하라는 판결을 받았고, 2016년 도쿠시마현 교조난입사건에 대해서도 패소가 확정되었다. 이러한 결과를 바탕으로 오사카시에서는 2016년 1월 일본 국내에서 가장 먼저 헤이트 스피치 억제조례가 성립되었고(7월 1일부터 시행), 이후 2016년 6월 국회에서 「헤이트 스피치 대책법」[3]이 가결되었다. 코리아NGO센터는 헤이트 스피치 대책법이 성립되는 데 당사자로서 중요한 역할을 했다.

이 글은 헤이트 스피치 대책법이 국회에서 통과될 수 있도록 비중 있는 역할을 한 것으로 알려진 코리아NGO센터가 그러한 역할을 할 수 있었던 역사적 배경과 활동 양식의 특징, 지금까지의 성과, 그리고 미래의 일본사회와 재일외국인을 위해 이 조직이 관심을 확대해야 할 영역은 무엇인지 등에 대한 논의를 목적으로 한다. 이를 위하여 1장에서는 일본의 비영리특별활동의 역사와 현황에 관하여 간략히 검토했다. 2장에서는 일본 NPO 활동의 역사와 코리아NGO센터의 설립 경위 등을 살펴보았다. 3장에서는 2004년 설립된 센터의 주요 사업 및 활동을 중심으로 기술했다. 그리고 마지막 장에서는 코리아NGO센터가 갖는 의미를 개인적 차원, 지역 및 커뮤니티 차원, 그리고 거시적 차원에서 정리했다.

이 글을 통하여 100여 년 역사를 지닌 재일코리안사회와 센터의 의미를 되짚어보는 과정을 통해 한국사회 안의 마이너리티 NGO · NPO는 물론 타 지역 코리아타운 내의 이들 기관의 향후 역할과 방향성을 제시하는 데 지침 역할을 할 수 있을 것으로 기대된다.

---

3) 「헤이트 스피치 대책법」이란 '특정 인종과 민족에 대한 차별'을 부추기는 헤이트 스피치의 억제 · 해소를 목적으로 한 법률이다. 정식명칭은 「일본 본토 외 출신자에 대한 부당한 차별적 언동 해소를 위한 대책의 추진에 관한 법률」이다.
參議院: http://www.sangiin.go.jp/japanese/joho1/kousei/gian/190/meisai/m19007190006.htm(검색일: 2016. 7. 2.)

2) 일본의 재일외국인 유입과 연구 현황

일본 법무성이 2017년 발표한 『일본의 외국인 · 민족적 마이너리티 인권백서』에 의하면 2016년 말 체류 외국인 총수는 238만 2,822명으로, 일본 총인구(1억 2,686만 명)의 약 1.88%에 해당하는 수치로 이는 과거 최고에 해당한다.[4] 또, 체류 외국인의 국적과 지역 수는 196개국에 이르며, 그중 중국이 69만 5,522명으로 전체 외국인의 29.2%, 그 뒤를 한국 국적이 45만 3,096명(총무성 발표에서는 조선적은 포함되어 있지 않음)으로 19.0%를 차지한다. 이러한 수치에서도 알 수 있듯이 일본은 지속적으로 많은 외국인이 체류하는 다민족 사회가 되고 있다.

일본에 외국인 노동자가 유입된 것은 근대 일본의 식민지 지배가 시작되면서부터다. 당시는 엄밀한 의미에서 '외국인'이라 할 수 없었다. 왜냐하면 당시 식민지였던 조선인과 대만인은 타민족이었으나, 국적은 '일본인'이었기 때문이다. 이러한 의미에서 현재 재일외국인 노동자의 원류는 전시 중 노동력 부족을 메우기 위하여 조선반도와 대만에서 동원된 조선인 · 대만인 노동자들이다. 그중에서도 조선인 수는 1944년 당시 190만 명에 달했다.[5] 해방 후 강제동원된 대다수의 노동자는 조선으로 귀국했지만, 약 60만 명에 이르는 조선인이 일본에 잔류했다. 일본에 잔류한 조선인은 1947년 5월 2일 천황의 마지막 칙령에 따라 "당분간 외국인으로 간주한다"고 했으며, 1952년 샌프란시스코 평화조약의 공포로 일본 국적을 상실했다. 이 조약에 의해 지금까지 일본사회에 존재하지 않았던 외국인이 어느 날 갑자기 생겨나게 된 것이다. 이 조약의 공포로 국적을 상실한 재일코리안은 이후 군인연금 · 유족연금과 국민연금, 공영주택 입주, 아동수당 등 모든 사회보장제도에서 제외

4) 法務省.「日本における外國人・民族的マイノリティ人權白書」. 2017.

5) 田村紀之.「內務警保局調査による朝鮮人人口(1)ー總人口・男女別人口」(東京都立大學経濟學部編.『経濟と経濟學』第46号(1982年 2月). 1981.

되는 불이익을 당하게 되었다.

오랜 세월 동안 일본에서 외국인 문제라고 하면 재일코리안 문제였다. 1980년 78만 2,910명의 외국인 중 84.9%에 해당하는 66만 4,536명이 재일코리안이었다. 그러나 1970년대 이후부터 1980년대에 걸쳐 댄서와 엔터테인먼트 관련 분야에 종사하는 필리핀 여성 노동자의 유입을 시작으로 서서히 외국인 노동자가 증가했다.[6] 일본이 외국인 노동자를 받아들인 것은 경제적 요인이 컸다. 일본 경제는 1985년 플라자 합의로 '달러화 강세, 엔화 약세'에서 '달러화 약세, 엔화 강세'로 전환되면서 '엔고 불황'이 이어지자, 경기회복을 위한 지나친 금융완화로 '버블경제기'에 돌입한다. 버블경제로 노동력 부족이 심각해지면서 노동력 부족을 해소하기 위하여 일본 기업은 외국인 노동자의 유입을 정부에 강력하게 요청했다.[7] 이러한 경제계의 요구에 일본 정부 내부에서는 적극적으로 외국인 노동자를 유입하자는 의견과 외국인 정착에 난색을 표하는 의견 충돌이 있었으나, 1989년 입국관리법 개정에 따라 '전문 · 기술 분야의 수용 확대'와 더불어 단순노동자는 엄격하게 단속한다는 절충안이 마련되었다.[8] 또한 1990년 6월 입국관리법 개정에 따라 '정주자 비자'를 신설하여 일계인[9] 2 · 3세에게 사실상 단순 노동자로 일할 수 있는 기회를 부여했다(혈통주의). 같은 해 8월에는 기술 연수생의 도입 기준을 완화했고, 1993년 4월에는 1년간 연수 후 1년간 취업을 인정하는 '기능실습제도'를 도입했다.[10]

이러한 경위로 많은 외국인이 일본에 정주하고 있지만, 이들의 상황은 결코 좋은 환경이 아니다. 2017년 법무성이 발행한 『일본의 외국인 · 민족적

---

6) 佐竹眞明. 「在日外國人と多文化共生—地域コミュニティの視点から」. 明石書店. 2011.

7) 下平好博 · 稲上毅 · 川喜多喬 編. 「外國人勞働者」. 『講座社會學 6 勞働』. 東京大學出版會. 1999.

8) 下平好博 · 稲上毅 · 川喜多喬 編. 234쪽.

9) 일계인이란 일본 이외의 국가로 이주한 사람들로, 이주국의 국적 혹은 영주권을 취득한 일본인과 그들 자손을 지칭하는 용어이다.

10) 下平好博 · 稲上毅 · 川喜多喬 編.

아이덴티티 백서』에는 재일코리안에 대한 헤이트 스피치뿐만 아니라, 2016년 오키나와 본토 북부 히가시손 다카에(沖縄本島北部東村高江)에서 오사카부 기동대원의 오키나와 사람에 대한 '토인' 발언 사건, 동일본대지진 때 "외국인이 범죄를 일으키고 있다"라는 소문, 베트남 기술실습생에게 잔업수당 미지급, 폭행, 노동재해 은폐, 강제귀국, 인권침해 등의 피해 사례 등이 지적되었다. 이는 일본사회에 뿌리 깊게 박혀 있는 외국인에 대한 차별과 편견의식의 한 단면이라 할 수 있다. 이렇듯 재외외국인을 둘러싼 문제는 복잡하게 얽혀 있으며, 문제를 해결하기 위한 유효한 대책 마련이 어려운 상황임을 알 수 있다.

일본 국내의 외국인 증가에 따라 다양한 영역에서 연구가 이루어지고 있다. 여기에서는 재일외국인과 이들을 지원하는 NPO · NGO로 한정하여 지금까지의 선행연구를 살펴보았다. 선행연구는 크게 다음과 같이 세 가지로 분류된다. 첫째, 재일외국인의 의료 지원과 공중위생, 보건활동과 관련한 연구다. 사와다(沢田貴志, 2002)는 일본에 거주하는 외국인의 사망률이 일본인과 비교하여 격차가 발생한다는 점에 주목하여 재일외국인 의료지원을 하고 있는 SHARE(국제보건협회시민 모임)의 활동을 사례로 외국인에 관한 의료지원 실태에 대하여 언급하고 있다. 또, 시사통신사(時事通信社)에서 발행한 「지역을 지원하는 외국인 의료센터(MICA: NPO법인 · 나고야시) 재일외국인의 의료지원 활동」 등이 이에 해당하는 대표적인 연구다. 둘째, 재일외국인의 언어학습과 관련한 NPO 단체의 활동과 관련한 사례연구다. 성구미(成玖美, 2006)의 「재일외국인 NPO 학습실천—재일코리안의 시민권 문제를 중심으로(在日外国人NPOの学習実践—在日コリアンのシティズンシップ問題を中心に)」가 이에 해당한다. 사카모토(2006) 또한 재일외국인과 지역주민 간의 커뮤니케이션 장애가 되는 언어 소통을 위한 활동으로서 통역, 번역, 정보제공, 생활교육 등의 지원활동 등 구체적인 사례를 통하여 「NPO 법인에 의해 이루어지고 있는 PHS에 의한 통역 서비스에 관해(특집: 국제화 시대 보건활동을 생각하다)[NPO法人が行っているPHSによる通訳サービスについて(特集: 国際化時代の保健活動を考える)]」를 언급하고 있다. 마지막으로 재일외국인의 생활과제와 관련한 상담 기록을 바탕으로 외국인이 떠안고 있는 구체적인 생활문제와 과제에 관한 연구로 호시나(保科寧子, 2014)의 「재일외국인의 생활과제 검토: 어느 NPO 법인 생활지원 기록을 참고로(在日外国人の生活課題の検討: あるNPO法人の相談援助記録から)」 등이 있다.

이처럼 현재 재일외국인과 NGO · NPO 관련 연구는 기본적인 단계로 그들의 생활에 대한 현상 파악과 단순 서비스 지원에 그치고 있음을 알 수 있다. 고마이(駒井洋)는 일본에서 이루어지는 외국인 이민과 관련하여 그들의 생활 궁핍화와 인권 침해가 나타나고 있음에도 이와 관련한 정부의 시책은 현재 상황을 파악하기에 급급하다고 지적하면서, 이들의 기본권(생존권 · 거주권 · 자유권 · 사회권 · 문화적 권리 · 참정권)이 보장되지 않고 있음을 함께 지적하고 있다. 또 지방자치단체가 외국인의 취업차별과 거주차별에 대한 시책을 실시하고 있지만 한계가 있으며, 이를 보완할 기관으로 NGO 활동이 중요하다고 언급하고 있다.[11] 그러나 재일외국인과 NGO의 관계에 관한 연구는 어디까지나 뉴커머 외국인에 대한 것으로, 재일코리안 같은 올드커머에 대한 언급은 거의 전무한 실정이다. 특히, 재일코리안에 관한 언급이 이루어지지 않고 있는 요인으로는 오랜 세월 동안 재일코리안을 대상으로 한 활동이 총련(재일본조선인총연합회)과 민단(재일본대한민국민단), 즉 기존의 민족단체 혹은 반차별운동 등으로 집약되는 경우가 많기 때문이다. 본고는 선행연구의 성과를 바탕으로 하되, 간과되어 오고 있는 재일코리안을 둘러싼 복잡한 상황을 포괄하면서, 재일코리안의 새로운 활동의 방향성을 시사하는 코리아NGO센터의 활동에 주목하여 이 단체의 활동에 초점을 맞추어 검토하고자 한다.

11) 駒井洋. 「日本の外國人移民」. 明石書店. 1999. 165쪽.

2. 코리아NGO센터의 설립 배경[12)]

1) 일본 NPO 형성의 역사적 배경과 활동 유형

코리아NGO센터의 설립 배경을 살펴보기 전에 일본사회에서 민간단체의 형성을 가능하게 한 거시적 환경과 사회구조를 살펴보겠다. 이를 위하여 먼저 지금까지의 자원봉사활동과 민간단체의 활동을 간략하게 정리하고자 한다. NPO와 시민활동은 고도경제성장기에 활발한 시민활동과 주민운동의 계보를 계승하면서, 1970년대 커뮤니티 형성과 마을 만들기 운동을 거쳐 1980년대 대도시의 교외를 중심으로 다양한 주민 · 시민 활동으로 전개되었다.[13)] 이러한 흐름 속에서 'NPO'라는 용어가 일본에 소개되기 시작한 것은 1990년대 들어서면서부터다.

NPO는 다양하게 정의되고 있으나, 넓은 의미에서 NPO는 "영리를 목적으로 하지 않는 모든 민간조직"을 지칭한다. 「특정비영리활동촉진법」은 본래 1996년 12월 「시민활동촉진법」으로 국회에 제출된 것으로, 이것이 계속 심의로 채택되어 1998년 3월 4일, 같은 달 19일에 전원일치로 제정되었다. 같은 해 12월에 시행된 이후 지금까지 두 번의 법률개정이 이루어졌으며, 활동분야의 개정, 인증 NPO의 창설 등 제도정비가 이루어져왔다.[14)] 일본에서의 NPO 활동은 1988년 3월 「특정비영리활동촉진법」, 즉 NPO법안이 공표된 이후부터 활발해지기 시작했다. 이 법안 공표 후, 2005년 2만 4,001개에서 2017년 현재 인정법인 5만 2,852개, 비인정법인 5만 1,508개(총무성 통계국 2017년도)로 그 수가 5배 이상 늘었다. 일본사회의 NPO 활동과 동향을 이해하기 위해서는 먼저 내용과 상황에 초점을 맞추어 일본의 NPO법안 제정 전후

12) 2장의 내용은 2014년 『コリアNGOセンター設立10周年 記念誌』 참고.

13) 松本康 編. 「都市社會學 · 入門」. 有斐閣アルマ. 2014. 78쪽.

14) 松本康 編. 79쪽.

로 구분하여 살펴볼 필요가 있다.

먼저, NPO법인 성립 이전의 상황에 대하여 살펴보자. 전후 일본경제는 일본이 한국전쟁의 병참기지로 활용되면서 '한국전쟁 특수'로 호황을 누렸다. 특히 1955년 후반부터 '짐무게이키(神武景気)'[15]라고 할 만큼 초호황이 이어지면서 1957년 경제백서에서는 "더 이상 전후가 아니다"라고 언급할 정도였다. 고도경제성장은 노동력을 제1차 산업에서 제2차, 제3차 산업으로 유동적으로 변화시켰다. 한편, 이에 따라 공해와 대기오염, 수질오염 등 환경문제가 심각해지면서 1967년 「공해대책기본법」이 성립되었으며, 1971년에는 환경청이 발족되었다. 이러한 상황에서 공익재단을 중심으로 고령자복지와 아동복지, 환경문제 관련 자원봉사 조직과 대기업의 사회적 공헌의 일환으로 재단의 활동 등이 눈에 띄기 시작했다. 또 이 시기는 정부의 국제원조인 공적개발원조(ODA, Official Development Assistance)에 의한 후진국 원조가 시작되었다. 1972년 캄보디아 난민구호회, 아시아 각국 의사 · 의대생 네트워크 조성을 시작으로 1984년 특정비영리활동법인 암다(AMDA, The Association of Medical Doctor of Asia)의 설립 등으로 민간에 의한 교육, 직업훈련, 환경보전, 유기농업 난민구호 등 다양한 방면에서 국제 자원봉사 활동이 전개되었다. 1980년대는 고도성장의 종언과 시민공익활동의 활성화 시대라고 해도 과언이 아니다. 1982년이 되면서 일본 정부에서는 고복지 · 고부담이 부정되면서 복지 서비스의 유료화와 민간 활력의 도입이 제기되는 한편 자원봉사 육성도 강화되었다. 자원봉사활동이 한층 활발해지기 시작한 것은 1995년 한신 · 아와지 대지진이 계기가 되었으며, 이 해를 '자원봉사의 원년(元年)'이라고 칭한다.

일본에서 NPO라는 용어가 등장한 것은 1992년에 열린 제2회 일본 Networkers 회의(JNC, Japan Networkers' Conference)에서 NPO가 테마로 선정된

15) 짐무게이키(神武景氣)란 일본의 고도경제성장기인 1954년 12월부터 1957년 6월까지의 호경기를 통칭하는 용어다. 일본 초대 천황인 짐무천황(神武天皇)이 즉위한 해인 기원전 660년 이래의 호경기라는 의미로 이 용어가 생겨났다.

이후, 1993년 3월 오사카대학 경제학부 혼마 마사아키(本間正明) 연구실, 산토리 문화재단, 일본생명재단, 오사카 커뮤니티재단 관계자 등에 의하여 'NPO 연구포럼' 결성, 9월에 야마기시 히데오(山岸秀雄), 이토 야스오(伊藤裕夫) 등에 의하여 도쿄에서 NPO 추진포럼(현재 NPO 서포트센터)이 설립되면서 본격적으로 사용되기 시작하였다. NPO 연구포럼 등에서 활발한 논의 끝에 1998년 「시민활동촉진법안」에서 「특정비영리활동촉진법안」으로 개칭되어 법안이 성립되었다. NPO법 제1조와 제2조에는 그 목적과 정의가 명확히 기술되어 있다.

이 법안에 명시된 것처럼 NPO법의 목적은 '시민의 자유로운 공익활동 촉진'이며, '공익 혹은 불특정 다수의 이익'을 목적으로 한다는 것이 명시되어 있다. 법률 제2조에서 말하는 특정비영리활동이란 다음 〈표 1-16〉에 명시된 활동을 지칭한다.[16)]

〈그림 1-16〉은 20개의 활동분야별 법인 수와 그 비율을 나타낸 것이다(2014년 3월 31일 현재).[17)] '보건 · 의료 · 복지'가 2만 8,698개로 가장 많으며, 다음으로 '사회교육'이 2만 3,229개, '단체운영에 관한 연락 · 조언'이 2만 2,726개, '마치쓰쿠리' 2만 1,328개, '어린이의 건전한 육성'이 2만 1,558개, '학술 · 문화 · 예술 · 스포츠'가 1만 7,143개 순서다(그 외 분야의 자세한 사항은 〈그림 1-16〉 참조).

표 1-15 NPO법의 목적과 정의

목적	제1조-이 법률은 특정비영리활동을 행하는 단체에 법인격을 부여함으로써 자원봉사활동은 물론 시민이 행하는 자유로운 사회공헌활동인 특정비영리활동의 건전한 발전을 촉진함으로써 공익증진에 기여하는 것을 목적으로 한다.
정의	제2조-이 법률에서 말하는 '특정비영리활동'이란 〈표 1-16〉에 제시하는 바와 같은 활동에 해당하는 것으로 불특정 혹은 다수의 이익증진에 기여하는 것을 목적으로 한다.

16) 今田忠 編著. 「日本のNPO史－NPOの歴史を讀む, 現在・過去・未來」. 株式會社ぎょうせい. 2006. 211-214쪽.

17) 松本康 編. 「都市社會學・入門」. 有斐閣アルマ. 2014. 80-81쪽.

표 1-16 특정비영리활동법인의 활동분야

호수	활동 종류
제1호	보건, 의료 혹은 복지증진을 도모하는 활동
제2호	사회교육 촉진을 도모하는 활동
제3호	마치쓰쿠리 추진을 도모하는 활동
제4호	관광 진흥을 도모하는 활동
제5호	농어촌 혹은 중산간지역의 진흥을 도모하는 활동
제6호	학술, 문화, 예술 혹은 스포츠 진흥을 도모하는 활동
제7호	환경보전을 도모하는 활동
제8호	재해구조 활동
제9호	지역안전 활동
제10호	인권옹호 및 평화촉진을 도모하는 활동
제11호	국제협력 활동
제12호	남녀공동참획 사회 형성 촉진을 도모하는 활동
제13호	어린이의 건전한 육성을 도모하는 활동
제14호	정보사회 발전을 도모하는 활동
제15호	과학기술 진흥을 도모하는 활동
제16호	경제활동 활성화를 도모하는 활동
제17호	직업능력 개발 및 고용기회 확충을 지원하는 활동
제18호	소비자 보호를 도모하는 활동
제19호	위 각호에서 내세운 활동을 행하는 단체의 운영 및 활동에 관한 연락, 조언 및 원조 활동
제20호	위 각호에서 내세운 활동에 준하는 활동으로서 도도부현 또는 지정도시의 조례가 정한 활동

이 중에서 재일외국인의 인권옹호를 위한 단체로 등록된 것은 〈표 1-17〉의 9개 단체(2017년 현재)[18]다. 지역적으로 도쿄와 오사카에 집중해 있고, 2000년대에 집중적으로 설립되었음을 알 수 있다. 9개 단체의 설립목적은 외국인의 인권옹호와 일본사회의 다민족·다문화 공생사회의 실현을 내걸고 있다.

18) 출처: www.npo-homepage.go.jp/npoportal(검색일: 2017. 6. 9.)

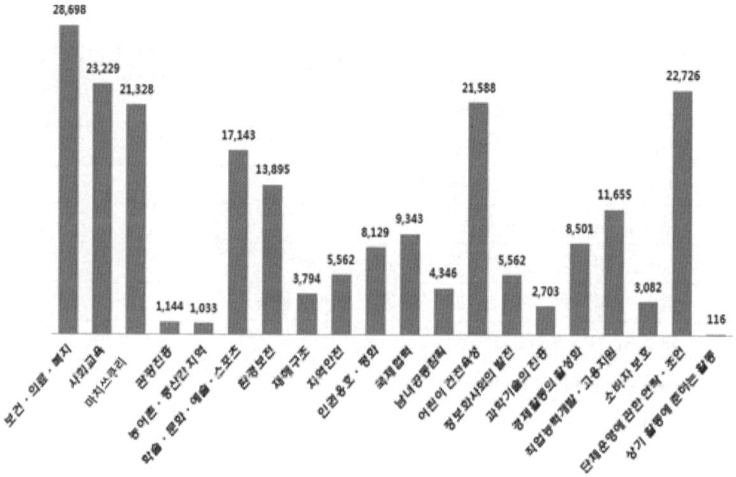

그림 1-16 NPO법인 활동분야와 법인 수 비율

출처: 松本, 2014, pp. 80-81

표 1-17 재일외국인 인권옹호 단체 리스트

지역	단체명	설립연도	설립목적	현재 주요 활동
도쿄	특정비영리활동법인 Tokyo Alien Eyes	2002. 4. 25.	외국인과 일본인 쌍방으로 정보, 인권, 복지 사업 및 재일외국인 인권옹호와 일본 국내의 국제화를 목적으로 함	• 유학생 정보 네트워크 구축 및 유학생의 목소리를 사회에 반영시키기 위한 정보발신과 조사활동 • 재일본 유학생의 생활 전반에 걸친 지원활동 • 유학생과 지역, 시민을 잇는 교류활동
	열심히 공부하는 유학생을 지원하는 모임	2006. 5. 22.	유학생 지원사업을 통하여 재일외국인 인권옹호 및 일본 국내의 국제화에 기여하는 것을 목적으로 함	• 일본에서 공부에 매진하는 유학생을 대상으로 면학 분위기 조성을 위한 사업·상담 및 교류를 통하여 유학생의 연구 활동과 취업, 생활 지원
	Asian People's Friendship Society	2010. 6. 29.	재일외국인이 일본에 거주하는 데 있어서 장벽을 없애고, 일본인과 외국인이 서로의 문화를 이해하고 서로의 장점을 살린 다민족·다문화사회 실현에 기여할 것을 목적으로 함	• 다민족·다문화사회에 관한 심포지엄 및 문화교류 이벤트 개최 • 정주외국인의 인권옹호를 위한 조사·연구·제언 활동 • 정주외국인을 대상으로 한 상담 활동 등

	Asian Community Takashimadaira	2012. 8. 21.	도쿄도 이타바시구 다카시마다이라(東京都板橋區高島平) 및 그 주변지역의 다문화 공생사회 구축과 국제이해를 통한 재일외국인의 인권옹호와 권리확대 도모를 목표로 함	• 초급일본어교실 • 각종 강연회 · 심포지엄 등 이벤트 개최
	NPO법인 일본재류지원종합창구센터	2016. 12. 20.	국제화 도모와 경제성장 촉진 및 외국인 인권과 생활 전반에 대한 지원을 통한 국제협력을 목표로 함	• 외국인 생활지원 및 비자문제 해결 • 비즈니스 지원 • 외국인 아동의 교육지원 • 외국인 고용에 관한 컨설팅 • 일본어학교 소개
오사카	특정비영리활동법인 다민족공생인권교육센터	2001. 9. 14.	재일외국인 인권존중과 재일외국인에 대한 모든 차별을 철폐하기 위한 계발 및 교육 · 연구 활동을 통하여 일본사회의 다민족 · 다문화 공생사회 실현에 기여를 목적으로 함	• 다민족 · 다문화 공생 관련 각종 세미나, 강연회 개최 • 코리아타운 필드워크
	특정비영리활동법인 BAOBAB Club	2002. 8. 7.	재일외국인의 인권옹호 및 국제협력 활동을 목적으로 함	특히 아프리카 여러 국가들과의 경제, 문화, 인도, 교육에 관한 교류 활동은 물론 세계 각국과의 친선을 위한 활동 및 재일외국인을 대상으로 한 일본생활에 대한 지원활동
	특정비영리활동법인 코리아NGO센터	2004. 12. 7.	재일코리안의 민족교육권 확립은 물론 외국인의 인권확보와 신장, 일본사회의 다민족 · 다문화 공생사회 실현과 재일코리안사회의 풍요로운 사회기반 창조 및 동아시아의 코리안 네트워크 강화, 코리아와 일본시민사회의 발전, 남북통일과 '동아시아공동체' 형성에 기여하는 것을 목적으로 함	• 민족교육 · 마이너리티 교육 • 인권 공생사회 관련 이벤트 및 심포지엄 개최 • 이쿠노 코리아타운 필드워크 법률상담 및 생활지원 • 코리안 네트워크 • 평화 · 동아시아 공동체 • 국제교류 · 협력 시민사회
치바	NPO법인 일본국제우호협회	2015. 9. 11.	재일외국인의 일본재류를 좀 더 마음 편하게 할 수 있도록 함과 동시에 일본을 더 깊게 이해할 수 있도록 하는 국제협력, 학술, 문화, 예술, 스포츠 등을 통하여 국제우호 및 외국인의 인권옹호 활동 증진과 재해 시 외국인에 대한 통역, 지원 등을 목적으로 함	• 학술, 문화, 예술, 스포츠 진흥사업 • 국제협력사업 • 외국인 인권옹호 활동

이 9개의 법인 가운데 특정비영리활동법인 다민족공생인권교육센터와 코리아NGO센터가 재일코리안 관련 강연회와 세미나 등을 개최하고 있다. 그러나 설립목적에서부터 재일코리안 인권 부문으로 특화하여 설립된 단체는 특정비영리활동 코리아NGO센터가 유일하다고 할 수 있다. 다음 절에서는 특정비영리활동 코리아NGO센터의 설립을 둘러싼 다양한 사회적 · 문화적 · 지역적 배경과 설립 당시의 미션 등에 대하여 자세하게 살펴보도록 하자.

2) 코리아NGO센터 사회 · 문화적 및 지역적 설립 배경과 미션

1980년대 이후 일본 국내의 대부분 전통적인 상점가가 쇠퇴하면서 전국적으로 셔트 상점가로 쇠락하고 있는 가운데 현재도 번영하고 있는 상점가가 있다. 그중 하나로 손꼽히는 곳이 미유키모리상점가(이하 코리아타운)로, 코리아NGO센터는 이 지역에 위치하고 있다. 이 지역은 일본에서 재일코리안이 가장 많이 거주하고 있는 밀집지역이기도 하다.

일본으로 조선인이 건너오게 된 계기는 1910년 한일강제병합에 의해서다. 1910년대 일본의 경기가 좋아지면서 일본 내지의 인력부족 현상이 나타나기 시작했고, 이러한 현상은 1920년대까지 지속되었다. 오사카 이쿠노에 조선인이 모여들기 시작한 것은 1923년 오사카와 제주도 간 정기항로 개설로 기미가요마루호가 취항하면서부터다. 오사카는 1920년대 동양의 맨체스터로서 일찍이 공업화가 진행되어 값싼 노동력을 많이 필요로 했고, 오사카-제주도 간의 정기항로를 이용한 조선인 노동자가 이쿠노로 몰려들기 시작했다. 1930년대에 현재의 미유키모리 중앙상점가 동쪽 골목 뒤편에 '조선시장'이 생겨났다. 1933년에 발행된 『아사히 그래프』에는 당시 번화한 조선시장의 모습을 사진과 함께 게재했다. 사진과 기사내용을 통하여 당시 조선인 가정에서 선조의 제사 때는 물론 설날과 추석 전에 식재료를 구하기 위하여 이곳 조선시장을 찾았고, 조선시장이 매우 번화했음을 알 수 있다.

골목 뒤편에 자리 잡았던 조선시장이 현재의 상점가로 나오기 시작한 것은 전후(戰後)부터다. 전쟁이 격화되면서 미유키모리상점가의 점주들은 통제경제로 장사가 힘들어졌고, 연이은 공습을 피해 지방으로 피난을 떠났다. 일본의 패전으로 혼란에 빠지자 상점주들이 피난지에서 복귀가 늦어지면서 골목 뒤편에 있던 조선시장 사람들이 장사를 시작했다.[19] 이후 오랫동안 조선시장은 조선인의 일상적인 식재료와 제사에 쓰이는 제수용 식재료, 관혼상제 도구를 제공하는 시장으로 이용되었다. 1930년대에 이미 노점상을 포함한 80개의 조선 음식점은 물론 일용품을 파는 가게가 있었다. 1970년대까지 재일코리안의 생활을 지탱해오며 번성해왔던 조선시장은 1980년대 들어서면서부터 재일코리안의 세대교체와 한국의 가정의례준칙에 의한 의례간소화, 대형슈퍼의 출현 등으로 서서히 쇠퇴하기 시작했다. 상점가의 활기를 되찾기 위하여 1985년 한국오사카청년회의소(KJC)와 일본청년회의소(JC)는 '코리아타운 구상'을 제창했으며, 조선의 식재료와 상품을 취급하는 가게가 많은 이 지역의 특색을 전면적으로 내세워 우여곡절 끝에 1993년 현재의 '코리아타운'이 탄생하게 되었다.[20]

재일코리안은 오랜 세월 동안 일본사회에서 격리되어 '보이지 않는 존재'로서 주변인으로 살아왔다. 해방 직후부터 재일코리안 1세들이 사회주류로 활동하던 시기에 조직되었던 민족단체는 일상생활의 장(場)인 일본사회에 대하여 어떠한 이의제기도 하지 않았고 한반도의 남북대립과 이념대립에 휘둘렸다. 반면 1세와 달리 일본에서 태어나고 자란 재일코리안 2세는 1970년대 들어서면서부터 일본사회의 불합리와 차별에 대해 이의제기를 하기 시작하였다. 일본사회를 향해 스스로의 '목소리'를 내기 시작한 것이다. 박종석의

19) 高正子. 「『食』に集う街―大阪コリアタウソの生成と変遷」. 『食からの異文化理解』. 河合利光 編. 時潮社. 2006. 131-151쪽.

20) 조선시장에서 이쿠노 코리아타운으로 변모하는 과정에 대해서는 고정자 · 손미경. 「한국문화 발신지로서의 오사카 이쿠노쿠 코리아타운」. 『글로벌문화콘텐츠』 제5호. 2010 참조.

히타치 취직차별에 대한 이의 신청을 필두로 하여 지방공무원의 문호 개방을 요구하는 공무원 시험의 국적조항 철폐운동, 공영주택 입주, 국민건강보험과 국민연금 가입 등 1980년대 후반에 들어와서는 외국인 지문날인거부운동으로까지 확산되면서 많은 재일코리안이 일본사회에 스스로의 존재를 표출하기에 이르렀다.

이러한 움직임은 1948년 한신교육투쟁 후 일본공립학교 안에 생겨난 '민족학급'의 등불을 지켜내자는 운동이 오사카를 중심으로 일어났다. 1970년대 재일코리안 어린이들의 '민족문화'를 배우고 싶다는 열의 있는 '목소리'는 일본인 교사와 학부모를 움직였고, 방과 후 일본 공립학교 안에 재일코리안 '교사'를 영입하는 '민족교육'의 등불로서 오사카 시내 공립학교로 확산되었다. 현재 공립학교의 민족학급은 오사카부 · 시에만도 약 184개교[21)]에 이르며, 이 운동을 운영하고 관리하는 조직으로서 '민족교육촉진협의회'가 발족했고, 문화부문을 담당하는 조직으로 '민족교육문화센터'가 조직되었다. 이후 민족교육문화센터는 코리아NGO센터 조직에 일익을 담당하게 된다.

또 1970년대부터 한국으로 유학을 가는 재일코리안 2세가 생겨났으나, 남북관계의 긴장 속에서 재일코리안 2세 유학생들이 '북한의 간첩'이라는 누명이 씌워져 정치범으로 투옥되는 사건이 발생했다. 재일코리안 정치범을 구원하기 위하여 '재일한국유학생 정치범 구원회'가 조직되었고, 한국이 민주화됨에 따라 그 사명을 다한 이 조직은 뉴커머의 입국문제와 생활문제 상담 및 해결을 위한 조직으로 전환되면서 코리아NGO센터의 설립 멤버가 되었다.

1980년대 들어서면서부터 눈앞에 놓인 재일코리안 사회 문제에 눈을 돌린 재일코리안 2세 · 3세들에 의한 문화운동이 오사카에서 시작되었다. 기

21) 오사카 시내의 초등학교와 중학교에 재적하는 학생 수는 1만 7,760명으로 그중 5,362명이 한국 · 조선적이다. 민족학급 및 민족클럽은 94개교에 설치되어 있으며, 총 2,260명의 학생이 여기에 소속되어 있다. 그리고 오사카부의 초등학교와 중학교에 설치되어 있는 학교는 91개교로 민족강사가 민족학급을 운영 및 실시하고 있는 학교는 두 지역 70개교다.

존의 민족단체가 가진 한계와 틀을 깨되 조직이 아닌 개인의 입장에서 심리적으로 그어진 38도선을 뛰어넘고자 하는 운동이 시작되었다. 일본사회 안에서 재일코리안 자신들이 남북으로 분단된 상황 속에서는 흔들리는 민족 아이덴티티를 되돌리기 힘들다는 인식 하에 스스로의 손으로 민족 아이덴티티를 되찾고자 하는 작업이 '이쿠노 민족문화제'였다. 반면, 명확한 남북통일을 지향하는 '원코리아페스티벌'도 같은 시기에 생겨났다. 1985년 '남북통일'을 주장하는 것이 간단하지 않았던 시대적 상황에서 '하나'라는 슬로건을 내걸고 매년 페스티벌을 개최하고 있다.

코리아NGO센터의 설립 배경에는 기존의 민족단체인 총련과 민단이 포괄하지 못했던 재일코리안 2세·3세가 일본에서 생활하기 위한 생활권 획득과 재일코리안으로서 일본사회와 한반도와의 관계성을 맺어가야 할 필요성이 중요한 과제로 떠올랐기 때문이다. '민족교육문화센터', '재일한국인민주인권협의회', '원코리아페스티벌실행위원회'라는 3개의 조직이 하나가 되어 설립된 것이 코리아NGO센터다. 코리아NGO센터는 동서냉전의 붕괴와 글로벌화의 진전, 재일코리안 사회의 다변화 속에서 각각의 단체가 특정 활동 분야에 집중하여 개별적이고 파편화되어 활동할 것이 아니라, 좀 더 다각적이고 종합적인 재일코리안 시민운동을 전개하기 위한 '센터'가 필요할 것이라는 전망에서 설립이 추진되었다.

2004년 3월 민족교육문화센터, 원코리아페스티벌실행위원회, 재일한국민주인권협의회의 세 단체를 모체로 '인권', '평화', '공생'이라는 이념을 내걸고 재일코리안 NPO(특정비영리활동법인)로 설립되었다. 이후 2010년 NPO법인 코리아인권생활협의회와 통합한 후 현재에 이르고 있다.

표 1-18 코리아NGO센터 발전 과정

2004년 3월
'재일한국민주인권협의회', '민족교육문화센터', '원코리아페스티벌실행위원회' 통합
↓
특정비영리활동법인 '코리아NGO센터' 발족
↓
2010년, NPO법인 '코리아인권생활협의회'와 통합 2012년 7월, '원코리아페스티벌' 공익법인 인정 별도 법인화

센터는 첫째, 외국인의 인권보장과 다민족 · 다문화 공생사회 실현. 둘째, 재일코리안사회의 풍요로운 사회기반 창조와 코리아네트워크의 발전. 마지막으로 남북 평화통일과 남북 · 일본 시민사회와 동아시아 공동체 번영이라는 세 가지 미션을 내걸고 있다. 위의 세 가지 미션에 대해서는 다음 장에서 구체적으로 다룬다.

표 1-19 코리아NGO센터 비전

비전
외국인 인권보장과 다민족 · 다문화 공생사회 실현
재일코리안사회 기반 창조와 코리아네트워크 구축
남북 평화통일과 남북 · 일본 시민사회와 동아시아 공동체 번영

3. 코리아NGO센터의 주요 활동과 의미

1) 코리아NGO센터의 주요 활동[22)]

코리아NGO센터의 활동은 위의 세 가지 미션을 수행하기 위해 관련 사업인 재일코리안 어린이들의 민족교육권 및 모든 외국인의 인권보장, 다민족 공생사회 실현, 한국시민사회와의 협동 및 네트워크 확대 등의 사업을 펼치고 있다. 각각의 사업에 대하여 간략히 살펴보기로 하자.

(1) 재일코리안 민족교육 및 마이너리티 교육 확립

코리아NGO센터는 민족교육과 마이너리티 교육의 확립을 위하여 특히 설립 당초부터 지역공립학교에 다니는 재일코리안 학생들을 위한 민족학급을 중심으로 민족교육 제도보장을 주요 과제로 추진해왔다. 이러한 사업 추진 배경에는 국적에 관계없이 한반도에 루쓰[23)]를 둔 학생들이 민족의 역사와 언어 그리고 문화 등을 배움으로써 일본사회 속에서 '살아가는 능력'을 배양하는 것은 국제인권 기준에 따른 민족적 마이너리티로서 당연한 권리라는 점에서 출발한다.

현재 일본사회에서 급속하게 진전되고 있는 소자녀 · 고령화 시대에 다민족 · 다문화화는 불가피하다. 재일코리안 학생들의 민족교육의 제도적 보장은 일본 학생들에게도 인권의식의 배양과 '차이'를 존중하며 '공생'에 대하여 배울 수 있다는 점에서 교육적인 면에서도 큰 의의가 있다. 코리아NGO센터는 다음 세대를 짊어질 재일코리안 학생들이 민족적 아이덴티티와 자존

22) 코리아NGO센터의 주요 사업에 대한 내용은 홈페이지 참고. http://korea-ngo.org/index.html

23) 루쓰는 roots의 일본식 발음. 직접적으로 이동을 경험한 주체인 재일코리안 1세들에게 루쓰가 뿌리와 경로였다면, 직접적인 이동을 경험하지 않은 루쓰는 좀 더 복잡하고 다양한 의미로 사용되고 있다. 재일코리안의 루쓰에 관해서는 홍리나. 「문화적 저항으로서의 재일동포 민족학급: 히가시오사카시 공립소학교의 사례를 중심으로」. 2015년도 한국학중앙연구원 한국학대학원 석사학위논문 참조.

감을 배양할 수 있도록 민족교육권 확립을 위한 사업, 즉 오사카 공립학교에 설치되어 있는 민족학급에서 민족교육의 제도적 보장을 확보하는 데 주력하고 있다.[24)]

민족학급은 재일코리안 학생들의 민족적 아이덴티티와 자존감을 가질 수 있도록 하는 중요한 장인 동시에 일본 어린이들은 물론 일본사회의 국제이해·타문화 이해 촉진에 크게 기여해왔다. 2017년 현재 오사카부 내의 약 1,543개 초·중학교(2016년 현재 초등학교 1,015개, 중학교 528개)[25)] 중 180여 개 초·중학교에 민족학급이 설치·운영되고 있으며, 2천 명이 넘는 학생들이 한국의 역사와 문화를 배우고 있다. 코리아NGO센터는 민족학급과 민족학급을 담당하는 민족교사의 배치 및 국제이해교육의 코디네이터 역할과 일본의 공립학교 내에서 일어나고 있는 민족차별에 대한 대응창구 역할을 하고 있다. 또 민족학급에서 사용하는 교재 작성과 민족학급 교원 간의 조정 역할도 하고 있다. 이렇게 민족학급과 민족교사의 현장지원은 물론 제도보장을 위해 행정기관에 시책제안 등의 노력을 지속한 결과, 2007년 오사카시에서 민족학급 제도가 '국제이해교육추진사업'을 통해 교육위원회 사업으로 자리매김함과 동시에 제도정비가 진척되는 성과를 낳았다.

(2) 외국인 마이너리티의 인권 보장 및 다민족·다문화 공생사회 실현

코리아NGO센터는 설립 당시부터 외국인인권법연합회, 인종차별철폐 NGO 네트워크 등에 참가하면서 여러 단체와 협력하여 「외국인인권법기본법」, 「차별금지법」 등 법제도 정비는 물론 국적과 민족, 가치관 등의 '차이'를 '차이'로서 존중하면서 대등한 관계를 구축해가는 다민족·다문화 사회 실현을 목표로 활동해오고 있다. 이러한 목표 아래 '인권'과 '공생'을 테마로

24) http://korea-ngo.org/kyoiku/kyoiku02.html(검색일: 2018. 7. 24.)
25) http://www.pref.osaka.lg.jp/kyoikusomu/handbook/data.html(검색일: 2018. 7. 24.)

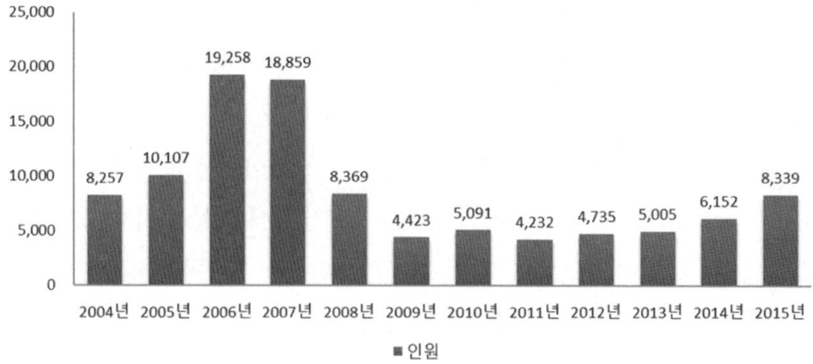

그림 1-17 NGO센터 인권연수 · 강사파견 사업 실적

지방자치단체, 교육기관, 각종 단체 등을 대상으로 인권연수 프로그램도 실시하고 있으며, 지속적으로 실적을 쌓아가고 있다. 2004년부터 2015년까지의 자세한 실적은 〈그림 1-17〉을 참조할 수 있다.[26)]

이외에도 재일코리안의 아이덴티티를 확립하는 데 커다란 역할을 담당해온 민족교육의 경험을 살려서 일계 브라질인 어린이들의 일본 라치노학원(시가현)이 폐교된 공립학교를 사용할 수 있도록 하는 데 협력했다. 또한, 오사카 필리핀계 어린이들이 다니는 초등학교 학생들의 학습보장을 지켜나가기 위한 'Minami 어린이 교실' 운영(매주 화요일, 현재 30명) 등 재일코리안 어린이뿐만 아니라 외국인아동지원 활동도 함께 펼치고 있다. 다양한 활동을 통하여 외국인 인권보장을 위한 다양한 형태의 정책제언과 정보발신을 하고 있다.

26) NGO센터 홈페이지: http://korea-ngo.org/kyosei/kyosei04.html(검색일: 2018. 7. 24.)

(3) 이쿠노 코리아타운 필드워크

오사카 이쿠노는 현재 재일코리안이 가장 많이 거주하는 지역이다. 재일코리안에게는 고향 같은 장소이면서 일본인에게는 가장 가까이에서 한국을 체험할 수 있는 곳이다. 코리아NGO센터는 코리아타운의 역사적인 형성 과정과 재일코리안 최대 집주지역이라는 지역적 특색을 살려 이곳을 마을학교로 활용하고 있다. 프로그램은 이쿠노 필드워크와 체험학습(한글, 민족 악기인 장구 체험, 김치 만들기)과 강연회 등으로 구성되어 있으며, 스태프는 전원 재일코리안으로 구성·운영되고 있다. 코리아타운 필드워크는 전국의 초·중·고등학교 수학여행을 비롯하여 '이문화 이해'와 역사교육 등의 종합학습의 일환으로 교직원과 학부모교사연합회(Parent-Teacher Association) 등의 인권연수로도 활용되고 있다.[27]

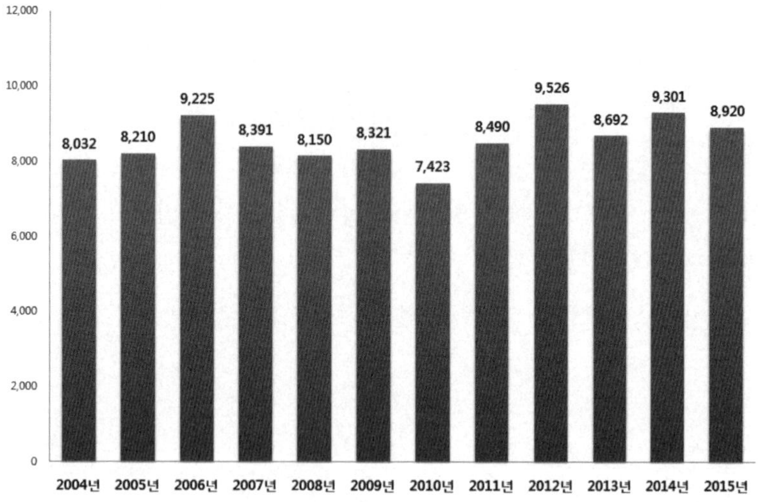

그림 1-18 이쿠노 코리아타운 필드워크 · 체험학습 실적

27) 코리아NGO센터와 마을학교에 관련한 자세한 내용은 손미경. 「문화플랫폼으로서 에스닉타운의 가능성과 새로운 정체성」. 『한국민족문화』 제58호. 2016 참고.

그림 1-19 코리아NGO센터 주최 일반인 대상 필드워크(왼쪽)와 김치 담그기 체험에 참가 중인 학생들(오른쪽)
사진: 필자 손미경 촬영(2015. 6)

이쿠노 코리아타운 필드워크는 코리아타운 상가연합회의 협력하에 이루어지고 있다. 재일코리안의 역사와 문화를 체험하는 이 프로그램은 2014년도 9,301명(173건), 2015년도 8,920명(173건) 등 매년 일본 전국에서 많은 학생이 참여하고 있다. 이러한 연수프로그램을 통하여 일본사회 안에서 인권교육과 타문화 이해, 진정한 다문화 공생의 필요성을 제기하고 있다.

(4) 코리안 네트워크 구축 및 한반도 평화통일 · 동아시아 공동체를 위한 활동

코리안 네트워크 구축 활동은 재일코리안 각자가 좀 더 자유롭고 평등하고 풍요로운 삶을 살면서 활약할 수 있는 환경과 영역을 넓히기 위해 당사자인 코리안끼리 연대하고 협력관계를 맺어야 한다는 점에서 중요하다. 다양한 재일코리안의 요구에 응하면서 각계각층의 재일코리안 단체 또는 개인과의 교류 및 협력관계를 활성화하고 있으며, 재일코리안사회의 풍요로운 사회적 기반을 조성하는 것을 목적으로 이 사업을 전개하고 있다.

일본에 거주하는 재일코리안사회는 내부 구성원의 생활 또한 다양화되어가고 있다. 1세 · 2세에서 3세 · 4세로 세대교체는 물론 일본국적 취득자의 증가, 국제결혼 증가, 1990년대 이후 일본으로 건너온 뉴커머 코리안의 증대, 중국 동북 출신의 조선족 등 일본 내의 코리안사회는 국적과 출신, 가치관 등에서 다양한 스펙트럼을 보이고 있다. 특히 뉴커머 코리안(한국인)과 중국 조선족과의 네트워크 강화를 주력 과제로 삼고 있다. 2010년 9월 재일본간사이한국인연합회(간사이한인회) 설립총회 참석, 같은 해 10월 오사카시 이마자토공원에서 개최된 간사이지역조선족운동회의 준비 및 운영에 협력했다.

그리고 한국의 지구촌동포연대(KIN)가 매년 개최하고 있는 '재외동포 NGO대회'에 지속적으로 참가하고 있으며, 2006년과 2010년 일본 간사이 지역에서 동 대회가 개최되었을 때는 준비와 운영에 참가했다. 센터는 남북한 및 동아시아에 거주하는 해외동포 간의 교류 촉진과 해외동포 네트워크 구축을 위해 지속적인 노력을 하고 있다.

지금도 한반도의 분단과 급변하는 동아시아 상황하에서 센터는 한반도의 평화통일 실현과 역사문제 해결은 물론 한국과 일본 간의 관계 개선을 위해 다양한 활동을 전개하고 있다. 구체적으로는 한국의 동아시아역사재단 등과 연계하여 역사 세미나 개최, 강제징용으로 끌려온 조선인 희생자 유골 발굴 사업을 추진해온 '동아시아 공동 워크숍' 참석, '남북한 및 일본 어린이 전시회' 등의 활동을 전개하고 있다. 특히 2015년에는 홋카이도 탄광촌에 버려진 조선인 징용노동자의 유골이 70여 년 만에 고향 땅을 밟을 수 있도록 반환을 추진했으며, 이들의 유골 반환과 함께 오사카에서 추도회를 가졌다.

그림 1-20 일본간사이한국인연합회 설립총회(왼쪽)와 제3회 재외동포 NGO대회(오른쪽)
사진: 코리아NGO센터 제공

더불어 일본의 여러 NGO · NPO단체와 긴밀하게 네트워크를 구축하면서 차별철폐와 인권보장을 촉진하기 위한 사업을 추진해오고 있다.

(5) 국제교류 · 협력 및 일본 시민사회 발전

동아시아의 인권과 평화, 환경 등 한 국가만의 힘으로는 해결할 수 없는 문제가 부상하고 있는 오늘날, 이러한 문제의 해결 주체로서 국경을 초월한 성숙한 시민사회는 불가결하다. 특히 한국과 일본의 시민사회는 크게 성장했으며, 앞으로도 그 역할이 한층 더 중요해지고 있다. 한 · 일 간 시민과 NGO가 상호 이해를 도모하면서 국경을 초월한 시민사회를 형성하여 협력관계를 강화하는 것은 지금까지 식민지 지배와 아시아 침략 역사를 동아시아인과 함께 공유하지 못하고 있는 일본사회를 변화시켜가는 데 중요한 원동력이 됨은 물론 한반도 분단 등 현재까지 냉전대립이 남아 있는 동아시아 지역의 평화공존 실현을 위한 견인차가 될 것이다. 코리아NGO센터는 '평화', '인권', '민주주의', '자립한 시민'을 이념으로 내걸고 한국과 일본시민 사회의 발전에 이바지하며 시민협력을 활성화하고 다양한 국제교류 · 국제 활동에 참가하고 있다.

2) 코리아NGO센터의 의의 및 과제

(1) 개인적 차원

코리아NGO센터의 핵심 사업 중 하나인 민족학급 운영은 제도적인 측면에서 재일코리안 학생들의 민족교육의 제도적 보장이라는 점에서, 그리고 개별적 측면에서 재일코리안 학생들이 민족적 아이덴티티와 자존감 배양의 기회를 부여한다는 점에서 큰 의의가 있다. 이러한 센터의 활동은 한국학중앙연구원의 지원을 받아 실시한 '2016년 해외 민간단체 지원사업' 코리아NGO센터의 「재일동포이야기 수집사업」의 자료집에 실린 인터뷰 내용에 잘 드러나 있다.

> 민족학급은 나의 인생에서 한국과 조선을 처음으로 알게 된 곳, 문화와 언어, 노래도 처음으로 알게 된, 민족이라는 것과 처음 대면한 곳이라고 생각해요. 내가 일본인이 아니고 한국조선에 루쓰를 둔 인간이라는 의식을 심어준 곳이 민족학급이기 때문에 그런 면에서는 훌륭한 민족교육이라고 생각해요(민족학급 경험자 안○○ 씨 인터뷰 내용 중).

> 나는 어른이 되면 꼭 귀화하려고 생각했어요. 귀화를 꼭 해서 내 속에 있는 한국과 관련 있는 부분을 지워버리고 싶었어요. 점점 내가 한국에 루쓰가 있다는 것을 부정하게 되고, 정말로 지워버리고 싶었어요. 아니 지워버리고 싶은 정도가 아니라 나중에는 증오하는 단계까지 이르렀어요. 민족학급을 통해서 제 자신에 대해 인식하고 이해하는 기회는 물론 좋은 경험도 많이 할 수 있다는 것을 민족강사를 하면서 알게 되면서, 내가 학창시절에 민족학급이 있었으면 그렇게까지 열등감에 빠지지 않았을 건데……. 마이너리티로 살아남기 위한 강인함 등을 고양시키는 그런 장소라고 생각해요(민족강사 김○○ 씨 인터뷰 내용 중).

> 재일동포사회에 이러한 민족학급의 노력이 없었다면 동포사회의 존립 자체가 어려울 것이라고 생각합니다. 한국계 미국인 같은 개념이 일본사회에는 없어요. 재일동포 혹은 한국조선에 루쓰가 있다는 자각이 없으면 모두 일본사람으로 살 수밖에 없어요. 동포사회가 존립할 수 없는 거죠. 적어도 한국조선에 루쓰가 있고, 그것에 대하여 자랑스럽게 생각하는 자기긍정성을 가지고 민족성을 수용하고자 하는 힘을 기르는 곳이 민족학급이 하고 있는 역할이라고 생각합니다(민족강사 강○○ 씨 인터뷰 내용 중).

부정적 자기인식을 가진 한 개인이 민족학급을 통해 긍정적 자기 발견을 하는 경험을 쌓게 되고, 민족학급 참여가 긍정적 정체성을 형성하는 데 중요한 역할을 하고 있음을 인터뷰 일부를 통해서도 알 수 있다. 일본의 제도적인 공교육 안에서의 교육과 일본사회 속에서 한반도에 뿌리를 둔 한민족이라는 긍정적 정체감을 형성하기에는 매우 힘든 일이다. 특히 최근과 같이 헤이트 스피치와 한일관계가 악화되고 있는 상황 속에서는 더욱더 어려운 실정이다. 이러한 점에서 볼 때 민족학급의 경험은 한민족으로서의 자부심과 정체성 확립에 기여함은 물론 한 인간으로서 자유와 평등, 풍요로운 삶을 살아가는 원천이 되고 있다고 할 수 있다.

(2) 지역사회 및 재일코리안 커뮤니티 차원

일본사회는 급격한 외국인 인구 증가로 인하여 다민족화가 불가피한 상황임에도 여전히 '단일민족' 의식이 강하게 남아 있다. 공생사회로 변모하기 위해서는 차별철폐 등 다양한 제도정비도 중요하지만, 무엇보다 '공생사회'로 나아가기 위한 의식 함양이 중요하다. 여기서 '지역'은 공생사회를 실현하기 위한 '실천의 장'으로서 중요한 의미를 함유한다.

이쿠노는 조선시장 시대부터 코리아타운으로 조성된 현재까지 가게를 운영하는 일본인-거주자 일본인, 일본인-재일코리안, 재일코리안 올드커머-뉴커머 사이에 크고 작은 갈등이 있었던 곳이다. 코리아타운으로 조성된 현재 이곳은 세 개의 상점가(서상점가, 중앙상점가, 동상점가)로 구성되어 있다. 상점가 주인은 일본인은 물론 올드커머 재일코리안 2세, 3세, 뉴커머 상점주로 이해관계를 공유하며 경제활동을 하고 있으나, 종종 이해관계의 충돌로 갈등이 생기기도 한다. 코리아NGO센터는 지역 내에서 발생하는 갈등 조정자의 역할은 물론 일본인 사회와 재일코리안 사회, 올드커머와 뉴커머 사회의 중개자와 매개자 역할을 담당하고 있다.

> 역시 재일코리안(올드커머)이 가게를 내는 것과 뉴커머가 가게를 내는 것에는 약간 거부반응이 있어요. 로마에 가면 로마법을 따라야 한다는 속담이 있듯이, 여기 상점가 안에도 회비를 내야 한다든지 하는 규칙이 있어요.
>
> 그런데 (뉴커머는) "나는 지금까지 이런 방식으로 해왔다, 지금까지 사업실적

> 과 향후 사업계획 등을 내놔라, 임원 명부를 내놔라, 그것과 결산서류를 보고 그리고 당신들이 열심히 하는지를 지켜본 후에 회비를 내도록 하겠다"라고들 합니다. 재일코리안(올드커머)이 새로 여기에 가게를 낼 때, 상점가는 이런 시스템이 있고 회비가 얼마이고 등등 이러저러한 이야기를 하면, 대부분 잘 따라주는 편이에요. 그런데 뉴커머는 "뭣 때문에 그렇게 돈이 필요하냐, 5,000엔이나 어디에 쓰느냐" 라고 합니다. 전부 우리들이 먹고 마시는 데 쓰지 않느냐는 생각을 하고 있는 것 같기도 하고. 최근 그런 일들이 좀 많았어요. 그래서 김광민(씨)에게 그 사람들 사이에서 이야기를 좀 해달라고 부탁한 적이 있어요. 상점가 임원인 제가 가면 먼저 반발하니까, 좀 힘들겠지만 중간에서 그 사람들 이야기도 듣고, 상점가 설명도 해달라고 했어요(서상점가 회장의 인터뷰 내용 중).

최근 한류로 코리아타운 내에 새롭게 생겨난 뉴커머 가게와 상점가의 갈등에 대한 서상점가 회장의 인터뷰 내용 중 일부이다. 일본의 상점가 대부분은 해당 상점가를 유지하기 위해 필요한 회비 납부와 상점가 안에서 지켜지고 있는 규칙과 약속이 있다. 그러나 이러한 규칙들을 새롭게 오픈한 가게 주인인 뉴커머 상점주에게 설명을 해도 본인 방식을 고수하고자 하거나, 회비를 납부하는 것에 대한 거부감을 드러내기 때문에 곤란한 경우가 많다고 한다. 이럴 경우 상점가 임원들은 센터의 사무국장을 찾아가 일본인 상점가 임원들과 뉴커머 상점주 사이에서 중재자로서 역할을 부탁한다는 내용이다.

한류 붐 이후 코리아타운은 일본 국내에서도 성공적인 상점가 사례로 알려져 있다. 특히 한류 붐을 계기로 뉴커머 상점주들이 가게를 오픈하기 시작하면서 기존의 일본인 상점주는 물론이고 같은 동포인 올드커머 상점주들 사이에서도 갈등이 빚어지고 있다. 오랜 세월 동안 이 지역에서 생활하면서 일본사회의 풍습과 관습에 맞추어 살아온 올드커머 2세와 3세, 일본인과 한국의 생활양식을 그대로 이행하려는 뉴커머 사이에는 갈등이 생길 수밖에 없다. 상점가에서 갈등상황이 발생했을 경우 상가연합회에서 어느 정도 갈등 조정을 하지만, 뉴커머 상점주와의 갈등상황은 문화적 차이 등으로 인해 발생하는 경우가 많기 때문에 상가연합회에서 조정이 불가능할 경우도 있다. 일본사회와 한국사회에 대해 잘 아는 코리아NGO센터 스태프는 이러한 갈등상황이 발생했을 경우 갈등 조정자, 일본인 · 올드커머 상점주와 뉴커머 상점주의 매개자로서의 역할을 담당하고 있다. 즉, 센터는 이쿠노 지역의 일본인, 올드커머, 뉴커머가 서로 이해하고 협력하면서 지역주민으로 함께 공생하는 '실천의 장소'가 될 수 있는 '다문화 공생 지역'이 지역 안에서 실천 가능하도록 하는 데 기여하고 있다.

(3) 거시적 차원

거시적 차원에서 센터의 역할은 한국사회와 재일코리안사회의 네트워크 형성을 도모하고 일본 시민사회와 연대를 통하여 동반 성장을 하고 있다는 점이다. 코리아NGO센터의 사업내용에서도 살펴보았듯이 코리아NGO센터는 코리안 네트워크 구축과 한반도 평화통일 및 동아시아 공동체를 위하여 한국의 지구촌동포연대(KIN)가 매년 개최하고 있는 '재외동포 NGO대회'에 지속적으로 참가하고 있다. 또한 한국의 동아시아역사재단 등과 연계하여 역사 세미나 개최, 강제징용으로 끌려온 조선인 희생자 유골 발굴 사업을 추진해온 '동아시아 공동 워크숍' 참석, '남북코리아와 일본 어린이 전시회' 등 다양한 활동을 전개하고 있다. 이러한 센터의 지속적인 활동은 남북한 및 동아시아에 거주하는 해외동포 간의 교류 촉진과 해외동포 간의 네트워크를 구축하는 데 기반이 되고 있다.

또한 한국과 일본사회에서 이슈화되고 있는 다양한 정치적 사안에 의견을 표명하고 있다. 즉, 센터는 마이너리티의 목소리를 발신하는 '발신의 장'으로서 역할을 담당하고 있다. 한국과 마찬가지로 일본사회도 단일민족 신화가 강한 나라다. 이민자에게 다소 배타적인 분위기 속에서 마이너리티의 목소리는 외면받기 십상이다. 코리아NGO센터는 뿔뿔이 흩어져 홀로 내는 마이너리티의 목소리에 귀를 기울이고, 이러한 마이너리티 각자의 목소리를 모아서 주류사회와 지방자치단체에 전달하는 역할은 물론 다른 시민단체와 연대하여 오사카의 인권운동을 이끌어나가면서 일본사회가 성숙한 시민사회로 성장하는 데 일조하고 있다.

코리아NGO센터의 활동은 세 가지 측면에서 그 의의를 찾아볼 수 있다. 마지막으로 코리아NGO센터의 활동이 더욱 활성화되기 위해 개인적 · 지역적 · 거시적 차원에서 고려되어야 할 향후 과제에 대해 간략히 제시하고자 한다. 첫째 개인적인 차원에서 온 · 오프라인의 '안식처' 제공이 이루어져야 할 것이다. 일본의 교육 시스템 안에서 민족학급을 경험한 재일코리안 졸업생 대부분은 학교 졸업과 동시에 민족학급 같은 '안식처'가 없어진다. 학교라는 테두리에서 벗어난 이들이 일본사회 안에서 마이너리티로서 다양한 문제에 직면하게 되지만, 고민을 공유하고 정보를 교환할 공간과 정보는 절대적으로 부족한 실정이다. 마이너리티가 여전히 일본 주류사회 시스템 안에서 배제되고 소외되고 있는 현실 속에서 인간으로서 존엄성을 가지고 자기 긍정을 도모할 수 있는 사회적 네트워크의 확충이 확보되어야 한다. 글로벌화가 진전되고 있는 가운데 재일코리안 젊은 세대뿐만 아니라, 재일외국인 청년들이 함께 고민을 공유하고 정보를 교환할 수 있는 온라인상의 네트워크 확충과 오프라인을 통한 네트워크 형성은 향후 개별적 차원에서 해결되어야 과제라 할 수 있을 것이다. 더불어 현재 간사이 지역을 중심으로 활동이 전개되고 있는 '민족학급'이 마이너리티의 교육보장이라는 측면에서 일본의 타 지역 공립학교 내에 설치 및 운영될 수 있도록 하는 노력 또한 향후 해결해나가야 할 과제일 것이다.

둘째, 지역사회 및 재일코리안 커뮤니티 차원에서의 과제로 마이너리티 빈곤문제에 대한 문제 제기와 이를 위한 활동이 적극적으로 전개되어나가야 할 것이다. 현재 일본 전국에서 열리고 있는 다문화 공생과 다문화 관련 이벤트의 대다수는 '음식'과 '문화'를 매개로 한 것이 대부분이다. 1980년대 이후 지속적으로 증가하고 있는 외국인과 함께 공생하며 거주하는 '지역'을 만들어가기 위해서는 좀 더 구체적으로 이들을 둘러싼 빈곤문제에 대한 현황 파악과 문제 해결을 위한 활동이 동시에 이루어져나가야 한다. 재일외국인이 지역에서 안심하고 자신들의 생활권을 확보하고 살아가기 위해서는 이들을 둘러싼 지역 안에서의 문제에 대해 좀 더 심층적인 접근과 함께 구체적인 문제 해결을 위한 방안을 도출해나가야 할 것이다.

마지막으로 거시적 차원에서 재일코리안 커뮤니티는 물론 재외동포사회에 대한 더욱 현실적인 교육이 수반되어야 한다. 해외 동포사회를 깊이 있게 이해하기 위해서는 현재 이들을 둘러싸고 있는 거주국에서 일어나고 있는 여러 문제에 대하여 이해할 수 있는 교육이 이루어져야 할 것이다. 더불어 재일코리안 커뮤니티를 비롯하여 한국 재외동포 사회의 좀 더 거시적 차원의 접근과 네트워크 형성을 위한 노력이 수반되어야 할 것이다.

4. 맺음말

2003년 일본 총무성은 『다문화 공생 추진에 관한 연구보고서』에서 다문화 공생을 "국적과 민족 등 배경을 달리하는 사람들이 서로의 문화적 차이를 인정하고 대등한 관계를 구축하면서 지역사회 구성원으로 함께 살아가는 것"이라고 정의하고 있다. 즉, 성숙한 시민사회란 서로 다른 문화적 배경을 가진 사람들이 각자의 개성을 인정하면서도 각자가 '자기답게 살아갈 수 있는 사회'라고 할 수 있다.

앞서 서론에서도 언급한 바와 같이 이 글은 코리아NGO센터 성립의 역사적 배경과 활동양식의 특징, 센터가 가지는 의의 등을 살펴보았다. 코리아NGO센터가 가지는 의의를 개인적 차원, 지역사회 및 재일코리안 커뮤니티 차원, 거시적 차원에서 각각 살펴보았다. 먼저 개인적 차원에서 센터가 가지는 의의는 민족학급 등의 교육을 통하여 재일코리안 한 사람 한 사람의 긍정적 자아를 발견하는 경험의 장으로, 또 긍정적 자아정체성을 형성시키고 루쓰를 발견하는 장으로서 역할을 하고 있음을 알 수 있었다. 둘째, 지역사회 및 재일코리안 커뮤니티 차원에서는 '지역' 안에서 생활양식과 문화가 다른 뉴커머와 올드커머는 물론 일본인 사회와 연결하는 매개자인 동시에 갈등 조정자로서 역할을 하고 있음을 알 수 있었다. 마지막으로 거시적 차원에서 마이너리티 개별의 목소리를 한데 모아 발신하는 발신의 장으로서 역할은 물론 한국과 재일코리안사회 간의 네트워크 형성을 도모하고, 일본이 성숙한 시민사회로 나아가는 데 일조하고 있음을 알 수 있었다.

주지하다시피 오사카 이쿠노 코리아타운은 일본 국내의 대표적인 다문화 공생 지역으로 앞으로도 '다양성'이 살아 숨 쉬는 지역으로 발전해나갈 것으로 기대되고 있다. 이쿠노라는 지역사회가 '다문화 공생'을 대표하는 지역으로 발전하는 데는 100여 년 역사를 지닌 재일코리안사회의 존재와 함께 지역사회 안에서 재일코리안의 인권보장은 물론 다른 외국인의 차별철폐와 인권보장을 위해 활동을 전개해나가는 센터의 역할을 간과해서는 안 될 것이다. 국경을 넘는 일이 자유로워진 현재 다문화는 피할 수 없는 현실이며, 살아가면서 누구나 한번쯤 마이너리티의 입장이 될 수밖에 없는 세계에 살고 있다. 마이너리티는 주류사회가 '무의식적'으로 행하는 차별 행위를 '의식'하게 해주는 존재다. 이렇듯 일본사회 안에서 마이너리티 NPO 단체 활동과 그 의의는 주류사회에 마이너리티의 사회적 격차와 차별 실태를 알리는 역할을 한다. 코리아NGO센터의 활동은 한국사회 안의 마이너리티 NGO · NPO는 물론 타 지역의 코리아타운 내의 이들 기관의 향후 역할과 방향성을 제시하는 데 지침 역할을 할 수 있을 것으로 기대된다.

참고문헌

황윤섭·오윤조·김철. 『지역연구개론』. 도서출판 청람. 2015.

고정자·손미경. 「한국문화 발신지로서의 오사카 이쿠노쿠 코리아타운」. 『글로벌문화콘텐츠』 제5호. 2010.

손미경. 「문화플랫폼으로서 에스닉타운의 가능성과 새로운 정체성」. 『한국민족문화』 제58호. 2016.

홍리나. 「문화적 저항으로서의 재일동포 민족학급: 히가시오사카시 공립소학교의 사례를 중심으로」. 한국학중앙연구원 한국학대학원 석사학위논문. 2015.

朝日新聞社. 『アサヒグラフ』 第二十一巻十九号. 1933.

今田忠 編著. 『日本のＮＰＯ史－ＮＰＯの歴史を讀む, 現在·過去·未來』. 株式會社ぎょうせい. 2006.

高正子. 「『食』に集う街—大阪コリアタウンの生成と変遷」. 『食からの異文化理解』河合利光 編. 時潮社. 2006.

駒井洋. 『日本の外國人移民』. 明石書店. 1999.

坂本久海子. 「NPO法人が行っているPHSによる通譯サービスについて(特集 國際化時代の保健活動を考える)-(在日外國人への保健活動1)」. 『保健師ジャーナル』第62(12). 2006.

佐竹眞明. 『在日外國人と多文化共生-地域コミュニティの視点から』. 明石書店. 2011.

澤田貴志. 「在日外國人と地域保健活動—SHAREの取り組み(特集 公衆衛生におけるNPOの役割)」. 『公衆衛生』第66(11). 2011.

下平好博. 「外國人勞働者」. 『講座社會學６勞働』稲上毅. 川喜多喬 編. 東京大學出版會. 1999.

杉原達. 『越境する民-近代大阪の朝鮮人史』. 新幹社. 1999.

田村紀之. 「1981 內務警保局調査による朝鮮人人口(１)－總人口·男女別人口」(東京都立大學経濟學部 編, 『経濟と経濟學』第４６号. 1982.

外村大. 「日本帝國における移住朝鮮人勞働者問題－論議と政策」. 『日本勞働硏究雜誌』No. 562, 勞働政策研究·硏修機構. 2007.

松本康 編. 『都市社會學·入門』. 有斐閣アルマ. 2014.

外國人人權法連絡會. 『日本における外國人·民族的マイノリティ人權白書』. 2017.

時事通信社. 「地域を支える(546)外國人医療センター(MICA)(NPO法人·名古屋市) 在日外國人の医療支援活動」. 『厚生福祉』 第 5421. 2006.

コリアNGOセンター. 『コリアNGOセンター設立10周年 記念誌』. 2014.

〈인터넷 자료〉

Asian Community Takashimadaira: http://act-takashimadaira.jp/profile.html

Asian People's Friendship Society: http://www.jca.apc.org/apfs/

NPO法人日本在留支援綜合窓口センター: http://zairyu-japan.com/

內閣府 NPO: www.npo-homepage.go.jp/npoportal

參議院: http://www.sangiin.go.jp/japanese/joho1/kousei/gian/190/meisai/m19007190006. htm

特定非營利活動法人 Tokyo Alien Eyes: http://www.tae.or.jp/index.html

特定非營利活動法人コリアNGOセンター: http://korea-ngo.org/

特定非營利活動法人多民族共生人權教育センター: http://www.taminzoku.com/

저자 소개

손미경

동북아시아지역자치단체연합사무국 일본전문위원. 2013년 한국외국어대학교 일반대학원 글로벌문화콘텐츠학과에서 『문화플랫폼으로서 도쿄 · 오사카 코리아타운 연구』로 박사학위 취득. 오사카시립대학교 도시연구플라자 특별연구원(2013.10~2018.2)으로 재직하면서 오사카 이쿠노를 필드로 재일코리안과 문화적 측면에서 이쿠노 코리아타운에 대한 연구를 수행했다. 주요 연구물은 『코리아타운과 한국문화』(북코리아, 2013), 『코리아타운과 축제』(북코리아, 2015) 등이 있다.

이메일: jayu27@daum.net

고정자

고베대학교 등 겸임교수. 2005년 종합연구대학원대학(국립민족학박물관) 문학박사학위 취득. 1998년부터 해방 후 제주도 출신자들의 생활에 관한 구술조사를 비롯하여 최근에는 재일코리안의 민족문화계승과 아이덴티티에 관한 연구를 하고 있다. 2017년 「아리랑고개를 넘어 간다 — 재일코리안의 음악」 영화 제작, 또 2009년부터 국제고려학회이사와 코리아NGO센터 이사를 역임하고 있다.

이메일: jeongjak66@yahoo.co.jp

4

'헤이트 스피치를 허락하지 않는' 시민연대: 가와사키 사쿠라모토의 사회적 토양*

하시모토 미유키(릿쿄대학)

1. 머리말[1)]

2016년 1월, 외국인을 배척하는 배외주의자들 단체의 시위대가 필자가 거주하는 지역에 들이닥쳤다. 이하는 시위대가 그때 외친 구호다.

- 조선인은 우리나라의 적(敵)입니다. 적에게 나가라, 죽어라, 무슨 말을 하더라도 이런 것은 차별에 해당하지 않습니다.
- 여러분, 당당하게 말합시다. 조선인은 나가라, 바퀴벌레다, 바퀴벌레 조선인은 나가라, 무슨 말을 해도 괜찮습니다.
- 이제부터 발광할 때까지 실컷 안달해라. 천천히 괴롭혀줄 테니까. 한 명도 빠짐없이 일본에서 나갈 때까지 말이야.
- 우린 네놈들 따위를 죽이거나 손을 써서 우리 손을 더럽히는 짓은 안 해. 합법적으로 너희들이 발광하면서 너희들이 말하는 '헬조선'으로 돌아가도록 할 뿐이야.

(ヘイトスピーチを許さないかわさき市民ネットワーク, 2016a. 시민학습회 자료)

---

* 이 글은 『재외한인연구』 제43호(2017. 10)에 실린 글을 보완한 것임.

1) 필자는 김리향(재일동포. 서울대 문화인류학과 석사 졸업. 현 YTN PD)과 공동으로 2016년 8월 국제 학술회의에서 가와사키 사쿠라모토 청구사에 대해 보고했다. 이 글의 작성 과정에서도 김리향으로부터 중요한 조언을 얻었다.

필자는 백주에 버젓이 재일코리안을 향해 적의를 드러내는 황당무계한, 심지어 일부러 증오를 불러일으키려는 식의 천한 어조로 외치는 구호를 듣고 동요했다. 이런 시위가 허용되는 일본사회는 어떻게 될 것인가? 그들이 예고한 대로 필자가 거주하는 이곳은 그들에 의해 무참히 짓밟힐 수밖에 없는 것일까?

필자는 지금까지 몇 차례 헤이트 스피치 현장을 목격한 적이 있다. 하지만 이번에는 더욱 동요했다. 왜냐하면 이전과 달리 필자가 거주하는 지역에서 발생했기 때문이다. 나 자신은 일본인이지만, 이 사태는 남의 일이 아니었다. 내가 거주하는 지역, 그리고 내게 소중한 사람들을 향해 그들이 외치는 구호는 결코 용납할 수 없었다. 만일 여기서 침묵해버린다면 나 자신 스스로가 차별을 인정하는 것과 같다고 생각했다.

헤이트 스피치(hate speech)는 말 그대로 번역하자면 '증오표현'이 된다. 하지만 단순히 '표현'하는 정도가 아니다. 그 자체가 폭력이며, 또한 실제로 차별을 선동할 위험성도 내재한다(師岡 2013: i-ii). 나치 독일이나 1994년 르완다에서도 제노사이드가 발생하기에 앞서 헤이트 스피치가 있었다(師岡 2013: 61-2). 일본에서 헤이트 스피치가 주목받게 된 것은 2009년에 발생한 교토(京都)조선학교 습격사건 이후다.[2] 의도적으로 어린 학생들을 대상으로 했다는 이 사건의 비열함과 재판 과정을 통해 손해배상청구와 행위의 위법성이 인정되었기 때문이다.

하지만 헤이트 스피치는 계속되고 있다. 일본 법무성(法務省)에 따르면 2012년 4월부터 2015년 9월까지 3년 반 동안 일본 내에서 헤이트 시위・가두선전 활동이 1,152건 발생했다. 이것을 연평균으로 하면 매년 329건으로, 일본 어딘가에서 거의 매일 발생했다는 계산이 나온다(人権教育啓発推進センター,

2) 조선학교는 재일본총연합회 계열 학교법인이 운영하는 민족학교다. 이 사건 이후 교토조선학교의 학생 수는 격감했다. 이외에도 오사카 쓰루하시(鶴橋)역 앞이나 도쿄 신오쿠보(新大久保)에서 발생한 헤이트 스피치도 심각한 피해 사례로 알려졌다. 일본의 헤이트 스피치는 한반도 출신자가 많이 거주하는 지역에서 집중적으로 발생한다는 특징이 있다.

2016). 게다가 요즘은 인터넷이 보급되어 부정확한 내용을 포함한 정보가 순식간에 확산된다. 그래서 인터넷 공간에서의 헤이트 스피치라는 새로운 문제가 대두되고 있다. 다른 한편으로 '카운터(counter)'라는 것도 등장했다. 카운터란 헤이트 스피치 현장에서 대항적인 스피치를 하는 행동 혹은 그때그때 모이는 참가자들을 말한다.

최근까지 일본에서는 헤이트 스피치에 대처할 법률이나 사례, 공공기관이 전혀 없었다. 이 때문에 헤이트 스피치는 '표현의 자유'라는 이유만으로 방치되어왔다. 하지만 2016년 5월, 「외국 출신자에 대한 부당한 차별적 언동 해소를 위한 시책 추진에 관한 법률(이하 헤이트 스피치 해소법)」이 성립되었다. 이 법안 심의과정에서 주목을 받고 실제로 헤이트 스피치의 표적이 된 지역이 있다. 그곳은 다름 아닌 필자가 거주하는 가와사키시(川崎市) 가와사키구(川崎区) 사쿠라모토(桜本)다.

『헤이트 데모를 막아낸 동네: 가와사키 · 사쿠라모토 사람들』(2016)이라는 책이 있다. 이 책은 가와사키 · 사쿠라모토 사람들, 특히 재일코리안[3] 여성 C씨에게 초점을 맞춰 사쿠라모토 지역에서의 헤이트 스피치와 그녀의 투쟁을 그렸다. 또한 C씨는 2016년 3월 국회에서 참고인 진술을 통해 당사자로서 사쿠라모토에서 일어난 헤이트 피해를 보고했는데, 이것이 법안 성립을 촉진시켰다는 평가를 받고 있다. 이후 C씨는 신문이나 텔레비전을 통해 헤이트 데모를 막아낸 사쿠라모토의 상징적 존재가 되었다.

하지만 이 글에서는 앞의 책과는 다른 접근방식으로 헤이트 데모를 막아낸 이 지역에 초점을 맞추고자 한다. 즉, 사쿠라모토라는 이곳이 헤이트 데모를 막아낼 수 있는 '토양'이 형성되어온 지역이라고 주장할 것이다. 어느 탁월한 개인이 발하는 절실한 메시지는 영향력이 클 것이다. 하지만 그 당시

---

3) 재일코리안이란 일제강점기에 일본으로 건너와 이후 일본에 계속 거주하는 사람들과 그 자손을 말한다. 이들은 '특별영주자'라는 법적 지위를 가지며, 국적에 '한국' 혹은 '조선'으로 표기돼 있다. 일본 전국에는 33만 5천 명(2016년 말 현재)의 재일코리안이 거주한다.

단 한 명의 힘으로 사태를 바꿀 수 있었던 것은 아니다. 이 글에서 주목하고자 하는 것은 시민활동을 통한 헤이트 스피치에 대한 구체적인 대응, 그리고 수많은 카운터를 결집시킬 수 있는, 이 지역에 형성되어온 사회관계의 배경이다. 사쿠라모토는 이런 조건들이 갖춰져 있었기 때문에 헤이트 데모를 막아낼 수 있었다. 또한 이 지역의 분석이 갖는 의의는 다른 지역에서도 참고가 될 수 있다고 생각하기 때문에 중요하다고 생각한다.

이하에서는 다음과 같은 순서로 논의할 것이다. 2절에서는 헤이트 스피치 및 카운터 활동의 무내가 된 사쿠라모토의 개요, 중요한 3개의 헤이트 데모, 그리고 그에 앞서 진행된 재일코리안 할머니들의 데모 행진에 대해 기술하겠다. 카운터 활동 때 중요한 역할을 한 단체는 '헤이트 스피치를 허락하지 않는다! 가와사키 시민 네트워크'(이하 가와사키 시민넷)라는 연대단체다. 3절에서는 이들 연대단체 중 청구사(青丘社)에 주목하면서 시민연대를 가능하게 한 사회관계의 배경을 검토할 것이다. 구체적으로 가와사키 시민넷의 성립경위를 살펴보고, 핵심 인물의 한 사람인 Y씨의 사례를 통해 청구사와의 오랜 협력을 통해 형성되어온 다민족 사회관계에 대해 서술할 것이다. 그리고 그 무대인 사쿠라모토의 지역 특성과 역사를 통해 시민연대가 필요했다는 점을 지적할 것이다. 마지막 절에서는 사쿠라모토에서 앞으로의 헤이트 스피치 문제와 다문화 공생의 새로운 과제에 대해 언급할 것이다.

2. 사쿠라모토로 향한 헤이트 데모와 카운터 활동, 그 경위

1) 가와사키구 사쿠라모토

가와사키시는 동쪽으로 도쿄도(東京都), 서쪽으로 요코하마시(横浜市)에 둘러싸인 인구 150만 명의 대도시다. 시는 7개의 구(区)로 이루어져 있는데,

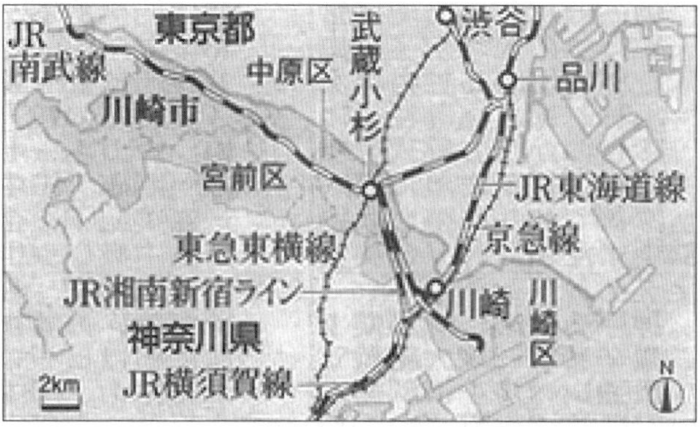

그림 1-21 가와사키시의 위치
자료: 『아사히신문(朝日新聞)』(2017. 5. 18)

그중 하나가 최남단에 위치하는 가와사키구다. 가와사키구는 가와사키역으로부터 임해 공업지대를 향해 주요 간선도로가 방사선으로 퍼져 있다.

가와사키구의 인구는 약 23만 명으로, 이 중 외국인은 전체의 5.8%를 차지한다. 일본 전체에서 외국인이 차지하는 비율은 1.88%(2016년 말)이고, 가와사키시의 경우 2.4%이기 때문에 가와사키구는 비교적 외국인이 많이 거주하고 있는 지역이라고 할 수 있다. 이 지역 외국인의 국적은 중국(4,472명. 2016년 3월 말, 이하 동일)이 가장 많고, 한국 · 조선(3,528명), 필리핀(1,503명), 베트남(742명) 순인데, 오랫동안 이 지역의 외국인의 대부분은 한국 · 조선인(주로 재일코리안)이었다.

이 글에서는 제2차 세계대전 이전부터 재일코리안이 가장 많이 거주한 사쿠라모토와 그 주변지역인 이케가미쵸(池上町), 하마쵸(浜町), 오시마(大島)를 통틀어 '사쿠라모토'라고 표기한다. 사쿠라모토에 재일코리안이 많이 거주하는 이유는 이 지역이 일제강점기나 고도경제성장기에 공업도시로 발전해왔기 때문에 취업을 목적으로 일본인뿐만 아니라 조선인이 모여들었기 때문이다. 헤이트 데모의 표적이 된 곳은 바로 그들이 생활하는 주거지였다.

2) 가와사키 헤이트 데모

2013년부터 2015년 여름까지 가와사키에서는 '반일규탄(反日糾弾)', '후테이(不逞) 외국인으로부터 가와사키를 지킨다'라는 헤이트 데모가 통산 10차례 발생했다. 하지만 재일코리안의 집거지인 사쿠라모토까지는 시위대가 접근하지 않았다. 2015년 11월 이후 실시된 세 차례 데모는 행진 코스가 미리 예고되지 않았지만, 사쿠라모토까지 행진해올 것이라고 예상되었다. 〈표 1-20〉은 헤이트 데모 ⑪, ⑫, ⑬에 대한 내용이다.

결론적으로 헤이트 데모는 사쿠라모토까지 한 번도 진입하지 못했다. 헤이트 데모 ⑪ 때에는 시위대가 집합 장소를 출발해 일단 사쿠라모토로 향해왔지만, 마지막 교차로인 '후지사키 4쵸메'에서 반대 방향으로 진행했다. 한편, 헤이트 데모 ⑫ 때는 사쿠라모토 입구인 '오시마 3쵸메'까지 시위대가 접근해왔지만, 카운터들이 헤이트 데모의 진입을 막기 위해 도로 위에 누워 접근을 차단했다. 마지막으로 헤이트 데모 ⑬ 때는 가와사키시가 집합장소로 예정된 공원을 사용목적이 헤이트 데모라는 점을 감안해 허가하지 않았다. 시위대는 집합장소를 나카하라구로 변경해 데모 행렬을 출발시키려 했

표 1-20 사쿠라모토가 표적이 되었던 헤이트 데모

	실시일	명칭	주최자	진행 코스
⑪	2015. 11. 8.	가와사키발(發)! 일본 정화 데모〔반일을 용서하지 말라〕	이소로쿠(五十六) 아버지(가와사키 시민 T씨)	후지미(富士見)공원 광장~후지사키4쵸메(藤崎四丁目)~게이큐다이시(京急大師)역
⑫	2016. 1. 31.	가와사키발 일본 정화 데모 '제2차'〔반일을 용서하지 말라〕	이소로쿠 아버지	후지미공원 광장~오시마3쵸메(大島三丁目)~JR가와사키역
⑬	2016. 6. 5.	가와사키발! 일본 정화 데모 제3차	이소로쿠 아버지	나카하라(中原)평화공원(나카하라구)

자료: ヘイトスピーチを許さないかわさき市民ネットワーク(2016a)를 기초로 작성. 2016년 3월까지 가와사키에서 일어난 헤이트 데모 중 사쿠라모토로 향하지 않았던 제1회부터 제10회는 생략.

그림 1-22 헤이트 데모 ⑫와 ⑬(촬영: 矢部眞太)

지만, 이를 막으려는 수많은 카운터에게 포위되어 결국 10여 미터 정도밖에 나아가지 못하고 중단되었다.

헤이트 데모를 막은 것은 도라지회가 주체가 된 '전쟁 반대 800m 데모 in 사쿠라모토'다. 도라지회는 사쿠라모토 보육원~사쿠라모토 상점가~버스

그림 1-23 가와사키구(화살표는 헤이트 데모 ⑪ · ⑫와 할머니 데모대의 경로)
자료: mapion(인터넷 지도 사이트)을 이용해 필자 작성

도로~상점가~보육원 등의 경로를 행진하면서 헤이트 데모를 막았는데, 이를 '할머니 데모'라고 한다.[4)]

(필자가 파악하고 있는 한 처음으로) 헤이트 데모의 코스를 변경시키거나 중단시킬 수 있게 한 요인은 무엇일까? 물론 「헤이트 스피치 해소법」이 시행된 이후는 법적 억제효과가 있었다. 하지만 필자는 이것 외에도 카운터 측이 '차별을 결코 용서하지 않는다'는 의지를 하나로 모아 대응한 점이 크게 작용했다고 생각한다.

3) 사회복지법인 청구사

다양한 사람들의 참가를 호소하며 카운터 행동을 주도한 단체는 '헤이트 스피치를 용서하지 않는다! 가와사키 시민 네트워크', 즉 가와사키 시민넷이다. 가와사키 시민넷의 사무국을 구성하는 단체는 청구사, 가와사키 · 부천시민교류회, C.R.A.C.가와사키 3개이고, 찬동 단체는 166개에 달한다(2017년 3월 현재). 가와사키 시민넷에 대해서는 나중에 자세히 언급하겠지만, 여기서 먼저 소개하고 싶은 곳은 구성단체 가운데 가장 오랫동안 사쿠라모토에서 활동해온 청구사다.

청구사는 사쿠라모토를 중심으로 요즘 유행하는 다문화 공생 마을 만들기를 실천해온 사회복지법인[1973년 일본 후생성(厚生省)으로부터 법인 인가를 받음]으로 보육, 어린이회관, 사회교육, 노인복지, 장애인복지 등 폭넓게 사업을 전개하고 있다.[5)] 특히 이 가운데 널리 알려진 것은 가와사키시 후레아이관(ふれあい館) 운영이다. 후레아이관은 가와사키시 조례[6)]에 근거해 1988년에 설치된

---

4) 「할머니들의 전쟁반대 데모 행진」을 참조.

5) 청구사 홈페이지

6) 가와사키시 후레아이관 조례(1988년 3월) 제1조에는 '일본인과 코리안을 비롯한 재일외국인이 시민으로서 서로의 교류(ふれあい)를 추진하고, 서로의 역사, 문화 등을 이해하고 기본적인 인권 존중의 정신에 의거해 함께 살아가는 지역사회 창조에 기여하기 위해 가와사키시 후레아이관을 설치

사회교육 · 어린이회관 통합시설이다. 가와사키시는 재일코리안이 많이 거주하는 이 지역의 특성을 고려해 사쿠라모토에서 활동 실적이 있는 청구사에 운영을 위탁해왔다.[7]

4) 할머니들의 전쟁반대 데모 행진

후레아이관의 노인복지사업으로 '도라지회'라는 회식모임이 있다. 이 모임은 1주일에 한 번 개최되며, 재일코리안을 비롯해 뉴커머 한국인, 그리고 일부 일계인(남미 출신), 일본인 등 40여 명의 노인, 10여 명의 청구사 직원, 자원봉사자가 함께 활동한다. 그 밖에 청구사의 데이서비스(당일 개호 서비스) 사업도 있어 거동이 불편한 재일코리안 노인들이 이용하고 있다. 그들은 인생의 대부분을 민족 차별이 있는 일본에서 보내면서도 강인하게 삶을 개척

그림 1-24 할머니들의 데모(촬영: 矢部眞太)

한다'라고 명기되어 있다.

7) 2006년 이후는 지정관리자제도의 대상이 되었다.

해온 할머니들이다.[8)]

2015년 9월, 사쿠라모토에서는 이들 할머니가 주인공이 된 데모 행진이 있었는데,[9)] 이것이 '할머니 데모'다. 당시 일본 국회에서는 안전보장 법안이 심의되고 있었고, 법안 반대자들이 국회의사당 앞에서 집회를 하고 있어서 주목받고 있었다. 평소에는 과묵한 M 할머니는 이 집회 소식을 데이서비스에서 듣고 "전쟁만은 절대로 안 되지……"라고 말씀하셨다. M 할머니는 일제강점기 일본에서 태어났고 해방 후 일단 한국으로 귀국했지만, 재혼을 계기로 다시 일본으로 건너와 살게 되었다. 그래서 결국 일본과 한국 양쪽에서 전쟁을 경험했던 분이다. M 할머니의 목소리는 작았지만 무게가 있었고 설득력도 있어 청구사 직원을 통해 도라지회에서도 화제가 됐다. 몇몇 할머니는 그 의견에 공감했지만, 거동이 불편해서 국회 앞 집회까지는 참가할 수 없었다. 그 대신 자신들이 거주하는 이곳에서 전쟁반대 데모를 하면 어떠냐는 의견이 모아졌다.

많은 할머니들이 청구사 직원들과 자원봉사자들의 도움을 받으면서 반전 데모 및 그 준비에 참가했다.[10)] 거동이 가능한 분들은 한복을 입고, 양장한 분들은 색동 모양의 띠를 목에 걸고, 거동이 불편한 분들은 휠체어를 타고 이곳 상점가를 행진했다. 할머니들 외에도 휠체어를 미는 중학생, 농악대, 어린아이 등 200여 명이 "전쟁반대, 평화를 지키자"를 소리 높여 외치면서 천천히 행진했다.

일본에서 노인들이 주체가 된 데모는 좀처럼 찾아볼 수 없다. 할머니들

8) 도라지회에 참가하는 재일코리안은 거의 대부분이 여성인데, 그 본질적 이유는 불분명하다. 사쿠라모토를 포함한 다지마(田島) 지역에서 65세 이상의 외국인 수는 남성 145명, 여성 277명으로 압도적으로 여성이 많다.

9) 이 글에서 논의하는 할머니 데모부터 헤이트 데모까지의 흐름은 가와사키 시민넷이 작성한 리플렛을 기초로 한다.

10) 준비 단계에서는 도로사용 허가신청, 전단지 작성, 할머니들과 공동으로 플래카드 제작 등이 있었고, 당일에는 집이 먼 할머니들을 마중가거나 배웅하는 일, 뒤풀이 준비, 농악 연주, 휠체어 미는 일 등이 있었다. 많은 사람들이 할머니 데모를 후방에서 지원했는데, 필자도 그중 한 사람이다.

은 처음으로 시민에게 주목받으면서 거리에서 평화나 차별반대를 외치는 것을 체험했다. 그래서인지 이 색다른 체험을 즐거워했던 것 같다. 400m 정도밖에 안 되는 짧은 도로에서의 데모는 순식간에 끝나버렸지만, 남겨진 여운은 컸다(돌아오는 길은 조용히 이동했다).

5) 사쿠라모토로 향한 헤이트 데모, 카운터 행동 그리고 「헤이트 스피치 해소법」으로

할머니들의 데모는 신문이나 인터넷을 통해 소개되었다. 이것을 본 사람들은 대부분 놀랐고, 할머니들의 호소에 감동받거나 관심을 가지게 됐다. 이 데모를 계기로 다른 지역에서 카운터 활동을 해온 젊은이들도 사쿠라모토와 접점을 갖게 되었다.

한편, 이런 재일코리안의 활동을 탐탁지 않게 생각하는 사람들도 있었고 이들은 곧바로 인터넷 댓글에 비판과 욕설을 달았다. 11월, 마침내 가와사키 주변에서 헤이트 데모를 해왔던 배외주의자 단체가 3일 후에 '일본 정화 데모' ⑪을 하겠다고 인터넷 게시판에 예고했다. 이 데모는 지금까지의 헤이트 데모와 달리 사쿠라모토로 향해 몰려올 것이라고 예상했다.

급기야 청구사 직원들, 그리고 평소에 청구사와 교류가 있던 시민단체와 개인들이 카운터 행동에 참가해달라고 호소하기 시작했다. 데모 ⑪ 당일에는 가와사키시 주변에서 300여 명이 카운터 행동을 하기 위해 모여들었다. 대부분은 할머니 데모가 행진했던 사쿠라모토에 대기하고, 일부는 데모 ⑪ 출발지점에서 헤이트 데모를 뒤쫓았다. 필자는 사쿠라모토에서 대기하고 있었는데, 여러 정보가 난무하는 가운데 그저 우왕좌왕했다. 예정된 코스로부터 헤이트 데모가 벗어났다고 전달되기까지는 많은 시간이 흘러야 했다.

헤이트 데모 ⑪의 진입은 모면했지만 이것으로 끝나지 않았다. 1월 31일 '제2탄' 헤이트 데모 ⑫가 예고됐다. 하지만 이 무렵에는 이미 가와사키 시민넷이 결성되어 있었다. 가와사키 시민넷은 데모 ⑫가 일어나기 1주일 전 심포지엄을 개최했는데, 일본인 및 재일코리안 지역주민, 지역 외에 거주하는 찬동자, NGO 관계자, 신문기자 등 300여 명이 참가했다.

헤이트 데모 ⑫ 당일, 가와사키 시민넷은 1천여 명의 카운터 행동의 동참을 유도했다. 행진에 앞서 집회를 열어 '헤이트 스피치를 용납하지 않는다'라는 공통과제를 확인했다. 헤이트 데모가 행진을 시작하자, 미리 이동해서 사쿠라모토 입구를 막고, 헤이트 데모의 진행코스가 변경될 때마다 서로 연계를 통해 정보전달이 원활하게 이루어지도록 했다. 이날 카운터 행동에는 70대와 80대의 할머니 몇 분도 참가해 데모 대열 뒤에서 오랜 시간 동안 열심히 행진하셨다. 결국 이때도 헤이트 데모는 사쿠라모토에 진입하지 못했다. 하지만 언제 또 올지도 모른다는 우려만은 남기고 갔다.

이에 가와사키 시민넷은 가와사키시, 가와사키구, 민단(재일본대한민국민단), 시의회 등에 대해 헤이트 스피치 대책을 거듭 요청했다. 3월 중순에는 재일코리안 당사자들이 가와사키 지방 법무국(法務局)에 인권 침범피해 신고서를 제출했다. 신고서에 기재된 피해자 중 한 명이 열흘 뒤 인종차별철폐법안[11] 국회 심의 당시 참고인 진술을 하게 된 C씨였다. 가와사키 시민넷 사무국의 구성원이자 청구사 직원이기도 한 C씨는 헤이트 데모를 통해 일상생활을 위협당한 당사자로서의 고통을 호소하고 재발방지대책을 요구했다. 이에 3월 말 법안 심의기간 중 여야 국회의원들이 사쿠라모토를 방문해 현장을 시찰했고, 이곳 지역을 둘러보면서 주민의 목소리에 귀를 기울였다. 이후 「헤이트 스피치 해소법」은 신속하게 성립됐다.

지금까지 살펴본 바와 같이 하나의 지역 활동에서 시작된 작은 규모의 데모는 배외주의에 대항한 많은 시민의 카운터 활동, 그리고 국가적인 법률

11) 이 시점에서 심의되었던 법안은 인종차별철폐조약을 기초로 포괄적인 내용을 담은 야당 안(案)이었다. 하지만 4월 초, 대안으로써 내용이 한정된 여당 안이 제출되었다. 이후 법안 성립 가능성이 높은 여당 안을 중심으로 조정되었다.

제정에 이르기까지 헤이트 스피치 문제에 대한 대응을 통해 특정장소나 특정대상이라는 틀을 넘어 확대해나갔다. 그동안 다른 지역에서도 여러 다양한 형태의 활동이 전개되어왔기 때문에[12] 일단 헤이트 스피치 문제해결이라는 공통과제가 형성된 후 비교적 원활하게 제도화가 진척된 것 같다. 하지만 바꿔 말하면 지금까지 일본에서는 불합리한 헤이트 스피치가 존재했음에도 외국인 차별에 대처할 아무런 법적 근거가 없었던 것이다.

헤이트 데모 ⑪과 ⑫에 대해 카운터에 참가한 사람들과 법안 성립에 찬성한 사람들은 이 지역에서 헤이트 스피치를 용서하지 않는다는 공통 과제를 통해 연대감을 공유했다고 생각한다. 주민의 일상생활이 위협받은 것에 대한 문제를 공유한 점, 배외주의라는 눈앞에 직면한 사회문제에 대해 시민이 연대해 대항했다는 점이 갖는 의의는 결코 작지 않을 것이다. 이것은 재일외국인에 대한 문제가 단지 당사자에 국한되지 않고 폭넓게 주목을 받으면서 대규모의 집합행동으로 확대해나갔다는 점에서 보기 드문 사례였다.

3. 시민연대의 토양

사쿠라모토 재일코리안과 일본인, 그리고 서로 다른 배경을 가진 사람들, 헤이트 스피치에 반대하는 이 지역 내외의 시민연대는 헤이트 데모에 대한 반작용으로 갑자기 생겨난 것이 아니다. 이하에서는 연대의 기반과 그 배경에 대해 기술하겠다. 먼저 가와사키 시민넷의 활동 체제와 설립에 대해 검토한 뒤 사무국의 Y씨(일본인 남성, 60대)에게 초점을 맞춰 그의 개인사를 통한 지역 실천의 사례를 살펴본다. 다음으로 그 무대가 된 사쿠라모토에서의 다민족공생 역사와 구조를 서술한다. 아울러 이 글에서는 2017년 3월 6일에 실

12) 예를 들면, 교토 조선초급학교에 대한 2009년 헤이트 스피치의 위법성을 인정한 법원의 판정은 2014년 말에 내려졌다. 2016년 1월 오사카시가 처음으로 헤이트 스피치 대처조례를 제정했다.

시한 Y씨의 인터뷰조사를 인용할 것이다.

1) 헤이트 스피치를 용서하지 않겠다! 가와사키 시민네트워크

가와사키 시민넷은 2015년 말에 결성됐다. 이후 헤이트 데모가 예고될 때마다 카운터 행동을 기획했다. 또한 헤이트 스피치 문제의 근본적인 해결을 위한 심포지엄을 개최하거나 가와사키시 등 공공기관의 대응을 요구하는 활동도 하고 있다.[13] 활동의 중심은 한 달에 한 번 열리는 사무국 회의다. 이 회의에는 사무국 구성단체 관계자들과 변호사, 대학원생 등 10여 명이 참가하는데 참가자 자격에는 제한이 없다. 가와사키 시민넷은 대표자 없이 함께 논의를 통해 행동할 때도 있고, 구성원 스스로가 각자의 문제에 대해 개별적으로 대응할 때도 있는 느슨한 연대 체제다.

Y씨는 2015년 11월 헤이트 데모 ⑪이 예고되어 있었을 때, 재일코리안 집거지까지 진입하지 않을 것이라고 낙관했던 점을 반성한다고 한다. 그날 사쿠라모토로 진입하는 것은 피할 수 있었지만, 헤이트 데모가 또다시 진입해올 것은 명백했다. 이에 청구사와 다른 시민단체들과 논의를 통해 연말부터 네트워크를 형성하기 시작했다. 이는 개인단위로 행동하면 배외주의 단체의 공격 대상이 될 우려가 있다고 보고, 좀 더 폭넓게 협력자들의 참가를 추진하기 위해서는 조직을 체제적으로 정비할 필요가 있었기 때문이다.

이미 서술한 바와 같이 사무국을 구성하는 단체는 세 곳이다. 첫 번째가 청구사인데, 이곳은 헤이트 스피치의 표적이 된 사쿠라모토 지역을 지킨다는 취지에서 전면적으로 나서야 했다. 두 번째는 Y씨가 구성원이기도 한 가와사키・부천시민교류회다. 이 단체는 가와사키시와 자매도시인 경기도 부

13) 참고로 가와사키 시민넷이 2017년 초에 배포한 전단지를 이 글 끝에 부쳐둔다(자료). 가와사키 시민넷이 2017년 에 배포한 전단지를 보면 가와사키 시민넷의 입장을 알 수 있다. 그것은 '헤이트 스피치를 용서하지 않는다'라는 중요 과제를 위해 여러 행위자들(거기서는 '가와사키시-시의회-시민'이라고 쓰여 있는데, 이것은 시 조례 제정이 염두에 있기 때문이다.)의 연대이다.

천시 주민 간의 교류를 발전시키기 위해 예술, 경제 등의 사업을 추진하는 단체다.[14] 시청 앞에 사무국이 있고 가와사키시 직원조합 관련단체이기도 해서 힘이 될 만한 단체였으며, 한일교류 단체로서 혐한적인 헤이트 스피치에 대항한다는 의미에서도 중요했다. 세 번째는 C.R.A.C.가와사키(Counter-Racist Action Collective Kawasaki)로 당시 일본 전국 각지에서 결성된 카운터 단체 중 하나다. 이 단체는 가와사키에서 헤이트 스피치가 시작될 무렵부터 활동해왔기 때문에 함께 활동하게 됐다고 한다. 이렇게 구성된 사무국은 그 구성원의 절반 이상이 일본인이며, 그 외 대부분은 사쿠라모토에 거주하는 재일코리안 주민이거나 청구사의 지역실천운동에 오랫동안 관여해온 사람들이다.

가와사키 시민넷 결성 후, 카운터 행동은 체계적이지 못했던 헤이트 데모 ⑪ 때의 대응과 달리 2016년 1월 헤이트 데모 ⑫ 때에는 조직적인 대응이 가능해졌다.

2) Y씨와 사쿠라모토 — 재판 지원부터 시 공무원, 가와사키 시민넷 활동으로

Y씨는 가와사키시 공무원이었고 사쿠라모토에서 거주한 적도 있다. 정년퇴직 후에도 뛰어난 사무처리 능력과 넓은 인맥을 활용해 가와사키 시민넷 이외에도 다문화 공생을 주제로 한 시민활동에 대한 정보수집 및 발신, 학습모임 등을 기획하고 있다. 가와사키 시민넷의 구성요소를 망라한 것 같은 인물이라고 할 수 있다.

Y씨가 가와사키에 관여하게 된 계기는 대학생이었던 1970년대 초 당시 사쿠라모토를 중심으로 전개된 히타치(日立) 취업차별 재판[15] 지원활동에 참

14) 一般社団法人川崎地方自治研究センター 홈페이지 참조.

15) 처음으로 재일코리안의 취업차별을 쟁점화한 재판이다. 1970년 대형 전기업체인 히타치제작소는 일본명(통명)으로 응모한 재일코리안 2세 청년에게 일단 채용을 약속했지만, 한국적이라는 사실이 밝혀지자 채용을 취소했다. 재일코리안 2세 청년은 히타치를 상대로 부당해고 철폐를 요구하면서

가하게 되었기 때문이다. 재판이 종결된 후에도 이 지역에서 근무하는 공무원의 한 사람으로서, 때로는 운동권 시민으로서 민족차별 해소를 위해 노력했다. 그가 시청 공무원으로서 처음으로 배속된 곳은 다지마(田島) 지구의 외국인등록 창구였다. 그 당시 가와사키에서 재일외국인이라면 거의 대부분이 재일코리안이었다. 창구를 찾아온 사람들과 이야기를 나누면서 지역 내에 거주하는 재일코리안의 이름과 얼굴을 익히게 되었고, 각자 서로 다른 차별을 경험하고 있는 것도 알게 되었다.

가와사키시에서 아동수당 대상이 일본국적을 가지지 않은 주민에게도 확대되었을 때 Y씨는 해당하는 모든 재일코리안 가족에게 연락해 신청하도록 권유했고, 그 결과 재일코리안 거의 가족들 모두가 신청할 수 있었다. 또한 동료나 청구사 관계자들과 함께 행정제도 내의 국적 조항을 검토해 법적 근거 없이 발생하는 제도적 차별을 없애기 위해 부단히 노력했다. 이런 과정을 통해 Y씨는 '내가 해야 할 일은 이곳에 있다'고 느끼게 되었고, 그 자신도 재일코리안 문제로부터 떨어질 수 없게 되었다. 구체적인 인간관계나 목표가 설정되어 있었기 때문에 이 지역에서 새로운 활동에 의의를 발견하게 됐다고 한다.

Y씨는 사쿠라모토 재일코리안에게 민족차별 해소라는 실무적인 공헌뿐만 아니라 시 행정에 대한 신뢰감을 부여하는 계기를 만들었고, 단체들이 서로 협력하는 관계의 토대를 만든 중요한 존재라고 생각한다.

물론 두말할 나위 없이 가와사키시 공무원 대다수가 Y씨처럼 재일코리안 문제에 관심을 가지고 있는 것은 아니다. 하지만 사쿠라모토에는 Y씨 외에도 다양한 입장과 관계 속에서 '민족차별에 반대한다'는 과제를 공유하는 사람들이 있다. 이들이 바로 가와사키 시민넷 사무국을 구성하는 사람들이다. 이들은 1970년대부터 사쿠라모토와 관계를 맺어온 사람들로 시민연대

재판을 일으켰다. 1974년 요코하마 지방법원은 원고 승소 판결을 내렸다.

의 원형을 구축했다. 이들의 존재야말로 '반(反)헤이트 스피치 활동'이라는 새로운 지역 활동이 생겨날 토양이 된 것이 아닐까? 이렇게 가정한다면, 이들의 관계가 형성되기 시작한 1970년대에 주목하지 않을 수 없다.

3) 사쿠라모토의 근현대사와 재일코리안

가와사키시가 재일코리안을 지역주민으로서 존중하게 된 계기는 히타치 재판 전후부터 청구사를 중심으로 한 사쿠라모토의 시민운동과의 상호작용 과정을 통해서다.[16]

1910년대 이후 게이힌(京浜)공업지대가 형성되기 시작하면서 사쿠라모토와 이곳 주변지역에는 해방 전 식민지 조선을 포함해 일본 각지로부터 일자리를 찾아 사람들이 몰려들었다. 그래서 이곳은 제2차 세계대전 이후 전후 부흥기와 고도경제성장기에 하나의 거점지역이 되었다. 하지만 생활환경은 열악해 공해, 빈곤, 가정 내 문제, 청소년 비행 등 여러 가지 사회문제도 집중돼 있었고, 재일코리안에 대한 민족차별도 끊이지 않았다.

이런 가운데 1969년 사쿠라모토 대한기독교 교회로 부임한 재일코리안 목사는 '민족차별을 하지 않는다'는 방침을 가진 보육원(保育園, 어린이집)을 개원했다. 목사의 아내는 보육교사(保育士)로 일한 경험이 있는 일본인이었다. 이 '사쿠라모토 보육원'은 재일코리안 아동과 보육교사를 민족명(본명)으로 부르고 일본인 아동과 보육교사도 받아들였다. 목사는 이곳이 인가받은 보육원이 될 수 있도록 가와사키시 담당자나 일본인 동업자로부터 조언을 얻어 1973년 사회복지법인 청구사를 설립했다. 지원자와 지원 대상이 재일코리안이나 신자들에게만 국한하지 않았다는 점, 그리고 가와사키시 행정 제도가 뒷받침된 점도 중요하다. 지역사회와 공공제도가 연계됨으로써 재일코

16) 사쿠라모토 지역의 인구, 산업, 지역 과제에 대한 더 자세한 경위는 하시모토(2012) 참조.

리안과 일본인이 대등한 관계로 다문화가 된 하나의 안전망을 공유한 것이다.

한편, 이곳 교회는 히타치 재판 지원운동의 중심이 되었고, 또한 결심 판결이 내려진 후에는 '민족차별과 투쟁하는 연락협의회(民闘連)' 사무국이 위치하게 되었다. 이후 청구사와 주민 당사자는 가와사키시 행정 당국에 민족차별 철폐를 요구하는 교섭을 거듭해왔다. 1988년 가와사키시가 후레아이관을 개관했을 당시 그 운영을 청구사에게 위탁했는데, 그 당시 일본인 주민단체의 반대가 있었다. 하지만 주민단체와는 협의와 양보를 통해 문제를 해결했다. 이렇듯 민족차별을 없애기 위한 운동은 처음부터 전면적으로 수용되지 않았다. 하지만 청구사와의 논의를 통해 상호 이해를 도모하고 지역주민과의 구체적인 관계를 구축하는 과정에서 점차 이 지역에 뿌리를 내리게 되었다고 할 수 있다. 이런 민족차별을 없애고자 하는 노력은 진보적 성향의 시장이 선출되어 부임했던 시기와 맞물려 가와사키시의 시책으로서 중요시되었다.

물론 행정 당국, 청구사, 그리고 재일코리안 주민과의 관계는 항상 일정한 것은 아니다. 외국인 관련 시책은 시장이나 시 공무원이 교체될 때마다 바뀌곤 했다. 보수적 성향의 시장으로 교체된 2000년대 이후 가와사키시의 재일외국인 관련 시책은 정체되었다. 헤이트 스피치 문제에 대한 대처에서도 사실상 가와사키시는 소극적이었다. 하지만 「헤이트 스피치 해소법」이 성립된 이후 가와사키시도 이에 대응하지 않으면 안 된다는 분위기가 형성되었다.[17] Y씨에 따르면 청구사 관련 단체가 행정 교섭을 하려고 하면 일단 이야기를 들어주려는 자세를 보이는데, 이것은 '과거의 축적'이 있었기 때문이라고 한다. 가와사키시 행정에서 외국인 주민이나 민족차별문제는 더 이상 무시할 수 없는 문제가 되었다.

---

17) 국회 중의원(衆議院)에서 법안이 성립됐을 때 부대결의(付帶決議)로서 실제로 차별적 언동이 발생한 지방자치단체는 그 해결을 위한 시책을 착실히 실시해야 한다는 구절이 포함됐다. 지금까지 가와사키시는 헤이트 스피치를 단속할 법적 근거가 없었기 때문에 정부에 법제정을 요청하겠다고만 대답할 뿐이었다.

4) '양자관계'의 고찰

사쿠라모토에서의 이런 민족관계를 브루베이커(R. Brubaker)의 국가주의론을 참고로 히구치 나오토(樋口直人)가 정리한 '삼자관계(triadic configuration)'와 '양자(二者)관계'라는 도식에 맞춰 생각해보자.

히구치에 따르면 '일본형 배외주의', 즉 헤이트 스피치는 이웃 나라들과의 관계로부터 규정된 일본의 재일외국인정책의 연장선 위에서 형성돼 있다. 그 위치관계를 설명한 것이 '삼자관계'이다. 이것은 배외주의자가 '반일(反日)'이라고 낙인찍은 국가에 대한 적의를 재일코리안 주민에게 전화(転化)시킨다는 구도로 볼 수 있다(樋口 2014: 203-4).

그래서 재일코리안(national minority)이 헤이트 스피치의 공격을 받은 것은 이들의 존재가 내재하고 있는 이유만은 아니다. 거주국인 일본(nationalizing state)과 그들의 '조국'(national 'homeland')인 한국 또는 북한과의 국가적 관계가 투영되어 재일코리안이 대상이 되었기 때문이다. 국제관계 혹은 일반론에서의 재일코리안에 관한 정치를 논의함에 있어서 '조국'을 언급하는 것은 역사 검증이나 국적문제 등의 문맥에서는 타당하지만 늘 그렇지만은 않다.[18)]

'조국'의 존재를 전제로 하는 '삼자관계'에 비해, '양자관계'는 재일코리안과 그들이 거주하는 사회의 직접적 관계를 나타낸다. 지역 수준의 논의에서는 외국인 주민과 지자체, 혹은 주민 간의 '양자관계'를 통한 대화가 현실에 입각한 해결책을 모색할 가능성이 상대적으로 높다.

---

18) 필요 이상으로 문제를 복잡하게 할 경우도 있다. 제일 심각한 사례로는 조선학교를 고교무상화의 대상에서 제외시킨 문제였다. 『京都新聞』(2017. 9. 17 사설)을 참조할 것.

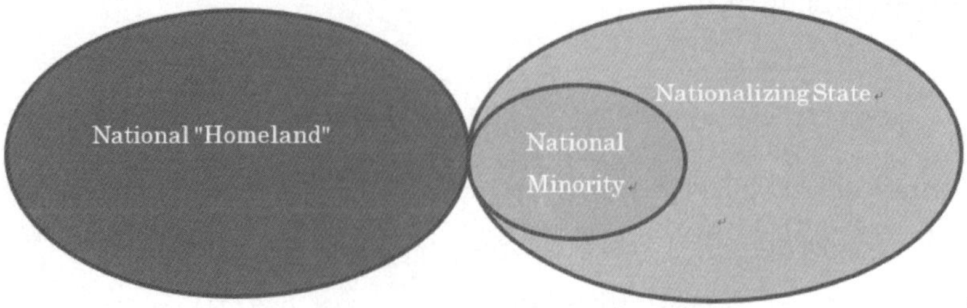

그림 1-25 민족문제의 '삼자관계' 모델

자료: 樋口 2014: 185(보루베이커의 논술을 토대로 작성)

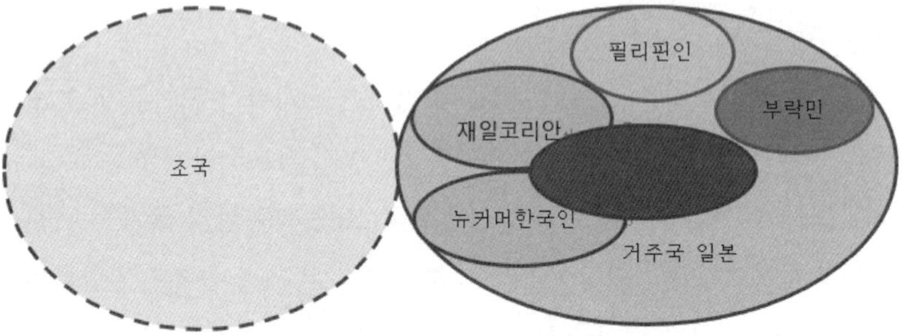

그림 1-26 민족문제의 '양자관계' 모델

자료: 〈그림 1-25〉를 기초로 필자가 작성

이러한 도식은 헤이트 스피치가 발생하기 쉬운 또는 어려운 사회관계를 설명한다. 가와사키 사쿠라모토에서 헤이트 데모를 막아낼 수 있었던 것은 이런 '양자관계'가 작용했기 때문이라고 할 수 있지 않을까? 그렇기 때문에 단순히 국가주의에 함몰되지 않고, '헤이트 스피치를 용서하지 않는다'라는 지역적인 목표 아래 사람들이 집결할 수 있지 않았을까?

이곳에는 1970년대에 시작된 청구사의 지역실천이라는 실적이나 지역 차원의 관계가 형성되어왔기 때문에 민족 간의 차별을 방치하거나 재일코리안을 고립시키는 것을 어렵게 하는 지역적 토양이 있었다고 생각한다. 〈그림 1-26〉은 거주(지역)사회에서의 다양한 주민 범주가 존재하는 상황을 그린

것이다. 재일코리안에게 '조국'은 무의미한 것이라고 주장하고 싶은 것이 아니다. 하지만 만일 그들이 지역에서 생활하면서 헤이트 스피치를 경험하게 되거나 맞닥뜨리게 된다면 그들의 조국으로 피난가거나 도망갈 것이 아니라 주변의 주민이나 지원자들과 함께 대응방안을 모색하거나 대항해서 문제를 해결해나가야 한다는 것이다.[19]

다키 다이치(瀧 2016)는 헤이트 스피치에 관한 언론의 고찰을 통해 그 내용을 살펴보고 원래 구제해야 할 대상이 제외되어버린 문제점을 피해자의 관점에서 문제를 지적한다(瀧 2016). 헤이트 스피치의 문제는 우선 피해를 입은 측의 인권 침해나 지역사회의 분열 같은 파괴가 로컬 공간에서 진행된다. 만일 이러한 측면을 무시 또는 방치하고 국제관계나 역사적인 논의에만 중점을 둔다면 문제의 근본을 잘못 이해해버릴 수 있다는 것이다. 헤이트 스피치를 한국어로 '혐한시위'로 번역하는 것은 이런 점에서 오해를 일으킬 가능성의 여지가 있다.

4. 맺음말: 또다시 헤이트 데모를 맞이하며

지금까지 '헤이트 스피치를 용서하지 않는다'라는 목표를 가진 시민활동과 그 바탕이 된 가와사키 사쿠라모토의 사회관계 형성사를 살펴보았다. 사쿠라모토에서 헤이트 스피치 문제가 발생했을 때, 지역과 민족이라는 틀을 넘어 더욱 폭넓은 사회 각계각층의 연대가 전개되었다. 이것을 결정지은 것은 참가자 수나 탁월한 인물의 메시지뿐만 아니라, 예전부터 이 지역의 일상생활 속에서 축적되어온 인간관계, 함께 생활하는 타자(他者)에 대한 현실

19) 김웅기(2015)는 헤이트 스피치 피해에 대한 대처에 관해 일본의 올드커머와 뉴커머라는 코리안 간의 연대의 유효성을 논의한다. 그가 지적하는 거주국 내 코리안 간의 새로운 연대 형성이라는 방향성은 중요한 점을 시사하고 있다고 생각한다.

인식, 그리고 지역사회에 대한 신뢰감이라고 생각한다.

필자는 우연히 헤이트 데모 ⑫의 카운터 편에서 다른 청구사 직원이 재일코리안 여성 C씨에게 건넨 말을 들었다. "너 연설 잘하잖아. 여기서 한마디 해봐"라며 임시로 마련된 연단에 오르라고 권유했다. C씨는 물 만난 고기처럼 힘주어 헤이트 스피치를 막아내자며 호소했다. 이는 필자로 하여금 서로의 신뢰관계가 배양되어온 사쿠라모토라는 지역의 토양 위에서 자라난 싹이 꽃을 피운 순간처럼 느끼게 했다.

「헤이트 스피치 해소법」이 성립된 이후, '제3탄'으로 6월 5일 헤이트 데모 ⑬이 인터넷에 예고됐다. 가와사키시는 「헤이트 스피치 해소법」을 근거로 헤이트 스피치 활동을 목적으로 한 후지미공원 사용을 허가하지 않았다. 또한 요코하마 지방법원 가와사키 지부는 지금까지 헤이트 데모를 주최해온 남성에게 청구사 주변에서 배회하거나 시위하는 것을 금지한다는 가처분(仮処分)을 내렸다. 결국 헤이트 데모 ⑬은 다른 장소에서 열렸고, 카운터 활동에 나선 200여 명의 시민과 대치했다. 이날 경찰의 경비는 이전과 달리 헤이트 쪽을 향해 있었는데, 이는 데모로부터 카운터 측을 인정한다는 의미로 볼 수 있다. 결국 데모는 경찰이 양측의 충돌로 인한 위험성을 이유로 주최자를 설득해 중지되었다.

헤이트 스피치는 표적이 된 당사자들이 막아낼 수 있는 문제가 아니다. 누구나 특별한 이유 없이 표적이 될 수 있고, 어느 지역에서나 발생할 수 있다. 배외주의자들이 빠져나갈 구멍을 찾아 데모를 하고 있는 것처럼 간단히 없어지지 않는다. 그렇기 때문에 재일코리안 주민을 대상으로 한 문제(issue)가 시민연대를 통해 해결될 수 있다는 가와사키의 경험은 여러 가지 가능성을 제시한다. 이는 재일코리안이 많이 거주하는 다른 지역에서도 참고가 될 수 있지 않을까 생각한다.

사쿠라모토의 경우, 지역 활동의 축적, 몇몇 능력 있는 인재가 존재하고 있었다는 점에서 확실히 시민연대를 형성해나가기 쉬웠을 것이다. 하지만 지역 수준에서의 인간관계도 해방 이후 70여 년이 경과되는 가운데 어느 정도 형성되어왔지 않았을까? 각 지역에서 다문화 공생이 피할 수 없는 사회적 과제의 하나가 되고 있다. 게다가 요즘 일본에서는 한국 또는 북한과의 외교 관계에서도 긴장감이 돌고 있다. 이런 때야말로 지역 수준에서 주민끼리 또는 지자체와 다양한 주민이 함께 지역과제를 해결해나가기 위한 '양자관계'의 형성과 유지를 포기하지 말아야 할 것이다.

참고문헌

1) 저서

ヘイトスピーチを許さないかわさき市民ネットワーク(헤이트 스피치를 용서하지 않는 가와사키 시민 네트워크). 『ヘイトスピーチ規制大阪條例を學ぶ市民學習會』(3월 16일 시민학습회 자료). 2016a.

______. 『地域からヘイトスピーチの根絶を闘う!』(리플렛). 2016b.

樋口直人(히구치 나오토). 『日本型排外主義』名古屋大學出版會(『폭주하는 일본의 극우주의－재특회, 왜 재일 코리안을 배척하는가』. 미래를소유한사람들 펴냄). 2014.

神奈川新聞(가나가와신문). 「時代の正体」取材班 『ヘイトデモをとめた街 － 川崎・櫻本の人びと』. 現代思想社. 2016.

師岡康子(모로오카 야스코). 『ヘイト・スピーチとは何か』. 岩波書店. 2013.

安田浩一(야스다 고이치). 『ヘイトスピーチ －「愛國者」たちの憎悪と暴力』. 文芸春秋. 2015.

2) 논문

김웅기. 「헤이트스피치의 피해자로서의 재일코리안에 대한 고찰: 뉴커머의 반응과 전략을 중심으로」. 동국대학교 일본학연구소. 『일본학』 43. 2015.

하시모토 미유키. 「공생하기 위한 가와사키 코리아타운: '오오힌 지구'의 지역적 문맥」. 임영상 외 지음. 『코리아타운과 한국문화』. 북코리아. 2012.

瀧大知(다키 다이치). 「ヘイト・スピーチをめぐる言說の落とし穴 － 被害者不在の言說の構造と背景」『和光大學現代人間學部紀要』 9. 2016.

3) 인터넷

法務省, 『ヘイトスピーチに關する實態調査報告書』(법무성 『헤이트 스피치에 관한 실태조사 보고서』 2016년 3월).
http://www.moj.go.jp/content/001201158.pdf(검색일: 2017. 3. 19.)

一般社団法人川崎地方自治研究センター 「川崎・富川市民交流會」(일반사단법인 가와사키지방 자치연구센터 '가와사키・부천시민교류회').
http://kawasaki-jichiken.com/social.html(검색일: 2017. 3. 19.)

저자 소개

하시모토 미유키(橋本みゆき)

일본 릿쿄대학(立教大学) 등 겸임강사. 2006년 릿쿄대학 사회학 연구과에서 사회학 박사학위 취득. 주요 연구물은 『재일코리안의 친밀권: 배우자 선택의 이야기에서 읽는 민족의 현재(在日韓国・朝鮮人の親密圏: 配偶者選択のストーリーから読む〈民族〉の現在)』(社会評論社, 2010), 「웹사이트 박물관 '가와사키 재일코리안 생활문화자료관'이 전시하는 것: 역사를 기록하는 실천의 논리(ウェブサイト「川崎在日コリアン生活文化資料館」が 展示するもの ― 歴史を記録する実践の論理)」『다언어다문화 ― 실천과 연구(多言語多文化: 実践と研究)』 1(東京外国語大学多言語多文化教育研究センター, 2009)이다.

이메일: mieux@bf6.so-net.ne.jp

5

일본 조선족사회와 도쿄샘물학교*

전정선(도쿄샘물학교 교장)
유연숙(오사카경제법과대학 아시아태평양센터 객원연구원)

1. 머리말

세계화에 따른 국제이동의 증가로 외국에서 생활하고 있는 재외한국인은 중국, 이스라엘, 이탈리아에 이어 '재외동포 대국'이라고 일컬어지고 있을 정도로 많은 수를 차지하고 있다. 7,500만이라고 일컬어지는 한민족 가운데 1/10인 약 740만 명이 재외동포라고 알려져 있기 때문이다.[1] 재외한국인의 증가에 따라 해외에 설립되는 한글학교 수도 증가하고 있다. 한국교육개발원의 교육통계서비스에 따르면 1990년에는 689개교에 지나지 않았던 한글학교는 2001년 1,687교, 2005년 2,059교, 2011년 1,885교, 2014년에는 1,918교로 집계되고 있다.[2]

이와 같은 추세에 대응하고자 한국 정부는 2007년 1월 「재외국민의 교육지원 등에 관한 법률」을 발표했다. 현 법률에 의하면 해외에 설립되는 교육기관은 세 가지로 구분되는데 한국학교, 한국교육원, 한글학교다. 그중에

* 이 글은 『재외한인연구』 제41호(2017. 2)에 실린 글을 보완한 것임.

1) 2015년 현재 재외동포는 194개국에 이르며 718만 4,872명이다. 외교부. 『재외동포현황』(2015). 14쪽.

2) 박채형. 『통합교육과정연구』(2014). 97-98쪽.

서도 한글학교는 "재외국민에게 한국어와 한국역사 및 한국문화 등을 교육하기 위하여 재외국민단체 등이 자체적으로 설립하여 당해 해당지역을 관할하는 재외공관에 등록된 비정규학교"로 규정되어 있다(제2조 제4항).

일본에 거주하고 있는 재일코리안은 크게 일제강점기(1910~1945)를 배경으로 이주한 '올드커머 코리안', 1989년 한국의 해외여행 완전자유화 정책 이후 증가하기 시작한 '뉴커머 코리안', 1980년대 이후 동북 3성(요녕성, 길림성, 흑룡강성)에서 이주한 '조선족'으로 나눌 수 있다.[3] 본 연구의 대상은 재일조선족으로, 한글학교 설립・운영을 통한 에스닉 아이덴티티 재생산 과정을 고찰한다. 구체적으로는 조선족 출신인 전정선 교장을 중심으로 설립・운영되고 있는 '샘물한글학교'(이하 '한글학교'로도 표현)에 대해 주로 그 설립 배경과 운영방식을 비판적으로 고찰함으로써 일본 내 한글학교의 의의와 이후의 과제를 이끌어내고자 한다. 나아가 본 연구는 재일본조선족 한글학교에 대한 선행연구가 희소한 상황에서 향후 일본 한글학교의 발전 방향을 제시하는 시론적인 논의를 제공하는 것에 의의를 둔다.

19세기 이후 한국에서 구 만주지역으로 이주[4] 후 정착해서 생활해오다가 후손들이 일본으로 재이동한 조선족을 어떻게 정의할 수 있는가? 이 문제에 대해서는 재일조선족 사이에서도 의견이 일치하지 않는다. 니혼대학 교수이면서 2017년 현재 조선족연구학회 회장을 역임하고 있는 정형규 씨는 재일조선족에 대해 '한인', '코리안' 등의 용어보다 '조선족'이라는 표현이 가장 적합하다고 주장한다. '조선족'이라는 용어는 중국에서 생긴 고유명사일

3) 본 연구에서는 편의상 일본에 거주하고 있는 한국인(한국 국적자)을 '올드커머 코리안', '뉴커머 코리안', '조선족'으로 표현하고 있지만 이와 같은 표현이 반드시 고정되어 있는 것만은 아니다. 예를 들어 일본 입국관리국에서는 '한국・조선인(韓國・朝鮮人)'이라고 표현하고 있지만 그 외에도 '재일코리안', '재일조선인', '올드커머 한국인/뉴커머 한국인', '올드타이머즈/뉴타이머즈', '한국계 올드커머즈/뉴커머즈', '코리안 올드커머즈/뉴커머즈' 등 다양하다. 柳蓮淑. 『韓國人女性の國際移動とジェンダー』(明石書店, 2013). 25쪽.

4) 연변인민출판사 통계자료에 의하면 19세기 이후 구 만주지역으로 이주한 당시의 조선인은 1910년 약 26만 명, 1920년 51만 명, 1931년 63만 명, 1945년 215만 명으로 급증했다. 權香淑. 『東北アジアの中の朝鮮族』(アジア経済文化研究所, 2006). 326쪽.

뿐 아니라 중국국적을 가지고 조선민족의 아이덴티티를 가지고 있는 자를 의미하기 때문이라는 것이다(길림신문 2016년 7월 26일자). 본 연구에서는 일본에서 거주하고 있는 중국 조선족에 대한 표현을 정형규 교수의 정의를 참고로 '조선족'이라고 표현하고자 한다.

본고의 연구 방법은 전정선 교장의 오랜 시간에 걸친 학교운영과 교육내용에 대한 보고집 『한글학교와 한국문화 교육—일본인 한국어교실과 샘물한글학교의 사례—』(2016년 12월)를 주요 분석 자료로 삼는다. 그 외에도 제2저자(유연숙)는 본 연구의 집필을 위해 다음과 같은 연구 방법을 취했다. 즉 전정선 교장에 대한 인터뷰,[5] 조선족여성회 주최 송년회 행사,[6] 조선족 대상 교양 강좌,[7] 월드옥타 지바지회가 주최하는 차세대 무역스쿨,[8] 한글학교 수업이 주로 개최되고 있는 아라가와구 생애학습센터 등에 대한 참여 관찰,[9] 그리고 학교 운영을 취재한 신문과 잡지, 사진, 동영상 자료 열람 등이 있으며 조선족 전문 연구자의 조언을 참조했다.[10]

2. 재일조선족 현황과 샘물학교의 설립 배경

1) 재일조선족 현황

2017년 말 현재 일본에서 외국인 등록을 한 중국인은 73만 890명으로 재류외국인 중에서 1위이며 전체의 28.5%를 차지한다.[11] 이와 같은 상황은

5) 2016년 12월.
6) 2014년 12월, 2016년 12월.
7) 2014년 10월.
8) 2015년 7월.
9) 2016년 12월.
10) 특히 재일조선족연구의 제1인자인 권향숙 교수로부터 유익한 비평과 조언을 많이 받았다.

재일중국인이 2007년까지 장기간 일본에 체류하고 있는 최대의 외국인 수를 기록했던 한국/조선인을 상회한 후로 현재까지 계속되는 현상이다. 재일본 중국인은 제2차 세계대전 이전부터 거주하고 있는 '올드커머(구화교)'와 1980년대 이후 증가하고 있는 '뉴커머(신화교)'로 분류된다. 일본 수도권에 거주하고 있는 중국인은 신화교를 중심으로 '이케부쿠로 차이나타운'에 집거지를 형성하고 있는데, 신화교 중에는 조선족이 적지 않게 포함되어 있다.[12)]

조선족의 일본 이주는 언제부터 이루어졌는가? 우선 송출국인 중국의 출입국관리정책부터 살펴보자. 역사적으로 조선족이 국비유학생, 방문교수, 주재원의 신분으로 처음 일본행이 이루어진 것은 중·일 수교(1972) 이후다. 하지만 유학생 출국자가 증가하게 된 것은 1984년 중국의 자비유학 개방정책으로, 상하이나 푸젠(福建) 출신을 중심으로 해외 유학생이 대폭 증가했는데, 도일 조선족의 증가는 중국의 출입국관리법 제정(1985년 11월 22일)[13)] 이후다.[14)]

다음으로 유입국인 일본에 초점을 맞춰보자. 일본에 외국인 입국이 급증하게 된 것은 1989년 입관법 개정 이후부터다. 1990년대에 들어서서 유학생 입학규제가 완화되면서 대학이나 대학원 입학을 위한 유학생 수가 증가하게 되었는데, 이를 계기로 유학생 신분의 재일조선족도 증가하게 되었다. 조선족 유학생이 증가하게 된 배경에는 일본 유학 시 의무화되었던 일본인 신원보증인제도가 1996년 12월에 폐지된 것이 계기다. 이를 통해 유학생으로 입국 시 조선족 가족이나 친족, 지인 보증인으로 대체가 가능해지면서 매년 수백 명 단위로 이주자가 증가하게 되었다.[15)] 이와 같은 제도적인 장치는

11) 2위인 한국/조선인은 45만 663명으로 재일외국인의 17.6%를 차지함으로써 1위인 중국과의 차이는 10.9포인트를 상회할 뿐 아니라 양자의 차이는 더욱더 벌어지고 있다.

12) 權香淑. 『朝鮮族研究學會誌』(2016). 1~2쪽.

13) 중국 출입국관리법의 시행은 1986년 2월 1일.

14) 권향숙. 『조선족의 일본 이주에 관한 시론』(2013). 59쪽.

15) 權香淑. 『東北アジアの中の朝鮮族』(アジア經濟文化研究所, 2006). 331쪽.

일본 내 조선족의 급증을 초래했는데, 이를 통해 일본에 거주하고 있는 조선족 친척이나 지인 등의 네트워크를 통한 이주 회로가 확대되었다.[16]

한편, 조선족의 일본 기업 취업도 재일조선족의 증가를 초래했다. 1990년대 이후 일본 IT 관련 기업이 중국 동북지역에서 IT 기술자를 스카우트하는 방식을 통해 조선족의 일본 기업에 대한 취업 기회도 확대되었다. 현재 일본에 거주하고 있는 조선족은 8~10만여 명에 이르며 특히 수도권에는 5만여 명이 거주하고 있는 것으로 추정되지만 정확한 숫자는 알 수 없다.[17]

2) 재일조선족 커뮤니티와 샘물학교 설립 배경

우선 재일조선족의 일본 내 커뮤니티의 현황에 대해 살펴보자. 2012년 현재 정기적으로 활동하는 단체를 설립 순으로 보면 연변(옌벤)대학 교직원 출신자와 졸업생들이 모이는 연변대학 일본교우회,[18] 조선족 연구자들을 중심으로 운영하는 조선족연구학회,[19] 조선족 기업가와 기업가를 지향하는 차세대 간 교류와 정보교환을 위한 세계한인무역협회 지바지회,[20] 직장인, 사업가, 유학생 등 다양한 분야와 연령층 축구애호가들로 구성된 조선족축구협회,[21] 2008년도에 설립된 여성과 자녀들의 일본사회 적응방법이나 생활 경험을 나누며 한글교실을 운영하는 재일조선족여성회 등을 들 수 있다. 기타 단체로 7만 명 이상의 회원을 보유하고 있는 조선족 사이트 '쉼터' 외에도 중·소규모의 단체들이 활동하고 있다.[22]

---

16) 田嶋淳子.『韓國系ニューカマーズから見た日本社會の諸問題』(社會安全硏究財団, 2006).

17) 가사이 노부유키(笠井信幸).「재일조선족의 이주와 조선족 네트워크의 상대화」(이주동포정책연구소,『미드리』 2011(제7호);『길림신문』 2010. 12. 24. 재일조선족은 대부분 중국 국적을 보유하고 있기 때문에 통계상의 수치에 표시되지 않는다.

18) 전신은 1990년에 설립된 동방학우회.

19) 전신은 1999년에 설립된 중국조선족연구회.

20) 2006년 설립.

21) 2007년에 설립되었으며 10개 팀이 소속되어 있다.

조선족 네트워크의 특징은 평소에는 각 단체가 독립적인 활동을 하면서 행사가 있을 때는 서로 힘을 합쳐서 상호 간 친목을 도모하면서 모임을 발전시켜나간다는 것이다. 전정선 교장에 의하면 예를 들어 조선족축구협회에서 행사가 있을 때 한글학교 어린이들과 여성들이 참가해서 아이들은 어린이 경기와 우리말 노래, 여성들은 한국무용을 선보이기도 하는데, 이는 인위적인 참가가 아니라 재일조선족들과 축구협회 멤버에 학부모들이 많이 소속해 있기 때문에 부모와 자녀들이 같이 참가하면서 자연스럽게 합류 모임이 이루어지는 결과이기도 하다. 2000년대 이후에는 여성단체와 한글학교, 기업인의 활동이 활발히 이루어지고 있다고 한다.[23)]

특히 해외동포 네트워크 조직 중 최대 규모로 알려진 세계한인무역협회(월드옥타)는 일본 내에 도쿄, 지바, 나고야, 오사카, 후쿠오카 5개 지회가 있는데, 그중 재일조선족을 중심으로 구성된 단체가 지바지회다. 무역, 건축, 부동산, 식품업, 정보통신업, 친환경, 미디어, 학술 연구, 기술 서비스, 요식업 등 다양한 분야와 업종에 종사하고 있는 재일조선족은 활동의 기반이 일본이라는 장점을 살려 한국과 중국을 연계시키면서 활동 범위를 확대하고 있다. 여기에 일본 내 유일한 조선족 중심 모임인 지바지회가 회원들이 마음껏 능력을 발휘하고 사업을 전개할 수 있는 환경과 정보를 제공하고 있음은 말할 것도 없다. 당 지회는 젊은 회원들의 취업이나 기업에 관심을 갖고 매년 기업인의 성공 사례를 소개하고 성공 모델을 배우면서 기업인과 교류할 수 있는 '차세대 무역스쿨'을 10여 년 넘게 실시하고 있다.[24)]

다음에는 샘물학교의 설립 배경에 대해 살펴보자. 지바지회의 활동을 토대로 만들어진 단체가 '재일본조선족여성회(이하 '여성회'라고도 표현)'인데, 샘물학교를 설립한 전정선 교장은 여성회의 주요 창립멤버다. 여성회는 일본

22) 권향숙. 『일본비평』(2013). 62쪽.

23) 전정선 인터뷰(2016년 12월).

24) 권향숙. 『일본비평』(2013). 62-63쪽.

에서의 취직, 사업, 육아 등 여성으로서 생활하는 데 발생하는 어려움이나 고민을 공유하기 위해 2008년 2월에 결성되었다. 특히 본회에서는 어린이 한글교실, 민족무용과 노래 배우기, 스포츠 활동, 요리교실 등 다양한 프로그램을 기획하여 정기적으로 모임을 가지고 있는데, 특히 차세대 교육의 필요성을 의식해서 만들어진 것이 샘물한글학교다. 전정선 교장은 학교 설립 배경을 다음과 같이 설명한다.

> 2008년 2월 10일 동경에서 조선족 여성 몇 명이 모여서 재일조선족여성회를 설립하였다. 회원은 조선족 여성으로서 일본에 와서 유학하고 취직하고 결혼하고 가정 육아에 사회생활과 가정생활을 양립하는 여성들이 대부분이었다. 그중에는 일부 미혼 여성도 있었다. 주로 가정을 이룬 엄마들이 활동을 많이 해왔고, 자녀교육에 대한 의욕이 강했다. 다년간 조선족 여성의 현실 생활 적응에 취지를 두고 조선족 여성들의 취직, 사업, 육아, 친목뿐만 아니라 일본에서 태어난 어린이들의 우리말 우리글 우리문화 교육 등의 차원에서 길잡이 역할을 해주는 것을 목적으로 동경 인근지역에서 교통수단이 편한 동경 내에서 활동했다. 다시 말하면 우리말 교실을 운영했다. 아이들은 우리말 교실에서 조선어 공부를 시켰고 엄마들은 강습반을 열었다. 매번 다양한 테마로 강사를 초빙하여 강좌 등 다채로운 프로그램으로 활발하게 활동하였다.[25)]

일본에서 태어나 자라고 있는 조선족 어린이들에 대한 한글교육을 실시하기 위해 전정선 교장은 자녀들을 대상으로 한 교육은 물론, 모친을 대상으로 일본 생활에 필요한 실리적인 강좌를 개최함으로써 자녀교육을 시키면서 동시에 자신들이 일본생활을 하는 데 있어서 알아두면 유익한 강좌를 제공한 것이다. 그 내용은 행정서사에 의한 재류자격 등의 법무상담교실, 부동산, 여성사업가 성공스토리 강연회 같은 실리적인 내용에서부터 한국문화에 초점을 맞춘 김치교실, 한국전통문화, 다례체험교실, 민족무용, 민족문화 알

---

25) 전정선, 『한글학교와 한국문화 교육』, 2016a.

기, 일본문화에 초점을 맞춘 일본 전통문화와 다도(茶道)교실, 기모노교실, 그 외에도 여성으로서 자질향상을 위한 꽃꽂이, 매너, 미용교실 등으로 다양한 분야에 걸쳐 있다. 이처럼 학부모들을 상대로 매달 정기적인 활동을 조직하여 '이국타향 낯선 환경과 따분한 생활에 무언의 힘이 되는 민족의 공동체 속에서 우수한 민족으로 살아가기 위한 계몽 활동'을 전개한 것이다.

3. 샘물학교 설립 과정과 운영, 수업 풍경

1) 샘물학교 설립 과정과 운영

전정선 교장은 학교명의 취지와 운영 목표에 대해 다음과 같이 설명한다.

> 전 세계 한글학교는 117개국 1천 900여 개에 달한다. 교사 1만 5천여 명, 학생은 10만 2천여 명이 한국어와 한국 역사를 잊지 않고자 지구 반대편에서도 등불을 밝히고 있다. 그중 하나인 샘물한글학교는 환경도 열악하고 작은 학교이다. 하지만 '샘물'이라는 이름에 담긴 뜻은 작지 않다. '작은 샘물이 모여 바다를 이룬다'는 바람을 담아서 지은 이름이다. "한국, 중국, 일본의 물줄기가 흘러흘러 태평양에서 만나듯 '코리안'이 서로 소통하며 한데 어울리는 날이 오기를 바라며" 언젠가는 의젓한 학교에서 낭랑한 한글소리가 들려오는 그날이 올 것이다.[26)]

샘물학교의 일본어 표기는 '泉学校'이다. '泉'에 대한 사전적 의미는 '下水が自然に地表にわき出る所。また、そのわき出た水'이다.[27)] '지하수가 자연적으로 솟아나오는 곳. 혹은 그때 나오는 물'이라는 뜻이다. 전 교장은

26) 전정선. 『한글학교와 한국문화 교육』(2016a). 9쪽. 저자와의 협의를 통해 문맥을 통일하기 위해 일부 내용을 수정했다.

27) 新村出. 『廣辭苑』(岩波書店, 2008).

"지하에서 샘물이 흘러서 바다를 이루듯이 처음에는 작은 샘에 지나지 않을지 모르지만 성장한 어린이들이 일본은 물론, 한국, 중국, 나아가서 세계를 무대로 활약하는 날이 올 것이다"라는 목표를 갖고 학교 이름을 정했다고 한다.[28] "학교가 정착되기까지의 8년간은 여러 가지 힘든 적이 많았다"[29]고 당시를 회상하면서 눈시울을 적시는 전 교장은 학교 설립 시의 어려움을 다음과 같이 설명한다.

가장 큰 어려움으로 처음에는 '일본에 와서까지 한국말을 가르칠 필요가 있는가?' 하는 것이 젊은 엄마들의 짧은 생각이었다고 한다. 하지만 막상 일본에서 자녀들을 키우다 보면 중국에 있는 조부모와 커뮤니케이션이 안 되어 곤란할 때가 많다. 자녀들이 태어난 후 친할머니 혹은 외할머니가 일본을 방문해서 손자들을 돌봐주는 경우도 적지 않다. 중국 정부의 1가구 1자녀 정책으로 인해 양가 부모에게 독자인 손자는 사랑과 애착의 대상이 되기도 하는데, 손자가 말을 하기 시작하면서부터 언어가 통하지 않아 어려움을 겪는 경우가 허다했다. 일본생활이 장기화되면서 이와 같은 점을 안타깝게 여긴 부모들이 편도 2시간 이상을 걸려서라도 한국어를 가르쳐주고 싶다는 마음에 학교를 찾게 되어 학생 수가 증가했다.

다음의 어려운 문제로는 수업에서 사용하는 교재다. 임영상 외[30]는 재외동포를 대상으로 한국학의 진흥을 꾀하기 위해서는 현지 실정에 맞는 교과서를 시급히 개발하고, 교육과 연구에 필요한 충실한 장서를 제공하는 것이 중요하다고 지적한다. 전정선 교장은 한글학교를 운영하면서 어려웠던 부분 중의 하나가 교과서의 확보였다고 말한다.[31] 학교 운영과정에서 교과서를 확보하기 위한 노력은 어렵고 또 시간이 드는 작업이었다. 처음에는 중

28) 전정선, 『한글학교와 학교문화 교육』(2016a).

29) 전정선 인터뷰(2015년 12월).

30) 임영상・김현택・김게르만, 「독립국가연합 지역 한국학 진흥 방안 연구」(한국슬라브학회, 『슬라보학보』 16-2, 2001).

31) 전정선 인터뷰(2016년 12월).

국 연길(옌지)시 교육국에 부탁하여 교재를 지원받았는데, 우송에 따른 비용적인 면과 시간적인 면에서도 쉽지 않았다. 더욱이 교재나 수업내용에 대한 학부모들의 요구가 갈수록 높아져서 중국에서 발행한 교재보다는 한국 교재의 필요성이 제기되었다. 하지만 일본에서 활동하는 관계로 한국에서 발행한 교재를 구입하기가 만만치 않았다. 전 교장이 개인적으로 활동하고 있는 국제학술대회에 참가하기 위해 한국을 방문한 기회에 한국에서 사적인 비용으로 구매한 교재를 복사하여 사용하기도 하고, 한국에서 개최된 세계한인경제인대회에 참가하여 재외동포의 해외 교육에 대한 회의시간에 학교 운영을 소개하고 교재 도움을 요청하기도 했지만 순탄치는 않았다.

그러던 중 지인의 소개로 2014년도에는 '지바한국교육원'[32)]을 소개받아 교재를 지원받기도 했다. 동년 말에는 세계한인무역협회 동경지회 지회장의 소개로 재외동포재단을 방문해서 학교운영에 대한 도움을 요청하여 이듬해인 2015년 4월 동 재단 교육부에 관련 서류를 제출했다. 이를 통해 재단으로부터 홈페이지 지원을 받고 서울대학교 평생교육원 맞춤형 온라인 교사연수와 초청 한글학교 교장 연수를 받으면서 학교 운영의 정착을 꾀했다.

어려운 과정에서도 학교 운영에 경제적으로 도움을 주는 사람과 단체도 생겨났다. 앞에서도 언급한 바와 같이 일본 내 유일한 조선족 기업인이 중심을 이루는 지바지회는 2006년 9월에 설립되었다. 매년 활동 범위를 넓히는 가운데 2007년 7월부터 매년 재외동포 차세대 무역스쿨을 개최하여 2017년에는 10주년을 맞이했다. 전정선 교장은 창립 시부터 현재까지 9년 이상 사무국장을 역임하면서 봉사활동을 해왔다. 또한 2016년 1월~2017년 12월 부회장, 2018년 1월~현재 월드옥타 지바지회 고문으로 있다.

32) 전신은 '지바문화센터(千葉文化センター)'. 1977년에 현재의 명칭인 지바한국교육원(千葉韓國教育院)으로 변경해서 현재에 이른다. 동 교육원은 홈페이지를 통해 다음과 같이 교육원을 소개하고 있다. "대한민국의 「재외국민의 교육지원 등에 관한 법률」에 기초해서 정부가 설치한 재외국민의 교육기관이다. 지바현, 이바라키현에 거주하는 동포를 대상으로 민족교육을, 그리고 일본인 대상 한국에 대한 홍보를 목적으로 설립되었다."(http://chiba.kankoku.or.kr/jp/)

그와 같은 연유로 동경지회 사무실에서 개최하는 일본지역 회장단대회에 참석할 기회가 있었는데, 이것을 계기로 세계한인무역협회 본부 장영식 부회장이 학교 운영자금으로 100만 엔을 기부할 의사를 밝혔다. 장영식 부회장의 운영자금 기부는 샘물한글학교 운영에 대한 관심과 격려의 표시이기도 함과 동시에 조선족을 대상으로 한 메시지로 이어졌다. 장 부회장의 기부 모습에 자극을 받은 조선족 여성사업과 운영자금에 대한 경제적인 협력은 물론 학부모들의 학교 운영에 대한 적극적인 참가와 응원으로 이어지게 된 것이다.

한편, 모체 단체인 재일조선족여성회는 2015년 일반사단법인으로 등록하여 정기적인 지원금도 받게 되었다. 이와 같은 경과를 통해 기업인의 후원뿐만 아니라, 2015년 12월에는 재외동포재단에서 수업에 필요한 교육기자재 지원도 받았고, 2015년 12월에는 동경한국교육원으로부터 정식 한글학교로 인정되었다는 증서도 수여되었다. 이에 따라 2016년 2월 28일 개학식에는 재외동포재단 주재관과 동경한국교육원 원장이 직접 학교를 방문해서 학생들에게 격려와 찬사를 아끼지 않았다.

표 1-21 샘물학교의 활동 상황

2006년 9월	세계한인무역협회 지바지회 설립
2007년 9월	제1기 지바지회 차세대 무역스쿨 개최를 계기로 여성회 설립 추진
2008년 2월 2008년 10월	여성회 우리말교실(도쿄샘물학교) 설립 세계한인경제인대회, 중국 도문강지역 연길국제무역박람회 등 국제학술대회 참가 중국연길시교육국에서 조선어문 교재를 지원받음
2011년 4월	세계한인무역협회 세계경제인대회에서 코트라상 수여
2012년 9월	연변조선족자치주교육국 주교육국 박용석 국장 방문 중국 길림성 연길시 인민정부에서 경제특사 홍보대사 위임장 수여
2013년 2월	중국어를 수업에 추가함으로써 수업 내용의 다양화를 꾀함
2014년 4월 2014년 10월 2014년 12월	지바한국교육원에서 일부 한국어교재를 지원받음 국제홍백가요전 단체상 수상 한국 재외동포재단 교육부 방문 후 동경교육원 방문

2015년 2월 2015년 4월 2015년 4월 2015년 8월 2015년 10월 2015년 12월	재외동포재단 교육부에 정식 한글학교 등록을 위한 신청서류 제출 동경교육원에 한글학교 신청서류 제출 하나미대회 개최 재일조선족운동대회 국제홍백가요전 단체상 수상 샘물한글학교 발표회 및 여성회 송년회 일반사단법인 재일조선족여성회로 등록 후 세계한인무역협회 본부 장영식 부회장으로부터 지원금 수여. 재일조선족 여성사업가 이금자 씨로부터 지원금 수여 재외동포재단교육부로부터 수업에 필요한 기자재를 지원받음 샘물어린이학교 홈페이지 개설, 스터디코리안에 등록 동경한국교육원으로부터 샘물한글학교로 인정 증서 받음
2016년 2월 2016년 4월 2016년 5월 2016년 6월 2016년 8월 2016년 9월 2016년 10월 2016년 11월 2016년 12월	지인의 도움으로 연변교육출판사에서 한어, 조선어교재지원 받음 재외동포재단 주재관과 동경한국교육원 원장이 개학식에 참석 재일조선족 여성사업가 다카오 렌코 씨로부터 지원금 수여 하나미대회 개최 재외동포재단교육부로부터 교육지원금 받음 스터디코리안 통신원 제1~3기(1명) 재외동포재단 제1기 한글학교 교장 초청 연수 참가 예닮 아동한복회사로부터 남녀 아동 한복 12벌 지원받음 서울대학교평생교육원 한글학교 교사 맞춤형 온라인연수과정 이수(1명) 재일조선족운동대회 어린이 경기 및 공연 참가 샘물학교 농촌생활 체험 야외캠프 국제홍백가요전에서 단체상 수상 재외동포재단으로부터 문화용품(새 장구, 사물놀이 옷, 한복 2벌) 지원 동경지역 한국어 변론대회 우수상(1명) 동경한국교육원에서 동경지역 최우수 한글학교 최우수상 수여 샘물학교 발표대회 및 송년회
2017년 3월 2017년 4월 2017년 7월 2017년 8월 2017년 9월 2017년 10월 2017년 12월	일본 나가노 한국어 캠프에 교장인솔 학생 참가(5명) 하나미대회 개최 한국 경인교육대학 한국어캠프에 교장인솔 학생(7명) 참가 재외동포 대학생 모국연수 참가(2명) 한글학교 교사 인증과정 1기, 2기 이수(3명) 재일조선족운동대회 어린이 경기 및 공연에 참가 고려신사 역사탐방 국제홍백가요전 단체상 수상 동경지역 한국어 변론대회 5명(은상 1명, 동상 2명, 우수상 1명) 수상 연세대학교 한글학교 교사 온라인 맞춤형 교육 이수(1명) 서울문화예술대학교 제8기 한국어 교육자 체험수기 공모전 입상(1명) 제1회 재외동포 어린이 한국어 그림일기대회 입상(2명)
2018년 4월 2018년 8월 2018년 10월 2018년 11월	한국어 능력시험 1급 합격(2명) 하나미대회 개최 재외동포 중 · 고생, 대학생 모국연수 참가(4명) 국제홍백가요전 참가 샘물학교 설립 10주년 기념행사 일본한글학교협회 운영자 연수회 교장 참가

2018년 12월	동경지역 한국어 변론대회 6명(금상 1명, 동상 3명, 장려상 2명) 수상 재외동포재단 주최 한글학교교사 인증과정 1기, 2기 수강(5명) 서울대학교평생교육원 한글학교 교사 맞춤형 온라인 연수과정 수강(1명)

출처: 전정선, 『한글학교와 한국문화 교육』(2016a), 13쪽을 기초로 작성

2) 샘물학교 수업 풍경

학교 수업은 처음에는 한글교실로 시작되었으나 도중에 중국어 수업은 물론 영어, 음악 등을 과목에 포함하게 되었다. 가능한 한 다채로운 교육을 통해 학생들이 민족문화를 의식하고 재일조선족 2세의 에스닉 아이덴티티를 키우는 것을 목적으로 운영되고 있다.

학교 설립 10주년이 되는 2018년 2월부터 동경한국학교에 교실이 고정되기까지 샘물학교는 교육기관이지만 마땅한 장소가 고정되어 있지 않아 교실 문제로 많은 어려움을 겪어왔다. 전 교장은 그동안 매번 교실을 찾아서 이동해야 하는 어려움을 다음과 같이 설명한다.

> 사실 샘물한글학교는 2008년 2월부터 동네 마을회관 등 교실을 찾아 여러 번 이동하면서 어렵게, 어렵게 우리말을 가르쳐왔습니다. 2014년도에는 사설 학원 사업을 시작하는 사업자의 협력을 얻어 몇 개월간 학원을 교실로 사용하기도 했는데 마땅치 않아서 다시 공공장소를 옮겨 매번 예약하여 사용해왔습니다. 2018년도까지 3년째 폐교가 된 초등학교 교실 4개를 매번 예약하여 사용해왔습니다. 같은 장소를 동시에 빌릴 수 없을 때에는 근처에 있는 시설을 2곳 혹은 3곳을 예약하여 사용하기도 했습니다. 최초에는 7~8명으로부터 시작한 학교이지만 현재는 등록되어 있는 학생이 217명으로 증가했습니다.[33]

2018년 2월 11일까지 학교 수업은 주로 공공기관인 아라카와 구립 평생학습센터(荒川区立生涯学習センター)[34]의 4개 교실을 빌려서 사용했다. 학생들로

33) 전정선 인터뷰(2016년 12월).

부터 1년에 1만 2천 엔을 받고 학교가 운영되고 있는 터라 공부할 장소를 마련할 경제적 여건이 충분하지 않았던 것이다. 본 센터는 1997년 7월 1일 학구 통폐합으로 폐쇄가 결정된 초등학교 건물로 1998년도부터는 성인 대상 평생학습 장소로 사용되고 있다. 동 센터는 폐쇄된 교사이기는 하지만 교실도 넓고 깨끗해서 수업하는 데 불편한 점은 없어 보였다.

하지만 센터를 사용하기 위해서는 구립 시설인 관계로 매번 정해진 신청기간을 기억해두었다가 일일이 예약 절차를 밟아야 했을 뿐 아니라, 교실 사용요금을 지급하러 다녀와야 했다. 수업에 필요한 물품을 보관할 장소가 없었기 때문에 매번 교사들은 3층에 있는 교실까지 교재와 수업용품이 든 무거운 가방을 운반해 가지고 다녀야 했고, 수업이 끝나면 교사 반성회를 열고 뒷정리까지 해야 하는 자원봉사 교사들의 노고와 수고 없이는 불가능한 것이었다.

그림 1-27 2017년도 입학식

사진: http://homepy.korean.net/~izumischool/

34) 아라카와 구립 평생학습센터는 예술, 문화, 취미, 교양, 스포츠 등 다양한 분야의 평생학습을 운영하고 있는 서클, 단체 등의 활동 장소로서 활용되고 있다. 그뿐만 아니라 학습 활동을 시작하기 위한 상담 등 구민의 새로운 도전을 응원하는 생애학습 시설이다 (http://www1.tcn-catv.ne.jp/sgc/index.html).

다음은 학교의 연간 운영 방식과 수업 풍경을 살펴보자. 2016년도 사례를 보면, 교육 대상자는 재일조선족 2세 어린이가 중심인데 국제결혼 다문화 가정의 자녀도 소수이지만 재학하고 있다. 학급은 유아반(3~5세), 초등 1반(6~7세), 초등 2반(8~9세), 초등 3반(10~13세)의 4개 반으로 구성되어 있고 유치원생과 초등학생이 대상이다. 수업은 '한글과 한국문화를 익힘과 동시에 다양한 프로그램을 도입함으로써 모국어에 취미를 갖게 한다'는 교육 목표에 부응하여 한글과 한국문화를 중심으로 학습하되 중국어나 영어, 음악 등 국제화 시대가 요구하는 인물을 배출하고 있다.

수업의 특징은 〈표 1-22〉를 보면 알 수 있듯이, 2월의 주제 '예의', 3월의 주제 '질서'와 같이 매달 주제를 정해서 학교가 추구하는 인물상을 체계적으로 키워가고 있다는 점이다. 학교 수업은 한 달에 2 · 4번째 일요일에 실시되고 매회 7시간의 수업시간이 배정되어 있다.

표 1-22 샘물학교의 월별 시간표

구분	2월	3월	4월	5월	6월	7월
주제	예의	질서	협력	도전	성실	책임
한글능력시험반	12:30~ 13:20	12:30~ 13:20	12:30~ 13:20	12:30~ 13:20	12:30~ 13:20	12:30~ 13:20
한글	13:30~ 14:30	13:30~ 14:30	13:30~ 14:30	13:30~ 14:30	13:30~ 14:30	13:30~ 14:30
한어	14:30~ 15:20	14:30~ 15:20	14:30~ 15:20	14:30~ 15:20	14:30~ 15:20	14:30~ 15:20
영어	15:30~ 16:00	15:30~ 16:00	15:30~ 16:00	15:30~ 16:00	15:30~ 16:00	15:30~ 16:00
음악	15:30~ 16:00	15:30~ 16:00	15:30~ 16:00	15:30~ 16:00	15:30~ 16:00	15:30~ 16:00
발표	16:10~ 17:00	16:10~ 17:00	16:10~ 17:00	16:10~ 17:00	16:10~ 17:00	16:10~ 17:00
교사연수회	17:10~ 18:10	17:10~ 18:10	17:10~ 18:10	17:10~ 18:10	17:10~ 18:10	17:10~ 18:10
각 교실 청소/귀가	18:10~ 18:40	18:10~ 18:40	18:10~ 18:40	18:10~ 18:40	18:10~ 18:40	18:10~ 18:40

구분	8월	9월	10월	11월	12월	1월
주제	소통	나눔	노동	만남	감사	존중
한글능력시험반	12:30~ 13:20	12:30~ 13:20	12:30~ 13:20	12:30~ 13:20	12:30~ 13:20	12:30~ 13:20
한글	13:30~ 14:30	13:30~ 14:30	13:30~ 14:30	13:30~ 14:30	13:30~ 14:30	13:30~ 14:30
한어	14:30~ 15:20	14:30~ 15:20	14:30~ 15:20	14:30~ 15:20	14:30~ 15:20	14:30~ 15:20
영어	15:30~ 16:00	15:30~ 16:00	15:30~ 16:00	15:30~ 16:00	15:30~ 16:00	15:30~ 16:00
음악	15:30~ 16:00	15:30~ 16:00	15:30~ 16:00	15:30~ 16:00	15:30~ 16:00	15:30~ 16:00
발표	16:10~ 17:00	16:10~ 17:00	16:10~ 17:00	16:10~ 17:00	16:10~ 17:00	16:10~ 17:00
교사연수회	17:10~ 18:10	17:10~ 18:10	17:10~ 18:10	17:10~ 18:10	17:10~ 18:10	17:10~ 18:10
각 교실 청소/귀가	18:10~ 18:40	18:10~ 18:40	18:10~ 18:40	18:10~ 18:40	18:10~ 18:40	18:10~ 18:40

출처: 전정선, 『한글학교와 한국문화 교육』(2016a), 13쪽을 기초로 작성

2017년 3월부터는 한글능력시험반도 개설해서 매년 수업 내용을 시대에 부응하는 형태로 확대하고 있다. 수업 후에는 매회 60분에 걸친 교사연수회 시간을 통해 수업 과정에서 발생할 우려가 있는 문제점이나 교재 내용, 수업의 효율성, 출석률 등에 대한 정보를 상호 교환하면서 교사의 자질과 능력을 키우고 수업의 질도 향상시키고 있다. 그 후 30분간 교실 청소 및 정리정돈을 하면 하루의 수업을 마치게 된다.

학교 운영은 정규 수업 외에도 다양한 프로그램을 도입함으로써 시대에 부응하는 교육을 염두에 두고 있다. 상반기와 하반기에 1회씩 공개수업을 진행함으로써 수업 풍경과 자녀들의 성장 과정을 학부모에게 선보이는가 하면, 동경한국교육원 원장 초청 특강도 하고 재일본 한글학교협의회에서 주최하는 교사 연수회, 운영자 연수회에도 참가하고 있다. 교사들을 위해서는 교사들의 능력향상을 위한 연수회를 통해 교원들의 어려움을 나누기도 하고

학생들의 가정환경을 고려한 특정 연령에 맞는 교수법을 위해 교학연구교류회 혹은 각 반의 교학지도 정보를 교류하면서 교환수업도 실시하고 있다.

금년부터는 재일화인중국어교육협회에도 참가하여 한어 교사 연수회, 중국어 교사 교학 연수회에 3명이 참가했고 중국어 캠프에도 4명이 참가했다. 한편, 학생들이 수업을 받는 시간에 학부모들을 대상으로 유아원에서 초등학교, 중등학교 진학을 위한 전문가 상담은 물론, 영어교실, 요가교실, 요리교실, 음악교실, 무용교실, 자녀교육 교실, 세무관련 교실 등 학부모들을 대상으로 실시한 실문조사 결과를 반영해서 다양한 취미교실도 마련하고 있다.

그림 1-28 수업 풍경

3) 적극적인 학교 외 활동에 대한 참가와 성과

학교 수업은 교과서에만 의존하는 것이 아니라 다양한 방식을 통해 한국문화를 배우고 알리고 즐기는 수업방식을 염두에 두고 있다. 예를 들어 '예쁜 한복 입고 한국식 절 배우기', '한국의 전통차 시음하기', '한국의 전통다과 먹기', '한국 병풍을 배경으로 자유롭게 사진 찍기' 등이다. 그 외에도 윷놀이 등 한국 전통놀이교실, 한국요리 실습뿐만 아니라 한국동요 율동, 민요 부르기, 한글로 시와 글짓기, 그림 그리기, 시 낭송, 크리스마스 작품 만들기, 어머니의 날 편지 쓰기 등의 이벤트도 준비되어 있다.

한편, 실내외 교육 활동도 다채롭다. 여름철 운동대회, 봄날 벚꽃구경하기, 농촌생활 체험하기와 사물놀이, 역사문화탐방, 2017년 봄에는 나가노에 한국어 캠프에도 다녀왔고, 2017년 차세대 동포 한국어 집중캠프에도 다녀왔다. 처음으로 인천공항에 도착한 학생들은 현수막과 간판에 적힌 한글을 떠듬떠듬 읽기도 하고 한국 선생님들의 한국말을 익히기 시작했다. 12일간 모국 방문을 다녀온 학생 7명 중 연말에 개최된 한국어 변론대회에 5명이 참가하여 은상 1명, 동상 2명, 우수상 1명이라는 훌륭한 성적을 거두었고, 2018년 12월 1일 한국어 변론대회에는 6명이 참가하여 금상 1명, 동상 3명, 장려상 2명에 입상했다.

그림 1-29 한복과 전통문화 체험 교실(2015), 무대 위에서 공연하는 모습

그림 1-30 샘물학교 학생들의 다예 체험과 새해인사(2016년 2월)

2016년에는 한국어 변론대회에 1명이 참가하여 우수상을 탔다. 2018년 4월에는 모국 방문을 다녀온 학생 2명이 한국어 능력시험에도 합격했다. 2018년 5월에 거행된 재일조선족 노래자랑 무대에서는 한복을 입고 「밀양 아리랑」 독창에 동료 꼬마들이 민족무용으로 무대를 빛내주었다. 2019년에도 한국 역사탐방, 한국어 캠프, 한글박물관, 경복궁 등 모국 방문도 계획하고 있다. 학부모들은 중국 캠프에도 관심을 가지고 있다.

한편, 샘물한글학교 학생은 외부에서 실시되는 행사에도 적극적으로 참가하고 있다. 〈표 1-23〉 '샘물한글학교 학생들의 외부행사 참가와 수상경력'을 보면 알 수 있듯이 지금까지 참가한 행사는 주로 한국어 스피치대회, 국제 홍백가요전 등이 있었는데, 그 성과도 우수해서 뛰어난 성적을 거둔 학생이 적지 않다.

표 1-23 샘물한글학교 학생들의 외부행사 참가, 수상 경력

2009년 12월	월드옥타 지바지회 송년회에서 샘물학교 어린이들 공연
2010년 11월	재일조선족여성회 설립 3주년 기념 코리안페스티벌 무대에서 샘물학교 어린이 외에 일본인 대상 성인 한글교실, 민족무용교실 여성회원, 어머니 합창단이 한민족의 춤과 노래 소개
2011년 4월	전정선 교장 KOTRA 표창장 수상
2012년 9월	전정선 교장 중국 길림성 연길시 제4기 경제특사 및 홍보대사 임명
2011~2012년	재일조선족여성회 송년회 장기자랑에서 샘물학교 어린이들이 무대를 빛냄

2014년 10월	동경올림픽센터에서 열린 국제홍백가요전에 출전한 샘물학교 어린이들(27명)이 4개 국어(한국어, 중국어, 일본어, 영어)로 합창. 최우수상, 장관상 수상
2014년 12월	동요동시 발표 무대 및 송년회 개최
2015년 8월	• 동경조선학교에서 열린 제1회 재일조선족운동대회에서 샘물학교 제1회 운동회 개최, 전통문화와 문예공연 공동 주최 • 중국 도문강 국제청소년시화전 5명 입상
2015년 10월	동경올림픽센터에서 열린 국제홍백가요전에서 한국노래 「참 좋은 말」을 4개 국어(한국어, 중국어, 일본어, 영어)로 합창(29명). 퍼포먼스상 수상
2015년 12월	재외교육기관(재외교육단체) 등록, 샘물한글학교 학예발표회 및 송년회
2016년 8월	중국 도문강 청소년 시화전 입상(4명)
2016년 10월	동경올림픽센터에서 열린 국제홍백가요전에서 「고향의 봄」과 「you raise me up」을 3개 국어(중국어, 일본어, 영어)로 합창(49명). 베스트 루킹상 수상
2016년 12월	동경지역 한국어변론대회 입상(1명), 재외한글학교 최우수상(단체상), 샘물학교 학예발표회 및 송년회
2017년 6~7월	국립국어원 주최, 경희대학교가 주관한 2017년 한국어 예비교원 국외실습 지원사업 지정학교
2017년 7월	재외동포 중 · 고생 및 대학생 모국연수 대학생(2명)
2017년 8월	제2회 재일조선족 운동대회 어린이 운동 항목, 샘물학교 어린이 무대 공연, 중국 도문강 국제청소년시화전 입상(4명)
2017년 10월	국제홍백가요전 노력상 수상
2017년 11월	제8회 국내 및 국외 한국어 교육자 체험수기 입상(1명)
2017년 12월	• 동경지역 한국어변론대회 입상(은상 1명, 동상 2명, 우수상 1명, 총 5명) • 제1회 재외동포 어린이 한국어 그림일기 대회 입상(2명) • 사단법인 세계한인무역협회 지바지회 표창 및 감사패 증정(1명)
2018년 2월	사단법인 세계한인무역협회 지바지회 감사패 증정(1명)
2018년 4월	한국어능력시험 합격자(2명)
2018년 7월	• 재외동포 중·고생 및 대학생 모국연수(중 · 고생 3명, 대학생 1명) • 국립국어원 주최 한국어 예비교원 국외 실습 지원사업 지정학교
2018년 8월	중국 도문강 국제청소년시화전 입상(2명), 감사장(1명)
2018년 10월	• 국립국어원 주최 한국어 예비교원 국외 실습 지원사업 지정학교 • 국립국어원 한국어 예비교원 국외실습 지원사업 대한 감사패(1명)
2018년 11월	재일조선족여성회 · 샘물한글학교 10주년 학예 발표대회 재일본한글학교협의회 운영자 연수회 발표 1명
2018년 12월	• 동경지역 한국어 변론대회 금상 1명, 동상 3명, 장려상 2명 • 제3회 재외동포사회의 파트너십 세미나에 여성회 대표로 샘물학교 학부모 참가(3명)

출처: 전정선, 『한글학교와 한국문화 교육』(2016a), 13쪽을 참고로 작성

샘물한글학교의 교육방침은 학생들로 하여금 조상의 뿌리인 한국인으로서의 민족적 아이덴티티 재생산을 중심으로 하되, 한국어에만 국한하지 않고 자신들이 갖고 있는 인적 · 지적 자원을 총동원해서 적극적으로 활용하고 있다는 점이다. 전 교장이 때로는 자신의 돈을 들여서라도 교재를 사오고 인적 네트워크 형성을 위해 쉴 새 없이 대내외적 활동을 수행하고 있는 배후에는 지금까지 재일조선족 자녀들이 자신들의 장점을 살리지 못하고 '미지의 신천지'인 일본에서 점점 자신의 아이덴티티를 잊어가며 자신감을 잃고 방황하는 후세들을 안타깝게 생각한 연유다.

이와 같은 점에서 한글학교의 수업은 어느 한 지역만을 강조하는 것이 아니라, 한국과 중국의 언어와 문화를 자연스럽게 받아들이고 내재화했던 선인들의 경험 실천과 같이 3개국의 국경을 초월해서 하이브리드 문화를 포섭하고 응용하고 향유할 수 있는 환경을 제공해주었다는 점에서 큰 의의를 갖는다. 여기에 교사들의 가르침을 순수하게 받아들이고 배워서 그 능력을 발휘해서 국제적으로 인정받은 것이다. 그 결과가 2014년부터 2017년까지 4년간 국제홍백가요전에서 개최된 행사에 4개 국어(한국어, 중국어, 일본어, 영어)로

그림 1-31 국제홍백가요전 시상식(2016년)

합창해서 상을 수상(2014년 최우수상과 장관상, 2015년 퍼포먼스상, 2016년 베스트 루킹상, 2017년 노력상)한 것이다.

4. 맺음말

본 연구는 일본 간토(關東)지역을 중심으로 실천되고 있는 샘물한글학교의 설립 배경과 운영과정, 그 의의에 대해 비판적으로 살펴보았다. 샘물학교와 학교의 모체가 되고 있는 조선족여성회는 교장인 전정선 선생에 의해 설립되었다고 해도 과언이 아닐 정도로 재일조선족을 위한 열정과 노력은 대단한 것이었다. 여기에는 물론 교장의 뜻을 이해하고 물심양면으로 협력하는 당사자들인 재일조선족과 이들과 뜻을 같이하는 한국인과 일본인의 노력이 있었기 때문에 가능한 것은 두말할 나위도 없다. 다음에는 지금까지 학교 운영을 성공적으로 이끌어올 수 있었던 요인에 대해 살펴보자.

첫째, 앞에서도 언급한 바와 같이 학교 운영을 위해 무엇이든지 도움이 되는 인맥과 자원을 동원해온 교장의 노력과 열정을 들 수 있다. 전 교장의 수고와 노력에 대해서는 앞에서 언급한 논의를 참조하기 바라며, 이 장에서는 전 교장의 꿈과 활동을 적극적으로 후원해온 인물에 초점을 맞춘다. 전 교장도 보고서에서 쓰고 있는 것처럼 본인이 일본에서 조선족을 위해 헌신적으로 활약할 수 있었던 배후에는 연구자이면서 조언자인 일본인 남편 가사이 노부유키(笠井信幸) 씨의 노고를 강조하지 않을 수 없다. 경제학 박사이면서 아시아경제문화연구소 이사인 가사이 씨는 한국과 동북아시아의 경제 전문가로, 서울대학교 경제연구소 객원교수와 일본 슈메이대학 교수를 역임했다. '친절하면서도 때로는 엄격한 조언자이기도 하다'는 가사이 씨는 조선족이 중심이 되어 조직한 '조선족연구학회'의 회장도 역임했는데, 처음에는 가사이 씨가 조선족이 아니라는 점에 대해 불만을 토로하는 사람들도 있었

지만 긴 시간 동안 묵묵히 노력하는 모습을 지켜보면서 현재는 모두 인정하고 감사하고 있다고 한다.[35)]

둘째, 학교의 프로그램이 체계적이고 다채로울 뿐만 아니라 다양한 행사가 있어서 학생들이 공부로서만이 아니라 배운 지식을 활용하고 향유하고 자랑할 수 있는 기회를 제공하고 있다는 점이다. 교실 외에서 펼쳐지는 학교 행사에는 학부모의 이해와 협력이 필요하다. 샘물학교의 경우에는 재일조선족여성회라는 모친 혹은 부친과 모임을 같이하기 때문에 학교는 곧 여성회의 행사가 되기도 한다. “여성회에 나오면 가족이나 친지, 형제자매와 같이 서로 돕고 정을 나눔으로써 더 빨리 일본사회에 적응할 수 있게 되었다”는 전 교장의 말과 같이, 자칫 번거로움을 느끼기 쉬운 학교 행사는 실은 부모들이 외국에서 동일 민족 출신자와 교류할 수 있는 기회가 되기도 함으로써 결과적으로는 일본생활에 도움이 되고 있다.

셋째, 한중・일 3개국에 걸친 국제이동과 복합문화의 특징을 살려서 학생들을 교육하고 응원함으로써 학생들로부터 자신감을 갖게 하는 교육방침이라는 것이다. 민족교육은 소극적이고 구속력이 약하기 때문에 정서에 호소해 자발적・열성적으로 참여하도록 해야 한다.[36)] 학생들의 자발적이고 적극적인 참여는 교내에서뿐만 아니라 대외적으로도 큰 상을 수상할 정도로 많은 성과를 올려왔다. 학생들은 이와 같은 경험을 통해 단순히 책상에서 교육을 받는 것을 넘어서 다중언어를 가질 수 있는 환경을 자랑스럽게 생각하게 되어 결과적으로는 어린이들의 에스닉 아이덴티티 확립으로 이어지고 있다.

재외한인들의 한민족 아이덴티티를 판단하는 척도는 민족의 전통문화나 한글의 인지 여부 등이다. 특히 언어는 그 민족의 의식 및 문화를 지켜나가는 가장 중요한 핵심이다.[37)] 어린이들이 언어를 배울 수 있는 환경을 조성

35) 전정선 인터뷰(2015년 12월).

36) 박갑수. 「재외동포 한국어 교육의 현황과 대책」. 『새국어생활』 18(3). 2008.

37) 지충남・양명호. 「소련지역 고려인 한글학교 설립과 운영―광주한글학교를 중심으로」. 『한국민족문

하는 것은 부모의 역할이다. 전정선 교장은 말한다. "어린이 교육은 부모들이 교사다. 부모의 성향에 따라 아이들의 교육도 결정된다. 우리 민족 교육을 중요시하는 부모들의 자녀들은 열심히 공부도 잘하고 활발하다. (중략) 처음에는 민족성에 대해 소극적이고, 나는 어느 민족인가, 어떤 사람인가를 고민하던 아이들이 지금은 당당하게 '엄마 아빠는 중국 국적, 할머니 할아버지 선조는 한국인, 본인은 일본에서 태어난 코리안'이라고 한다고 한다." 샘물한글학교는 한글교육도 중요하지만 민족의 뿌리 교육이 더 중요하다고 여긴다. 출생지가 어디든지 민족의 뿌리와 피는 속일 수 없는 것이다.

앞에서도 쓴 바와 같이 샘물학교는 2018년 2월에 10주년을 맞이하여 동년 11월 11일 재일조선족여성회 및 도쿄샘물학교 10주년 기념의식이 도쿄 닛포리에서 열렸다. 본 행사에는 재일조선족 각계 대표 인사들과 재외동포재단 주재관, 동경한국교육원, 월드옥타 본부에서 참석한 내빈, 샘물학교 학생, 학부모를 비롯한 재일조선족 등 200여 명이 참가했다. 기념의식은 참가자들에게 10년의 역사를 돌이켜보면서 조선족의 정체성 유지를 위해 헌신하는 교육자들과 민족문화의 계승을 물심양면으로 지원하는 조선족 기업인들, 문화인들이 조선족의 미래를 함께 고민하는 소통의 장소가 되었다.[38]

전 교장은 당일 행사의 축사를 통해 일본에서 설립된 샘물학교의 의의

그림 1-32 2018 도쿄샘물학교 · 조선족여성회 10주년 기념행사(2018. 11. 11.)

화』 58. 2016. 5쪽.

38) 『길림신문』 2018. 10. 14. 「재일조선족녀성들 우리말 지켜 10년」

를 다음과 같이 표현한다. "저희 재일조선족 2세들은 일본어가 필수어이고 한국어는 조부모님들과의 대화와 언어로서 계승어입니다. 그리고 중국어는 부모님의 출생국의 언어이기에 더더욱 익혀야 합니다. 장차 커서 일본어, 한국어, 중국어, 영어를 잘하여 글로벌사회에서 존경받는 슈퍼맨이 되고 싶다는 어린 꿈은 샘물한글학교에서 시작되지 않을까 싶습니다." 그리고 "항상 열정과 성실감으로 믿음과 협력이라는 원동력으로 더 노력하여 부족함을 채워가는 10년이었습니다. 앞으로 10년 후의 샘물학교의 번영을 기약하면서 항상 함께할 수 있기를 바랍니다"라고 축사를 끝맺으며 샘물학교가 10년, 20년 계속해서 번영해나갈 수 있기를 당부하고 있다.

본 연구의 과제를 더욱 발전시키기 위해서는 앞으로 학교장은 물론 학교에서 가르치고 있는 교사와 학생들, 학부모에 대한 인터뷰 조사, 조선족여성회 모임과 수업에 대한 참여관찰도 더 많이 축적되어야 할 것이다. 그리고 샘물학교의 사례연구를 심화시켜서 향후 많은 관련 자료와 문헌을 보충하고 수많은 타 지역 한글학교 연구와 비교 고찰함으로써 이론적 고찰로 이어져야 할 것이다. 아울러 전 교장이 보고서 형식으로 학교 설립과 운영에 대한 기록을 수록해왔는데, 이는 교사들의 실천기록과 경험도 보완해서 기록으로 보존되어야 할 것이다. 미국 퀸즈칼리지 재외한인사회연구소[39]가 간행한 『뉴욕-뉴저지 지역의 주말한국학교』와 『뉴욕의 한국어 선생님들』은 뉴욕-뉴저지의 주말 한국학교에서 한국어와 한국문화를 가르쳐온 교사들이 에세이 형태로 자신들이 수행해온 바를 기록한 것인데, 임영상 교수가 『경기신문』 칼럼에서 주장했듯이, "매 학기, 또 매년 마음 졸이며 학생들을 가르치는 일에 전념하는 교사들이 자신의 활동을 기록하는 일이 쉽지 않은 것은 사실"[40] 일 것이다. 도쿄샘물학교뿐만 아니라 다른 지역의 한글학교들도 후세를 위

39) 퀸즈칼리지 재외한인사회연구소의 간행물들은 이 책의 제2부 제2장에 자세히 소개되어 있다.

40) 『경기신문』 2016. 12. 16. 「해외 한인사회와 한국(한민족) 문화 교육」

해서라도 학교 운영은 물론 그와 같은 실천을 기록으로 남겨놓는 활동도 병행해서 이루어져야 할 것이다.

참고문헌

1) 저서

민병갑 · 임세정 편.『뉴욕의 한국어 선생님들』. 북코리아. 2016.

이광호 · 민병갑 외 편.『뉴욕-뉴저지 지역의 주말한국학교: 역사 및 현황』. 북코리아. 2015.

외교부.『재외동포현황 2015년』. 2015.

田嶋涼子(Tajima, Junko) 編.『韓國系ニューカマーズから見た日本社會の諸問題』. 社會安全研究財団. 2006.

柳蓮淑(Yu, Yon-Suk).『韓國人女性の國際移動とジェンダー―グローバル化時代を生き抜く戰略』. 明石書店. 2013.

2) 논문

권향숙.「조선족의 일본 이주에 관한 시론-외국인 수용을 둘러싼 국가와 기업」.『일본비평』8. 2013.

박갑수.「재외동포 한국어 교육의 현황과 대책」.『새국어생활』18(3). 2008.

박채형.「한글학교의 실태와 과제-미국 플로리다 지역을 중심으로」.『통합교육과정연구』8(2). 2014.

임영상 · 김현택 · 김게르만.「독립국가연합 지역 한국학 진흥 방안 연구」. 한국슬라브학회,『슬라보학보』. 16(2). 2001.

지충남 · 양명호.「소련지역 고려인 한글학교 설립과 운영-광주한글학교를 중심으로」.『한국민족문화』58. 2016. 3-44쪽.

가사이 노부유키(笠井信幸).「재일조선족의 이주와 조선족 네트워크의 상대화」. 이주동포정책연구소.『미드리』. 2011.(제7호)

權香淑(Kwon, Hangsuk).「中國朝鮮族研究會編「東北アジアの中の朝鮮族―移動、呼称、同一化の動態」.『朝鮮族のグローバルな移動と國際ネットワーク』. アジア経濟文化研究所. 2006.

權香淑(Kwon, Hangsuk).「日本における朝鮮族コミュニティの変遷と定住化: 2015年調査を中心に」.『朝鮮族研究學會誌』6. 2016.

新村 出 編.『廣辭苑』(第六版) 岩波書店. 2008.

3) 기타

『경기신문』2016. 12. 16.「해외 한인사회와 한국(한민족) 문화 교육」(임영상)

『길림신문』2010. 12. 14.「재일조선족 10만명 시대… 엘리트가 주류」

『길림신문』2016. 7. 26.「재일조선족들의 밝은 미래가 보인다-재일조선족연구학회 회장 정형규 교수와의 인터뷰」

『길림신문』2018. 11. 14.「재일조선족녀성들 우리말을 지켜 10년」

『동북아신문』2010. 9. 5.「일본에서 볼 때 재일 조선족은 선배 민족들에게서 무엇을 배울 것인가」〔가사이 노부유키(笠井信幸)〕

『동포세계』2012. 11. 25.「재일조선족여성들의 최대고민 아이들 언어교육」

『연합뉴스』2015. 2. 2.「10만 명에 이르는 재일조선족사회의 가장 큰 고민은 자녀 교육입니다」

『연합뉴스』2016. 2. 28.「재일 조선족이 가꾼 '샘물한글학교'를 아시나요」

『중국동포타운신문』 제171호(2010)
전정선a. 2016. 「한글학교와 한국문화교육－일본인 한국어교실과 샘물한글학교의 사례」(보고서).
전정선b. 2016. 12. 26~27. 「지바의 한글학교와 한국문화 교육」. 한국외대 대학원 글로벌문화콘텐츠학과 BK21+사업단/일본조선족연구학회 공동 국제학술대회 자료집 『에스닉. 에스닉타운 연구와 한민족 문화교육』

샘물어린이학교 http://homepy.korean.net/~izumischool/www/
재일조선족여성회 http://www.jckwomen.com/Home
아라카와 구립 평생학습센터 http://www1.tcn-catv.ne.jp/sgc/index.html

저자 소개

전정선

연변대학 조선어학부 통신대학 졸업. 재일조선족여성회와 샘물한글학교를 설립하여 여성회 회장 겸 샘물한글학교 교장으로 10여 년간 봉사활동을 하여 세계한인무역협회에서 코트라 표창상을 수여했다. 중국 길림성 연길시 경제특사 및 홍보대사로 임명되었다. 제8회 국내 및 해외 한국어 교육자 체험수기 공모전에서 입선상, 동경지역 최우수 한글학교, 국제홍백가요전에 4년간 연속하여 최우수상, 장관상, 루킹상 등을 수상했으며, 국립국어원 간행『새국어생활』(제28권 제2호, 2018)에 [특집]으로 「샘물한글학교, 우리 교육은 다음 세대를 이어줍니다」라는 글에서 동경샘물한글학교의 한국어와 한국문화교육을 소개했다.

이메일: okta.chiba83@gmail.com

유연숙

일본 오챠노미즈여자대학 인간문화연구과에서 에스니시티&젠더론 전공, 한국여성의 국제이동과 젠더 연구로 박사학위를 취득했다. 일본 오사카경제법과대학 아시아태평양연구센터 객원연구원. 외국어로서의 한국어교육을 복수 전공하면서 대학에서 겸임강사로 활동하고 있다. 주요 연구물은『다문화사회, 이주와 트랜스내셔널리즘』(보고사, 2012),『코리아타운과 한국문화』(북코리아, 2013),『韓国人女性の国際移動とジェンダー』(明石書店, 2013),『코리아타운과 축제』(북코리아, 2015) 등이 있다.「도쿄 코리아타운과 한류 연구」로 재외한인학회 우수논문상 수상(2011).

이메일: yuyonsuk@gmail.com

6

심양 서탑의 코리아타운과 한중교류문화원

안상경(한중문화콘텐츠연구소 소장)

1. 심양 서탑의 코리아타운: 지푸라기 일꾼부터 한국 기업인까지

그림 1-33 중국 요녕성 심양시 서탑

중국 요녕성 심양시에는 '서탑(西塔)'으로 불리는 전 세계에서 두 번째로 규모가 큰 코리아타운이 형성되어 있다.[1] 서탑은 누루하치의 후금을 계승하여 청을 건국한 황태극(皇太極, Hong Taiji, 1592~1643)이 축조한 탑이다. 예부터 심양을 '봉황이 깃든 땅'이라 여겨 도성에서 봉황이 떠나지 못하도록 동서남북 네 귀퉁이에 탑을 세웠

1) 심양 서탑 코리아타운에 대한 연구는 한국외국어대학교 문화콘텐츠 전공에서 수행해온 다음 연구를 참조할 수 있다. ① 신춘호. 「심양 코리아타운 '서탑'과 한국문화」. 임영상 외. 『코리아타운과 한국문화』. 북코리아. 2012. 231-272쪽; ② 신춘호・조민홍. 「심양 코리아타운과 한민족문화축제」. 임영상・주동완 외. 『코리아티운과 축제』. 북코리아. 2015. 221-258쪽; ③ 임영상. 「심양 서탑 코리아타운의 변화와 민족문화축제」. 임영상. 『동북의 조선족사회와 조선족문화관』. 신서원. 2015. 55-94쪽; ④ 송해련. 「서탑 코리아타운과 심양한국주 축제의 지식맵 연구」. 한국외국어대학교 대학원 박사학위논문. 2017.

는데, 서쪽에 세운 탑이 바로 서탑이다.[2] 탑의 건축 양식은 라마불교의 것을 모방하고 있다. 즉 청나라 초기에 세운 탑이 그 자체로 지명이 되었고, 그 지명은 후에 심양 코리아타운의 대명사가 되었다고 할 수 있다.

서탑에서 사방 10㎞ 이내에는 병자호란의 여파로 1637년부터 1645년까지 소현세자와 봉림대군이 거처한 심양관(瀋陽館)의 구지가 있으며,[3] 50~60만 명의 조선인이 속환무역으로 매매되던 남탑이 있다.[4] 그리고 1882년부터 1887년까지 스코틀랜드 선교사 존 로스(John Ross, 1842~1915)가 서상륜, 백홍준과 함께 한글 성경을 번역 · 출간한 동관교회가 있다.[5] 동관교회 내에는 '번역조선문성경구지(飜譯朝鮮文聖經舊址, 조선글 성경 번역 유적지)'라는 전시관이 있다. 당시에 한글 성경이 어떻게 번역 · 출간되었는지 생생히 엿볼 수 있다.

1909년에는 청과 일본이 간도협약을 체결하고, 그 대가로 일본은 만주의 철도부설권과 무순, 연대의 탄광채굴권을 획득하는가 하면, 청은 간도 영

그림 1-34 심양관 비정(현 심양시 소년아동도서관)

그림 1-35 동관교회(최초 한글 성서 번역지)

그림 1-36 남탑(조선인 속환 매매 장소)

2) 서탑은 건립 이후 수백 년 동안 보수되지 않은 채 심하게 훼손되어 1968년에 허물었다가 1998년에 복원했다. 이때 탑신 안에서 오곡과 송백가지, 금괴, 은괴, 호박, 마노, 여러 종의 경권과 탑 형식의 작은 은합 등 진귀한 유물이 출토되기도 했다.

3) 관련 기록, 예컨대 1685년 『흠정성경통지』의 "조선관은 덕성문 내 동쪽 거리에 있고, 모두 15칸이다.", 1872년 『배도기략』의 "덕성문 내 큰 거리에 고려관이 있다.", 1917년 『최신봉천시가전도』의 "고려관 골목(高麗館 胡同)"이라는 근거를 통해 심양관을 덕성문 내 조양가 동쪽의 심양시 소년아동도서관 일대로 비정할 수 있다.

4) 박주, 「조선후기 소현세자빈 강씨의 리더십에 대한 재조명」, 『한국사상과 문화』 제62집, 한국사상문화학회, 2012, 210-211쪽.

5) 백성우, 「교육으로 만나는 목회: 기독교 교육, 세계를 걷다: 빼기인생, 낮아짐의 삶 존 로스(John Ross) 선교사」, 『교육교회』 제372집, 장로회신학대학 기독교교육연구원, 2008, 64-69쪽.

그림 1-37 심양역(1911)

그림 1-38 서탑 개고기 골목

그림 1-39 서탑 백제원 호텔

유권을 보장받는다. 이에 일본은 1911년에 압록강철교를 부설하고, 안동(현 단동시)과 봉천(현 심양시)을 잇는 안봉선을 개통한다.[6] 그런데 안봉선이 개통되자 심양역과 서탑 인근에 조선인이 몰려든다. 석탄의 유통이 제일의 목적이기는 했지만, 이외에도 다양한 물자가 안봉선을 통해 거래되었는데, 그 물자를 안전하게 실어 나르기 위해 일종의 '뽁뽁이' 대용으로 지푸라기가 필요했던 것이다. 그래서 지푸라기를 다룰 줄 아는 조선인이 일용직으로 대거 고용되었다.

그리고 1920년대에 8명의 독립투사 미망인들이 서탑에 국밥집(개장국집)을 열었는데, 그 맛이 한족의 것과 달라 문전성시를 이루었다. 이를 계기로 조선족 음식점이 서탑에 잇달아 개점했으며, 이곳을 중심으로 조선인이 몰려 향수를 달랬다. 1945년 광복을 맞아 조선인이 귀향하면서 잠시 침체되기도 했지만, 1948년에 심양이 군벌로부터 해방되면서 다시 조선인이 모여들기 시작했다.[7] 이로부터 요녕성의 대표적인 조선족 집거지가 서탑에 형성되었다.

이러한 역사, 문화적 토대 위에서 1992년에 중국과 국교가 정상화되자, 한국의 기업들이 북경이나 상해보다 오히려 심양으로 이주를 선호했다. 심양 서탑을 중심으로 이미 조선족이 집거하고 있었을 뿐만 아니라, 심양시 정

---

6) 최영만. 「간도문제의 기원과 해결방안」. 『인문사회과학연구』 제12집. 부경대학교 인문사회과학연구소. 2011. 256-257쪽.

7) 이정희. 「중국 요령성 심양지역의 조선족에 관한 고찰」. 『교민논총』 제2집. 경북대학교 한국교민연구소. 1998. 95-96쪽.

부 차원에서도 한국기업을 유치하려고 적극 노력했기 때문이다. 특히 1994년에 백제원(百濟院)이라는 한국식 식당, KTV, 사우나, 호텔을 겸한 복합 공간이 만들어지면서 서탑이 한국 기업인들의 교유의 장으로 급부상했다. 더불어 이해에 대한항공의 심양 노선이 취항하면서 서탑은 명실공히 중국 최고의 코리아타운으로 성장·발전하게 되었다.[8)]

2. 한중교류문화원의 개원: 노블리스 오블리주의 철학과 마중물 정신

한중교류문화원은 2014년 7월에 순수 민간 차원의 문화단체로 출범했다. '문화'를 겨냥한 중국 정부의 정치적인 시각 때문에 민간 차원의 문화단체라고는 하지만 어떤 활동을 전개하는 데 늘 제약이 따랐다. 이에 2015년 7월 한중교류문화원이 오히려 중국 국무원 산하 동북아개발연구원의 '중한교류 중심(中韓交流中心)'에 편재되어 활동에 박차를 가했다. 중국에서 중국인과 더불어 한국문화를 공유하기 위한 적극적인 대처였다고 할 수 있다.

그림 1-40 한중교류문화원(황고구 한국신성)

그림 1-41 '中韓交流中心' 현판 증정(국무원 동북아개발연구원)

그림 1-42 상익국제문화클럽 (골동품 경매, 전시)

한중교류문화원의 설립자는 상익그룹의 안청락 회장이다.[9)] 그는 국악

8) 재중국선양한국인(상)회. 『심양교민 20년: 심양한인사회 20년의 발자취』. 2013. 102-103쪽.

9) 상익그룹은 중국 요녕성 심양시에 본사를 두고 있다. 2001년 ㈜청와인터내셔널 창립을 시작으로,

의 고장 충북 영동군에서 태어나 유년 시절을 보냈다. 어려서부터 자연스레 국악을 접하게 되었고, 국립국악고등학교로 진학한 이래 대학에서도 국악을 전공으로 삼았다. 이후 문화인으로서 정통의 길을 걷지는 않았지만, 한국문화의 우수성을 체득한 터라 해외에서 한국문화를 보급·전파하는 활동에 전념하고 있다. 그 대표적인 사례가 한중교류문화원과 상익국제문화클럽[10]의 설립 및 운영이다.

> "재물은 분뇨와 같아서 한곳에 모아 두면 악취가 나지만, 골고루 사방에 흩뿌리면 거름이 되는 법이다"라는 말에 저는 전적으로 공감합니다. 그래서 지금까지 상익(相益)을 표방해왔습니다. 더불어 이로움을 추구하고, 더불어 행복한 사회를 만드는 Win-Win 비즈니스 전략을 실현하고자 했던 것입니다."
>
> 「회장 인사말」, 『상익그룹』(기업 홍보책자), 2018.

안청락 회장은 중국에 진출하여 회사를 꾸린 지 20여 년 동안 변치 않은 신념이 하나 있다고 한다. 경영자는 "경제적인 이윤을 창출하는 것보다 우선 사회적·윤리적으로 신뢰받을 수 있는 사람이 되어야 한다"는 것이다. 그래서 '상익(相益)', 즉 이익을 서로 나눈다는 그룹의 명칭답게 이윤의 사회 환원 차원에서 한국과 중국의 문화 교류 사업에 앞장서고 있다. 그래서 이를 두고 사회 지도층의 책임이나 의무로서 노블리스 오블리주의 실천이라고 말할 수 있을 듯하다.

2007년 강소성 곤산에 상익플라스틱유한공사를 설립함으로써 중국으로 사업 영역을 확장했다. 현재는 화장품사업(뷰인스, 메이커위생용품유한공사 등), 유통사업(청와인터내셔널, 상익코리아 등), 문화사업(한중교류문화원, 상익국제문화클럽 등), 친환경생명사업(상익농업과기유한공사, 상익식품지분유한공사 등) 등 4개 부문에 걸쳐 20여 개의 계열사를 운영하고 있다. 각 계열사는 한국 및 중국 상해, 심양, 요양, 무순, 영구, 호로도 등을 거점으로 경제적인 입지를 굳혀나가고 있다.

10) 상익국제문화클럽은 심양시 골동품지구의 랜드마크라고 할 수 있는 성보빌딩에 위치하고 있다. 2016년 12월부터 요녕성골동예술품상회, 요녕성북방미디어그룹, 요녕성중소기업발전촉진회 등과 협약을 맺고 중국 고대의 골동품을 전시하고 있다. 아울러 골동품 감정과 경매가 이루지기도 하는데, 이때의 수익은 전액을 문화행사에 환원하고 있다. 상익국제문화클럽은 설립 당시부터 복합문화공간을 지향했던 바, 시간을 초월한 듯한 실내 공간과 그 속에서 이루어지는 최고의 서비스는 상익국제문화클럽을 찾는 이들에게 잊지 못할 기억을 선사한다.

그러나 안청락 회장은 그것을 노블리스 오블리주라고 여기지 않는다. “가장으로서 가족을 위하고, 국민으로서 국가를 위하는 것을 어찌 노블리스 오블리주라고 할 수 있는가?”라고 의문을 품는다. 그러면서 “나누면 나눌수록 행복을 느낄 수 있다”고 말하며 그 나눔의 행복을 주변 사람들에게 전파하려고 노력한다. 이를 통해 볼 때, 안청락 회장의 나눔 실천은 노블리스 오블리주보다 동양사상으로서 충서(忠恕)에 더욱 부합한다. 충서란 수양에 힘써 스스로 인격을 쌓고, 이후 다른 사람에게까지 영향을 미친다는 뜻이다.[11] 즉 유가의 최고 가치인 인(仁)을 실현하는 자세를 말하는데, 안청락 회장의 평소 생각이나 행동을 가장 적확하게 포괄할 수 있는 개념이라고 할 수 있다.

> 개원 3주년을 맞는 이 자리에서 저희들이 갖고 있는 세 가지 마음, 즉 ‘초심(初心)’, ‘신심(信心)’, ‘성심(誠心)’을 말씀드리고자 합니다.
>
> 첫째, ‘초심’입니다. 한중교류문화원을 개원할 당시, 저희들은 ‘마중물 정신’을 표방했습니다. 마중물은 땅속 깊은 물을 끌어올리기 위해 펌프에 붓는 한 바가지 물입니다. 그런데 이 한 바가지 물은 보잘것없는 양입니다. 하지만 땅속 깊은 곳의 생명수를 세상과 소통하게 하는 힘이 있습니다. 이처럼 한중교류문화원의 활동들이 지금 당장에는 보잘것없을지라도 훗날 한국과 중국의 문화가 서로 소통하며 하나가 되는 큰 힘을 발휘할 것이라는 애초의 이 마음을 잊지 않겠습니다.
>
> — 안청락, 「한중교류문화원 4주년 기념행사 환영사」, 2018.

그리고 한중교류문화원은 ‘마중물 정신’을 설립과 운영이념으로 표방하고 있다. 위의 환영사에서 확인할 수 있듯이, 마중물은 한 바가지의 보잘것없는 양이다. 그러나 땅속의 샘물을 세상으로 끌어올리는 힘을 갖고 있다. 일종의 소통 매개로서 역할을 하는 것인데, 이 마중물처럼 한중교류문화원도 한국과 중국, 한국인과 중국인을 문화로 소통케 하여 하나로 어우러지게

---

11) 정수현 외. 「동서양 이상적 인간상의 가치규범: 충서(忠恕)와 Noblesse oblige 비교 연구」. 『한국사상과 문화』 제68집. 한국사상문화학회. 2013. 325쪽.

하고, 그래서 새 문화를 창조하는 데 밑거름이 되고자 한다. 문화는 유기체라는 인식에서, 그것에 약간의 숨통을 트여주면 스스로 살아 생동할 것이라는 원초적인 믿음이다.

나아가 한중교류문화원은 마중물 정신과 함께 '3무1존(三無一存)'이라는 실천이념을 갖고 있다. 여기서 '3무(三無)'란 첫째는 정치 논의이며, 둘째는 사람 차별이며, 셋째는 이익 추구다. 즉 한중교류문화원 내에서는 일체의 정치적인 언급을 삼가고, 한국인이든 중국인이든 심지어 북한인이든 차별을 두지 않으며, 문화 인프라를 활용하여 경제적인 이익을 추구하지 않는다는 것이다. 다만 '1존(一存)', 즉 문화 나눔이라는 한 가지만을 실천한다는 것이다. 이는 지난 4년간 한중교류문화원을 운영하는 원칙이었으며, 그 원칙을 철저히 고수했기에 중국 내에서 문화 활동을 전개함에 어떤 제재도 없었다고 할 수 있다.

오늘날 노블리스 오블리주에 대한 사회적 요구가 확대되고 있다. 그런데 그러한 요구가 확대되고 있다는 것은 노블리스 오블리주가 제대로 이루어지고 있지 않다는 반증이기도 하다. 그만큼 내가 가진 것을 기꺼이 나눈다는 것이 얼마나 어려운 일인지 짐작할 수 있다. 그런데 한중교류문화원은 누가 시킨 것이 아닌데도 문화를 매개로 하여 한국과 중국, 한국인과 중국인을 하나로 연결시키고 있다. 민간에서 주도하는 문화 활동이 국경을 넘고, 민족을 넘고, 이념을 넘어 국가가 주도하는 문화 활동보다 오히려 얼마나 큰 힘을 발휘할 수 있는지를 실질적으로 보여주고 있다고 하겠다.

3. 한중교류문화원의 성장: 한국사람, 중국사람, 심지어 북한사람마저

한중교류문화원은 2014년 7월 19일 개원한 이래, "한국과 중국, 한국인과 중국인의 문화 교류를 통한 우호 증진"을 목표로 다양한 행사를 펼쳐왔다. 그간 활동 내역을 대별하면 '자체추진행사'와 '대외협력행사'로 나눌 수 있다. 자체추진행사는 공연, 교육, 체육, 전시, 보훈, 기타 등으로 분류할 수 있고, 대외협력행사는 '국가기관 협력행사'와 '민간기관 협력행사'로 분류할 수 있다. 지난 4년간 한중교류문화원의 행사를 정리하면 다음과 같다. 한중교류문화원이 그간 어떤 활동을 펼쳐왔는지, 그리고 어떻게 발전했는지 짐작할 수 있을 것이다.[12]

1) 자체추진행사

(1) 공연

공연은 국악이나 사물놀이를 중심으로 한 전통공연과 대중음악을 중심으로 한 현대공연으로 이루어졌다. 전통공연은 한국에서 전문인을 초청하여 실연을 펼치는가 하면, 유아부터 노년에 이르기까지 희망자에 한해 전통음악을 강습 받는 형태로 이루어졌다. 현대공연은 한중교류문화원의 산하단체 중 하나인 '심양노찻사(2018년에 광익문화예술단으로 귀속)'를 중심으로 개개 회원들이 동아리 활동을 하고, 정기 공연을 만들어 경연하는 축제 형태로 이루어졌다.

근간에는 러시아 우수리스크 고려인문화센터[13]와 업무 협약을 맺고,

---

12) 한중교류문화원. 『그간 4년, 우리들의 행복했던 시간』. 한중교류문화원 4주년 기념 특별부록. 2018.

13) 우수리스크 고려인문화센터의 공식 명칭은 '러시아 한인 이주 140주년 기념관'이다. 우수리스크를 포함한 연해주 고려인이 한민족의 전통문화를 계승할 수 있도록 고려인 이주 140주년을 기념하여 2009년에 건립했다. 우수리스크 고려인은 이곳의 고려인역사관을 통해 자신들의 정체성을 확인하는 한편, 한민족의 언어와 전통문화를 전수하기도 한다. 또한 설, 한식, 단오, 동지를 기해서는 합동으로 차례를 올리며 절식(節食)을 즐기기도 한다. 가무는 물론 씨름, 널뛰기, 들돌놀이 등도 곁들인 일종의 민족축제로서 장을 펼치는 셈이다.

그림 1-43 청소년 국악 공연
(가야금 교실 발표회)

그림 1-44 청소년 국악 강습
(한국 나누리 전통예술단)

그림 1-45 고려인문화센터 아리랑 공연(업무협약: 2018. 07. 10)

2019년 1월부터 한국의 전문 국악인을 파견하여 연해주 고려인 사회에 국악을 보급 · 전수하기로 했다. 연해주 고려인 사회에서는 고려인문화센터 산하 단체로서 노인회에서 분파한 조선노래가무단(노년 중심)과 고려가무단(장년 중심)을 중심으로 1990년대부터 2000년대까지 북한 예술인에 의해 한민족 전통문화의 전수가 이루어졌다. 이때 남성 회원들은 창가를, 여성 회원들은 부채춤, 꽃춤, 북춤을 전수받았다. 그러나 현재는 여러 가지 여건상 전수가 이루어지고 있지 않다.[14)]

표 1-24 한중교류문화원 공연 부문 행사 일람

연번	행사 기간	행사 명칭
01	2014. 11. 8	압록강청소년예술단 발족 및 청년문화 YCC 출범
02	2014. 12.1	제1기 실버건강문화대학 노래자랑
03	2015. 1. 9	경인여자대학교 초청 문화공연
04	2015. 3. 20	김광석 가요제
05	2015. 3. 20	심양노찾사 발족식
06	2015. 5. 30	한중연합 자선음악회 등려군 가요제
07	2015. 12. 30	연길 청춘콘서트
08	2016. 1. 1	새해맞이 훈춘 용호각 문화공연
09	2016. 3. 5	제2기 노찾사 복면가요제
10	2016. 3. 13~17	한국 나누리전통예술단 사물놀이 강습 1
11	2016. 5. 8	부모사모 가요제
12	2016. 7. 10~23	한국 나누리전통예술단 국악 강습 1
13	2016. 9. 10~18	한국 나누리전통예술단 국악 강습 2
14	2016. 10. 9	압록강실버예술단 창단 및 노인절 축하공연
15	2016. 12. 19~1. 5	한국 나누리전통예술단 사물놀이 강습 1
16	2016. 12. 25	제1회 동북문화예술대상 시상식
17	2017. 1. 15	신년 희망 음악회
18	2017. 2. 22~26	한국 나누리전통예술단 무용 강습
19	2017. 2. 26	새봄맞이 한중 연합 시낭송 음악회
20	2017. 3. 15~22	한국 나누리전통예술단 국악교실
21	2017. 6. 30	한중 수교 25주년 기념 성남시생활무용협회 공연
22	2017. 8. 18	청소년을 위한 한국음악 교실
23	2017. 12. 27	건강행복노래교실 새해맞이 가무 대잔치
24	2018. 2. 5	광익문화예술단 창단 및 축하공연

한중교류문화원은 이러한 사실을 확인하고, 고려인 청소년들에게 기존에 전수받지 못한 새로운 장르를 중심으로 국악 교육을 지원하기로 한 것이

14) 안상경 외. 「러시아 연해주 고려인 공동체의 한민족 민속문화 전승 연구」. 『민족연구』 제56집. 한국민족연구원. 2013. 99-100쪽.

다. 지금까지 중국 동북3성의 조선족 사회와 교류했던 문화의 전수 폭을 이제는 연해주의 고려인 사회로까지 넓히겠다는 의지로 볼 수 있다. 한민족이 머무는 곳이라면 그 어디라도 한민족의 전통문화를 전파하고, 그것을 통해 하나 되는 한민족을 만들겠다는 웅지가 뜻깊다고 할 수 있다.

(2) 교육

교육은 '어린이, 청소년, 장년, 노년 등 전 세대를 포괄한다'는 목표하에 각 세대별로 맞춤식 교육 프로그램을 개발하여 이루어졌다. 어린이는 '슬로 리딩(Slow Reading)'이라는 교육 방법을 통해 조선어를 더욱 친숙하게 읽고 쓸 수 있도록 지도했으며, 청소년은 영상을 결합한 인문학 강좌를 통해 문학, 역사, 철학의 기본 소양이 배양될 수 있도록 지도했다. 장년은 심양시조선족여성연합회 회원을 중심으로, 주로 '여성들의 삶이 어떻게 전개되어왔는가?'를 통해 본인의 삶을 성찰할 수 있도록 했다. 그리고 노년은 배움에 대한 열망이 가장 높은 연령층으로, 대부분 대학교육을 받지 못했기 때문에 일종의 평생교육 차원에서 관련 커리큘럼을 도입하여 교육했다. 특히 노년층을 위한 실버건강문화대학은 그 수요가 폭발적으로 증가하여 연 2회(춘계, 추계) 운영하고 있으며, 연간 졸업생 수는 500여 명에 달하고 있다.

그림 1-46 만화창의탐구단 활동-슬로 리딩(Slow reading)

그림 1-47 실버건강문화대학 졸업식 "머리는 은빛, 인생은 금빛"

그림 1-48 키다리아저씨 희망동산-심양 심북신구조선족학교

한편 한중교류문화원은 '키다리아저씨'(현재 '심양꿈나무장학회'로 확대 발전)라는 후원단체를 발족하고 "심신몽(沈新夢) 0123"을 슬로건으로,[15] 심북신구조선족학교(심양시 심북신구 홍룡대진 홍선촌) 발전 프로젝트를 추진했다. 심북신구조선족학교는 2002년 9월 1일 개교 당시 학생수가 610명이었지만, 매년 학생수가 20% 이상 감소하여 2015년에는 학생수가 50명 이하로 떨어져 한족학교와 통폐합 논의가 이루어졌다. 이에 한중교류문화원은 '키다리아저씨'를 통해 기숙사 운영과 식당 건립을 지원했고, 학생 모두가 한 가지 이상의 민족예능 기예를 보유할 수 있도록 교장, 교사들과 함께 방과 후 교육 프로그램을 새로이 구상했다. 그 결과 현재는 중국 정부가 인정하는 심양의 민족특색 학교로 발전하여 폐교 위기를 완전히 극복했다. 일개 학교에 대한 지원이라고 할 수 있겠지만, 의미를 확대하자면 동북3성 조선족학교의 지속적인 발전 가능성을 타진할 수 있었던 지원이라고도 할 수 있다.

15) '심신몽(沈新夢) 0123'의 상징적 의미는 다음과 같다.
0: 기숙사 생활 및 방과 후 교육을 무상으로 지원한다.
1: 학생 모두가 한 가지 이상의 예능·체능 실력을 보유한다.
2: 학생 한 명당 담당교사를 두 명 배치하여 면대면으로 교육한다.
3: 학생 모두가 중국어, 한국어, 영어 세 가지 언어를 자유자재로 구사한다.

표 1-25 한중교류문화원 교육 부문 행사 일람

연번	행사 기간	행사 명칭
01	2014. 11. 3~2. 9	제1기 실버건강문화대학
02	2015. 4. 20~7. 9	제2기 실버건강문화대학
03	2015. 7. 18	만화도서관 개관
04	2015. 10. 17~1. 2	제1기 만화창의탐구단
05	2015. 10. 28~1. 6	제1기 노래문화교실(시서가무단)
06	2015. 11. 14~15	YCC 청춘포럼
07	2015. 12. 31	연변 보고문학상 시상식
08	2016. 3. 2~현재	심북신구조선족학교 발전 지원
09	2016. 3. 23~6. 9	제3기 실버건강문화대학
10	2017. 1. 10	심북신구조선족학교 예체능 특성화 교육 축제
11	2017. 3. 1~5. 17	제4기 실버건강문화대학
12	2017. 7. 18~9. 30	제1기 건강행복노래교실
13	2017. 10. 21~1. 6	제2기 만화창의탐구단
14	2017. 11. 9~1. 24	제2기 건강행복노래교실
15	2018. 1. 18~2. 13	제2기 겨울방학 청소년 가야금교실
16	2018. 3. 31~6. 30	영상 인문여행, 청소년 스크린 인문학
17	2018. 4. 4~6. 27	제5기 실버건강문화대학
18	2018. 6. 22~현재	화신소학교 슬로 리딩(Slow Reading) 교육 지원

(3) 체육

체육행사는 '부대끼며 하나 되다!'라는 목표하에 한중 친선 배구대회와 탁구대회를 중심으로 이루어졌다. 각 지역에서 활동하고 있는 배구동호회 및 탁구동호회를 규합하여 그 실력을 겨루는 것으로써 친목을 다졌으며, 다양한 부대행사를 곁들여 더 많은 사람들의 참여를 유도했다.

그리고 특별 문화행사가 벌어질 때마다 한국에서 전문 시범단을 초청하여 태권도의 진수를 선보였는데, 2018년부터 공간과 인력을 확보하여 한중교류문화원에서 자체적으로 태권도 시범단을 운영함으로써 중국 내 한국 태권도의 보급에 더욱 박차를 가할 수 있게 되었다.

그림 1-49 한중 친선 배구대회(2017. 2. 17)

그림 1-50 한중 친선 탁구대회(2016. 4. 23)

그림 1-51 태권도 시범단 도장(한중교류문화원 3층)

기존 탁구단 운영과 함께 태권도 시범단이 짝을 이루게 됨으로써 명실공히 심양 내 문화 · 체육의 본거지로서 위상이 더욱 높아졌다고 할 수 있다.

표 1-26 한중교류문화원 체육 부문 행사 일람

연번	행사 기간	행사 명칭
01	2014. 10. 30	제1회 요녕성 한중 친선 배구대회
02	2015. 7. 24~26	제1회 한중 친선 탁구대회
03	2015. 10. 24	제2회 요녕성 한중 친선 배구대회
04	2016. 4. 23	제2회 한중 친선 탁구대회
05	2016. 10. 29	제3회 요녕성 한중 친선 배구대회
06	2017. 2. 17~19	광저우 친선 배구대회
07	2018. 7. 29	제1회 한국 태권도 시범단 정기대회

(4) 전시

그림 1-52 중한항일역사자료전시관
(항일투사들의 독백)

그림 1-53 독도특별전시관
(대한민국독도협회 공조)

그림 1-54 서화예술관(요녕명인365서화원 공조)

전시는 중한항일역사자료전시관(2016년 6월 개관)을 중심으로, 한국과 중국의 공통된 화두로서 '항일'을 전시 주제로 설정하고, 동북3성에서 전개한 한중 항일무장투쟁의 역사적 의미를 되새기는 전시 활동으로 이루어졌다. 또한 중국과 일본의 센카구열도 분쟁과 유사한 한국과 일본의 독도 분쟁을 중국인에게 널리 알리려는 목적으로 독도 특별 전시전이 이루어지기도 했다.

나아가 중국의 서화(書畵) 작품을 상설 전시하고자 요녕명인365서화원과 공동으로 2018년 2월에 '한중교류문화원 서화예술관'을 개관하기도 했다. 전시, 경매뿐만 아니라 국학교육까지 이루어지는 다문화교육 공간으로서 한

표 1-27 한중교류문화원 전시 부문 행사 일람

연번	행사 기간	행사 명칭
1	2015. 8. 10~12	안중근 의사 사진전(광복 70주년 한국 순회)
2	2016. 5. 6	중한항일역사자료전시관 개관
3	2017. 8. 15	독도자료홍보관 개관
4	2018. 2. 9	한중교류문화원 서화예술관 개관

중교류문화원이 한족사회에 한 걸음 더 다가갈 수 있는 계기를 마련했다고 할 수 있다.

(5) 보훈

그림 1-55 동북3성 항일유적지 개·보수(노학당 유적지)

그림 1-56 동북3성 항일유적지 답사(양세봉 장군 기념비)

그림 1-57 한중 항일 영화제(항일영상역사재단 공조)

한중교류문화원은 기존의 전시 활동이 전시물을 통한 보여주기식 전시에 머물고 있다는 한계를 직시하고, 2018년부터 국가보훈처와 공동으로 동북의 항일 유적지를 개·보수하는가 하면, 한중 청소년들과 함께 항일의 발자취를 좇는 현장답사를 수차례 추진했다. 중국에서 훈장을 전수받지 못한 항일유공자의 후손을 찾는 사업을 각 지역의 공관과 협조하여 추진하기도 했으며, (재)항일영상역사재단과 함께 한중 항일영화제를 개최하기도 했다. 그리고 일련의 사업 연장에서 『조선족 항일투사의 후손들 I편』을 발간하기도 했다.[16] 이러한 일련의 사업들은 항일이라는 목표 앞에서는 국가도, 민족도, 이념도, 좌우도, 노소도, 남녀도 따지지 않았던 위대한 선열들의 희생이 얼마나 숭고한지 그 가치를 일깨우는 데 목표가 있다. 보훈이야말로 대한민국을 더욱 강하게 만드는 주춧돌이라고 여기기 때문이다.

표 1-28 한중교류문화원 보훈 부문 행사 일람

연번	행사 기간	행사 명칭
1	2018. 1. 1~현재	2018년 동북3성 항일 유적지 개·보수 사업(4개소)
2	2018. 4. 29	2018년 춘계 동북3성 항일 유적지 답사
3	2018. 6. 6	2018년 항일 독립운동가 후손 초청 좌담회
4	2018. 6. 7~11	제1회 한중 항일영화제
5	2018. 7. 25~30	2018년 하계 동북3성 항일 유적지 답사

2) 대회협력행사

(1) 국가기관 협력

주선양대한민국총영사관, 국가보훈처 등은 한중교류문화원의 문화기획과 연출 실력을 인정하고, 한중교류문화원과 협력하여 국가 차원의 행사를 진행했다. 민간기관으로서 한중교류문화원과 국가기관으로서 주선양대

16) 한중교류문화원, 「보훈은 대한민국을 더욱 강하게 만드는 주춧돌」, 『조선족 항일투사의 후손들 I편』, 한중문화콘텐츠연구소, 2018, 4쪽.

그림 1-58 무오독립선언 기념식
(2016. 1. 30)

그림 1-59 K-POP 대회
(2015. 7. 18)

그림 1-60 3·1절 기념행사(2018. 3. 1)

표 1-29 한중교류문화원 국가기관 협력 행사 일람

연번	행사 기간	행사 명칭
01	2015. 7. 18	중국 K-POP 대회
02	2015. 8. 21	민주평화통일자문회의 선양협의회 출범
03	2015. 10. 27	한 · 연변 우호의 밤
04	2015. 11. 27	선양한인회 송년의 밤 행사
05	2015. 12. 22	한중 FTA 발전 포럼
06	2015. 12. 31	훈춘 우호의 밤
07	2016. 1. 30	무오독립선언 제97주년 기념식
08	2016. 9. 24	제3회 요녕성 어린이 K-POP 대회
09	2017. 6. 16	한국음악 시연회
10	2018. 3. 1	제99주년(중국 선양) 3·1절 기념행사
11	2018. 6. 6	독립유공자 훈장 전수 및 후손 초청 간담회

한민국총영사관, 국가보훈처 등이 협력하여 중국 정부와 함께 이루어낸 의미 있는 행사라고 평가할 수 있다.

(2) 민간기관 협력

선양한국인(상)회, 대한민국독도사랑협회 중국총연합 등에서도 한중교류문화원의 문화기획과 연출 실력을 인정하는 한편, 이미 구비되어 있는 공간적 인프라를 활용하여 공동으로 다양한 활동을 펼쳤다.

그림 1-61 대보름 윷놀이 행사 (2015. 3. 7)

그림 1-62 독도의 날 기념행사 (2017. 10. 25)

그림 1-63 5·18민주화운동 기념식(2018. 5. 18)

표 1-30 한중교류문화원 민간기관 협력 행사 일람

연번	행사 기간	행사 명칭
01	2014. 12. 5	한·동북3성 농식품 전시 상담회 및 CSR 상품전
02	2015. 3. 7	정월 대보름맞이 민족축제
03	2015. 9. 9~15	한국주 행사: 공연 기획 및 연출
04	2017. 2. 11	대보름 행사-윷놀이 대회
05	2017. 5. 18	5·18 기념행사
06	2017. 7. 13	심양시 조선족 중소학생 낭송시합
07	2017. 8. 15	대한민국독도사랑협회 중국총연합 창립총회
08	2017. 10. 25	독도사랑협회 중국총연합, 독도의 날 기념식
09	2017. 11. 25	지구촌 다문화연맹 선양한중가정교류협회 설립
10	2017. 11. 26	제4기 심양대학생연합회 이·취임식
11	2017. 12. 24	2017 K-POP경연대회
12	2018. 3. 3	2018 강산배 정월대보름 어울마당 행사
13	2018. 4. 19	58주년 4·19혁명 기념행사
14	2018. 5. 18	38주년 5·18민주화운동 기념식

4. 문화로, 하나로, 세계로: 이념도 현실이 되어버린 기적 같은 시간

한중교류문화원의 성장과 발전은 앞 절에서 살펴본 '마중물 정신'으로부터 비롯되었다고 할 수 있다. 그리고 여기에 더해 중국 내에서 한국인이 기본적으로 지녀야 할 마음가짐이라고 할 수 있는 "구동존이(求同存異)를 넘어 구동화이(求同化異)에 다다르자"라는 이념도 큰 영향을 미쳤다고 할 수 있다. 한국과 중국, 한국인과 중국인은 다른 가치를 지향하고 있지만, 양자 간에는 동질성이 분명히 존재하고 있다는 사실에 주목하고, 서로 다른 요소들을 조화롭게 정립시켜 한중교류문화원의 성장과 발전을 추구했다.

중국과 한국은 5,000여 년간 다양한 관계를 맺어왔습니다. 때로는 형과 아우의 관계로, 때로는 임금과 신하의 관계로 운명을 함께해왔습니다. 하지만 지금은 국가가 다르고, 민족이 다릅니다. 그래서 문화가 다르기도 합니다. 그러나 그 속을 찬찬히 들여다보면, 양국의 문화가 매우 유사하다는 것을 확인할 수 있습니다. 저희들은 이에 기초하여 한중교류문화원의 목표를 "양국의 문화동질성 회복"에 맞추었습니다. 문화를 통해 서로를 더 이해할 수 있고, 문화를 통해 서로를 더 사랑할 수 있으리라 믿었기 때문입니다.

— 안청락, 『내 마음의 북두칠성』, 한중교류문화원 3주년 기념 특별부록, 2017.

5,000여 년간 이런저런 관계로 얽혀 있는 한국과 중국의 역사적 교류를 바탕으로 문화적 동질성을 회복하여 서로를 더 이해하고, 더 사랑하기를 바라고 있다. 그런데 이러한 바람이 이루어지려면, 오랜 기간 지극한 정성을 쏟아야 한다. 그래서 한중교류문화원도 하루아침에 빛을 보려 하지 않는다. 굳이 빛을 보려고도 애쓰지 않는다. 장기적인 안목에서 새 문화가 만들어지고, 그것을 양국의 후세들이 공유하기를 바랄 뿐이다.

그리고 이 '새 문화 창조'를 한중교류문화원은 세 가지 키워드로 실천하고 있다. 바로 '전통문화', '민족교육', '봉사정신'이다. 우선 전통문화의 보급을 목적으로 한 대표적인 사례로 태권도 시범단, 국악교실, K-POP 대회를 꼽을 수 있다. 근간에 들어 한국의 태권도가 중국 현지에서 왜곡되고 있다.

그림 1-64 한중교류문화원 태권도 시범단(제18회 선양농업국제박람회)

태권도의 기본 용어를 중국어로 변용하는가 하면, 중국식 태권도 교본을 제작하여 확산시키고 있다. 이러한 현실에서 한중교류문화원이 한국의 전문 사범을 초청하여 태권도 시범단을 운영하고 있다. 왜곡된 태권도가 아니라 원형의 태권도를 중국 사회에 보급・전파하려는 것이다.

한편 지정학적 위치에 따라 중국 조선족사회에서 전승되고 있는 국악 및 전통무용은 북한에서 수용한 것이 대부분이다. 이에 한중교류문화원이 한국의 전문 국악인을 초청하여 국악교실을 운영하고 있다. 유아부터 노년에 이르기까지 한국의 전통문화를 보급・전파하려는 것이다. 더불어 K-POP 대회를 매년 개최함으로써 중국 내 한류의 지속적인 확산을 조장하는 데 노력하고 있다. 한족도 대부분 K-POP을 선호하고 있기 때문에 차후 한국과 중국의 문화 교류 확산이라는 측면에서 활용할 만한 가치가 크다고 할 수 있다.

다음으로 민족교육을 키워드로 삼고 있는 사례로서 만화창의탐구단, 슬로 리딩(Slow reading), 스크린인문학을 꼽을 수 있다. 조선족이 한족학교에 입학하여 조선어를 잃어버리고 있다. 조선족학교에서조차 심지어 중국어로 조선어를 강의함으로써 조선어를 잃어버리고 있다. 주지하듯이 언어를 잃어버린다는 것은 문화를 잃어버린다는 것이며, 나아가 자기정체성을 잃어버린다는 것을 의미한다. 이러한 현실에서 한중교류문화원이 조선족 학생을 대상으로 조선어를 더욱 익숙하게 읽고 쓸 수 있도록 지도하고 있으며, 조선어를 통해 민족문화의 의미와 가치를 전달하는 데 노력하고 있다.

마지막으로 봉사정신을 키워드로 삼고 있는 활동 사례로서 동전의 희망, 김장나눔축제를 꼽을 수 있다. 상대적인 관점이지만, 중국인은 도덕성(나눔, 봉사 등)이 저조하다는 평가를 받고 있다. 이에 한중교류문화원이 중국사회에 나눔과 봉사정신, 그리고 행복 전파를 목표로 장기 프로젝트를 기획・실현하고 있다. 예컨대 "1人의 1萬 위안보다 100人의 100위안이 더욱 위대하다!"라는 슬로건으로 동전을 모금하고, 연말에 그 동전으로 불우한 이웃들에게 돼지를 선물하고 있다. 더불어 돼지가 새끼를 낳고, 그 새끼가 또 새끼를 낳을 수 있도록 상시 보살핌으로써 봉사의 즐거움과 의미를 전달하고 있다.

또한 연말에 한국 교민을 중심으로 김장나눔축제를 벌여 불우한 이웃들에게 나누어줌으로써 협력과 협동의 정신은 물론 한국의 음식문화를 전파하고 있다. 김장을 담그는 날의 집안 풍경이 잔칫날처럼 즐거운 기억이듯이, 교민이 서로 어울려 작지만 흥겨운 축제를 벌임으로써 옛 전통마을의 두레를 재현하고 있다. 또한 김치 맛이 어머니에게서 딸에게로, 또 며느리에게로 대물림되듯이 김장나눔축제가 한국인은 물론 중국인에게도 나눔의 행복을 공유하는 작은 밑거름이 되어 대대로 더욱 아름답고 풍요로운 세상을 만들어나갈 것을 기대하고 있다.

한중교류문화원의 이념과 철학 그리고 비전이 유의미하지만, 아직은 그 역사가 일천하여 활동 대상과 향유 대상이 한국 교민과 중국 조선족에 대체적으로 머물러 있다. 한중교류문화원이 개원 당시 설정한 "한국과 중국, 한국인과 중국인의 문화 교류"라는 거대한 어젠다에 접근하지 못했다고 할 수 있다. 이러한 인식에서 한중교류문화원의 향후 목표는 활동 대상과 향유 대상의 범위를 조선족에서 한족으로 넓히는 데 있으며, 한국과 중국의 각 공관과 폭넓은 협력을 통해 민간기관으로서 권위를 향상시키는 데 있다. 단순히 문화원의 기능을 넘어 문화를 매개로 한 양국의 우호 증진에 적극 앞장서려는 것이다.

그림 1-65 김장나눔축제(2018. 11. 10)

근간에 남과 북이 서로 소통하는 데 문화가 얼마나 중요한 역할을 하는지 한민족이라면 그 누구라도 목격했을 것이다. '문화의 역할과 의미'를 다만 교과서적으로 외쳐 진부한 이념이나 이상에 머물게 하는 것이 아니라, 그 이념이나 이상을 현장에서 적극적으로 실현하여 현실로 바꾸어놓으려는 노력이 오늘날 우리에게 요구되는 문화를 대하는 자세라고 할 수 있다. 이러한 의미에서 한중교류문화원의 지난 4년간의 궤적이 우리에게 '문화란 무엇인가?'라는 물음에 그 답을 내리고 있는 듯하다.

참고문헌

박주. 「조선후기 소현세자빈 강씨의 리더십에 대한 재조명」. 『한국사상과 문화』 제62집. 한국사상문화학회. 2012.

백성우. 「교육으로 만나는 목회: 기독교 교육, 세계를 걷다; 빼기인생, 낮아짐의 삶 존 로스 선교사」. 『교육교회』 제372집. 장로회신학대학 기독교교육연구원. 2008.

송해련. 「서탑 코리아타운과 심양한국주 축제의 지식맵 연구」. 한국외국어대학교 대학원 박사학위논문. 2017.

상익그룹. 『상익그룹』. 기업 홍보책자. 2018.

신춘호 · 조민홍. 「심양 코리아타운과 한민족문화축제」. 임영상 · 주동완 외. 『코리아타운과 축제』. 북코리아. 2015.

안상경 외. 「러시아 연해주 고려인 공동체의 한민족 민속문화 전승 연구」. 『민족연구』 제56집. 한국민족연구원. 2013.

이정희. 「중국 요령성 심양지역의 조선족에 관한 고찰」. 『교민논총』 제2집. 경북대학교 한국교민연구소. 1998.

임영상. 「심양 서탑 코리아타운의 변화와 민족문화축제」. 임영상. 『동북의 조선족사회와 조선족문화관』. 신서원. 2015.

재중국선양한국인(상)회. 『심양교민 20년: 심양한인사회 20년의 발자취』. 2013.

정수현 외. 「동서양 이상적 인간상의 가치규범: 충서(忠恕)와 Noblesse oblige 비교 연구」. 『한국사상과 문화』 제68집. 한국사상문화학회. 2013.

최영만. 「간도문제의 기원과 해결방안」. 『인문사회과학연구』 제12집. 부경대학교 인문사회과학연구소. 2011.

한중교류문화원. 『그간 4년, 우리들의 행복했던 시간』. 4주년 기념 특별부록. 2018.

한중교류문화원. 『내 마음의 북두칠성』. 3주년 기념 특별부록. 2017.

한중교류문화원. 『조선족 항일투사의 후손들 Ⅰ편』. 한중문화콘텐츠연구소. 2018.

저자 소개

안상경

2006년 충북대학교에서 문학박사학위를 취득했고, 이어 2009년 한국외국어대학교에서 문화콘텐츠학 박사학위를 취득했다. 2001년부터 충북대학교, 청주대학교, 세명대학교, 한국외국어대학교 등에서 고전문학 및 문화콘텐츠 이론을 강의했다. 그리고 2011년부터 2015년까지 충북대학교 기초교육원에서 국어과 초빙교수를 역임했으며, 현재는 중국 심양에서 상익그룹 산하의 한중문화콘텐츠연구소 소장을 맡고 있다.

이메일: ccss04@hanmail.net

7

서울 서남권 중국동포타운과 동포단체*

임영상(한국외국어대학교 명예교수)
김용선(중국동포한마음협회 회장)

1. 머리말

1983년 KBS의 「이산가족찾기」 생방송을 계기로 1987년 한국 내에 연고가 있는 중국동포의 입국이 시작된 점을 감안하면 중국동포의 국내 이주는 이미 30년을 넘었다. 1992년의 한중 수교, 2004년의 「재외동포의 출입국과 법적 지위에 관한 법률(재외동포법) 중 개정법률안」의 국회 본회의 통과,[1)] 2007년의 방문취업제 시행, 2008년의 중국 및 구소련(CIS)지역 동포에 대한 재외동포법 적용 요건 완화를 거치면서 재한 중국동포사회는 법적 지위의 안정과 더불어 가족의 안정, 경제적 안정을 찾기 시작하고 점차 '정착'이 가장 큰 트렌드로 자리 잡기 시작했다.

중국동포의 인구 증가와 더불어 국내에는 경기도 시흥, 안산, 수원, 성남, 경북 구미, 경남 김해, 전남 영암 등 공단을 중심으로 밀집지역이 형성되었고, 서울시에서도 자양동과 서남권지역인 가리봉동, 구로동, 봉천동, 신대

* 이 글은 『재외한인연구』 제45호(2018. 6)에 실린 글을 보완한 것임.

1) 국회는 지난 2001년 헌법재판소가 불평등하다고 판결, 2003년 12월 말까지 개정하도록 한 「재외동포법」 제2조 제2호 재외동포 '정의' 부분을 "대한민국 정부수립 이전에 국외로 이주한 동포"도 포함하는 내용으로 개정했다.

방동, 독산동, 신림동, 신도림동, 대림동 등 지하철 1, 2, 7호선을 중심으로 밀집지역이 조성되었다. 이 중 초기 정착지인 가리봉동은 중국동포의 '제2의 고향'으로, 현재는 많은 동포가 대림동 등 다른 지역으로 이주했으나, 아직도 연변거리라는 애칭이 통용되고 있다. 또한 대림동(대림 1, 2, 3동)은 국내 최대 규모의 중국동포타운,[2] 차이나타운이 형성되어 주말이면 5만 명 이상이 찾는 동포의 만남의 장이 되고 있다. 나아가 재한중국동포사회, 특히 구로구 가리봉동과 영등포구 대림동 등 서울 서남권 중국동포사회는 단순히 중국동포의 집거지에 머물지 않고 지역발전의 주체로서 자리매김하고 있다.

한국 국적을 회복하거나 취득한 중국동포는 이제 한국 여권을 가진 '한국인'이지만, 여전히 대부분 중국동포로 살아가고 있다. 당분간은 중국동포 집거지(한국 속의 코리아타운)를 이루며 살아갈 수밖에 없는 이유 중에는 중국동포에 대한 한국사회의 '왜곡된 시선'도 포함될 수 있다. 중국동포집거지, 중국동포타운이 한국살이를 하고 있는 중국동포단체의 주요 활동 공간이 되고 있으며, 도시재생 및 지역의 활성화에도 기여할 수 있음을 보여주고자 하는 것이 이 글의 목적이다.

2. 중국동포의 한국이주와 재한중국동포단체[3]

중국동포(조선족)는 19세기 후반부터 한반도에서 중국 동북지역으로 이주하여 중국의 소수민족으로 형성된 조선인 및 그 후손들이다. 그들은 1990

---

2) 대림동은 차이나타운으로 불릴 수 있을 정도이지만, 아직은 중국동포가 절대 다수인 점을 감안하여 '중국동포타운'으로 칭하고자 한다.

3) 중국동포단체를 주제로 한 연구는 김우경과 옥지혜가 시작했다. 김우경, 「재한 중국동포단체 연구: 중국 동포타운 신문기사를 중심으로」(한국외국어대학교 교육대학원, 2015); 옥지혜, 「재한조선족 사회 문화예술단체와 활동 연구 — 중국동포타운신문, 동북아신문 기사 분석을 중심으로—」(한국외국어대학교 대학원, 2015).

년대 이전까지 중국 동북지역에 집거하여 살면서 촌락형의 민족공동체를 형성하고 유지해왔다. 하지만 1990년대부터 동북아시아의 정치경제적 변동 속에서 조선족 집단은 중국의 연해개방도시, 그리고 미국, 일본, 러시아, 호주, 유럽, 한국 등 여러 나라로 이주하는 이주민 집단으로 변화했다. 한국으로 이주한 중국동포는 이주노동자이자 동포라는 이중적인 성격을 갖고 한국살이를 시작했다. 그들은 초기에는 주로 한국교회의 도움을 받아 단체를 구성했으나, 점차 합법적 체류가 가능해지면서 자신들만의 단체를 만들어나갔다. 또한 단체의 성격도 다양해졌다.

1) 중국동포의 한국이주

1980년대 개혁개방 이후 중국의 지방정부는 주민의 해외이주를 통한 외화벌이를 방조하거나 지원했다. 길림성 연변 지역도 마찬가지였는데, 연변 지역의 중국동포는 지리적 근접성이 있는 러시아 지역으로 이주해나가거나 또는 언어적 · 문화적 동질성을 지니고 있어 한국으로 이주하기 유리한 상황에 처해 있었다. 한편, 한국은 1988년 서울올림픽 이후 산업화의 진전으로 저임금 노동력 부족 문제가 심화되고 있는 상황이었다.

중국동포의 한국으로의 이주는 정부의 허가를 받는 노동이주, 국제결혼, 친척방문 그리고 공식적인 허가 절차를 밟지 않는 서류미비 이주의 형식으로 나눌 수 있다. 1980년대 초 중국 정부는 중국동포가 한국 법무부의 입국허가서를 소지하고 있으면 한국으로의 단기방문을 허용했다. 또한 중국동포는 KBS의 「이산가족찾기」 프로그램 및 대한적십자사를 통해 친척방문을 요청하여 승인을 얻은 후 홍콩을 거쳐 한국으로 입국하기도 했다. 1992년 한중 수교로 중국동포의 유입이 급증하게 되었고, 친척 초청에 대한 규제도 완화되어 60세 이상 5촌 이내 혈족, 4촌 이내 친인척을 초청대상으로 규정했다. 1993년 12월에는 산업연수생제가 시행되면서 친척 초청 기준의 범위가

55세 이상 6촌 이내 혈족으로 확대되었다. 하지만 친척방문, 기업시찰, 연수, 노동이주 등은 모두 거주기한이 제한되어 있으며, 기한이 지나면 서류미비 이주자가 된다는 한계가 있었다. 따라서 한국인과의 결혼을 통한 국적취득은 많은 이주여성이 선택하는 길이기도 했기에 당시 중국 중국동포가 거주하는 도시에서는 중개업자의 소개를 통해 이주하는 결혼이주여성이 크게 증가하여 농촌지역까지 확산되기에 이르렀다.[4)]

1999년 한국 정부는 「재외동포법」[5)]을 제정했다. 이로써 재외동포는 체류사증(F-4)을 가진 사람들의 자유로운 입출국과 체류자격 연장 등이 가능하게 되었다. 하지만 이 법은 '1948년 이전에 해외로 이주한 자'는 포함하지 않음으로써 재중동포와 구소련(CIS) 지역 동포들은 「재외동포법」의 적용대상에서 제외되었다. 학계와 중국동포 단체들의 많은 반발을 불러온 「재외동포법」은 이후 개정을 통해 국내 호적이나 친척이 있는 동포들은 방문동거 체류자격으로 입국할 수 있게 되었지만, 나머지는 서류를 만들기 위해 중개업자에게 거액의 비용을 주고 서류를 위조하거나 편법을 사용할 수밖에 없는 상황이 조성되었다. 이후 2010년에는 연고가 없는 중국동포 고학력자, 기업인, 동포단체임원 등에게 5년간 유효한 복수사증을 발급해주었다. 2012년 4월부터는 기능사 이상의 국가기술 자격증(건설업 제외)을 취득한 동포에게 재외동포 자격을 부여하고, 제조업 · 농축산업 · 어업 분야의 장기 근속자 같은 일정한 요건을 갖춘 경우 영주 자격을 부여하기도 했다. 2013년 9월 1일부터는 만 60세 이상 외국국적동포에게도 재외동포 자격을 부여했고, 2014년 4월부터는 재외동포 자격을 취득한 사람의 배우자 및 미성년 자녀의 경우 1년간 유효한 방문동거 자격을 부여하여 가족의 재결합을 허용했다. 하지만 재

4) 김용선, 「대림동 중국동포타운 지역활성화 연구」(한국외국어대학교 대학원 박사학위논문, 2018), 24쪽.

5) 「재외동포법」은 재외동포의 모국 출입국 및 체류에 대한 제한과 부동산 취득, 금융, 외국환거래 등에서의 각종 제약을 완화함으로써 모국투자를 촉진하고 경제회생 동참 분위기를 확산시키기 위해 제정되었다.

외동포((F-4) 자격으로는 단순노무행위가 불가능하여 불법으로 취업을 할 수 밖에 없는 경우가 허다했다.[6]

2007년 3월부터 시행된 방문취업제는 중국 및 CIS 지역 동포에 대한 방문동거를 허용하여 비전문취업 자격으로 입국했거나 입국을 희망하는 무연고 동포에 대하여 실시하는 제도다. 구체적인 내용은 다음과 같다. 첫째, 복수사증(H-2)을 발급해준다. 만 25세 이상의 중국 및 CIS 지역 등 거주동포에 대해 5년간 유효, 1회 최장 3년간 체류할 수 있다. 둘째, 입국문호를 확대한다. 이는 호적이나 친인척이 없는 무연고 동포에게도 적용할 수 있는 제도다. 그러나 무연고 동포에 대해서는 외국인력정책위원회에서 결정한 연간 허용 인원 범위 내에서 선발한다. 셋째, 취업 범위를 확대하고 절차를 간소화한다. 방문취업 사증으로 입국한 동포는 노동부 취업교육을 마치고 구직신청 후 고용지원센터의 취업알선을 받거나 특례고용가능확인서를 발급받은 사업체에 자율적으로 취업할 수 있으며, 신고만으로 사업체 변경이 가능하다. 방문취업제가 도입된 후 현재 25세 이상 중국동포는 방문취업과 복수사증(5년간 유효하며 1회 최장 3년간 체류 가능)을 발급받아 한국 입국 후 취업교육 및 구직신청 절차를 거쳐 제조업 등 단순노무분야 36개 업종에서 취업활동이 가능하게 되었다. 이외에도 단기사증 발급을 통해 외국국적동포의 모국 방문이 허용되었다. 하지만 만 60세 미만인 외국국적동포에 대하여 3년간 유효한 단기방문 자격을 부여했으나 이 또한 취업은 할 수 없는 상태다.

이처럼 한국으로 이주노동이 중국동포사회의 보편적인 사회현상으로 자리 잡으면서 가족의 재결합으로 이어져 그 수가 급격히 증가했다. 현재 한국에 체류 중인 중국동포 인구는 1995년 7,400여 명에서 2003년에는 10만 8,300여 명으로, 방문취업제를 실시한 이후인 2009년에는 37만 7,600여 명까지 급격히 증가했다. 그리고 2013년에는 약 50만 명, 2018년 1월 현재는

6) 김용선. 26쪽.

70만 명(국적 취득자 10만 명 제외)에 이르고 있다. 체류유형에서 재외동포비자를 소지하고 있는 사람들은 단순노무 금지조항이 있어 대부분 방문취업 형태로 거주하고 있다.[7]

중국동포는 1990년대 초반에는 기타 외국인보다 적은 수를 차지했지만, 현재는 한국의 재외동포 관련 정책에 의하여 그 수가 급격히 증가했다. 재외동포에 관련된 정책은 정권의 교체와 더불어 변화 · 확대되고 있지만, 같은 국적의 동포, 가족구성원 간의 비자 유형에서도 대단히 다양하다. 제도적 범위 밖에 속한 중국동포는 법무부가 정한 일정 기간 내에 중국으로의 '형식적인' 왕복을 할 수밖에 없고, 중국에 남겨진 가족에 대한 경제적 지원을 위하여 서류미비 체류자의 형태로 거류하는 경우가 많았으나 현재는 많이 남지 않았다.

2) 재한중국동포사회와 동포단체

1980년대 친척방문을 시작으로 한국에 입국하기 시작한 중국동포는 1992년 한중 수교 이후 늘어나기 시작하여 2000년을 즈음하여 급증했고, 특히 2005년 고용허가제, 2007년 방문취업제, 2008년 재외동포 체류자격 부여 시작을 계기로 정착되고 있다. 국내 중국동포 수가 어느새 80만 명이 넘었고 중국동포의 삶의 모습과 질도 많이 달라졌지만, 이들에 대한 한국사회의 인식은 여전히 20년 전 '코리안 드림'을 꿈꾸며 한국에 몰려오던 중국동포에 머물고 있다. 과거 중국동포가 단순히 돈을 벌기 위해 한국에 들어왔다면, 지금은 법적 지위의 개선과 더불어 엘리트 및 젊은이들이 많이 유입되고 각계각 분야에서 종사하면서 한중 관련 사업을 하거나 아예 한국에 정착하려는 이들이 대세를 이루고 있다.

7) 김용선. 27쪽.

중국 경제의 급성장에 따른 한중 교류 증가와 중국 관광객의 급증, 그리고 한중 자유무역협정(FTA)이 발효되면서 중국동포의 의식도 바뀌고 있다. 가장 큰 변화가 한국사회에 뿌리를 내리고 살겠다는 중국동포가 늘고 있다는 점이다. 뜨내기가 아닌 한국사회의 주인이 되겠다는 의지를 품은 것이다. 중국 동북3성의 중국동포 집거지역이 급속히 쇠퇴하는 가운데 한국에 정착하는 중국동포가 크게 늘어났다. 서울 구로구 가리봉동, 영등포구 대림동은 물론 신림동, 신대방동, 자양동 건국대 주변, 그리고 경기도 수원역 부근, 성남 수진동, 안산 원곡동, 시흥 정왕동 등은 중국동포를 중심으로 새로운 문화가 형성되는 중국동포타운이라고 할 수 있다.[8)]

눈에 띄는 것은 돈벌이 후 귀국이 목적인 방문취업(H-2)은 갈수록 줄어드는 추세라면 정착 목적의 재외동포(F-4), 영주자격(F-5) 등이 늘고 있다는 점이다. 방문취업 사증 취득자 수는 2007년 22만 8,686명에서 2009년 30만 6,283명, 2011년 29만 5,464명, 2013년 23만 739명으로 감소 추세가 뚜렷하다. 반면 재외동포 사증 취득자 수는 2007년 3만 4,695명에서 2013년 28만 130명으로, 영주자격 사증 취득자 수는 2007년 1만 6,460명에서 2013년 8만 7,497명으로 늘었다. 2014년 3월을 기준으로 재외동포(F-4)를 국적별로 보면 전체 25만 363명 중에 중국동포가 17만 3,499명(69.3%)이며 이 가운데 20대에서 40대까지가 11만 9,762명으로 전체의 47.8%에 달한다. 현재 한국 정부가 60세 이상의 중국동포에 대해 재외동포 체류자격을 주는 것을 고려하면 20~40대의 비중이 커지고 있음을 알 수 있다. 중국동포의 한국 정착을 위해 가장 필요한 것은 체류자격과 직업이다. 정부는 외국인 노동자와는 달리 재외동포에게는 상대적으로 폭넓은 직업 선택의 자유를 주고 있는데, 이것이 바로 중국동포를 한국 정착으로 이끄는 '유인요소' 중 하나다.[9)]

8) 김용선. 29쪽.

9) 정부는 2015년 1월 27일 재외동포의 취업 범위를 제조업・농축어업・임업 분야로도 확대했다. 특히 제조업 진출 허가는 의미가 작지 않다. 한국의 선진 기술을 익혀 중국에서 창업할 꿈을 꿀 수

중국동포는 입국 초기에는 전혀 생각지 않은 경우가 많지만, 현재는 한국사회에서 정착하려는 것으로 바뀌어 이른바 국내 정착 과정이 자발적인 의지로 이루어진 '자발적 선택형'의 정착 사례들이 많아지고 있다. 이 경우 한국의 정주의식이 한국에 이주하여 살다가 추후 영주 거주지로 결정한 것이라는 점에서 귀속형의 정착 사례와는 다르다. 또 역이주해오는 노년층보다는 주로 최근 취업이나 결혼, 유학 등으로 입국한 젊은 세대의 이주자가 많아지면서 서서히 삶의 정착지로 한국을 결정하는 과정을 보이고 있다. 특히 한 업종에서 오랫동안 종사하거나 자격증을 취득하는 경우도 많아져 동포의 취직이 전문화되고 있는 실정이다.[10)]

2018년 1월 현재 재한 중국동포[11)]는 71만 37명[12)]이며, 약 10만 명이나 되는 한국 국적 취득자와 불법체류자를 포함하면 80만 명을 넘어섰다. 전체 중국동포가 183만 929명[13)]인 것을 감안하면 약 44% 이상의 중국동포가 한국에서 취업하여 생활하고 있다. 2017년 사드 사태로 다소 주춤한 상태이지만, 중국 관광객의 급증으로 관광업, 판매업, 무역업에 종사하는 중국동포가 급증하고 있고 법적 지위의 안정화로 엘리트집단과 사업가들이 늘어나고 있다. 한중경제문화교류에서 중국동포의 역할이 상승하고 중국과의 교류가 확

있게 됐기 때문이다. 직업 분야도 다양하다. 근래 관광가이드, 면세점 직원, 통역 요원 등 비교적 고임금을 받는 추세로 변하고 있다. 식당 등에서의 서비스업 취업이 여전히 많지만, 근래 몇 년 새 중국 관광객이 급증하면서 국내에서 활동하는 중국동포 관광가이드도 5천여 명에 달하는 것으로 추정되고 있다. 실제 쇼핑몰이 집중된 서울 명동의 면세점에는 중국 관광객으로 넘쳐나고, 이를 응대할 중국동포 면세점 직원 수요가 늘고 있다. 김용선. 30쪽.

10) 중국동포가 국내로 이주해오는 제일의 목적은 경제적인 이유이지만, 처음의 입국동기와는 별개로 점차 한국사회에 영주하려는 현상도 발견된다. 물론 정착의 내용과 형태는 내적 다양성이 존재하므로 현재로서는 국내에 체류하는 중국동포 전체의 정주 현실의 정도와 전망을 규정하는 것은 쉽지 않다. 또 국내 중국동포 이주의 역사가 완전히 세대이동이 이루어지지 않은 만큼 그다지 오래되지 않다는 사실 자체가 탐구를 근본적으로 어렵게 한다. 김용선. 32쪽.

11) 서울시는 2018년 4월 16일 서울시 공문 등에서 앞으로 행정용어로 '조선족' 대신에 '중국동포'로 사용한다고 고시했다. 『동포세계신문』 2018. 4. 20 「서울시 행정용어 '조선족'을 '중국동포'로 쓴다」

12) 출입국・외국인정책본부. 2018년 1월호 출입국외국인정책 통계월보.

13) 2010년 11월 1일 0시, 중국 제6회 전국인구조사 자료.

대되면서 수도권뿐만 아니라 지방의 중국동포 역시 지역경제를 위한 기여가 확대될 전망이다.

중국동포는 전국적으로 분포되어 있으나, 수도권인 경기와 서울에 중국동포집거지가 형성되어왔다. 서울의 경우, 서남권은 산업화 시기 국내 노동자의 집거지역에 저렴한 주거단지가 형성되어 있고 교통이 편리해서 중국동포에게 특히 인기가 있었다. 그 결과, 1990년대에 서울 구로구 가리봉동을 중심으로 중국동포 밀집지역이 형성되기 시작했다. 이후 이 지역에서 불법체류자 단속이 벌어졌고, 가리봉동이 재개발 예정지로 지정되자, 2000년대 초반 중국동포의 가리봉동 이탈이 시작되었다. 하지만 그 결과는 가리봉동 중국동포 밀집지역 해체가 아니었고, 오히려 중국동포 거주지가 가리봉동에서 교통이 편리한 대림, 가산, 신림, 봉천 등 2호선 라인을 따라 광범위하게 확장되는 효과로 나타났다.[14]

김현선의 연구에 따르면, 오늘날 가리봉동과 대림동 주변의 중국동포 밀집지역은 한국인 시장에서 발전되었다. 2000년 이전까지 한국인 노동자 계층이 주요 고객인 가리봉시장과 대림중앙시장 등 재래시장에 지역 산업쇠퇴와 인구 감소로 빈 공간이 생겨났고, 이 장소에 중국동포가 입주한 것이다. 처음에는 기존의 한국인을 대상으로 하는 시장에 중국동포를 주고객으로 하는 상점이 병존하는 형태였는데, 점차 중국동포 대상 상점이 우세하게 되었다.[15]

중국동포가 서울 서남권 거주를 선호한 데는 다음과 같은 몇 가지 이유가 있다. 첫째, 일자리 인근 또는 일자리로의 용이한 접근성이다. 가리봉동은 구로공단에 인접하여 제조업 노동수요가 존재했으며, 1990년대 후반부터

14) 양한순・박우・예동근・강주원. 『서울 거주 중국동포 실태조사 및 정책수립 연구』(서울특별시, 2013).

15) 김현선. 「한국체류 조선족의 밀집거주 지역과 정주의식: 서울시 구로・영등포구를 중심으로」(『사회와 역사』 제87호, 한국사회사학회, 2010). 231-264쪽 참조.

2000년대 초까지 구로공단 1단지 첨단화계획에 따라 아파트형 공장이 건설되면서 건설인력 수요가 있었다. 대림2동의 경우도 가리봉동과 마찬가지로 구로공단 인근에 위치하여 주변 제조업 노동수요가 있었으며 대중교통으로 이동이 편리하기 때문에 중국동포에게 인기가 있었다.[16]

둘째, 주거비의 저렴함이다. 한국에서 많은 돈을 벌기 원했던 중국동포는 주거의 질보다 주거비의 저렴함을 크게 고려하는 경향이 있었다. 가리봉동의 경우 과거 구로공단 노동자들의 주거지로 사용되던 쪽방촌이 남아 있어 저렴한 비용으로 주거지를 찾는 것이 가능했다. 대림동에서는 저층주거지의 반지하방이 많아서 저렴한 주거확보가 가능했다.[17] 1960~1970년대에 걸쳐 설립된 수출산업공단 노동자들의 집단 주거지였던 가리봉동은 1980년대 후반 이후 국내 경기불황 등의 이유로 공장들이 이전함에 따라 공동화될 위기에 처해 있었는데, 중국동포가 이를 채우면서 지금까지 인구 밀집지역의 위상을 보전하고 있다.[18]

대림2동과 가리봉동을 비교하면, 가리봉동의 중국동포 거주지는 소위 '벌집'이라 불리는 열악한 주거환경이다. 벌집 이용자의 대부분이 중국동포 단순노무인력이어서 가리봉동의 중국동포는 주거지에서 한국인과 접촉하는 일이 많지 않다. 벌집들은 우마길 인근에 집중적으로 분포되어 있고, 공간적으로 한국인과 분리되어 있다. 반면 대림2동에서는 중국동포와 한국인이 이웃하여 거주하는 경우가 많다. 주로 한국인 주인이 살고 있는 단독주택의 반지하나 옥탑방에 거주하고, 이러한 주택이 고르게 분포하고 있다.[19]

셋째, 중국동포에게 편리한 부동산 서비스다. 이정현 · 정수열은 중국

16) 이석준 · 김경민, 「서울시 조선족 밀집지 간 특성 분석과 정책적 함의」(『서울도시연구』 제15권 제4호, 서울연구원, 2014), 6쪽.

17) 이장섭 · 정소영, 「재한조선족의 이주와 집거지 형성: 서울시 가리봉동을 중심으로」(전남대학교 세계한상문화연구단 국내학술회의, 2011), 14-18쪽 참조.

18) 이장섭 · 정소영, 14-18쪽 참조.

19) 이석준 · 김경민, 7쪽.

동포의 대림2동 집중거주 주원인으로 부동산 서비스를 지적한다. 대림동의 부동산은 중국동포에게 저렴한 월세, 전세 및 자가주택을 안내하면서 중국동포의 대림동 거주를 유도했다는 것이다. 저렴한 거주공간을 찾을 수 있기 때문에 중국동포의 대림동 유입은 계속되고 대림동은 국내 최대의 중국동포 밀집지역으로 성장했다.[20]

넷째, 중국동포의 인적 네트워크다. 중국동포 밀집지역 거주자 가운데에는 지인이 거주하는 동네라는 이유로 거주지를 결정한 경우가 많다. 국내 거주 친척의 권유로 소득 증대를 꿈꾸며 한국으로 이주한 직후, 중국동포들은 초기 정착을 위해 서울 서남권 소재 친척집에서 동거하기도 한다. 특히 가리봉동은 중국 내 중국동포 사회에서도 중국동포 집단거주지로 잘 알려져 있고, 이미 입국 후 국내 다른 지역에 거주지를 정한 중국동포가 가리봉동으로 다시 이주하는 경우가 많았다. 친족과 지인을 통해 국내이주에 관한 정보를 얻고, 정보 교환과정에서 이주 연결망이 형성되며, 이 과정에서 중국동포는 혈연과 지연에 기초한 새로운 파생적 공동체를 형성해나갔다.[21]

다섯째, 중국동포 밀집지역에 형성된 중국동포 생활 편의시설의 영향이다. 중국동포가 집중된 지역에서 중국동포 구직 정보, 한국어 교습소, 중국동포를 주고객으로 하는 가게 등이 확충되면서 중국동포의 연쇄이주를 가속시켰다. 국내이주 목적이 취업과 자영업 등 경제활동에 있는 중국동포는 국내 다른 지역에서 거주하다가 중국동포를 위한 생활 편의가 갖추어진 대림2동으로 이사 오는 경우가 많았다.[22]

대림2동은 중국동포를 위한 편의시설이 밀집된 대표적인 지역이다. 중국동포 음식점, 중국식품을 판매하는 식료품점, 직업소개소, 여행사, 행정

20) 이정현·정수열, 「국내 외국인 집중거주지의 유지 및 발달」(『한국지역지리학회지』 21(2), 2015), 309쪽.

21) 김현선, 231-264쪽; 이정현·정수열, 309쪽.

22) 이정현·정수열, 310쪽.

사, 공인중개사, 환전소가 있으며, 중국동포를 주고객으로 운영하는 노래방과 PC방, 주점, 다방 같은 여가 및 유흥시설, 중국동포를 대상으로 옷과 잡화 등을 판매하는 소매점 등도 많다. 이에 더하여 대림2동에는 휴대폰 대리점과 길거리 전화기 등의 통신서비스와 미용실, 국내에 진출한 중국계 은행을 포함하여 해외송금, 대림동에서 생활을 위해 배부되는 생활정보지, 의료, 세탁, 컴퓨터 수리와 관련된 다양한 개인서비스 시설이 입지해 있다. 건강보험 비대상인 외국인에게 진료비의 약 10~20%를 감면해주는 중국동포 지정병원도 대림동에 있다. 2000년에 개원한 고려대학교 병원이 대표적인 예로, 한국과 중국의 교회단체와 협력관계를 맺고 있다.[23]

중국동포 밀집지역에 있는 여행사의 경우에는 중국동포를 대신하여 항공권을 구입해주거나 국내이주를 위한 행정수속을 대행하거나, 이외에도 중국동포의 국내이주 체류자격과 관련된 행정사 업무도 수행한다. 대림2동의 중국동포는 자민족이 운영하는 가게를 애용하면서 그와 관련된 식당, 식료품점 등의 자민족 상권을 유지 및 발달시키고, 그 과정에서 부족한 일손을 채우려는 자민족 가게 주인에 의해 쉽게 일자리를 찾는 경향이 있다. 또한 대림3동에 위치한 서남권글로벌센터에서 한국어와 컴퓨터교육을 무상으로 배울 수 있고, 전문기술학원에서 요리, 컴퓨터, 마사지 등의 기술을 배워서 방문취업(H-2) 체류자격을 재외동포 체류자격(F-4)으로 전환하여 국내 영주자격(F-5)에 도전하거나 더 좋은 일자리를 얻기에도 유리하다. 요컨대, 대림2동은 국내체류 중국동포에게 생활하는 데 최적의 장소가 되고 있다. 지하철 2호선과 7호선 환승지역으로 교통이 편리하고, 대림2동 일대를 관할하는 영등포구청도 적극적으로 중국동포 관련 제도를 마련하고 있다.[24]

가리봉동 재개발도 대림2동이 중국동포의 제2의 고향으로 부상하는 데

---

23) 이정현 · 정수열, 311쪽.

24) 이정현 · 정수열, 312쪽.

큰 영향을 미쳤다. 가리봉동이 가족단위보다 단신으로 와서 한국에서 일하는 동안 머무는 임시거주지의 역할을 하고 있다면, 대림2동은 3인 이상 가족단위 거주자가 우세한 지역이다. 대림2동은 한국에 정착하려는 중국동포의 초기 안식처 역할에 머물지 않는다. 최근에는 상당한 부를 축적한 중국동포가 늘어나면서 대림2동을 거주지가 아닌 자신의 사업 장소로 활용하는 사례가 늘어나고 있다. 이곳의 사무실을 통해 중국 내에 재투자하는 바람도 일어나고 있다. 이것은 중국동포의 밀집지역이 중국동포를 매개로 하여 한국과 중국 사이의 초국가적 공간으로 변화하고 있음을 보여준다. 한국과 중국을 문화적 · 사회적 · 경제적으로 연계하는 거점으로 부상하는 것이다.[25)]

경제 여건에 따라 중국동포의 거주지도 변하고 있다. 초기 입국 중국동포는 서울 지역에서 비교적 집값이 저렴한 가리봉동 또는 대림동을 선호했으나, 최근 몇 년 새 돈을 번 중국동포는 사당동, 방배동, 성북동, 서대문과 동대문, 심지어 강남으로도 이주한다. 관련 단체들의 현황을 보아도 중국동포사회의 변화는 뚜렷하다.

1992년 한중 수교 이후 2000년 이전까지 대부분 중국동포가 합법적 체류자격을 취득하지 못한 시절, 재한 중국동포사회에는 동포단체가 전무하다시피 했다. 그들은 숨어 다니기에 바빴고 언제 단속되어 강제추방될지 모르는 상황에서 고액이자를 내면서 한국 입국을 위해 빌린 돈을 하루 빨리 벌어야 했다. 당연히 여가활동도 취미활동도 없었고 단체도 있을 수 없었다. 2000년 이후 서울중국동포교회를 비롯한 일부 교회에서 동포들의 권익을 위해 나섰고 그들을 중심으로 재한중국동포연합회, 귀한동포연합총회 등 교회 주도의 초기 동포 단체들이 설립되었다. 그 주체는 중국동포였으나 주도권은 교회에서 가지고 있었다.[26)]

---

25) 박세훈 외, 『다문화사회에 대응하는 도시정책 연구(1): 외국인 밀집지역의 현황과 정책과제』(국토연구원, 2009), 150-151쪽.

26) 박우는 이를 "집거지 구(舊)주도집단으로서의 교회의 역할과 유산"으로 정리하고 있다. 박우, 「재한

2003년 11월 중국동포 대학원생들로 구성된 재한중국동포유학생네트워크(이하 KCN)가 설립되었다. 이는 당시 유일의 합법체류자격을 가진 동포로 구성된 단체였다. KCN은 동포 관련 세미나, 봉사활동, 나눔행사, 명절행사 등 다양한 활동을 펼치면서 동포의 권익향상과 이미지 개선, 한국사회 적응력 제고를 위해 노력했다.

이민사회에서는 법적 지위, 즉 체류자격이 가장 큰 역할을 하게 된다. 재한중국동포사회도 불법체류자 신분에서 합법체류자로, 다시 장기체류가능자로 변화되면서 체류, 취업, 여가활동, 가정환경, 경제활동, 교육 등 모든 방면에서 많은 변화를 가져왔다. 특히, 2007년 방문취업제 실행과 2008년 일부 중국동포를 대상으로 F-4 재외동포체류자격을 부여하기 시작하면서 안정적인 법적 지위를 가지게 된 재한중국동포는 여가활동, 취미활동, 동향모임, 봉사활동, 경제인모임 등 다양한 취지의 단체를 설립했고, 이에 부응하여 20여 개의 동포언론매체가 등장했다. 동포 단체들과 언론들은 고국이면서도 이국타향인 한국에서 서로 돕고 의지하고 정보를 나누면서 한국사회에 더 잘 적응하고 어울릴 수 있기 위해 노력하고 있다.

체류안정은 경제활동 안정으로 이어졌고, 경제적 안정은 가정안정으로, 가정안정은 전반적인 중국동포사회의 상대적 안정으로 이어지면서 중국동포는 물질적 추구에서 벗어나 정신적 추구를 원했다. 수많은 동포 단체들이 생겨났고 많은 활동과 행사가 열렸다. 천지산악회, 한마음골프클럽, KCS배드민턴클럽, 재한중국동포축구연합회, 재중국동포장기연합회, 재중국동포배구협회 등 스포츠 동호회들과 서예협회, 문인협회, 음악동호회, 신화밴드, 영상협회 등 예술단체, 한마음봉사단, 한마음마미재능나눔단, KCN봉사단, 한나봉사단 등 봉사단체, 꽃망울회, 중덕장학회, 나뭇잎사랑나눔 등 자선단체, 대림동시냇길경로당, 가산중국동포경로당, 대한아리랑경로당연합회 등

"조선족" 집거지 사업가에 대한 사회학적 연구: 시민(권)적 지위와 계급적 지위의 상호작용을 중심으로」(서울대학교 대학원, 2017), 225-243쪽 참조.

노인단체, 중성촌동향회, 오상동향회 등 고향모임, KC오피스맨클럽, 미래지향엘리트모임 등 전문직 단체, 중국동포를 중심으로 한 한중무역협회 같은 경제단체 등. 특히, 단순 직능단체 성격을 넘어 재한중국동포한마음협회, 재한중국동포연합총회 등 취미, 여가, 봉사, 스포츠, 교육 등 여러 기능을 함께 수행하는 종합단체들도 설립되었다. 이들 단체는 자체활동과 행사 외에도 체육대회, 낚시대회, 명절행사, 공동봉사활동, 정책제안 등 비교적 큰 지역행사를 주최하고 한국사회와의 중요한 가교 역할을 하고 있다.

이제 이들 단체의 핵심은 집거지를 중심으로 성장하고 있는 조선족 사업가들인데,[27] 최근에는 재한중국동포유권자연맹 등 단체들의 연합 움직임도 보이고 있고 자체 힘으로 권익을 보장받아야 한다는 목소리가 커지면서

표 1-31 재한중국동포단체 현황

시기	단체명	특징
초기	재한조선족연합회	교회 주도, 인권 문제, 공동체
	귀한동포연합총회	교회 주도, 복지 문제
	재한조선족유학생네트워크	유학생단체
방문취업제 이후	중국동포한마음협회, 재한동포총연합회	동포 자체 종합단체
	KCN클로버봉사단, 꽃망울회, 한마음봉사단	나눔, 봉사단체
	중국동포축구연합회, 중국동포배구연합회, 한마음골프클럽, 중성촌동향회, 중국동포장기협회	취미여가동호회, 고향모임
	재한동포교사협회, 재한동포문인협회	지성인모임
	대한아리랑경로당협회, CK여성위원회, 한마음마미재능나눔단	노인, 여성단체
최근	한중무역협회, 한중창업경영협회	경제단체
	한민족문화예술인협회, 민들레사랑예술단	문화예술단체
	재한동포유권자연맹	유권자단체
	각종 다문화 중국동포단체	다문화단체
	KC동반성장기획단	싱크탱크단체

27) 박우는 이들 중국동포단체를 "집거지 신(新)주도집단으로서의 조선족 사업가 단체"로 규정하고 있다. 박우, 244-262쪽 참조.

정치활동도 펼치는 단체들이 준비 또는 설립되고 있다. 다만, 다문화지원정책과 외국인근로자지원정책의 사각지대에 놓인 동포사회가 국회와 지자체의 지원을 받지 못하면서 재한다문화모모단체라고 이름 지어진 중국동포 단체들이 생겨나면서 논란의 소지를 보이고 있는 현실이다. 특히 최근에는 동포 엘리트 및 민족에 대한 열정으로 모인 KC동반성장기획단 같은 전문성을 띤 싱크탱크 단체가 결성되어 재한동포사회의 전반적인 발전 방향에 대해 기획하고 정부 지원 프로그램들을 운영하고 있으며, 재한동포사회에서 처음으로 전체 동포를 대상으로 민주선거를 통해 창구 역할과 교량 역할을 하는 재한동포위원회 상임위원회가 결성되기도 했다. 〈표 1-31〉은 재한중국동포 단체의 시기별 현황을 정리한 것이다.

3. 중국동포집거지와 도시재생, 동포단체

2000년대 초반에 국내에서도 지방자치단체를 중심으로 구도심을 활성

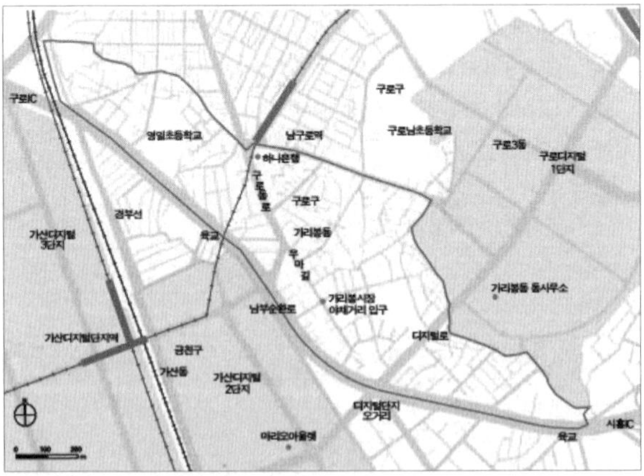

그림 1-66 가리봉동 일대 지역의 현황도
(출처: 서울역사박물관, 19쪽)

화하고, 노후한 주거지를 정비하기 위해 다양한 사업들이 '도시재생'이라는 이름으로 전개되었다. 대도시의 외연적 확산과 신시가지 위주의 개발과정에서 상대적으로 낙후된 구도심을 정비하고, 도시 내 지역 간 균형발전과 노후주택이 밀집해 있는 구시가지를 재정비하는 차원에서 주로 도시재생사업이 시작되었다.[28] 서울시의 경우 27개 중점추진지역을 지정하여 도시재생을 진행하고 있는데, 가리봉 지역은 '노후주거지역'으로 지정되어 도시재생사업이 시행되고 있다.[29]

1) 가리봉동 도시재생사업과 한중문화학당

가리봉동은 한국의 산업화 변화를 매우 생동감 있게 보여주는 역사적인 지역이다. 가리봉동은 한국수출산업공단 1공단의 배후지이자 2, 3공단이 자리 잡았던 곳으로서 오늘날 한국의 경제성장을 이룩할 수 있는 기본바탕이 되었으며, 특히 '산업화와 민주화의 요람'으로서 더 나은 삶을 살기 위하여 노력하는 수많은 노동자의 꿈의 장소였다. 또한 서울에 위치했기 때문에 실질적으로 영향력이 큰 곳이었다. 1960년대 이후에는 근대화 과정에서 발생한 산업화, 이촌향도, 도시화, 노동운동 및 민주화 운동을 압축적으로 보여주는 곳이자, 1980년대 말부터는 산업 재구조화, 인구구조 변화 그리고 외국인 노동자의 유입과 세계화에 이르기까지 이러한 거시적 변화들을 역동적으로 보여주는 곳이다.[30]

서울의 서남권 중국동포밀집지역, 특히 가리봉 일대는 1970~1980년대 대한민국의 제조업을 이끌던 구로공단 노동자들의 안식처였는데, 1990년대

28) 이제선, 「주민참여를 통한 도시재생」(이종수 편, 『한국사회와 공동체』, 다산출판사, 2008), 162쪽.

29) 서울시는 2016년 현재 도시재생사업의 성과를 한 권의 책으로 묶었다. 강맹훈 외, 『Re-Seoul 도시재생 함께 디지로그』(서울특별시, 2016).

30) 서울역사박물관, 『가리봉동: 구로공단 배후지에서 다문화의 공간으로』(2013), 19쪽.

이후 중국동포의 초기 입국의 주요 거처로서 역할을 해왔다. 2016년 7~9월 기준으로 1만 7,931명의 가리봉동 주민 중 중국동포의 비율이 39.1%에 이른다. 또한 가리봉동 내 기초생활수급자 비율도 4.7%로 서울시의 평균 2.1%보다 훨씬 높다.[31)]

가리봉시장을 비롯한 가리봉 일대는 2003년 11월 '가리봉 균형발전촉진지구'로 지정되었지만, 부동산경기 악화와 주민 갈등 속에서 10년 동안 개발 지연과 함께 건축허가가 제한되어 기반시설 등의 방치로 서울에서 가장 낙후한 지역으로 전락했다. 또한 중국동포가 운영하던 가리봉동의 많은 상가들도 '뉴타운 사업' 시행을 앞두고 대림동으로 이전·확산되면서 가리봉동 지역의 슬럼화는 가속화되었다. 재개발 사업에 묶여 거리는 낙후되었지만, 중국동포뿐만 아니라 한족 중국인의 유입으로 지역 상가는 활기를 잃지 않았다. '먹고 마시고 쉬는' 거리로서의 특색을 드러낸 것이다. 식당이 30개, 노래방이 15개, 커피와 호프집이 17개 등인데, 술을 마실 수 있는 곳은 50여 곳에 이른다.[32)] 〈표 1-32〉는 2016년 6월에 조사한 가리봉동 우마길(연변거리)의 상점 현황이다.

가리봉동은 슬럼화와 중국동포밀집지역으로의 게토화가 병행되면서 낙후되고, 언론에 비친 각종 왜곡보도에 의해 악영향을 받아 '무서운 동네'로 인식되고 있다. 2017년에 개봉된 영화 〈범죄도시〉가 단적인 예이다. 가리봉동에는 대체로 혼자 살고 있는 50~60대 중국동포가 이른바 '벌집'이라고 하는 열악한 주거지에서 살고 있는 것으로 알려져 있다.[33)] 그런데 중국동포의 집거가 꼭 가리봉 지역 낙후의 원인은 아니다. 오히려 현지 부동산 소유자들

---

31) 박려정, 「중국동포 밀집지역 가리봉동의 도시재생에 관한 연구」(한국외국어대학교 국제지역대학원, 2017), 3쪽.

32) 통계를 우마길을 벗어나 조사할 경우, 식당 수는 더 크게 늘어날 수 있다.

33) 그러나 최근의 상황은 이와 다르다. 주민의 증언에 따르면 매일 새벽 2시 50분부터 7시까지 열리는 남구로역 일대의 새벽 인력시장에 매일 나오는 1,300여 명 중에서 한족이 50%, 중국동포가 30%, 내국인이 20% 내외다. 가리봉동의 쪽방과 여인숙 등의 주거주자는 이미 한족이 되었다.

은 중국동포가 빈 방을 채워줌으로써 중국동포를 더 반기기도 한다. 하지만 중국동포를 포함한 중국인이 쓰레기 분리수거 등 기초질서를 잘 지키지 않는 것에 대한 한국인의 불만은 여전하다. 반면에 가리봉동 기초생활수급자 비율은 4.7%로서 한국사회의 '소외' 계층도 다수 집거하고 있는데, 바로 이 점이 중국동포 젊은 층들이 가리봉동을 기피하는 원인이기도 하다.

서울시는 2014년 12월에 도시재정비심의를 열어 최종적으로 '가리봉 균형발전촉진지구' 지정을 해제했고, 가리봉동 일대는 낙후지역으로 분류되어 도시재생 사업이 실행되고 있다. 2015년 7월 1일 도시재생 활성화 및 특별 법안이 개정되었고, 과욕의 도시개발로 인한 시행착오를 도시재생사업으로 교체했다. 가리봉동의 지역 활성화를 추진한다는 입장에서 구로구는 서울시와 함께 구로구 직원과 전문가, 활동가 등이 상주하고 있는 가리봉동 '현

표 1-32 우마길 상점 현황

내용	개수
식당	30
노래방	15
커피, 호프점	17
마사지	4
PC방	3
당구장	1
콜라텍	1
노래방	2
화장품가게	2
이·미용실	3
휴대폰	6
잡화점	12
계	94

그림 1-67 우마길에서 술을 접할 수 있는 상점들

장소통마당'[34]을 운영해왔으며, 2017년부터는 소통마당 대신에 도시재생센터를 운영하고 있다. 〈표 1-33〉은 2016년까지의 가리봉동 도시재생의 추진 경위다.

표 1-33 가리봉 도시재생 추진 경위

2015년	2015. 1. 20.	재생 주민설명회
	2015. 2. 2.	현장소통마당 개설
	2015. 2. 5.	주민활동가 첫모임
	2015. 3.	주민활동가 조별모임/탐방
	2015. 3.	재생학교 1기 교육
	2015. 5.	국토부 재생사업 공모신청
	2015. 9. 1.	재생학교 2기 교육
	2015. 8~9	주민홍보 모집
	2015. 9. 23.	주민협의체 창립, 대표 선출
	2015. 9~10	주민협의체 운영위원회
	2015. 10. 23.	서울시장 방문
	2015. 11. 17.	활성화계획 주민설명회
	2015. 12.	활성화계획 주민설명회 및 워크숍
2016년	2016. 2. 22.	주민협의체 분과 구성(3개 분과)
	2016. 2. 29.	국토교통부 제1차 관문 심사
	2016. 4.	재생학교 3기 교육
	2016. 6. 30.	국토교통부 제2차 관문 심사
	2016. 7. 6.	서울시 구로구청 행정협의회
	2016. 7. 20.	주민공모 사업공모
	2016. 8. 18.	주민공모 사업 심사
	2016. 8. 19.	앵커임시활용 전시 오픈식

출처: 박려정, 70쪽

34) 개소 초기에 6개월 동안 다녀간 주민 수는 1천여 명, 제시된 의견은 200건이 넘었고, 관심 있는 주민은 살기 좋은 가리봉동으로 만들어주길 소망했다. 가리봉동은 현재 주민참여형의 도시재생을 실행하고 있으며, 가리봉 주민의 삶터를 더 아름답게 개선하고 살기 좋은 가리봉을 만들기 위한 취지로 추진되고 있다. 초기에는 의견들도 많이 내주었지만, 주민의 참여는 점점 미미해져가고 있으며 대체로 몇몇 건물소유주들을 주축으로 힘겹게 이어가고 있다. 박려정, 64쪽.

표 1-34 앵커시설에 들어갈 시설(운영주체)

A동	B동
게스트하우스	도시락카페
창의학교(공동작업장)	라디오방송국
한중문화학당	재능극장(공연, 연습장)

가리봉 도시재생센터는 2017년에 제4, 5기 재생학교를 연속적으로 가졌으며, 2개의 앵커시설[35]에 들어갈 운영주체 6곳을 선정했다. 〈표 1-34〉는 A동과 B동에 들어설 시설들이다.

이 중 A동의 한중문화학당과 B동의 라디오방송국은 지역주민이 아니라 외부 전문가가 참여하는 형태였는데, 아쉽게도 2018년 라디오방송국이 참여를 포기했다. 또한 마을주민이 주체인 재능극장도 사업을 포기한 상태다. 새로운 시설(운영주체)이 준비되고 있는데, 결과적으로 한중문화학당만이 가리봉도시재새생사업의 공익성에 맞춘 시설이 될 전망이다.

2018년 4월부터 서울시 주거재생과는 8월에 완공되는 가리봉도시재생협동조합(GRC)을 위한 정관 제정과 운영주체의 사업내용을 협의하기 위해 주민협의체 및 GRC 운영주체들과 매주 수요일 정기모임을 가져 왔다. GRC 내의 운영주체들은 별도의 협동조합을 결성하는 대신에 하나의 마을기업으로 통합되고 있는데, 마을기업은 기업인만큼 수익성을 고려해야 하지만 공익성도 고려해야 하는 것이 정관 62조의 내용이다. 한중문화학당은 연구자와 지역주민의 모임으로 가리봉동을 다(多)가치 서울의 명소로 만들어간다는 비전을 갖고 있으며, 새로운 도시재생사업은 지역의 역사성과 문화자산 등의 소프트웨어의 발굴·활용을 핵심 요소로 해야 한다는 믿음 아래 사업을 준비·추진하고 있다.[36] 이런 견지에서 한중문화학당은 2017 구로구 도시재

35) 서울시는 1970년대 구로공단 근로자들의 숙소였던 벌집주택 2곳(125-8번지 132.66㎡, 105-10번지 53.32㎡)을 매입했으며, 2018년 8월과 11월에 개원할 목표로 리모델링 공사가 진행 중이다.

36) 박종웅, 「2018 도시재생 뉴딜 시범사업 문화영향평가」(『문화관광 인사이트』 제116호, 문화관광연

생센터 주민공모사업에 가리봉 스토리 개발을 위한 가리봉 텔러(Garibong teller) 사업을 시행하면서 결성되었고, 가리봉동 · 가리봉 중국동포타운 위키백과와 문화지도 「가리봉 아세요?」를 제작했다.

한중문화학당은 다시 2018년 구로구 도시재생센터 주민공모사업(가리봉 텔러 2)에 선정되었는데, 2017년에 이어 2018년에도 『동포세계신문』, 한국외국어대학교 융복합콘텐츠연구센터(구명 글로벌문화콘텐츠연구센터)와 공동으로 가리봉텔러 2 사업을 시행했다. 2018년에 수행된 가리봉텔러 2 사업은 다음과 같이 세 가지 사업을 추진했다. 첫 번째 사업은 가리봉 스토리북/포스터 제작인데, 그 성과물로 『가리봉 사람 가리봉 이야기』 소책자를 간행하고 구술자 4인의 삶을 한눈에 볼 수 있는 포스터를 제작했다.

두 번째 사업은 스토리뱅크 업그레이드 구축사업인데, 2017년에 구축

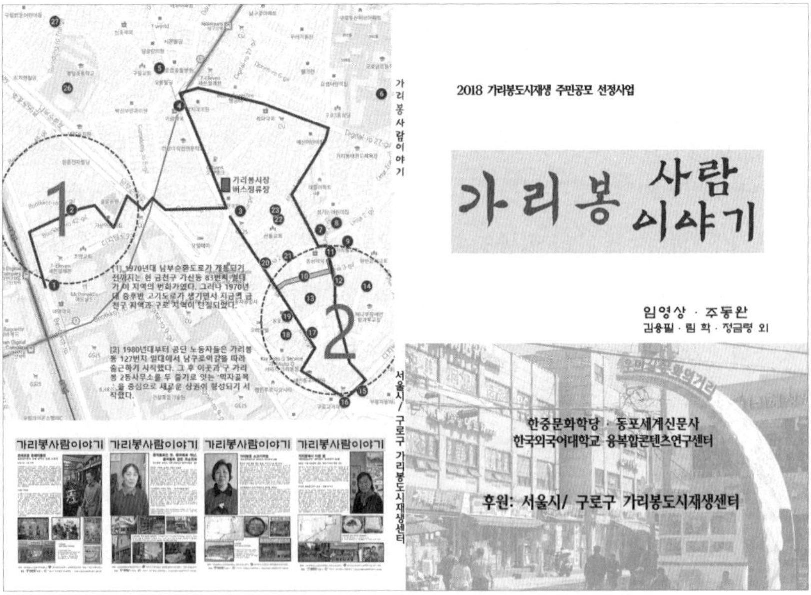

그림 1-68 『가리봉 사람 가리봉 이야기』 표지(뒷면 하단은 구술자 4인의 포스터)

구원, 2018).

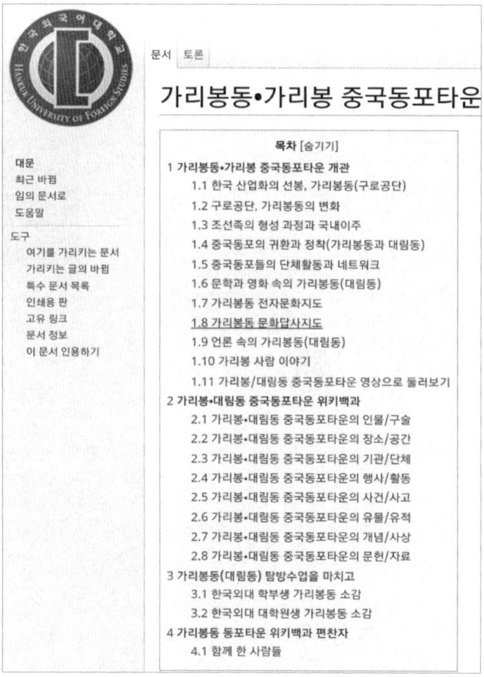

그림 1-69 가리봉동 · 가리봉 중국동포타운
출처: 위키백과(wiki.hufscon.com)

한 가리봉동 · 가리봉 중국동포타운 위키백과를 업그레이드한 것으로, 가리봉동 전자문화지도, 가리봉동 문화답사지도, 언론 속의 가리봉동(대림동), 가리봉 사람 이야기, 가리봉동/대림동 중국동포타운 영상으로 둘러보기 등이 추가되었다. 〈그림 1-69〉 1.7부터 1.11까지다. 특히 1.8 가리봉동 문화답사지도인 「함께 걷는 가리봉」은 휴대하기에 편리한 팸플릿(그림 5)으로 제작되었으며, QR코드를 통해 바로 스마트폰으로 가리봉동 · 가리봉 중국동포타운 위키백과로 연결되어 탐방하면서 활용할 수 있도록 만들었다.

세 번째 사업은 가리봉텔러 양성 방안 모색을 위한 열린토론회로 2018년 11월 16일 가리봉 우마길(연변거리)에 새로 입주한 가리봉 도시재생센터(가리봉 행복마루)에서 개최되었다. 이날 발제는 한국외국어대학교 주동완 · 임영

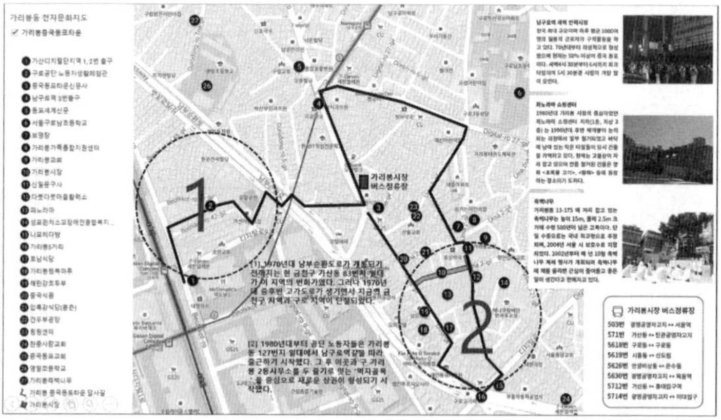

그림 1-70 가리봉동 문화답사지도 팸플릿 「함께 걷는 가리봉」과 전면 가운데 하단의 QR코드

상 교수의 "가리봉 명소화는 어떻게?"였으며, 지역주민과 구로구 관계자 등이 참석하여 토론을 전개했다.

비영리단체인 한중문화학당의 사업은 지역주민의 요구(생활외국어와 문화예술 교실)와 중국동포(한국에 유학 중인 외국인학생 포함) 및 일반시민을 대상으로 하는 가리봉 아카데미 등 3개 분야로 사업 방향이 정해졌다. 먼저 생활외국어 교실은 지역의 한국인을 위한 중국어 교실과 가리봉동의 새로운 구성원으로 그 수가 크게 늘어나고 있는 한족 중국인을 위한 한국어 교실이다. 문화예술 교실은 서예와 생활명상, 그리고 중국동포 노년세대를 고려해 중국 국가배우 출신 배우를 초청하는 연극[三老人] 공연 등이다.

한중문화학당이 역점을 두고 있는 가리봉 아카데미 사업은 한국에 정착하고 있는 중국동포가 한국거주에 대한 자긍심 향상과 한민족의 공동의 가치 인식을 공유하는 데 도움이 될 수 있는 현장탐방 위주의 교육프로그램이다. 중국에서 자라고 교육을 받은 중국동포는 한국에서 중·고교를 나온 한국인과의 대화에서 공감대를 형성하는 데 어려움이 많다. 한국인이라면 누구나 알고 있는 기초적인 한국 역사와 문화, 가요 등에 대한 이해부족 때문이다. 이러한 점을 감안하여 한국의 중·고등학교 역사·국어·음악 교과서에 나오는 가요와 역사 주제 및 문학작품을 금요일 밤에 함께 배우고 토요일에 박물관/기념관/문학관을 탐방하는 프로그램이다. 〈표 1-35〉는 한중문화학당

표 1-35 한중문화학당의 사업계획서 개요

운영형태	협동조합		
사업의 정의	○지역주민을 위한 외국어(중국어-한국어) 및 문화예술(서예-연극) 교실 ○중국동포와 지역주민을 위한 가리봉 아카데미(여행콘텐츠 개발, 마을해설사 양성) ○가리봉 스토리 개발의 토대가 되는 플랫폼(문화지도, 위키백과) 구축 및 지역주민/중국동포 가족 이야기(소책자, 사진 스토리텔링) 제작		
사업목적	○중국동포와 지역주민이 더불어 사는 사회통합 실현에 기여 ○한국사회 이해 증진과 문화적 소통의 사다리 역할에 기여 ○중국동포의 한국 거주에 대한 자긍심 향상과 한민족의 공동 가치 인식 ○일반시민에게 중국동포사회 문화 이해 및 교류 증진 촉진		
사업대상	○가리봉동 외 서울 서남권 지역주민과 중국동포, 한족 중국인 ○가리봉동의 가치를 인정하는 일반시민과 재외동포 ○한국 체류 외국적 동포와 재한 유학생		
기대효과	○가리봉동 거주 지역주민과 중국동포의 화합과 자긍심 기여 ○70만 중국동포의 한국 정착에 기여할 수 있는 사회문화적 소통 증진 ○'범죄도시'가 아닌 '다(多)가치 서울의 명소'로서 가리봉동의 이미지 제고		
관련사례	~ 아래의 구로구 사회적 경제상품 ~ ○「역사문화콘텐츠 개발 및 교육」 사업의 (주)도토리문화학교(02-6326-6769) - 역사문화 콘텐츠 기획 및 개발 - 마을탐방 및 역사문화 체험 프로그램 - 문화컨설팅 - 지역의 역사문화자원 조사		
사용건물	앵커시설 A동(가리봉 행복마루)	사용면적	약 10평 내외

이 2019년 3월부터 시행할 예정인 사업계획서의 전체 개요다.

한중문화학당이 2019년 봄부터 가리봉 아카데미 시범사업을 통해 함께 공부할 작품과 탐방할 문학관은 심훈의 『상록수』와 안산 최용신기념관, 황순원의 「소나기」와 양평 소나기마을, 윤동주의 「서시」·「별헤는 밤」과 종로 윤동주문학관 등이다. 역사주제와 탐방할 박물관은 한민족 이주와 대한민국역사박물관, 독립운동사와 천안 독립기념관, 한국민속과 국립민속박물관 등이다.[37)]

2) 대림동 중국동포사회와 중국동포한마음협회

대림동, 특히 대림2동은 국내에서 가장 대표적인 중국동포 밀집지역으로 부상했다. 중국동포를 고객으로 하는 각종 상가, 식당, 예식장, 여행사, 직업소개소 등이 집중되어 있어 '중국동포타운'을 넘어 '중국동포의 수도'라는 애칭에 손색이 없는 상태가 되었다. 이제 대림동에서 중국동포는 인구뿐만 아니라 중국동포의 자본, 기술, 문화, 정보, 그리고 각종 단체로 인해 지역경제의 주체가 되었을 뿐만 아니라 중국동포 사업가[38)]의 중심지가 되었다. 이와 함께 2016년부터 서울시(영등포구)의 지원을 받아 대림동 중국동포사회를 알리는 프로그램을 진행하다가 마침내 2017년 가을에는 지역활성화를 위한 방안으로 한중 문화주간축제를 개최하기도 했다.

국내 최대 규모의 에스닉타운인 대림동은 중국동포타운 또는 차이나타운이라고도 불린다. 명칭에 걸맞게 대림동에는 사람과 단체, 문화, 교육, 경제 등 다양한 에스닉 자원을 갖고 있다. 중국인, 중국동포 예술인이 많을 뿐만 아니라 두만강예술단, 재한동포문인협회, 아리랑난타, 민들레사랑예술단

37) 이는 다음에 소개할 중국동포한마음협회 등이 주관하여 1박2일 프로그램으로 시행하고 있는 '재한중국동포 역사교육 문화탐방'과 유사하면서도 차별적이다.

38) 이 점에서 박우의 박사학위논문(『재한 "조선족" 집거지 사업가에 대한 사회학적 연구: 시민(권)적 지위와 계급적 지위의 상호작용을 중심으로』)은 주목할 만한 역작이다.

등 문화예술과 관련된 단체들도 여럿 있다. 또한 KC동반성장기획단, 재한동포교사협회 같은 교육 관련 단체들이 지역 아동 및 동포 자녀들을 위한 중국어교육, 중국문화학습을 운영하고 있고 중국동포한마음협회 산하 한마음봉사단, 대림동다문화부녀회 등 봉사단체들이 지역의 청결과 지역주민과의 기초질서 마찰 해소 등을 위해 노력하고 있다. 아울러 한중창업경영협회, 한중무역협회 등 동포 경제 관련 단체들은 창업아카데미, 무역아카데미, 중국동포 비상을 위한 경제아카데미, 중국 자본의 투자유치, 한국 중소기업 제품의 중국 수출 등 한중경제교류 관련 활동을 활발히 진행하고 있으며 중국동포한마음협회, 한민족연합회, 재한동포총연합회, 재한동포연합중앙회, 재한중국동포축구연합회, 재한동포배드민턴협회, 재한동포제기연합회, 재한동포장기연합회 등 단체들은 지역주민과 함께하는 민속축제, 스포츠대회를 정기적으로 개최하고 있다. 또한 동북아신문, 한중포커스신문 등 중국동포 언론사들이 있어 이들의 문화를 계승 · 발전 · 홍보하기도 한다. 이러한 대림동이 가지고 있는 에스닉 자원들을 잘 활용하여 대림동이 문화, 교육, 경제, 관광을 통한 지역 활성화를 위해 꾸준히 활동하고 있는 중국동포한마음협회를 소개하고자 한다.

지하철 2호선과 7호선이 만나는 대림역 8번, 12번 출구에서 한국인은 밖으로 나오자마자 한국 그 어디와도 확연히 다른 분위기를 느끼게 된다. 길게 뻗은 상가에 '연변냉면', '중경(重慶)반점' 등의 간판이 중국어와 함께 쓰여 있다. 서울에서 가장 번화한 '중국인 거리'임을 실감케 한다. 중국 길림성의 중국동포 집단 거주지역인 연변에 와 있는 듯한 착각을 일으킬 정도다. 대림동은 1, 2, 3동으로 구분되는데 이 3개 동을 중심으로 영등포구에 5만 6,227명의 중국동포가 거주하고 있으며, 이는 영등포 전체 인구의 14.7%를 차지한다. 동별로 중국동포가 가장 많이 거주하는 지역은 대림2동으로서 1만 5,610명의 주민 중 중국동포가 1만 4,145명으로 무려 90.6%를 차지한다. 그다음으로 대림3동(7,090명), 대림1동(5,417명) 순으로 거주 중이다. 대림2동은 국

그림 1-71 각종 가게들이 운집해 있는 대림역 8번 출구와 12번 출구

내에서 가장 대표적인 중국동포 밀집지역이다. 실제 거리에서 만나는 중국인 수는 한국인보다 더 많아 보인다. 수도권 기타 지역에 사는 중국인 및 중국동포가 대림동에서 모임을 갖는 경우가 많기 때문이다.[39]

또한 이런 공식 통계는 실제 모습과 차이가 있는데, 그 이유는 공식적으로 등록하지 않고 살고 있는 외국인이 매우 많기 때문이다. 실제로 이 지역을 지날 때 마주치게 되는 길거리의 사람들 대부분은 중국동포라고 할 수 있을 정도로 그 비율이 매우 높다. 특히 토요일 오후나 일요일이 되면 서울, 경기지역의 중국동포가 사람들을 만나기 위해 이곳으로 오기 때문에 이곳 중국동포의 표현에 따르면, "길거리가 발 디딜 틈 없이 많은 사람들로 꽉 차게 된다." 특히 '대림역 12번 출구'는 중국에 있는 중국동포도 잘 알고 있을 정도로 사람들이 많이 찾는 장소다.[40]

법적 지위, 즉 체류자격이 안정화되고 가족단위로 거주하는 이들이 많

39) 김용선, 38쪽.

40) 대림동에는 30개의 중국식품점과 60여 소의 여행사(행정사), 700여 소의 중국 음식점 및 미용실, 환전소, 노래방, 주점, 웨딩홀, 클럽, 사우나, 휴대폰매장, 부동산중개업체, 상조회사, 언론사, 당구장, PC방, 학원, 은행, 전화방, 한의원, 안마원, 직업소개소, 컴퓨터전문점, 커피숍, 건강원, 도매업체 등이 있어 큰 상권을 형성하고 있다. 중국동포 음식뿐만 아니라 쇼웨이야붜(小魏鴨脖), 꿔챠우미쌘(過橋米線) 등 중국 각 지역 대표 음식들을 다 맛볼 수 있고 심지어 24시간 영업하는 마라탕(麻辣燙) 상권도 형성돼 있다. 이 중 쇼웨이야붜는 전국에 30여 개의 체인점을 낼 정도로 프랜차이즈 사업에도 진출하고 있다.

아지면서 재한중국동포들은 경제적 여유와 심리적 안정을 가지기 시작했다. 이에 따라 각종 가족모임, 친척모임, 고향모임, 친구모임, 동창모임, 잔치, 단체행사 등 수많은 모임이 교통이 편리하고 먹을거리도 많고 대형 음식점도 많은 대림동을 찾는다. 대림동에는 한국에서 가장 큰 중국동포 상가가 형성되어 있어 중국동포에게 필요한 각종 정보와 서비스가 많기 때문에 이곳에 거주하지 않는 외부의 중국동포도 자주 찾아온다. 특히 주말에는 위와 같은 각종 모임이 이곳에서 벌어지기 때문에 매우 많은 유동인구가 드나든다.[41)]

기존 중국동포가 운영하는 여행사들은 대부분 여행사라기보다는 친척초청, 비자대행, 외국인등록증 대행 등 행정사에 가까운 출입국 서류대행 업무만 보았다. 하지만 최근에는 제주도 등 한국 내 관광뿐만 아니라 동남아관광, 일본관광 등 여행패키지 상품을 파는 여행사들도 많이 생겨났다. 중국동포가 산업현장에서 돈만 버는 것이 아니라 문화생활을 할 수 있는 여유와 경제적 능력을 갖추기 시작했다는 방증이다.

대림동의 또 하나의 특징이라면 중국동포의 결혼식, 돌잔치, 칠순잔치 등 각종 잔치가 많다는 것이다. 동북3성, 북경(베이징), 상해(상하이) 등 중국 국내에서 거주하고 있는 중국동포 젊은이라도 부모나 친척 대부분이 한국에 있어 메인 결혼식을 한국의 대림동에서 하는 경우도 많다. 따라서 구멍가게들만 있던 대림동에는 근년 연변웨딩홀, 쿤룬웨딩홀 등 중국동포가 운영하는 여러 업체들이 생기면서 지역 웨딩홀들과 경쟁하고 있다. 중국동포 젊은이들이 많아지면서 당구장, PC방, 미용실, 학원, 휴대폰매장 등 업체들도 눈에 띄게 증가하고 있다.

중국동포가 어디에 가나 가장 많이 운영하는 업체가 양꼬치집이다. 이 글의 저자 중에서 김용선이 2009년과 2010년 두 번에 걸쳐 전국 골목골목을 다니면서 중국인 상가 조사를 한 자료에 의하면, 2010년 9월 당시 전국

41) 김용선, 40쪽.

2,000여 소의 중국인 업체 중 음식점이 70% 이상을 차지하고 그중 양꼬치집이 30% 이상을 차지했다. 수도권을 제외한 지방에 가면 그 비율이 70% 이상이다. 대림동에 본점을 둔 '신강양꼬치'의 경우, 한국 고객만 있는 마포역 부근에 지하 1층, 지상 2층 규모로 분점을 오픈하여 대박이 난 경우도 있다. 기존 자장면을 대표로 하는 중화요리가 있었다면, 현재는 양꼬치가 현대 중국 본토 외식업 중 가장 성공할 가능성이 있는 대표 음식으로 부상하고 있다. 최근에는 한국 프랜차이즈 업체들도 양꼬치 사업에 뛰어들어 전국에 1,030여 소의 양꼬치집이 있는 것으로 파악되고 있다.

중국동포 상권의 형성과 인구 유동량이 증가하면서 대림동에는 중국공상은행, 중국은행 등 중국계 은행도 입점하게 되었고 한국계 은행인 하나은행은 아예 중국동포 직원들을 고용하여 간판도 중국어로 걸고 중국인 고객만을 대상으로 영업하는 대림동출장소를 개점하기도 했다.

이곳의 상권은 한국인 상가와 중국인 상가가 나누어져 있다. 상가 거리의 양편으로 수년에 걸쳐 형성된 이들 지역을 중국동포는 '제2의 고향'이라고 부를 정도로 이곳은 중국동포를 이해하는 데 매우 중요한 공간이다. 하지만 한국인 주민은 같은 동네에 살면서도 중국인 식당에 잘 가지 않는다. 중국동포 또한 주로 중국동포, 특히 자신의 중국 고향 이름을 내건 음식점을 주로 이용한다. 경로당의 경우 또한 마찬가지다. 이곳에는 한국 국적을 회복한 많은 중국동포가 거주하고 있지만, 이들은 한국인 경로당에 다니지 않고 별도로 경로당을 만들어 모임을 갖고 있다.[42]

대림2동에서 시작된 중국동포 상권은 대림1동과 3동은 물론, 그 주변에 있는 구로동, 가산동, 신길동, 영등포동, 신도림동, 신대방동, 신림동 등 지역으로 확산되면서 서울 서남부 5개 구를 아우르는 거대 상권으로 부상하고 있다. 대림2동을 비롯한 중국인이 밀집하여 거주하는 지역에 사는 사람의 대

42) 김용선, 42쪽.

부분은 중국동포다. 대림2동에도 소수의 한족이 거주하고 있지만, 대부분의 중국인은 중국동포다. 그럼에도 불구하고 이 지역을 비롯하여 위에 소개된 이른바 '동포타운'은 주로 '중국인이 모여 사는 곳' 혹은 '중국인의 거리'라고도 불린다.[43)]

경제 여건에 따라 중국인 거주지역도 변화하고 있다. 처음 한국에 온 중

표 1-36 대림동 중국동포(중국인) 상권 현황표

내용	1동	2동	3동	계
중국음식점	42	221	94	357
중국식품점	7	20	3	30
여행사, 행정사	6	32	23	61
환전소	4	35	13	52
직업소개소		15	14	29
중국계 은행			1	1
PC방		11	5	16
노래방	2	32	27	61
당구장		7	7	14
커피숍		4	1	5
웨딩홀		1	1	2
화장품가게	1	4	8	13
휴대폰가게	2	31	5	38
물류회사	6	20	15	41
단체	2	6	3	11
언론사	1	5	1	7
학원	11	4	14	29
계	84	448	235	767

43) 대림동 중국동포의 주거지는 많은 경우 보증금 100만 원에 월 35만 원 혹은 보증금 500만 원에 월 25만 원의 월세방이다. 대림2동의 경우 이곳의 옥탑방, 지하 및 반지하방, 그리고 작은 규모의 방들은 거의 모두 중국동포가 세를 들어 있다. 그런데 최근에 경제력을 갖춘 중국동포가 늘어나면서 5,000만~2억 원의 전세뿐만 아니라, 아파트를 사는 경우도 늘어나고 있다. 그런데 주거 형식에서 또 하나 중요한 현상은 같은 집에 사는 한국인과 중국동포가 서로 마주치지 않고 살아간다는 점이다. 그뿐만 아니라 중국동포 사이에서도 이웃을 서로 알고 지내는 사람이 많지 않다.

국인은 비교적 집값이 저렴하고 한국사회에 대한 정보를 쉽게 얻을 수 있는 가리봉동이나 대림동을 선호하고 이후 돈을 벌면 사당, 방배, 성북, 강동, 서대문, 동대문, 심지어 강남 등으로 이전하는 경우가 많아지고 있다. 한국인 사회로의 진입을 꿈꾸는 것이다. 또한 최근 한국에서 자녀를 낳거나 중국에 남아 있던 자녀들이 한국에 입국하는 경우가 많아지면서 지역 한국 학교에 입학하는 경우가 많아졌다. 구로초등학교 올해 신입생의 경우 30% 이상이 중국동포 자녀이고, 대림동에 있는 대동초등학교 같은 경우 최대 70% 이상이 중국동포 학생이라고 한다. 어린이들이 많아지면서 재한중국동포사회는 한국어가 아닌 중국어를 배우지 못하는 새로운 문제가 대두되고 있다.[44]

〈표 1-36〉은 김용선 저자가 2017년 7월 23~25일 현장조사를 통해 얻은 자료다. 〈표 1-36〉에서 볼 수 있듯이, 대림동은 명실상부한 국내 최대 규모의 에스닉타운이라 할 수 있겠다. 총 357개소의 음식점을 비롯하여 중국식품점, 여행사, 행정사, 환전소, 직업소개소, 중국계 은행, 중국식 PC방, 노래방, 당구장, 그리고 중국동포 젊은이들을 위한 웨딩홀, 중국인을 위한 화장품가게, 휴대폰가게, 물류회사, 문화예술단체를 포함한 각종 동포단체, 언론사, 학원 등 총 767개소의 업체들이 들어서 있다. 이러한 업체들은 중국 및 중국동포의 음식문화, 전통문화예술, 경제 등 인적 · 문화적 · 장소적 자원으로서 대림동만의 에스닉자원을 형성해 이를 기반으로 하는 대림동 지역발전에 크게 기여할 수 있겠다.

대림동 중국동포타운의 중국문화, 중국동포문화 및 기타 이주민 문화는 지역 발전의 자산으로 활용될 여지가 많다. 특히 중국의 성장과 더불어 중국어와 중국문화에 대한 수요가 높고 한국과 중국 사이의 인적 및 물적 교류가 지속적으로 증가할 것이라는 전제하에 중국동포 밀집지역은 한국과 중국의 경제문화교류의 중심지로 성장할 가능성이 높다. 그러나 이러한 계획은 근

---

44) 김용선, 43쪽.

시안적인 사업으로는 달성하기 어렵다. 중장기적인 방향을 설정하고 지속적으로 계획을 추진해나갈 때 가능하다.

2006년 6월에 설립된 중국동포한마음협회(이하 한마음협회, 초대 회장 이림빈, 2기 회장 문경철, 3기 회장 김용선)는 국내 중국동포 단체 중 가장 오래되고 규모가 가장 크며 가장 활발히 활동하는 단체 중 하나다. 결성 초기 산하에 축구단 하나로 시작한 한마음협회는 2018년 현재 한마음축구단, 한마음세중축구단, 한마음봉사단, 한마음마미재능나눔회, 한마음산악회, 한마음배드민턴클럽, 한마음골프클럽, 한마음배구단 등 8개 산하단체에 온라인 회원 포함 4,500여 명의 회원을 둔 재한동포사회의 대표 단체로 거듭났다.

봉사, 친목 성격이 강한 한마음협회는 재한중국동포사회의 트렌드에 맞춰 대림동을 중심으로 정착 지원, 경제력 상승, 사회통합 등 관련 활동을 주도하고 있다. 산하 한마음마미재능나눔회를 중심으로 동포 자녀들을 위한 한국어, 중국어 이중언어 교육을 정기적으로 조직하고 있으며 서울시 지원 프로그램인 '동포 어린이 미디어밴드' 프로그램을 운영하여 한국 정착에 도움을 주고 있다. 또한 학부모들을 대상으로 한 학부모교육을 실시하고 '한마음마미난타팀'을 결성하여 한국의 교육시스템을 알고 다채로운 한국생활을 할 수 있도록 노력하고 있다.

전 연령대로 구성된 산하 한마음봉사단은 매달 대림동 길거리청소 봉사와 중증장애인재활센터 봉사 등 지역사회를 위한 봉사활동을 월 2회씩 정기적으로 진행하고 있으며, 연말이면 회비를 모아 지역사회를 위한 '사랑의 연탄 나눔 봉사'도 8년째 이어오고 있다. 주로 20~30대로 구성된 산하 한마음축구단과 한마음세중축구단은 재한중국동포축구 리그대회와 컵대회에 참가하고 있으며 여러 지역대회와 다문화 초청경기에서도 우수한 성적을 기록하고 있다. 또한 자체 프로그램인 '한마음 회장컵 축구대회'와 '세중컵 축구대회'를 매년 주최하고 있다.

20~50대로 구성된 산하 한마음산악회는 동포사회 최대 규모의 산악단

체로서 매달 정기산행과 원정 산행을 조직하고 있으며 그 규모가 날로 커지고 있다. 20~40대로 구성된 산하 한마음배드민턴클럽은 매주 정기활동을 조직하고 있으며 지역대회에 선수단을 파견하고 '재한중국동포 배드민턴대회'도 7년 연속 주최 · 주관하고 있다. 역시 20~40대로 구성된 산하 한마음배구단은 매주 정기활동과 더불어 국내 여러 기관에서 조직하는 각종 아마추어 대회에 참석하고 있으며 '재한중국동포 배구대회'를 주최하기도 한다.

국내 체류 동포 사업가들로 구성된 산하 한마음골프클럽은 현재 국내 유일의 중국동포 골프모임으로서 체류안정과 경제규모의 확대와 더불어 회원 수가 급속히 증가하고 있다.

협회 차원에서는 이러한 산하단체 활동을 지원하는 역할을 하는 동시에 KC동반성장기획단, 한중무역협회, 한중창업경영협회, 민들레사랑예술단 등 동포단체들과 함께 정착 지원을 위한 '재한중국동포 역사교육 문화탐방', '재한중국동포 낚시대회', '동포자녀 문화프로그램' 등을 운영하고 있으며, 동포 경제력 향상을 위한 '재한중국동포 창업아카데미', '재한중국동포 무역아카데미', '재한중국동포 경제아카데미' 등 교육사업과 '한중민간경제교류회', '중국동포 창업지원 프로그램' 등을 주최 · 주관하고 있다. 동시에 지역사회와의 소통, 화합, 공동발전을 위한 사회통합 사업으로 '지역주민과 함께하는 한마음 체육대회'를 10회 주최했고 역시 지역주민과 함께하는 '민요노래자랑', '대림동 합동 청소봉사', '중국동포 이주사진전', 내국인 대상 '대림동 중국문화 체험프로그램', '대림동 한중문화축제', '한중문화예술축제' 등 각종 소통프로그램을 공동 운영하고 있으며, 산하단체 행사와 활동을 포함하면 연간 400회 이상의 활동을 주최 · 주관하고 있다.

이러한 동포사회와 지역사회를 위한 노력을 통해 동포사회의 정착, 경제 발전, 사회통합은 물론, 대림동 문화, 교육, 관광, 한중경제교류 등 방면의 지역활성화를 위한 부문에서도 큰 역할을 하고 있다.

4. 맺음말

한국 입국 초기부터 중국동포는 서울을 비롯한 수도권 지역 거주를 선호했다. 서울에 거주하는 중국동포는 주로 학업, 서비스업, 일용직, 판매직, 전문직 등에 종사하는 경우가 많은 반면, 경인지역과 지방에는 제조업과 농수산업에 종사하는 동포가 많이 거주한다. 인천시 부평, 경기도 일산, 포천, 안산시 원곡동, 시흥시 정왕동, 수원시 팔달구, 성남시 수진동, 화성시, 충남 천안시 그리고 지방의 김해시, 구미시, 울산시, 광주시, 영암군, 음성군 등의 지역에는 크고 작은 중국동포 집거지가 형성되어 있다. 지역의 경제특성에 따라 조선업, 농축산업, 기계제조업, 전자제조업 등에 종사하면서 점차 정착화하고 있는 상황이다.

오늘날 재한중국동포사회는 체류자격의 안정화와 한중경제문화교류의 확대로 인해 정착, 경제력 상승, 사회통합이라는 3대 트렌드를 형성하고 있다. 그리고 재한중국동포사회, 특히 구로구 가리봉동과 영등포구 대림동 등 서울 서남권 중국동포사회는 단순히 중국동포의 집거지에 머물지 않고 지역발전의 주체로서 자리매김하고 있다. 구로구 가리봉동은 2003년 11월 '가리봉 균형발전촉진지구(재개발)'로 지정되어 10년 동안 개발 지연과 함께 건축허가가 제한되어 기반시설 등의 방치로 서울에서 가장 낙후한 지역으로 전락한 바 있으나, 2014년 12월에 '가리봉 균형발전촉진지구' 지정이 해제된 후 도시재생사업이 실행되고 있다. 가리봉도시재생협동조합의 한 주체로 참여하고 있는 한중문화학당은 가리봉동을 비롯한 서남권 중국동포사회의 한국사회 정착에 유의미한 사업을 준비하고 있다. 초·중등학교를 한국에서 다니지 못한 중국동포에게 중등학교 역사·국어·음악 교과서에 나오는 주요 주제와 인물, 문학작품, 가요를 가르쳐주고, 주말에는 관련 박물관, 기념관, 문학관 등을 탐방하는 역사문화여행 콘텐츠를 개발하여 시행하고 있다.

영등포구 대림동은 국내에서 가장 대표적인 중국동포 밀집지역으로 부상했다. 중국동포를 고객으로 하는 각종 상가, 식당, 예식장, 여행사, 직업소개소 등이 집중되어 있어 '중국동포타운'을 넘어 '중국동포의 수도'라는 애칭에 손색이 없는 상태가 되었다. 이제 대림동에서 중국동포는 거주인구뿐만 아니라 중국동포의 자본, 기술, 문화, 정보, 그리고 각종 단체로 인해 지역경제의 주체가 되었을 뿐만 아니라 중국동포 사업가의 비즈니스센터가 되었다. 재한중국동포사회의 최대 민간단체인 중국동포한마음협회는 다른 동포단체들과 협력 속에서 2016년에 서울시(영동포구)의 지원을 받아 대림동 중국동포사회를 알리는 프로그램을 진행했으며, 2017년에는 지역활성화를 위한 방안으로 한중 문화주간축제를 개최하기도 했다.

대림동의 발전 및 성공 여부는 직간접적으로 재한중국동포사회의 성패와 관련되며, 나아가 국내 외국인 밀집지역의 발전방향과도 연관된다. 또한 지역사회와의 화합과 공존, 공동발전을 위한 모델을 제시하고 지금까지 단점으로 여겨진 부분들을 승화하여 장점으로 작용하게 하고 교육, 문화, 경제, 관광 등 다양한 분야의 발전을 통한 지역 활성화를 이끌 수 있다. 특히 중국어 인프라 활용을 통한 중국어마을, 중국어특성화학교, 중국어 체험 프로그램 운영은 지역의 경쟁력을 향상시킬 수 있으며 대림동을 인천 차이나타운보다 대표적인 국내 최고의 중국 및 중국어 관련 마을로 만들 수 있을 것이다.

참고문헌

김용선. 「대림동 중국동포타운 지역활성화 연구」. 한국외국어대학교 대학원. 2018.

김우경. 「재한 중국동포단체 연구: 중국 동포타운 신문기사를 중심으로」. 한국외국어대학교 교육대학원. 2015.

김현선. 「한국체류 조선족의 밀집거주 지역과 정주의식: 서울시 구로 · 영등포구를 중심으로」. 『사회와 역사』 제87호. 한국사회사학회. 2010.

박려정. 『중국동포 밀집지역 가리봉동의 도시재생에 관한 연구』. 한국외국어대학교 국제지역대학원 한국학과 박사학위논문. 2016.

박우. 「재한 "조선족"집거지 사업가에 대한 사회학적 연구 — 시민(권)적 지위와 계급적 지위의 상호작용을 중심으로」. 서울대학교 대학원 박사학위논문. 2017.

박종웅. 「2018 도시재생 뉴딜 시범사업 문화영향평가」. 『문화관광 인사이트』 제116호. 문화관광연구원. 2018.

방성훈 · 김수현. 「한국계 중국인 밀집주거지의 분화에 관한 연구: 서울시 가리봉동과 자양동을 중심으로」. 『한국사회정책』 19(2). 2012.

옥지혜. 「재한조선족사회 문화예술단체와 활동 연구 — 중국동포타운신문, 동북아신문 기사 분석을 중심으로 —」. 한국외국어대학교 대학원. 2015.

이석준 · 김경민. 「서울시 조선족 밀집지 간 특성 분석과 정책적 함의」. 『서울도시연구』 15(4). 2014.

이장섭 · 정소영. 「재한조선족의 이주와 집거지 형성: 서울시 가리봉동을 중심으로」. 전남대학교 세계한상문화연구단 국내학술회의. 2011.

이정현 · 정수열. 「국내 외국인 집중거주지의 유지 및 발달」. 『한국지역지리학회지』 21(2). 2015.

이제선. 「주민참여를 통한 도시재생」. 이종수 편. 『한국사회와 공동체』. 다산출판사. 2008.

이화용. 『중국국적 이주자 밀집지역의 엔클레이브화와 게토화에 대한 연구: 서울시 영등포구 대림2동을 중심으로』. 이화여자대학교 대학원. 2015.

정수열 · 이정현. 「이주 경로를 통해 살펴본 출신국가별 외국인 집중거주지의 발달 과정 — 서울시 대림동 소재 중국 국적 이주민을 사례로」. 『국토지리학회지』 48(1). 2014.

강맹훈 외. 『Re-Seoul 도시재생 함께 디지로그』. 서울특별시. 2016.

서울역사박물관. 『가리봉동: 구로공단 배후지에서 다문화의 공간으로』. 서울역사박물관. 2013.

박세훈 외. 『다문화사회에 대응하는 도시정책 연구(1): 외국인 밀집지역의 현황과 정책과제』. 국토연구원. 2009.

양한순 · 박우 · 예동근 · 강주원. 『서울 거주 중국동포 실태조사 및 정책수립 연구』. 서울특별시. 2013.

『동포세계신문』 2018. 4. 20. 「서울시 행정용어 '조선족'을 '중국동포'로 쓴다」

저자 소개

임영상

2018년 2월 한국외국어대학교를 정년퇴임했다. 현재 한국외국어대학교 명예교수로 강의는 '세계의 한민족' 1개 과목만 담당하고 있다. 인문콘텐츠학회(2007.1~2008.12)와 재외한인학회(2011.2~2012.12) 학회장을 역임했으며, 외교부(재외동포분과)와 재외동포재단 자문위원직을 수행한 바 있다. 『구술생애사와 문화콘텐츠를 통해 본 고려인』(신서원, 2012), 『동북의 조선족사회와 조선족문화관』(신서원, 2015), 『한글신문 선봉을 통해 본 연해주 고려인사회의 교육과 생활문화』(금철사랑, 2017), 『한글신문 선봉을 통해 본 연해주 고려인사회의 문학과 문화예술』(금철사랑, 2017) 등 고려인과 조선족 연구서를 단독 및 공동으로 저술했으며, 『코리아타운과 한국문화』(북코리아, 2012)와 『코리아타운과 축제』(북코리아, 2015)를 국내외 전문가들과 함께 공동으로 펴냈다.

이메일: ysyim52@daum.net

김용선

2018년 2월 한국외국어대학교 대학원 글로벌문화콘텐츠학과에서 「대림동 중국동포타운 지역활성화 연구」 주제로 문화콘텐츠학 박사학위를 받았다. 한국외국어대학교 문화콘텐츠학 융합전공 강사를 역임했으며, 대림동에서 서울시(영등포구) 지원사업으로 대림동 중국문화 체험프로그램, 대림동 한중문화축제, 대림동 지역주민과 함께하는 한마음체육대회, 대림동 문화거리 만들기 프로젝트 등의 시민단체 활동을 수행했으며, 현재 재한중국동포사회의 최대 단체인 중국동포한마음협회 회장직을 맡고 있다.

이메일: longshan75@hanmail.net

8

상트페테르부르크 한국청소년문화교육센터 '난(蘭)': 한국전통공연예술 활동을 중심으로

윤희만(한국청소년문화교육센터 '난' 센터장)
양민아(한국외국어대학교 외래교수)

1. 머리말

러시아의 상트페테르부르크는 1703년 당시 황제였던 표트르 1세에 의해 설립되어 모스크바에서 상트페테르부르크로 천도되었다. 러시아 볼셰비키 혁명 이후 다시 모스크바로 천도되기까지 약 200년간 제정 러시아 시기 제국의 수도로 존재해왔다. 또한 레닌 사후 소련 시기에는 '레닌그라드'라는 이름으로 칭하던 도시로서, 현재 러시아에서는 '북방의 수도'라 부를 만큼 모스크바와 더불어 중요한 위상을 차지하고 있다. 모스크바를 정치와 경제의 수도라 부른다면, 상트페테르부르크는 문화와 예술의 수도라고 부르고 자부할 만큼 문화와 예술의 도시로서 그 자태와 위용 그리고 저력을 가진 도시다.[1]

상트페테르부르크는 3개의 유럽어가 조합된 도시명[2]에서도 나타나듯

1) 방일권. 『상트페테르부르크 — 유럽을 향한 창』. 살림지식총서. 2004 참조.
2) 라틴어 발음의 상트, 네덜란드어 발음의 페테르, 독일어 발음의 부르크의 합성어로, '성 베드로의 도시'라는 의미를 가지고 있다.

이, 유럽화된 러시아로 변모하고자 했던 당시 황제의 도시건설 목적에 철저히 부합하는 도시이다. 따라서 러시아에서 가장 유럽화되었으며, 그 외관, 도시가 걸어온 역사, 시민의 정서 등에서 여타 러시아 도시와는 확연히 구별되는 매우 독특한 도시임에 틀림없다.

1920~1930년대부터 러시아의 한인은 교육을 위해 상트페테르부르크로 이주하기 시작했다. 하지만 1937년 한인은 중앙아시아로 강제이주 당하여 이주와 민족문화 교육의 자유를 누리지 못했다. 1960~1970년대가 되어서야 한인에게 러시아의 다른 지역으로의 이주가 제한적으로 허용되었고, 한인은 주로 교육을 위해 상트페테르부르크로 이주하기 시작했다. 따라서 초기 상트페테르부르크의 한인은 양질의 교육과 직업을 얻기 위해 이주해온 고학력 전문직이 주류를 이루었다.[3)]

2004년 러시아 한인, 중국 한인, 북한 동포를 포함한 상트페테르부르크의 재외한인 수는 총 1만 2,150명이고, 대한민국 재외국민은 500여 명[4)]이던 것이 2013년에는 재외한인 1만 7,950명, 재외국민 900명[5)]으로 추산하고 있고, 2017년에는 재외한인 6,903명, 재외국민 1,059명[6)]으로 추산된다.[7)] 이들 재외한인 중에서 러시아 한인이 95%를 차지하고 있다.[8)]

3) 양민아. 「재외한인을 위한 한국전통공연예술공연의 현황과 과제연구: 러시아 상트페테르부르크 지역을 중심으로」. 『예술교육연구』 제13권 제4호. 2015. 160-161쪽.

4) 임영상·황영삼. 『소련 해체 이후 고려인 사회의 변화와 한국인』. 한국외국어대학교 출판부. 2004. 97쪽.

5) 외교통상부. 『재외동포현황』. 2013. 183쪽.

6) 외교통상부. 『재외동포현황』. 2017. 192-193쪽.

7) 2013년 이전의 재외한인 통계는 총영사관 민원자료 및 지상사협의회, 유학생회, 고려문화자치회의 추정수치였다. 2015년과 2017년 외교통상부의 『재외동포현황』에서 재외한인은 2010년에 실시한 러시아 인구센서스 수치로, 재외국민은 2015년 4월 8일자 러연방 이민청 통계를 기준으로 기재했다. 그리고 상트페테르부르크에 거주하는 재외한인의 수를 7천 명, 재외국민 911명, 2017년에는 각각 6,903명, 1,059명으로 추산하고 있다(외교통상부, 2015: 190; 외교통상부, 2017: 193). 인구센서스는 거주등록을 하지 않은 사람들과 단기방문자들은 누락되는 경우가 많기 때문에 실제 상트페테르부르크에 거주하는 러시아 한인의 수는 2013년도 추정치가 더 가까울 것이라고 생각한다.

8) 임영상·황영삼. 97쪽.

이러한 배경하에 도시의 역사로만 본다면 300년이 조금 넘는 젊은 문화의 도시인 상트페테르부르크에서 한국청소년문화교육센터 '난(蘭)'(이하 센터)은 한국문화(한국어, 전통무용, 사물놀이 등)를 러시아 한인과 현지 러시아인에게 가르치고 소개하는 공간으로서 21세기 한・러 민간문화 교류의 구심점 역할을 하고 있다. 현재까지 약 24년 동안 많은 어려움과 변화들을 겪어오며 상트페테르부르크 한인사회에서 단단한 입지를 굳히고 있다.

이 글에서는 20년이 넘는 동안 걸어온 발자취와 현재 센터의 구성 및 주요 활동, 그중 특히 문화예술 활동을 통해 러시아 소수민족으로서 러시아 한인의 민족 정체성의 구현, 그리고 한・러 대중문화 교류 차원에서 한국전통예술 문화의 교두보로서 본 센터의 역할과 의의에 대해 고찰해보고자 한다.

2. 한국청소년교육문화센터, 어떤 곳인가

한국청소년문화교육센터 '난'(이하 센터)은 러시아로 선교 활동을 나온 박효원 목사의 도움과 노력으로 1995년 10월 러시아 한인의 잃어버린 말과 문화를 되찾기 위해 9명의 러시아 한인이 모여 '한민족한글학교'라는 이름 아래 한글반으로 시작되었다. 이후 151번 학교 교감인 이나탈리야가 그 뒤를 이어 받아 2000년 상트페테르부르크시에 법인으로 정식 등록한 비영리단체(NPO)가 되어 본격적으로 활동을 시작했다. 한글반에 뒤를 이어 언어뿐만 아니라 한국문화를 배우고 싶다는 회원들의 요구에 의해 '아리랑 문화교실'을 열고, 이를 발전시켜 2001년에는 사물놀이패 '한누리'와 2003년에는 한국 무용반 '소운'을 개설했다.

정식화된 한글학교의 모습을 갖추고 나자 학생 수는 매년 늘어났고, 공부방의 모습에서 한국어와 한국문화를 교육하고 접할 수 있는 공간으로 변모했다. 2009년부터는 변두리에서 도심으로 장소를 이전하여 한국어와 한국문화에 관심이 있는 학생들의 접근성이 더욱 좋아졌다. 2010년에는 대한민국 총영사관에 한글학교로 정식 등록되었고,[9] 2016년 도심에서 벗어나 현재의 위치(오라니엔바움스카야 거리(Ораниенбаумская ул.))로 이전했지만, 가능한 도시 어디서나 접근이 용이하도록 지하철역 취칼롭스까야(М. Чкаловская) 근처로 장소를 정했다.

1) 한국어 교육

한국어 교육은 현재 매년 2회 시행되는 한국어능력평가시험을 치르기 위해 급수별로 나누어 수업을 진행한다. 반별로 문법, 발음, 읽기, 말하기 수업 등이 주 3회 진행되고, 1학기는 9월부터 12월까지, 2학기는 2월부터 5월까지 이루어진다. 또한 7월 한 달 동안 한국어능력평가시험 대비를 위해 매일 4시간씩 집중수업을 하고 있다. 초급 시험은 응시자 중 거의 100%가 합격하고, 중-고급 시험 응시자도 좋은 성적을 거두어 한국 기업 관련 업체에 취업하기도 하고 한국으로의 어학연수나 정부 장학생으로 유학을 가는 학생도 배출하고 있다.

1년(2학기) 동안 한 급을 수료하는 것을 기준으로 하여 현재 50여 명의 학생이 1~5급 반으로 나누어 공부하고 있으며, 초급(1~2급) 문법은 현지 러시아어를 구사하는 교사가 맡고, 발음, 읽기, 말하기 등은 한국인 연수생, 유학생 및 교민이 1주일에 한 번씩 나와 자원봉사로 수업을 맡고 있다.

2) 한국전통예술교육

한국어 교육 이외에도 한국전통예술을 교육하고 소개하기 위해 사물놀

9) 재외동포재단에 한글학교로 등록되어 있다가 2010년부터 상트페테르부르크 대한민국 총영사관에 등록되어 공관을 통해 재외동포재단으로부터 매년 지원금을 받고 있다.

이패 '한누리'와 무용단 '소운'이 활동하고 있다. 예전부터 매년 설날, 추석에 자체 공연을 통해 그동안 연습해온 것을 보여주었으며, 각종 대회에서 수상 경력도 쌓았다.[10] 2009년에는 한누리 단원 2명이 한국에서 활동하고 있는 전통예술단체 '살판'에서 약 1년간 전수를 받았다. '살판'에서도 여름에 직접 센터를 방문해 전수해주기도 했다. 또한 소운은 현지에서 유학생으로 있던 양민아가 7년 동안 한국무용을 가르쳐 기본과 이매방류 '살풀이춤', 김진걸류 '산조', 강선영류 '태평무', '화관무' 등 다양한 한국무용 레퍼토리를 구축했다. 또한 사물놀이와 무용뿐만 아니라 가야금도 거의 독학에 가깝게 연습해 오다가 2013년, 2015년, 2017년 그리고 2018년에는 진도에 위치하고 있는 국립남도국악원에서 2주 동안 진행된 사물놀이, 무용, 가야금 전수프로그램에 참여하여 레퍼토리를 보강하고, 실력을 강화할 수 있었다.

이러한 한국전통예술 전문가들의 도움으로 '한누리'는 '웃다리 가락', '영남 가락', '설장구', '모듬북', '판굿' 등, '소운'은 '부채춤', '진도북춤', '입춤',

그림 1-72 2015년 7월 25일 상트페테르부르크 음식 페스티벌에서의 서예 체험

10) '한누리'는 2003년 세계사물놀이대회 및 축제의 외국인 부분에서 2위, 2010년 모스크바 고려인문화축제에서 그랑프리를 수상했다. '소운'은 2007년 모스크바 고려인문화축제에서 이동안류 '신칼대신무'로 1위를 하였다. 그리고 전 센터장이며 현재 센터 고문인 이나탈리야는 2007년 한글날을 기념하여 러시아지역의 한국어 교육을 통한 한국어의 저변확대에 공헌한 것을 인정받아 국무총리상을 수상하였다.

'장구춤', '오고무' 등, 가야금은 '산조', 지역별 '아리랑' 및 '사랑가' 등의 전통 음악을 가야금 병창으로 익힐 수 있었다. 매년 설날, 추석 등의 명절에 한국 전통예술 작품들을 가지고 현지에서 자신들의 힘으로 공연을 올리고, 이를 통해 실력을 키울 수 있는 기회를 삼았다.

아울러 2년 전부터 7~8명의 60~70대 러시아 한인여성들을 주축으로 한국무용을 배우는 '아르미'를 만들었다. 최근에는 60대의 재외한인 여성까지 합류하여 비록 서로 의사소통에는 어려움이 있고 문화적인 차이도 있지만, 한국무용을 통해 소통할 수 있는 좋은 선례가 되고 있다. 또한 센터 회원들이 다양한 한국문화를 접할 수 있도록 한지 공예반, 서예반, 리본 공예반 등의 동아리반을 개설하기도 하고, 이러한 동아리 활동은 센터 내부뿐만 아니라 상트페테르부르크시 여타의 외부 행사 및 대한민국 총영사관 행사에 초청되어 체험학습의 장을 만들기도 한다.[11)]

또한 약 2년 전부터 상트페테르부르크에 파견 나온 한국교민을 위해 주 2회 러시아어 및 문화 강의를 진행하고 있다. 현대자동차나 삼성물산 등 약 2~3년 동안 현지에 주재원으로 파견 나온 한국 교민은 현지 언어와 생활습관 및 문화의 차이로 인해 불편을 겪거나 오해를 빚기도 한다. 몇몇 교민의 요청으로 시작된 러시아어 및 문화수업은 현재 약 10명을 2개 반으로 나누어 진행하고 있으며, 단순한 언어 수업이 아니라 현지인과 가깝게 소통할 수 있고 본 센터의 활동 사항을 보며 한국문화나 한국어에 대해서도 다시 생각할 수 있는 기회가 되고 있다. 그들 중 몇몇은 한국어 교사로 자원봉사하며, 센터 행사 시 다방면으로 도움을 주기도 한다.[12)]

---

11) 총영사관에서 주관한 2015년 6월 7~8일 한국의 날 행사에서 대북 공연과 서예, 한지 공예 체험을 선보였다. 2015년 9월 12일에 열린 조센코 중앙도서관 한국의 날 행사에 서예와 한지 공예 체험, 2017년 5월 26일 상트페테르부르크 300주년공원에서 열린 제주 돌하르방 제막 행사에서는 한누리가 행사 길놀이를 맡았다.

12) 주재원 가족으로 나온 박경영의 경우 글과 말을 몰라 전혀 소통되지 않는 상황에서 처음 센터에 나와 러시아어 알파벳과 문법 및 발음, 말하기 등을 배우기 시작했다. 센터에서 현지인을 위해 한국어와 한국문화를 가르친다는 사실을 알고 본인의 직업이었던 교직의 경험을 살려 한국어 4급반 읽

3. 한국청소년교육문화센터의 한국전통문화예술 활동

한누리와 소운이 처음 만들어지고 활동의 성과를 보여주기 위한 설날 공연이 시작되었다. 초기에는 다듬어지지 않은 실력으로 학예회 수준에 머물 수밖에 없었으나 시간이 갈수록 구성원의 노력으로 실력을 갖추어 나갔다. 이러한 공연은 매년 극장을 대관하여 본격적으로 외부 관객에게 한국전통문화예술을 소개할 수 있을 만큼 수준이 높아졌다.

한누리와 소운의 수업 방식은 기본 장단이나 기본 무용 동작을 익히고 이를 반복하는 과정을 러시아어로 진행한다. 구성원들은 러시아에서 자라 전통 장단이나 동작에 대한 선험 지식이 없기 때문에 장단과 동작을 구분하여 지도해야 해서 더 많은 시간과 노력이 필요하다. 특히 러시아인의 경우 러시아 한인보다 더 자세한 설명이 필요한데, 한국의 경우 장단을 배우는 경우 구전으로 지도하는 것이 일반적이나 러시아 한인이나 러시아인은 구전보다는 장단을 악보로 만들어서 익히고, 동작의 경우 박자를 세어서 구분 동작으로 박자대로 맞추어 익힌다.

이러한 노력에도 불구하고 아직 아마추어적인 수준의 한계와 매년 반복되는 공연 방식은 공연을 하는 참가자들을 일종의 매너리즘에 빠뜨리는 경향이 있었고, 관객의 입장에서는 낯설기만 한 한국 전통무용과 음악이 동양문화에 대한 막연한 한 번의 호기심을 충족시키기 위해서는 볼 만하지만 K-POP 같은 감각적이거나 자극적인, 특히 젊은 사람들에게 호소력을 갖는 대중적인 흡입력은 모자랐다. 특히 2000년대 중반 이후 소위 '한류'라는 이름의 한국 대중문화—대중음악, 영화, 드라마, TV 예능 프로그램—에 대한 일부 젊은이들의 마니아적인 관심이 늘어났다. 그러나 이러한 21세기 현대 문

기 과목을 맡게 되었다. 열심히 배우려는 학생들을 보며 한국어뿐만 아니라 한국이라는 나라를 제대로 알리고 싶은 바람도 생겼고, 중·고급반으로 갈수록 관심사가 언어에서 그 나라에 대한 문화, 사회, 정치, 교육 등 전반에 관한 호기심으로 이어진다고 말한다.

화와 한국전통문화예술과는 전혀 공통되는 모습이 없고 이질적이기까지 했다. 따라서 한류에 대한 관심이 폭발적으로 늘어나는 것에 비하면 한국전통문화예술에 대한 관심은 미미한 수준이었다.

1) 집체극 「동운명」

2006년과 2009년 고려인 이주사에 관한 스토리를 집체극 형식으로 만든 「동운명」이라는 공연을 춤과 사물놀이로 보여주었다. 가난과 일제의 핍박을 피해 만주와 연해주 지역으로 이주한 한인의 모습, 이곳에서 다시 1937년 스탈린의 강제이주 정책으로 중앙아시아로 쫓겨 가는 고려인, 그리고 불모의 땅에서 빈손으로 땅을 일구며 러시아와 중앙아시아 전역으로 퍼져 나가 소련 해체 이후 활동하고 있는 현재 고려인 후손들의 모습을 표현했다. 대사 없이 춤사위와 사물놀이 가락, 그리고 사진 자료들과 음향, 조명으로 이루어진 극이었지만, 러시아 한인에게 그들의 선조들이 걸어온 발자취를 보여줌으로써 한국전통예술공연을 단순한 감상의 대상이 아니라 그것을 통해 자신을 돌아볼 수 있도록 하는 의미가 컸다.

러시아인의 예술, 특히 공연문화예술에 대한 사랑은 유별나다. 그중에서 연극에 대한 관심은 매우 커서 러시아 대중문화의 기반으로 자리 잡고 있다. 영화, TV보다 오히려 연극이 더욱 사랑받는 장르이며, 이로 인해 러시아의 극장문화는 그 어떤 다른 공간보다 문화적인 의미를 갖는다고 해도 과언이 아니다. 소련 해체 직후 급격한 사회변화로 가장 어려운 경제시기를 겪을 때에도 "상점은 물건이 없어 텅 비어 있어도 극장에는 관객으로 가득 차 있다"라는 이야기가 나올 정도였다.

저자는 이러한 러시아의 사회 · 문화적인 환경을 바탕으로 한국전통문화예술도 현지인이 더욱 친근하고도 이해하기 쉽게 다가갈 수 있도록 공연 자체의 형식을 업그레이드할 필요성을 느끼게 되었다. 동시에 한누리와 소

그림 1-73 집체극 「동운명」 중 강제이주 고난 표현 장면과 마지막 장면

운의 구성원들에게도 연습에 대한 동기부여를 하고 창작 활동을 겸할 수 있는 탈바꿈을 할 시기가 도래했다. 공연 레퍼토리들에 대한 한누리와 소운의 구성원들과 그들의 공연을 본 관객의 평가는 한국전통예술이 무겁고 정적인 느낌, 어떠한 의미성을 갖고 있지만 머리와 가슴으로는 이해할 수 없다는 것이었다. 또한 두 번에 걸친 집체극 「동운명」에 대한 또 다른 평가는 주제 자체가 진지하고 어두운 측면이 있기 때문에 '전통극에서는 유머가 없는가?'라는 의심을 받기도 했다. 러시아 문화와 러시아인에 대한 외부 이미지는 어둡고 차갑고 우울하다는 것으로만 대표되는 것으로 오해받고 있지만, 오히려 그렇기 때문에 내부적으로 그들은 따뜻하고 밝고 유머러스한 것을 더 선호하고 추구한다.

2) 마당놀이 「놀부뎐–두 형제와 마술호박 이야기」[13)]

2011년부터 그동안 쌓아온 양적 토대를 바탕으로 질적인 도약을 하기 위한 새로운 형식의 공연기획이 시작되었다. 2012년 9월에는 단순 레퍼토리만 보여주는 공연 패턴을 벗어나 일반 러시아인 관객에게 더욱 다가갈 수 있도록 연극적인 요소를 가미한 마당놀이 「놀부뎐」(러시아어 부제: 두 형제와 마술호박 이야기)을 초연했다. 마당놀이를 보여주는 극장의 개념과 서양 연극을 보여주

13) 2012년 9월 29일 리체데이극장에서 초연(관객 수 약 500명).

는 극장의 구조가 다르기 때문에 원형 무대가 아닌 평면 무대에서 극을 올릴 수밖에 없었지만, 이는 연극에 대한 사랑이 각별한 러시아인의 정서와 한국 고전문학과 예술문화를 잘 드러낼 수 있는 마당놀이 형식을 결합한 시도이자 모험이었다.

그림 1-74 「놀부던—두 형제와 마술호박 이야기」 포스터

그림 1-75 「놀부던—두 형제와 마술호박 이야기」 중에서 놀부 부부가 박을 탄 후 박 안에서 무용수들이 나와 부채춤을 선보이는 보습

마당놀이의 대본은 외부 관객에게 소통될 수 있도록 러시아어로 썼고, 한국어 제목은 「놀부뎐」, 러시아 관객의 이해를 돕기 위해 '두 형제와 마술 호박 이야기'라는 부제를 붙였다. 주 1~2회의 연기 연습과 소운과 한누리의 레퍼토리 연습(각 주 3회)을 분리하여 진행했고, 공연에 임박해서는 총리허설에서 각 부분을 통합시켰다. 연기는 전공자가 없었을 뿐만 아니라 마당놀이가 갖는 고유의 맛을 살리기가 쉽지 않았다.

새로운 시도의 마당놀이 공연은 단순히 한국의 전래동화인 흥부와 놀부의 이야기를 소개하는 차원을 넘어서 마당놀이가 가지고 있는 현실 풍자와 러시아적인 유머를 담고자 했다. 예를 들어, 흥부네 집에서 박을 탄 후 나오는 선녀를 뇌물을 좋아하는 관료주의적인 폐단을 전형적으로 보여주는 인물로 묘사하여 흥부네 가족이 제비 다리를 고쳐주는 보상으로 상을 받기 위해 신청서, 보물의 30%는 세금 징수, 국민연금 납부증, 은행 계좌 등의 수많은 서류 작업 등을 요구하는 속물 관료의 전형을 보여주었다. 결국 흥부네 가족은 아무런 보상도 받지 못하고 결국 빈익빈 부익부의 현실 속에 계속 가난한 생활을 이어간다. 반면 놀부와 박 속에서 나온 선녀는 뇌물을 주고받는 현실을 꼬집고 있다.

이러한 연극적인 요소뿐만 아니라 극 중에서 흥부가 놀부에게 구걸을 하러 갔다가 빈손으로 돌아오자 흥부 처는 신세를 한탄하며 살풀이를 추었

그림 1-76 「놀부뎐—두 형제와 마술호박 이야기」 중에서 흥부네 가족들

그림 1-77 「놀부뎐 — 두 형제와 마술호박 이야기」 중에서 흥부 가족이 박을 타자 선녀가 각종 보물들을 가지고 등장하는 모습

고, 놀부가 제비를 유인해서 잡기 위해 잔치를 벌이는 장면을 연출하여 부채 산조와 모듬북을 선보였으며, 놀부 처는 직접 가야금 병창을 하는 등 내용에 어울릴 만한 레퍼토리를 삽입하도록 했다. 아울러 마당놀이의 특성인 관객과의 소통과 참여를 살리기 위해 만삭의 흥부 처가 진통이 오자 흥부가 관객석으로 뛰어 내려가 젊은 여자를 산파로 데리고 나오게 했다. 한국전통예술 공연, 마당놀이의 희극적 요소와 현실 풍자, 러시아의 유머 코드 등을 접목시키고자 했던 이 새로운 시도는 기대보다 큰 성과와 호응을 얻었다.

관람 후 관객과의 비공식 면담을 보면, 한국문화를 모르는 러시아인의 경우 한국 전통 이야기를 보았지만 러시아적인 요소가 있어서 매우 흥미로웠으며, 공연 내내 웃음을 멈출 수 없었다고 답했다. 또한 한국문화를 알거나 접해본 러시아인은 평소 한국문화에 대해 관심이 있어 한국문화 공연을 보러 간 적이 있으나 대개 공연들이 한국어로 진행되어 이해하기 힘들었는데, 이번 공연은 러시아어로 하니 모두 이해할 수 있어 좋았다고 응답했다.

한편, 러시아 한인의 경우 한국을 가본 적도 없고 한국어도 모르지만 이 공연을 통해 한국에 다녀온 것 같은 기분이 들었다고 하고, 한국문화를 조상들의 문화로 생각하고는 있지만 한국어를 모르기 때문에 한국문화를 이해하는 데 어려움이 있었는데 이 공연을 통해 한국을 좀 더 가깝게 느낄 수 있었다고 한다. 다른 이들은 한국문화가 재미없고 지루한 것인 줄 알았는데 생각보다 매우 즐겁고 재미있었다고 답했다. 이들 외에도 관객으로 온 재외국민은 현지에서 자녀들이 한국문화를 접할 수 있는 기회가 거의 없었는데, 이번 기회로 볼 수 있어서 매우 유익했으며, 한국 전래동화 안에서 러시아 사회를 잘 풍자하여 공감하며 보았다고 평가했다.[14)]

한편, 공연 출연자들은 다음과 같은 평가를 했다. 첫째, 공연을 통해 단순히 한국 전통문화에 대한 체험뿐만 아니라 러시아의 일상문화에 대해 재발견할 수 있었다. 러시아 사회의 풍자를 통해 자신들을 돌이켜보며 양국의 문화 속에 공통되는 정서 및 자신의 사회를 새로운 눈으로 볼 수 있는 계기가 되었다. 둘째, 자신의 관점으로 한국문화를 재해석할 수 있었는데, 한국적인 이야기 상황을 러시아화하기 위해서는 한국문화를 이해함과 동시에 자신의 방식대로 해석하는 작업이 필요했다.

이처럼 공연을 통해 출연자들은 단순히 한국전통예술 장르를 반복 연습하여 공연하는 방식이 아니라 출연자가 능동적으로 한국문화와 러시아문화를 비교 분석하여 무대의 장면으로 재창조하는 과정을 거치면서 한국문화를 한층 가깝게 느낄 수 있었다.[15)]

3) 마당놀이 「춘향뎐 — 열녀 춘향 이야기」[16)]

이에 부응하여 2013년에는 마당놀이 「춘향뎐」(러시아어 부제: 열녀 춘향 이야기)을 기획하여 2014년 12월 공연을 올렸다. 「춘향전」의 주제인 남녀 간의 애틋한 사랑은 국경과 시대를 초월하여 누구나 공감하고 현지 관객에게도 쉽게

14) 양민아. 「재외한인을 위한 한국전통공연예술공연의 현황과 과제연구: 러시아 상트페테르부르크 지역을 중심으로」. 『예술교육연구』 제13권 제4호. 2015. 168-169쪽.

15) 양민아. 「재외한인을 위한 한국전통공연예술공연의 현황과 과제연구: 러시아 상트페테르부르크 지역을 중심으로」. 『예술교육연구』 제13권 제4호. 2015. 170쪽.

16) 2014년 12월 18일 상트페테르부르크 호텔 내 콘서트홀 초연.

다가갈 수 있는 좋은 소재였기 때문에 원작의 내용을 크게 벗어나지 않는 범위에서 연출하였다.[17)]

앞서 「놀부뎐」과 마찬가지로 관객이 단순히 방관자의 관점에서 직접 무대로 올라오거나 배우가 관객석에서 그들과 유희를 하는 시도를 병행했다. 변 사또가 사또로 부임한 후 불러 모은 남원 기생들이 마음에 들지 않자 이방이 직접 관객석으로 내려가서 관객 중에 변 사또가 마음에 들어할 관객을 직접 골라 수청을 제안한다. 관객이 무대 위에 즉흥적으로 올라오거나 배우가 관객석으로 내려가 즉흥 연기와 대사를 하는 일은 러시아 연극에서는 거의 드문 경우로, 시나리오에서 사전에 약속된 동선과 대사대로만 연출되는 극 속에서 관객은 제3자의 입장으로서만 관찰하는 존재다.

변 사또에게 남원 기생들이 소개될 때, 팔등신의 드레스를 입고 등장한 기생은 알고 보니 성형 미인임이 드러나 퇴짜를 당하고, 춤으로 유혹하는 기생은 알고 보니 평소에 클럽에서만 노는 여자로 밝혀져 쫓겨난다. 변 사또는 극 중에서 '아름답지 않은' 여자는 '착한' 여자라 비하하는데, 외모 지상주의와 유흥문화에 빠져 있는 청년문화를 꼬집었다.

이몽룡이 오밤중에 월매의 집으로 춘향을 처음 만나기 위해 찾아와 춘향에게 시와 가무가 뛰어나다는 소문을 듣고 보고 싶어 왔다고 하자 춘향은

그림 1-78 「춘향뎐-열녀춘향 이야기」 중에서 변 사또의 부임을 축하하는 '삼고무' 공연과 변 사또 앞에서 기생을 소개하는 장면

17) '한국의 향기' 사이트(한국관광공사) 2014년 12월 17일자
http://www.aromatkorei.ru/bbs/board.php?bo_table=after&wr_id=39&page=1&page=1

그림 1-79 「춘향뎐－열녀춘향 이야기」 중에서 춘향이 변 사또에게 불려간 장면과 변 사또의 수청을 거부한 춘향이 고초를 겪는 장면

부채춤을 선보이고, 변 사또가 남원에 부임을 오게 되자 부임 축하 공연으로 삼고무를 올렸다.

또한 춘향에게 마지막으로 수청을 들라고 위협하던 변 사또의 생일 잔칫날에는 사물놀이 웃다리 가락과 '장구춤', '가야금 병창'을 넣어 극의 분위기를 살렸다.

4) 마당놀이 「놀부뎐」(2015) 재공연[18)]

2015년에는 2012년 「놀부뎐」[19)]을 각색하여 현대사회의 물질주의에 대한 집착과 그에 따르는 가족애의 붕괴를 비판하고자 했다. 흥부네 집에서 박을 타자 나온 두 명의 선녀 자매가 각각 선물해주는 비단 한복, 돈, 막걸리와 러시아산 모피코트, 보석, 보드카를 두고 흥부네 가족이 편을 나누어 서로 싸우게 된다. 이를 본 마당쇠는 극을 중단시키며 등장하여 원작과 다르다고 관객에게 설명하며 돈, 보석, 보드카 등을 본인이 챙기고 "지나친 과음은 당신

18) 2015년 12월 4일 콜리제이극장에서 공연.

19) Korean Club 리뷰 "센터 '난' 「두 형제와 마술호박 이야기」를 올리다" 2015년 12월 8일자 http://www.koreanclub.ru/a-tale-of-two-brothers-and-a-magic-pumpkin/

의 건강을 해칩니다"라는 보건부의 표어를 외치면서 술 마시는 러시아사회를 꼬집는다.

문화공연은 흥부네 집에서 박을 타자 4명으로 구성된 연주자들이 나와 화려하고 정교한 장구 가락을 볼 수 있는 설장구(앉은반)를 올렸고, 그해 구성된 60~70대 러시아 한인으로 구성된 무용반도 공연에 참석하여 부채 산조를 선보였다. 또한 모듬북 공연에서는 대북과 북만이 아니라 서양 대중 악기인 드럼까지 합류하여 한국 전통 가락과 현대적인 리듬의 맛을 보여주었다. 놀부네 집에서 박을 타고 벌을 주는 장면에서는 진도에 있는 남도국악원에서 전수받은 소고춤을 추었다.

공연을 통해 러시아 한인, 러시아인, 재외국민 등 즉 민족, 국적, 성별, 나이를 넘어 한국문화라는 콘텐츠 속에서 공감을 얻을 수 있었다. 하지만 공연자들은 전문 공연인이 아니었기 때문에 춤, 연기, 무대연출 등 예술적인 측면에서는 부족한 점이 많았다. 원작 속에 스며 있는 한국의 정서와 감수성, 그리고 해학 등이 러시아어로 표현되기 어려운 점이 있을 뿐만 아니라 연습하는 동안 배우들의 정서에 맞지 않거나 이해하기 힘든 부분이 있었다. 또한 360도 공간을 보며 활용하는 마당놀이의 공간과 정면만을 활용하는 극장 무대, 관객과 배우의 경계 없이 자유롭게 소통하고 즉흥성이 발휘되는 마당놀이 형식과 배우의 동선과 대사, 표정, 감정선까지 사전에 계산되고 정해서 만드는 러시아 연극공연 형식과 접목하기란 쉽지 않았다.

5) 마당놀이 「심청전-효녀 심청 이야기」[20]

2018년 10월 13일 주상트페테르부르크 대한민국 총영사관에서 개최하는 '한국주간'의 개막공연으로 마당놀이 「심청전」을 선보였다. 과거 「놀

20) 2018년 10월 13일 Artplay SPb에서 초연.

부뎐」, 「춘향뎐」에 이어 그사이 새로 시작한 구성원들과 기존 구성원들의 조합으로 기획한 「심청전」은 2018년 봄 시나리오 작업을 마쳤고, 여름에 연기 연습을 시작했으며, 8월 남도국악원에서의 전수 프로그램에 참여한 이후 9월에 본격적인 리허설을 준비하여 무대에 올렸다.

6) 그 외 순회공연

한편, 이러한 새로운 형식의 시도뿐만 아니라 대한민국 총영사관의 협조로 상트페테르부르크를 벗어나 공관 관할 지역인 러시아 북서 지구 도시들의 러시아 한인과 현지 러시아인에게 한국문화를 현장에서 보여줄 수 있도록 순회공연을 다니기도 했다. 지방 소도시의 경우 대부분의 현지인은 한국전통문화공연을 처음 접하는 초연이었다.

2014년 칼리닌그라드, 2016년 프스코프, 아르한겔스크, 식팁카르, 2017년 나리얀 마르, 카렐리야공화국의 페트로자봇스크 등의 지방 도시들에서 순회공연을 했는데, 이 도시들은 한국전통문화공연을 처음 접했고, 도시마다 극장은 만석을 이루었다. 칼리닌그라드에서는 공연 직후 무대로 올라온 70대의 한 러시아 한인이 화면이 아닌 실제로 한국전통공연을 처음 본다면

그림 1-80 2016년 10월 27일 프스코프 순회공연

서 감격에 겨워했고, 나리얀 마르 공연 후 현지 뉴스에 방송된 화면에서는 여섯 살짜리 러시아 한인 아이가 공연을 본 후 인터뷰에서 북이 아주 어려워 보이는데 꼭 배우고 싶고 나중에 한국에 가서 당근채 반찬을 먹고 싶다고 말했다. 사실 모스크바나 상트페테르부르크 같은 대도시에서는 그나마 한국문화를 접할 기회가 있지만, 지방 도시에서 사는 러시아 한인은 아직까지도 실제로 접하지 못한 경우가 많다.

4. 한국문화예술 활동의 과제와 향후 목표

1995년 센터가 초기 소규모의 공부방에서 2018년 현재에 이르기까지 규모와 활동 영역에서 큰 변화와 발전을 겪어오는 과정에서 여러 가지 문제점에 봉착했고, 당면 과제도 있다.

첫째, 재정적인 문제가 무엇보다 가장 시급한 과제다. 센터의 원래 취지가 영리를 목적으로 한 것이 아니었기 때문에 센터 회원들에게 장소 임대비를 충당하기 위해 걷는 회비와 재외동포재단에서 나오는 한글학교 운영비로 센터를 운영하고 있다. 교사나 행정을 맡는 사람들에게 보수도 지급하지 못하는 실정이고 임대비 및 물가 인상 시 운영에 큰 차질을 빚는 것은 말할 것도 없다. 한글반의 교실과 연습실을 최소 규모와 지출을 고려하여 운영하기 때문에 경비를 지출해야 하는 사고나 문제들이 발생할 경우 큰 곤란을 겪기도 한다.

둘째, 교육자의 부족이다. 특히 문화예술의 경우 전문성이 담보되는 교육자나 교육 프로그램이 있어야 하기 때문에 아마추어 수준을 벗어나기 위해서는 반드시 그에 맞는 교육자나 한국에서 교육을 받는 것이 필요하다. 이와 함께 한국전통예술공연에 어울리는 연출, 조명, 음향, 의상, 무대 장치 같은 기술적인 분야도 보완해야 할 과제다.

셋째, 공연 구성원들을 안정적으로 재생산할 수 있는 시스템 및 단원의 확보다. 현재 활동하고 있는 구성원들은 고등학생부터 대학생, 그리고 주로 직장인들로 이루어져 있고, 대다수는 여성들이다. 결혼이나 출산, 혹은 개인적인 사정으로 그만두는 경우가 일어나는데, 다른 구성원들이 그 뒤를 이어서 활동할 수 있도록 항시적으로 교육이 필요하다.

이러한 문제는 하루 아침에 해결될 문제가 아니며 때로는 센터의 존립에 위협이 되기도 했다. 규모가 커진 만큼 뒤따라오는 문제들도 새롭거나 더 큰 부담이 되어 돌아온다. 그럼에도 불구하고 구성원들의 노력과 주위의 격려가 지금까지 활동할 수 있는 큰 원동력이다.

향후 「토끼전」까지 러시아 버전으로 마당놀이화하여 자체 레터토리로 갖출 예정이다. 또 반대로 러시아 전래동화 등을 한국전통무용과 사물놀이를 덧붙여 한국 버전으로 각색 및 재해석하는 작품도 검토 중이다.

현재 제1저자는 센터 내 한국전통예술 분야에서 재외 한국인으로는 유일하게 현지인과 활동하고 있다. 2000년 초반 한누리와 소운이 구성된 이후 초보적으로 한국과 비전공자 한국인에게 의존할 수밖에 없었으며, 현재 스스로 독립해나가는 과정에 있지만 아직 비전공자 한국인에 대한 의존도는 높다. 그 과정에서 많은 시행착오와 오류도 있었지만, 스스로 연습하고 단련하고 창작할 수 있는 밑거름이 만들어졌다고 할 수 있다. 역설적으로 들리지만 한국인의 도움 없이 한국문화예술을 고려인이 스스로 향유할 수 있고, 그들의 손으로 재창조할 수 있는 경지에 이르는 것이 개인적인 바람이다.

5. 맺음말

이른바 '고려인'이라고 불리는 러시아 한인이 러시아로 이주하여 대한민국과 단절되어 150년 이상 지내오다가 소통이 시작된 지 약 30년도 채 지나지 않았다. 그나마 최근 10년 사이에 한국에 대한 관심과 교류가 본격적으로 이루어졌다고 할 수 있다. 그사이 그들의 모습은 한국인이지만 언어와 정서는 현지화되었고 스스로도 '그렇다'라고 스스럼 없이 말한다. 다민족 국가에서 소수민족으로 살아왔기 때문에 다양한 민족 중의 하나이고 국적을 러시아라고 생각하는 것은 민족과 국가를 동일한 것으로 알고 살아온 한국인의 입장으로는 이해하기 힘들 수 있다. 그렇기 때문에 1990년대 한국인이 고려인과 처음 접했을 때 반가움과 호기심은 잠시일 뿐 이질감과 몰이해로 서로 실망하는 경우가 많았다.

2000년대에 들어 인터넷의 발달로 인해 '한류'라는 이름으로 한국문화를 접할 수 있는 기회가 늘어났고, 이는 단시간에 한국어, 한국 대중문화, 음식, 생활, 상품 등 다양한 분야로 관심의 폭이 넓어졌다. 이러한 현상은 1990년대에 한국문화에 대한 관심을 주로 러시아 한인이 가진 것과는 달리 러시아 현지인도 큰 관심을 가지게 되었으며, 수적으로도 러시아인이 앞서는 결과를 낳았다.

2000년대와 2010년대의 변화를 지켜본 센터의 활동가로서 러시아 한인에 대한 접근방식은 우리의 사고와 형식을 요구하는 것이 아니라 다름을 인정하고 그들을 이해하는 것으로부터 시작해야 한다고 본다. 그들은 이미 150년 넘게 지켜온 그들만의 문화 양식이 있고, 1990년대 한국문화와 접촉이 시작되어 2010년대에 이르러 직접적인 소통이 이루어졌으며, 2020년대에 가서 또 다른 모습으로 바뀔 것이다. 그 바뀐 모습을 다시 우리가 볼 때 그들을 이해할 수 있는 또 다른 중요한 열쇠가 될 것이다.

본 센터가 추구하는 한국전통문화예술 활동은 이러한 사고를 바탕으로 한국문화 전파라는 협의의 의미가 아니라 서로 소통하며 이해할 수 있는 모티프가 되고 그들 스스로 향유할 수 있는 문화가 될 수 있도록 노력한다는 점에 있다. 그리고 센터라는 공간이 한국인과 러시아 한인, 그리고 러시아인이 서로 소통할 수 있고 이해할 수 있는 곳이 되는 것이 가장 큰 목적이다.

참고문헌

방일권. 『상트페테르부르크 — 유럽을 향한 창』. 살림지식총서. 2004.

양민아. 「재외한인을 위한 한국전통공연예술공연의 현황과 과제연구: 러시아 상트페테르부르크 지역을 중심으로」. 『예술교육연구』 제13권 제4호. 2015.

외교통상부. 『재외동포현황』. 2013.

외교통상부. 『재외동포현황』. 2015.

외교통상부. 『재외동포현황』. 2017.

임영상 · 황영삼. 『소련 해체 이후 고려인 사회의 변화와 한국인』. 한국외국어대학교 출판부. 2004.

〈인터넷 자료〉

'한국의 향기' 사이트(한국관광공사), 2014년 12월 17일자. http://www.aromatkorei.ru/bbs/board.php?bo_table=after&wr_id=39&page=1&page=1 〔검색일: 2018년 8월 30일〕

Korean Club 리뷰, "센터 '난' 「두형제와 마술호박이야기」를 올리다", 2015년 12월 8일자. http://www.koreanclub.ru/a-tale-of-two-brothers-and-a-magic-pumpkin/ 〔검색일: 2018년 8월 30일〕

나리얀 마르시(г. Нарьян Мар), 세베르 방송국(Телеканал Север), 2017년 4월 24일자 뉴스. https://www.youtube.com/watch?v=ucJ5ZgyltCg〔검색일: 2018년 8월 30일〕

저자 소개

윤희만

한국외국어대학교 노어과 학사와 대학원 사학과에서 석사학위를 취득했다. 2000년 러시아 상트페테르부르크로 유학을 온 후 2003년부터 2009년까지 한국청소년문화교육센터 '난'에서 한국어 교사로 일하다가 2010년부터 현재까지 센터장으로 근무하고 있다.

이메일: vodka89@hanmail.net

양민아

서울대학교 사범대학 체육교육과에서 한국무용을 전공하고, 러시아 상트페테르부르크국립대학교 문화인류학 및 민족학과에서 상트페테르부르크의 코리안 디아스포라 문화와 한·러문화교류에서 한국전통공연예술의 역할과 전망에 대한 연구로 사회학 석·박사학위를 취득했다. 동시에 한국청소년문화교육센터('난')에서 7년간(2006~2012) 한국전통무용단 '소운'의 예술감독 및 한국전통춤 교사로 활동했다. 2013년 한국으로 귀국하여 현재 한국외국어대학교 외래교수이며, (사)한국춤문화자료원 공동대표, 디아스포라 춤문화 연구자 그리고 전통무용가로 활동 중이다.

이메일: minayang919@naver.com

9

안산시와 광주광역시의 고려인동포사회와 지원 단체

임영상(한국외국어대학교 명예교수)
선봉규(전남대학교 세계한상문화연구단 연구교수)
정막래(전 계명대학교 교수)

1. 고려인동포의 '귀환'과 고려인 집거지들

2017년 재외동포재단은 재외한인학회와 공동으로 주최한 재외동포재단 창립 20주년 기념 2017 세계한인학술대회에서 '기획세션 III'의 주제로 「국내 거주 동포 실태 및 정책」을 다루었다.[1] 또한 중국과 러시아 · CIS '지역세션'에서도 각기 「재한 동포사회의 성장과 정책 과제」와 「안산과 광주의 고려인 마을과 도시재생」 주제가 발표되었다. 국내 거주 중국동포와 고려인동포 문제가 현안으로 떠올랐기 때문이다.

2018년 5월 현재 H2(방문취업)와 F4(재외동포) 비자로 국내에 거주 등록을 한 고려인동포 수가 7만 206명이다(출입국통계). 여기에 동반자녀를 합하면 8만 명이 넘는 것으로 추정된다. 이들 고려인 자녀들은 이미 4~5세대에 이르고 있다. 따라서 동포 3세대까지만 인정되는 「재외동포법」 규정으로 19세에서

1) '기획세션 III'의 내용은 다음과 같다. ① 「국내거주 재외동포 현황과 제도적 차별 실태 I (중국동포를 중심으로)」, ② 「국내거주 재외동포 현황과 제도적 차별 실태 II(고려인을 중심으로)」, ③ 「재일동포 현황과 제도적 차별 실태 III(조선적을 중심으로)」

24세 사이의 고려인 4세대 청소년은 출신국으로 돌아가거나 단기비자로 한국을 왕래해야 했다.[2)]

구소련 한민족동포인 고려인동포가 한국 내에서 동포 지위를 보장받게 된 것은 「재외동포의 출입국과 법적 지위에 관한 법률」(1999년 9월 제정)이 개정된 2004년 3월 이후였으나, 2007년 H2 비자의 시행으로 고려인동포의 한국행이 크게 증가했다. 한국 교회들의 선교활동, 한국기업의 진출, 한국의 대중문화 유입과 한국인과의 만남 등을 통해 '동포로서의 기대' 감정이 한국을 찾게 했다.[3)]

러시아어가 이미 모국어가 된 고려인의 한국살이는 다른 외국인과 크게 다를 것이 없다. 그러나 근래 고려인은 어린 자녀를 동반하고 한국에 들어오고 있으며, F4 비자의 발급도 확대되고 있다. 이미 많은 고려인동포는 여건만 된다면 일시적인 이주가 아니라 가족과 함께 한국에서 정착하려 하고 있다. 정주화(定住化)의 양상을 보이고 있는 것이다. 따라서 이제 한국사회는 이들 고려인을 '이주자'가 아니라 '귀환자'로 맞아야 할 때가 되었다.

중국동포와 마찬가지로, 고려인동포도 최소한 3~4세대 이상 구소련 사회주의문화권에서 살아왔다. 밥과 김치를 먹지만 밥과 함께 빵도 주식이 되었고, 당근채 · 김치 등 한국의 김치와는 다른 김치를 먹는다. 즉, 한국에 들어와 살고 있는 고려인동포는 러시아와 중앙아시아 등 CIS '현지 고려인의 삶의 자리'를 가진 사람들이다. 따라서 코리안 드림을 이루고자 한국에 들어온 중국동포가 중국동포타운을 형성한 것과 같이 고려인동포도 자연스럽게 고려인 집거지, 고려인마을을 형성하고 있다.

한국어를 상실한 고려인에게 러시아어로 의사소통이 가능한 집거지는

2) 그러나 다행히 2019년 1월 법무부가 외국국적 동포의 범위를 손자녀(3세대)에서 직계비속(4세대 이후)으로 넓히는 내용을 중심으로 하는 「재외동포의 출입국과 법적 지위에 관한 법률 시행령」 개정안을 입법 예고했다. 이제 고려인동포자녀(4세대)들도 부모와 함께 한국에서 살 수 있게 되었다.

3) 오정은 · 강희영 · 성동기, 『한-CIS 관계증진을 위한 CIS출신 동포 활용 방안: 국내체류 경험 고려인을 중심으로』(IOM이민정책연구원, 2014), 54쪽.

단순히 상호부조를 넘어 자신의 존재가치를 실현시킬 수 있는 곳이다. 그러나 고려인은 한국어를 상실했기 때문에 안산시 고려인문화센터('너머')와 광주의 고려인마을종합지원센터 같은 한국인 시민단체나 자생적인 지원 단체의 도움을 받을 수 있는 곳에서만 '고려인마을'로 존재감을 드러낼 수 있다. 〈그림 1-81〉은 2017년 9월 고려인강제이주 80주년을 맞아 결성된 전국의 고려인 대표 조직인 고려인네트워크(대표 노알렉산드르)가 작성한 전국의 500명 이상 고려인 거주도시 지도다. 서울(중구)과 경기도(안산과 평택, 화성, 김포), 인천(연수구와 남동구) 등 수도권지역이 많은 비중을 차지하고 있다. 그러나 충남(아산 · 천안), 충북(진천)과 광주(광산구), 경북(경주)과 경남(김해와 창녕) 등에도 고려인 집거

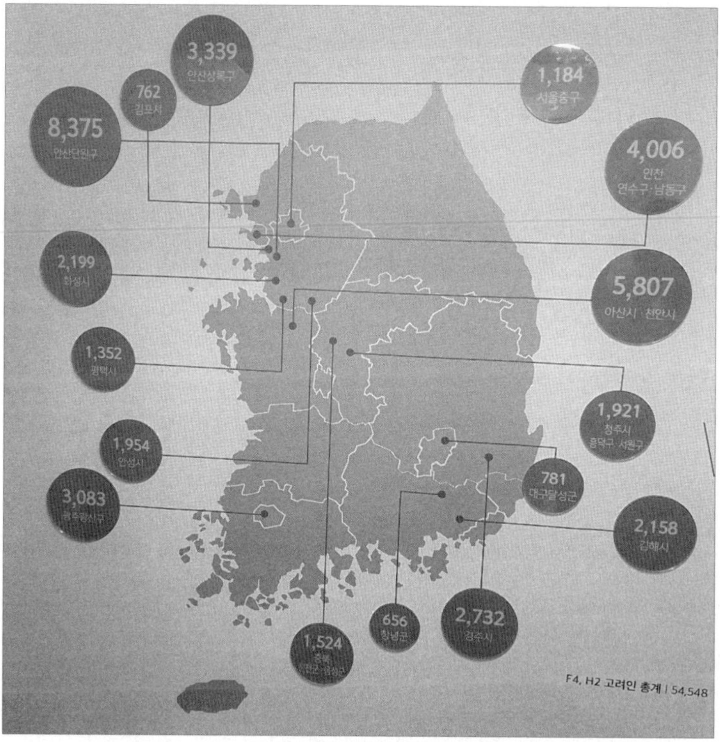

그림 1-81 전국의 500명 이상 고려인 거주 지역(2017. 8)
출처: 안산고려인문화센터 고려인박물관

지역이 형성되었음을 알 수 있다.

디아스포라로 살아온 한민족은 어느 곳에서나 자녀교육에 헌신적인 노력을 기울였다. 1920~1930년대 러시아 연해주 시절의 고려인사회는 고려말(한국어)로 가르치는 초·중등학교뿐만 아니라 고려인교사를 양성하는 대학도 갖고 있었을 정도였다.[4)]

1937년 '강제이주'라는 민족적 위기를 어렵게 넘긴 구소련 고려인도 '마지막 남은 바지 하나를 팔더라도' 자식 공부를 시켰는데,[5)] 고려인이 교육을 통해 이룩한 활발한 사회 진출의 성과는 눈부셨다. 1989년 당시 고려인의 직업 구성을 보면, 55%가 교육자·의사·기술자 등의 전문직 종사자이며, 30%가 노동자, 12%가 농민, 나머지 3%가 학생이었다. 이들 중 85%가 도시에 거주하고 있었다.[6)] 그러나 중앙아시아 고려인사회는 소련의 해체 이후 조상의 땅인 러시아 연해주와 또 계절농사를 다녔던 러시아 볼고그라드와 우크라이나 남부지역 등으로 재이주를 떠나면서 '교육' 자체가 포기되기도 했다.

2007년 방문취업(H2) 비자제도로 고려인은 '코리안 드림'을 그릴 수 있게 되었다. 그러나 고려인은 '코리아(Korea)'에서 '코리안(Korean)'으로 살 수 없었다. 한국어를 구사할 수 없는 다른 외국인 노동자들과 같이 오직 공장노동자로 한국살이를 시작해야 했다. 임금을 떼이고 몸이 아파도 병원에 가기 어려웠다. 그래도 코리아(한국)가 희망이었다. 한국인 NGO가 도움을 주었으며,

---

4) 1923년 가을 니콜스크-우수리스크(현 우수리스크) 사범전문학교에 '고려과'가 개설되었고, 1924년 가을 고려과는 교육전문기관으로 정식 인가되었다. 1927년에는 니콜스크-우수리스크 고려사범전문학교로 승격되어 최초의 고려인 사범학교가 되었으며, 1931년에는 블라디보스토크시에 원동사범대학이 설립되었다. 배은경, 「1920~30년대 연해주 고려인 교원 양성 정책과 원동조선사범대학에 관한 연구」, 배은경·정막래·임영상 편, 『한글신문 선봉을 통해 본 연해주 고려인 사회의 교육과 생활문화』(금철사랑, 2017), 13쪽.

5) 엄안토니나, 「우즈베키스탄 사마르칸트주 고려인 콜호즈의 여성 선각자들: 파스타르곰 지구 고려인 콜호즈와 여성 교사들의 활동을 중심으로」, 최용신탄생100주년기념 국제학술회의 논문집, 『최용신 기억 속에서 아시아로 걸어나오다』(안산시, 2009), 88쪽.

6) 방일권, 「20세기 고려인 사회와 교육」, 『러시아·중앙아시아 한인의 역사(상)』(국사편찬위원회, 2008), 298-299쪽.

광역 및 기초자치단체 의회가 고려인지원사업을 시·도의 조례로 제정했다.[7)]

오늘날 '귀환' 고려인동포는 최소 3년 이상 한국 거주가 가능해지면서 '역사적인 조국' 한국에서 살고 싶어 한다. 그래서 어린 자녀들을 동반했는데, '다문화가정'이 아니라는 이유로 취학 전 아동은 높은 보육료를 지급해야 했다. 자녀를 동반한 고려인동포의 최대 관심은 자녀교육이다. 이런 이유로 주요 고려인 집거지인 안산 선부동과 사동, 광주 월곡동, 경주 성건동, 인천 연수동 등을 중심으로 방과 후 돌봄교실이 생기게 되었다.[8)]

고려인 어린이를 위한 '방과 후 돌봄교실'이 운영되고 있는 고려인마을마다 고려인사회를 돕는 한국인 시민단체와 자생적 지원 단체가 활동하고 있다. 안산과 광주 외에 2018년 3월과 7월부터 각기 경주와 인천 고려인마을에도 방과 후 돌봄교실이 운영되고 있으나 아직 기초를 세우고 있는 단계다.[9)] 따라서 이 글에서는 2011년을 전후로 고려인 지원 시민단체가 형성된 안산과 광주의 사례를 중심으로 고려인동포 지원 단체의 활동과 고려인동포 자녀를 위한 교육활동을 살펴보고자 한다.

2. 안산시 고려인마을과 고려인 지원 단체

안산은 서울과 비교적 가깝고 주변에 공단도 많아 노동이주자인 외국인에게는 매력적인 도시라고 할 수 있다. 그렇기 때문에 '국경 없는 마을'이라

7) 2013년 10월 홍인화 의원의 주도로 광주광역시의회가 처음으로 고려인 주민 지원사업을 시 조례에 반영한 것은 큰 의미를 가진다. 이어 2015년 경기 김포시, 그리고 2016년 경기도가 고려인 주민 지원을 조례로 제정한 바 있다.

8) 또 60세 이상의 동포에게 한국 출입이 가능한 재외동포(F4) 비자가 나오면서 아이들을 돌보기 위해 할머니·할아버지가 들어와 3대가 함께 살고 있는 고려인동포 가정이 늘어나고 있다.

9) 장성우 센터장이 운영하는 경주 성건동의 경주외국인도움지원센터/경주고려인마을센터와 박봉수 원장이 고려인과 함께 운영하고 있는 인천 연수동 함박마을의 고려인문화원 등 다른 지역의 경우는 다음 기회에 살펴볼 예정이다.

는 애칭을 얻게 된 안산시 단원구 원곡동은 한국의 대표적인 다문화 공간이 되었다.[10] 2007년 방문취업제 이후 안산을 찾은 고려인은 원곡동이 다문화 거리로 개발되면서 부동산 가격이 상승하고 포화상태에 이르자 자연스레 보증금과 월세가 싼(평균 보증금 50~100만 원, 월세 20~30만 원) 땟골 지역으로 밀려나게 되었다.[11]

선부고등학교에서 원일초등학교 사이에 위치해 있는 땟골에 고려인마을 공동체가 형성될 수 있었던 것은 2011년 11월 고려인야학 '너머'가 둥지를 튼 이후였다.[12] 한양대 에리카캠퍼스 인근 상록구 사동의 원룸촌에도 고려인이 급격히 증가하자 2014년 3월 고려인센터 미르가 발족했다.[13] 따라서 안산 고려인마을은 2016년 10월에 문을 열고 너머가 위탁 운영을 하고 있는 선부2동 안산시 고려인문화센터(너머)와 사동 고려인센터 미르 등 두 단체의 형성과 고려인자녀의 교육활동을 중심으로 살펴본다.

또한 고려인 자녀의 교육과 관련하여 2015년 9월 안산 선부1동에 설립된 러시아교육기관인 노아네러시아학원을 살펴보지 않을 수 없다. 주한러시아대사관에서 시행하는 시험을 통해 정식 러시아 초·중등학교의 졸업장을 받게 되는 노아네러시아학원은 안산의 고려인사회의 요청에 따른 것이었다는 점에서 고려인사회의 교육문제를 이해하는 데 중요하기 때문이다.

10) 권용·김용승 외 3명. 『한국의 다문화 공간』(현암사, 2011). 2부 '다문화 커뮤니티의 이해' 부분에 안산 원곡동이 자세히 소개되어 있다.

11) 방은 작은 부엌과 화장실이 딸린 옛날식 원룸 형태로, 3평에서 5평 안팎으로 한 방에 주야 교대 근무로 2~3명이 거주하는 경우가 많다. 건물주를 제외한 대부분의 세입자가 고려인동포다. 김승력. 「고려인 동포의 현재와 미래 — 국내체류 고려인 동포사회를 중심으로」. 한국외국어대학교 강의자료. 2014.

12) 현재 너머는 2016년 10월 안산시의 지원으로 땟골의 원룸 건물을 리모델링해 개관한 안산시 고려인문화센터를 위탁 운영하고 있다(센터장 김영숙, 사무국장 김진영).

13) 미르는 처음에는 너머의 분원으로 시작했으나, 너머의 대표였던 김승력이 너머를 떠나 미르를 별도 기관으로 세웠다.

1) 고려인문화센터(너머)와 고려인센터 미르

안산의 고려인동포는 거의 대부분 파견업체를 통해 근로계약을 하지 않은 상태에서 일용직 아르바이트로 일하고 있다. 그 때문에 근로계약서의 존재를 모르는 경우도 많고, 설령 알고 있다 하더라도 한글로 되어 있어 내용을 파악하는 것은 거의 불가능에 가깝다. 이런 문제를 해결해준 것이 바로 고려인 지원 단체이자 한글야학 단체인 너머였다. 현재 안산시 상록구 사동에서 고려인센터 미르를 운영 중인 우수리스크사범대학 유학과 연해주에서 고려인 지원사업을 수행한 바 있는 김승력은 너머[14]를 시작하게 된 배경을 다음과 같이 밝혔다.

> 김승력 대표는 "2011년 안산 선부동 땟골 지역에 당시 2천여 명의 고려인이 살고 있다는 소식을 듣고 김포에서 안산을 무작정 방문했다. 대한민국에 살고 있는 고려인이 언어 장벽과 같은 동포로부터 받는 심한 차별, 괄시를 받는 현실을 보니 마음이 아팠다. 땟골에 사는 고려인이 서로 소통하며 하소연할 곳이라도 있어야겠다는 생각이 들어 6평짜리 반지하방을 덜컥 계약한 것이 '너머'의 첫 시작이었다"고 말했다.[15]

땟골은 안산시 단원구 원곡동과 선부동에 있는 자연마을로 벼과의 다년초 '띠'가 많이 자생해서 '띠골'이라고 하다가 후대로 내려오면서 변음되어 현재는 땟골이 됐다.[16] 땟골에 거주하는 대부분의 고려인은 공단에서 3교대로 대략 9시간에서 12시간 정도 근무한다. 토요일도 많은 수의 고려인이 일을 하기 때문에 한국어수업도 평일 야간이나 토요일 오후와 일요일에나 가능하

14) '너머'는 비영리단체로 여러 단체로부터 지원을 받고 있다. '국경너머! 차별너머!'를 모티프로 하고 있으며 국내 체류 고려인동포의 모국 생활 지원과 더불어 사는 아름다운 사회를 만들고자 하는 시민의 모임이다. 너머 홈페이지, http://www.jamir.or.kr/main/main.php 참조.

15) 『중부일보』. 「안산 땟골 고려인마을, 150년 유랑생활… 이제 정착하려 합니다」. 2016. 11. 4.

16) 『중부일보』. 「안산 땟골 고려인마을, 150년 유랑생활… 이제 정착하려 합니다」. 2016. 11. 4.

다. 너머는 한글교육뿐만 아니라 상담소 운영, 한국 여행 및 문화 체험 그리고 고려인 지원사업 및 의료지원 등도 수행해왔다. 고려인은 다른 언어와 문화가 몸에 배어 있었기에 언어소통 이상의 문화소통이 필요했다.[17)]

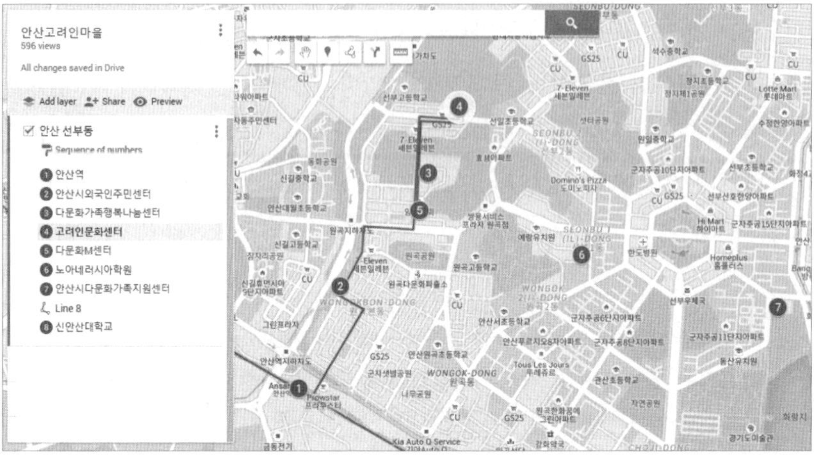

그림 1-82 안산 선부2동 고려인마을의 위치

그림 1-83 안산 사동 고려인마을의 위치

---

17) 강성희. 「안산 '땟골마을' 고려인들의 학습 문화 기술지 연구」. 아주대학교 대학원 석사학위논문. 2016. 39쪽 참조.

땟골 고려인마을에서의 문화활동[18]은 대부분 고려인 지원센터 너머를 통해 이루어져왔다. 근래 고려인동포가 가족단위로 많이 유입되면서 어린 학생의 수가 늘어나자 너머는 이에 맞춰 학생들을 위한 태권도, 한국 전통무용 등의 예체능 프로그램을 대폭 늘려 아이들이 한국문화에 적응하는 것을 도왔다.[19] 고려인동포는 한민족이지만 역사에 대해 잘 모르는 것을 부끄럽게 생각하고 있다. 너머는 2014년 3월 1일(土), 안산 지역사연구모임이 주최하고 고려인이주150주년기념 및 문화복지 지원을 위한 안산시민원탁회의가 주관한 '고려인과 함께하는 안산 3 · 1 만세 기념식'을 개최하기도 했다.

그림 1-84 땟골3거리 옛 너머 입구(왼쪽)와 2018년 9월 고려인문화센터를 탐방한 한국외국어대학교 학생들(오른쪽)

18) 안산지역의 예술가, 작가 모임인 '리트머스'와 함께 '너머'의 문화예술교육이 시작되었는데, 삭막한 동포의 생활문화 환경에 자존감과 활력을 불어 넣어주는 데는 문화예술만 한 것이 없기 때문이었다. 2014년 4월부터 본격적인 활동에 앞서 사진, 음악, 미술, 연극, 음식, 춤, 한복 등 다양한 분야의 전문가들과 작가들이 '너머'를 방문해 2차에 걸쳐 고려인동포의 문화적 욕구에 대한 설문과 조사를 벌이기도 했다.

19) 한국 고유의 전통무술인 태권도는 이곳에서 인기가 많아서 이주 고려인 자녀의 대다수가 태권도학원에 다니고 있다. 또한 이들은 축구를 즐긴다. 이주고려인 자녀로 이루어진 너머유소년축구단은 다문화희망축구대회에서 우승할 만큼 뛰어난 실력을 갖고 있다. 또한 땟골 고려인마을 주민은 2014년 가을 안산에서 개최된 고려인강제이주 150주년 페스티벌에서 한복을 입고 한국전통무용을 통해 한국적 아름다움을 보여주었다.

고려인지원센터 너머는 안산시와 시민단체와 연계하여 땟골 고려인을 지원했으며, 2014년 5월에는 안산시 평생학습관과 MOU를 체결하고 '땟골 좋은 마을 만들기' 사업을 추진하기 시작했다. 땟골이 평생학습마을로 선정되었고, 한국어가 유창한 고려인 임이고르가 코디네이터로 일할 수 있게 되었다.

현재 고려인지원센터 너머는 2016년 10월 안산시가 구입한 땟골 고려인마을 원룸 건물(선부동 988-3번지)을 구입, 리모델링하여 개관한 안산시 고려인문화센터를 위탁 운영하고 있다.[20] 고려인문화센터(너머)는 고려인 주민 및 시민이 이용하는 공간으로 다양한 문화・교육프로그램, 상담(노동, 법률, 생활민원 등), 동아리 및 커뮤니티 등 지원사업과 고려인 역사 전시관을 운영하고 있다. 고려인문화센터(너머)의 활동 내용을 교육프로그램을 중심으로 살펴보면 다음과 같다.[21]

(사)너머, 고려인문화센터 Корейский культурный центр "НОМО"
성인 한국어수업 Расписание занятий корейского языка для взрослых

	수업명 Предмет	시간 Время занятий	Начало занятий	강사
1	초급 Начальная группа	월 ПН. 21:00~22:30		문 선미
2	기초&초급 Базовая и начальная	화, 목 ВТ., ЧТ. 10:00~11:30	6월 5일 개강 (3개월 과정) 5 июня, курс на 3 месяца	차 이고리
3	기초&초급 Базовая и начальная	화, 목 ВТ., ЧТ. 21:00~22:30	6월 5일 개강 (3개월 과정) 5 июня, курс на 3 месяца	강 교식
4	한국어와 문화 Корейский язык и культура	수 СР. 21:00~22:30		이 태성
5	중급&성인토픽 Средний и экзамен TOPIK для взрослых	토 СБ. 18:00~20:00		서 수진
6	기초&초급 Базовая и начальная	토 СБ. 20:00~21:30	6월 2일 개강 (3개월 과정) 2 июня, курс на 3 месяца	강 교식
7	기초반 Базовая группа	일 ВС. 13:00~14:00	6월 3일 개강 (3개월 과정) 2 июня, курс на 3 месяца	유 빅토리아
8	기초반 Базовая группа	일 ВС. 14:00~15:00		
9	초급 Начальная группа	일 ВС. 15:00~16:30		김 제교

그림 1-85 고려인문화센터(너머)의 성인 한국어수업 일정표(왼쪽)와 수업 장면들(오른쪽)

20) 2011년 초창기부터 '너머'를 함께 운영해온 김영숙이 센터장, 김진영이 사무국장을 맡고 있다.

21) 고려인문화센터의 프로그램은 다음과 같이 구분할 수 있다. ① 고려인 주민을 위한 한국어 교육・상담, 문화・체육행사, ② 고려인 주민 자녀 교육・보육 지원사업, ③ 고려인 주민 지원을 위한 정보 제공 및 관련 기관・단체와의 서비스 연계, ④ 시민의 고려인 이해, 내・외국인 상호 소통 및 교류를 위한 사업. 안산시 고려인문화센터 홈페이지. http://www.koreansan.org/?page_id=1213

고려인을 위한 너머의 교육프로그램은 고려인 주민을 위한 한국어 교육과 고려인 주민 자녀를 위한 교육 · 보육 지원사업으로 나눌 수 있다. 먼저, 평일은 밤 9시에 시작하고 주말에는 오후에 시작하는 성인 대상 한국어수업이다. 〈그림 1-85〉는 2018년 6월부터 시행된 시간표다. 한국인과 고려인 강사 8명이 강좌를 운영하고 있으며, 수요일 밤에는 한국문화(한국어와 문화) 강좌도 열리고 있다.

다음으로 고려인 자녀를 위한 교육 · 보육 지원사업, 곧 아동-청소년 교육프로그램이다. 방문동거(F1) 비자로 부모와 함께 한국에 들어온 유아들뿐만 아니라 초등학생, 중학생, 심지어 고등학생 연령의 고려인 자녀인데, 2018년 8월 말 현재 1,964명이 등록되어 있다.[22]

아동-청소년 교육프로그램은 유아프로그램으로 돌봄방과 한글수업, 방과 후 교실로 한국어, 수학, 러시아어, 태권도, 농구, 댄스, 기타, 미술, 바이올린, 컴퓨터, TOPIK, 그리고 멘토수업으로 한국어, 학교생활 및 학습활동 등이 이루어지고 있다. 〈그림 1-86〉은 2018년 3~7월에 시행된 방과 후 교실과 멘토수업 내용이다.

선부2동의 안산시 고려인문화센터(너머)의 교육프로그램은 이제 체계가 잡혀가고 있다. 무엇보다 안산시가 제공한 고려인문화센터의 교육공간(반지하층의 고려인역사전시관 포함)과 자원봉사자들 덕택이다. 한국사회의 땟골 고려인마을과 함께 고려인문화센터 방문이 이어지면서 주말을 이용하여 지역의 한국인과 고려인이 서로 한국어와 러시아어를 가르쳐주는 개인 혹은 소그룹도 생겨났다. 경기대 학생들은 수업이 없는 날 교대로 멀리 땟골까지 와서 유아들을 위한 '돌봄교실'에 자원봉사로 참여하고 있다. 무엇보다 50여 명의 고려인 중 · 고교 학생이 방과 후 교실의 학생이자 자원봉사자로 활동하고 있

22) 2018년 8월 말 현재 방문취업(H2) 비자 6,076명, 방문동거(F1) 비자 1,964명, 외국국적동포(F4) 비자 7,418명 등 총 1만 5,458명의 고려인이 안산시에 살고 있는 것으로 추정하고 있다. 안산시 홈페이지, 「안산시 외국인 주민 현황 통계」 http://www.ansan.go.kr/

다.[23] 땟골 고려인마을은 점차 자체 동력을 갖추어가고 있는데, 특히 멘토수업을 맡고 있는 최엘레나 고려인 유학생은 한국 정착과 한국 대학 지원을 희망하는 고려인 학생들에게 좋은 영향을 끼칠 것으로 보인다.[24]

(사)너머, 고려인문화센터 Корейский культурный центр "НОМО"
아동청소년 프로그램 안내 Программы для детей и подростков.

2018년 3월12일~7월31일

	수업명 уроки	시간 время проведения занятий	강사
1	한국어 초급1 Корейский язык 1	월, 수, 목 오후5:00 пн., ср., чт. в 17:00 화, 금요일 오후5:40 вт.,пт. в 17:40	압두자바로바페루자
2	한국어 초급2 Корейский язык 2	월, 수, 목 오후4:00 пн., ср., чт. в 16:00 화, 금요일 오후4:40 вт.,пт. в 16:40	압두자바로바페루자
3	한국어 초급3 Корейский язык 3	화, 금요일 오후3:40 вт.,пт. в 15:40	압두자바로바페루자
4	한국어 초급4 Корейский язык 4	월, 목요일 오후3:40 пн., чт. в 15:40	문 희원
5	수학 математика	화, 목요일 오후6:30 вт., чт. в 18:30	주 나딸리야
6	러시아어 русский язык	1-я группа) 수,토요일 오후3:00 ср., сб. в 15:00 2-я группа) 수,토요일 오후4:00 ср., сб. в 16:00	박 예카테리나
7	태권도 тэквондо	월,수,목요일 오후5:30 пн., ср., чт. в 17:30	김 수진
8	댄스 танцы	화,목요일 오후5:30 вт., чт. в 17:30	김 막심
9	미술 рисование	금요일 오후5:00 пт. в 17:00	박 미정
10	기타 гитара	금요일 오후5:00 пт. в 17:00	김 광준
11	컴퓨터 компьютер	금 오후8:00 пт. в 20:00, 토 오전10:00 сб. в 10:00	한 예브게니
12	토픽TOPIK ТОПИК	월,수요일 오후7:00 пн., ср. в 19:00	김 나경
13	바이올린 скрипка	1-я группа) 일요일 오후1:00 вс. в 13:00 2-я группа) 일요일 오후2:00 вс. в 14:00	김 유나
14	농구 баскетбол	일요일 오후4:00 вс. в 16:00	임 발레리
15	한국어책읽기 Чтение корейских рассказов	토요일 오후4:00 сб. в 16:00	더호프
16	멘토수업 индивидуальное занятие (мэнто)	월~금요일 오후7:30 пн.-пт. в 19:30	최 엘레나

그림 1-86 고려인문화센터(너머)의 아동-청소년 프로그램 일정표(위)와 2018년도 입학식(아래)

23) 2018년 9월 9일 안산 와스타디움에서 개최된 '2018 고려아리랑 행사'에서 고려인의 역사에 대한 설명과 「고려인특별법」 서명을 주도한 것이 바로 고려인 중·고교 학생들이었다.

24) 최엘레나는 한양대 에리카캠퍼스 한국어문학과 학생으로 독립운동가 최재형기념사업회 장학생이다.

또한 고려인마을의 형성과 발전으로 오래된 다세대 주택지구로 낙후되었던 땟골 지역에 젊은 고려인이 거주하면서 유모차가 보이고 골목에는 아이들의 유쾌한 웃음소리가 들리기 시작했다.[25] 신축건물과 함께 땟골 삼거리를 중심으로 고려인 상가들도 늘어났다. 도시재생의 현장이 되어가고 있는 것이다.[26]

안산에서 땟골 선부2동과 함께 한양대 에리카캠퍼스 인근 사동에도 4천여 명의 고려인이 고려인마을을 형성하고 있다. 단원구 선부동과는 상당한 거리가 있는 상록구 사동에 고려인 집거지가 형성된 것은 대학가의 저렴한 원룸주택 단지가 있기 때문이었다. 2011년부터 땟골에서 고려인지원센터 너머를 운영해온 김승력은 사동 고려인 주민의 요청에 따라 2014년 3월 사동에 너머의 분원을 만들고, 고려인 주민뿐만 아니라 중앙아시아에서 온 이주노동자들을 위한 야간한국어교실, 통역지원 및 각종 상담활동을 진행했다.

한편, 사동 지역의 고려인도 대부분 맞벌이를 하고 있는 상황이라 일을 마치고 돌아올 때까지 아이들을 맡겨둘 곳이 마땅치 않았다. 고려인 초등학생들을 대상으로 임시 공부방을 개설해서 방과 후 돌봄교실을 열지 않을 수 없었던 이유였다. 학생들은 계속 늘어나는데, 냄새가 나는 지하방 등 열악한 환경이 문제였다. 이에 김승력은 2017년 고려인 강제이주 80주년을 맞아 (사)동북아평화연대, 아시아발전재단 등과 협력하여 사동의 고려인을 위한 별도의 지원센터 개소를 준비했다. 마침내 2018년 1월 정식으로 고려인센터 미르를 개소하면서 미르의 방과 후 돌봄교실 마련을 위한 다음[DAUM]의 '같이가치 모금 캠페인'을 시작했다.

25) 『중부일보』, 「안산 땟골 고려인마을, 150년 유랑생활… 이제 정착하려 합니다」, 2016. 11. 4.

26) 안산 고려인마을의 도시재생에 대해서는 다음 글 참조. 곽동근·임영상, 「고려인동포의 귀환과 도시재생: 안산의 고려인마을을 중심으로」, 『역사문화연구』 제64집, 2017, 175-212쪽.

그림 1-87 사동 고려인센터 미르 입구와 내부 지하강의실

마침내 2018년 5월 4일 (사)동북아평화연대 부설 고려인 어린이교육센터 미르라는 이름으로 방과 후 돌봄교실이 정식 개원하게 되었다.[27] 어린이교육센터 미르의 개원에는 (사)동북아평화연대의 주선으로 한화생명 생명보험사회공헌위원회가 적지 않은 금액을 희사하고 아시아발전재단 등의 단체, 그리고 개인들의 후원이 큰 힘이 되었다. 지하방에서 인근의 2층 사무실로 장소를 옮긴 고려인 어린이교육센터 미르에서는 한국어, 영어, 방과 후 학습지도 등을 1명의 고려인 교사, 1명의 고려인 보조교사, 그리고 한국인 대학생이 자원봉사로 수업을 진행하고 있다.

안산시 단원구 선부2동 땟골 다음으로 많은 고려인이 거주하고 있는 상록구 사동의 고려인센터 미르는 현재 김승력 센터장과 러시아 사회과학아카데미 박사인 이원용 상담국장 등이 일하고 있는데, 사동에도 '제2의 고려인 문화원'이 운영될 수 있기를 기대하고 있다. 현재 고려인센터 미르가 시행하고 있는 고려인 대상 교육활동을 종합하면 아래와 같이 정리할 수 있다.

---

27) '미르(мир)'는 러시아어로 평화, 세상을 뜻하는 말이다.

그림 1-88 고려인 어린이교육센터 미르 외관(왼쪽)과 내부 공부방(오른쪽)

표 1-37 고려인센터 미르의 고려인 교육활동

세부 사업명	주요 내용	시간	이용 실태
성인 한국어수업	성인 대상 한국어교실	월~금 오후 9~11시	연 300여 명
아동 청소년 교육사업	고려인 초등학생 대상 방과 후 교실 한국어수업, 문화수업, 상담, 멘토링 등	월~금 오후 2~8시	매일 30여 명
문화탐방	고려인 청소년과 학부모 대상 국내 문화탐방 실시(우리 문화역사 이해)	연간 3회	연 200여 명

2) 러시아교육기관 노아네러시아학원과 다문화청소년문화클럽 방주

1990년 한 · 러 수교 이후 한국과 러시아 양국의 교류가 크게 확대되면서 한국인과 러시아인이 상대 국가에서 장기체류하는 사람들이 많아졌다. 이로 인해 러시아 모스크바에는 한국의 교육부가 운영하는 모스크바 한국국제학교가 설립 · 운영되고 있다. 한국에서는 서울의 주한러시아대사관 내에 1개, 부산과 인천, 대구에 각 1개 등 러시아교육기관이 설립 · 운영되고 있다. 2015년 봄, 한국외국어대학교 강사 임현숙은 2006~2008년 2년간 러시아 볼고그라드국립대학에서 한국어를 가르쳤던 고려인 옛 학생들을 우연히 안산에서 다시 만났다. 한 사람은 러시아에서 신학교를 마치고 고려인을 위한 선교사가 되어 한국에 왔고, 또 다른 사람들도 노동일을 하고 있지만 모두 교회집사가 되어 있었다. 그런데 옛 스승을 만난 고려인동포는 "우리가 한국에서 살고 싶지만, 아이들이 언제 다시 러시아로 돌아갈지 모른다. 지금 우리에게 가장 필요한 것은 러시아어로 아이들을 가르칠 수 있는 학교가 필요하다"고 사정했다.

임현숙은 상트페테르부르크에서 박사과정을 마치고 한국외국어대학교 중앙아시아연구소 연구교수로 재직 중인 남편과 상의했다. 많은 고민과 기도 끝에 임현숙 부부는 고려인이 집거하고 있는 안산시 선부동으로 이사했다. 자신들의 자녀를 원일초등학교로 전학까지 시킨 후, 2015년 6월 '러시아교육기관 노아네'를 시작했다. 임현숙은 대안학교를 운영하고 싶었으나 운동장 등 적지 않은 시설이 필요했다. 결국 한국 내 다른 러시아 교육기관과 마찬가지로 한국에서는 학원으로 등록해야 했다. 이렇게 하여 안산 노아네 러시아학원이 문을 열게 되었고, 학생들은 러시아대사관에서 시행하는 시험을 치러 학력을 인정받고 있다. 아래는 노아네러시아학원 임현숙 원장의 인사말이다.

> 21세기 글로벌시대는 새로운 차원의 소통과 협력을 요구하고 있습니다. 러시아교육기관 노아네는 러시아어 사용자들의 자녀들과 함께하는 교육공간입니다. 한국의 대표적 다문화 도시 안산에서 고려사람을 비롯한 러시아어권 디아스포라의 소중한 미래가 자라나고, 상생의 건강한 교육문화가 정착되는 희망의 공간입니다. 이곳에서 기독교적 인생관과 진지한 배움을 함양하여 균형 잡힌 인격으로, 한국과 CIS지역을 넘어 글로벌시대 하나님의 마음에 합한 인재를 길러내고자 합니다.

처음 노아네러시아학원은 6명의 학생과 6명의 교사로 시작했다. 노아네러시아학원은 '러시아교육기관 노아네'로 월~금 오전 8시 30분부터 오후 4시 20분까지 전일제 수업을 진행하고 있다. 러시아 정규교과과정과 동일하

그림 1-89 수업에 사용하고 있는 러시아 교과서

게 가르치고 있는데, 한국어를 가르치는 한국어 교사 외에 전체 교사가 러시아와 중앙아시아에서 교사를 역임한 바 있는 고려인과 러시아인 교사로 이루어져 있다. 1~11학년별로 성경, 러시아어, 러시아문학, 한국어, 영어, 수학, 러시아 역사, 세계사, 사회, 지리, 생물, 화학, 물리, 실과, 음악, 미술, 체육 교과를 운영하고 있다.[28] 한국에 있을 뿐 러시아교육기관과 다름 아니다. 9월에 시작하여 5월에 학년을 마치는 것도 러시아와 일치한다.

2017년 9월 만 2년 만에 노아네러시아학원은 학생 수가 50명 이상으로 늘어났으며, 교사도 13명이 되었다. 학생들은 교육비로 월 30~50만 원을 납부하고 있으며, 교사들에게는 월 150만 원을 지급하고 있다. 온종일 수업을 진행하는 것에 비하면 월급이 적지만, 러시아와 중앙아시아에서 교사생활을 했던 전직 교사들은 다시 한국에서 교사를 할 수 있다는 것 자체에 감사하고 있다. 당연히 모두 사명감으로 성실하게 학생을 지도하여 좋은 성과를 올리고 있다. 노아네러시아학원은 매년 12월 25일(혹은 26일) 겨울학기를 마치면서 전체 학생이 단원구 원곡동 온누리안산M센터 강당에서 크리스마스 파티와 함께 학예회 행사를 갖고 있다. 2018년 5월에는 세 번째 졸업식도 가졌는데, 모두 고려인 목사의 기도로 시작했다.

28) 또한 노아네러시아학원은 '요리로 배우는 한국어' 강좌를 열고, TOPIK 한국어능력시험 준비반을 운영하고 있다.

그림 1-90 2017년 12월 성탄축하 연극공연(왼쪽), 2018년 5월 졸업식(오른쪽)

2016년 노아네러시아학원은 학령 전 아동을 위한 노아네어린이집을 열었고, 또 학생들이 평일 방과 후와 토요일 시간을 활용할 수 있는 다문화청소년문화클럽 방주를 시작했다. 방주는 체험 및 현장학습으로 연극, 기타, 미술, 댄스, 요리, 체스, 탁구, 합창 등 다양한 프로그램을 운영하고 있다.

방주는 2018년 4월부터 한국외국어대학교 역사문화연구소(접경의 인문학 HK사업단)와 협약을 체결하고 초 · 중등 고려인 학생을 위한 인문학 강좌를 열고 있다. 1학기의 주제는 "연해주에서 발트해까지: 고려인 이주 이야기", 2학기의 주제는 "고려인이 걷는 접경의 한국사"였는데, 고려인 학생뿐만 아니라

그림 1-91 방주-한국외국어대학교 역사문화연구소 인문학 강의 1학기(왼쪽)-2학기(오른쪽)

부모들도 강의와 탐방수업에 참여했다. 특히 2학기 강의는 러시아정교회와 아관파천의 현장인 덕수궁 등을 탐방하기도 했다.

노아네러시아학원과 다문화청소년문화클럽 방주는 국내외 다양한 교육기관 및 교회들과 협력 체제를 갖추어가고 있는데, 한국 대학 진학을 희망하는 학생들이 늘어나고 있어 이를 위한 준비와 함께 한국사회의 지원과 협력을 기대하고 있다.

3. 광주광역시 고려인마을과 고려인 지원 단체[29)]

광주광역시 광산구 월곡동은 우산동과 산정동 일부를 포함하여 하남으로 알려진 지역이다. 하남산업단지는 1981년부터 조성되기 시작했으며, 서남권 내륙지방의 최대 지방산업단지로 총면적 596만 7천 ㎡의 부지에 기계금속, 자동차 및 부품, 섬유, 화학, 전기, 전자부품, 목재, 음식료 등 다양한 업종의 기업이 입주해 있다. 하남산업단지는 평동산업단지와 소촌산업단지, 첨단과학단지와 밀접해 있다.[30)] 이러한 연유로 월곡동을 비롯한 우산동과 산정동은 산업단지의 배후 주택단지로 개발되었다. 월곡동은 하남산단의 상업중심지 역할을 하고는 있지만 오래전에 택지개발이 이루어졌기 때문에 주거환경이 좋은 편은 아니다. 다른 의미에서는 상대적으로 집값이 저렴하여 하남공단이나 평동공단, 소촌공단에 근무하는 외국인 이주노동자들이 밀집 거주하게 되었다.

29) 이하의 내용은 선봉규. 「한국에서 외국인 집거지의 형성과 공간적 특성에 관한 연구: 광주광역시 고려인마을을 중심으로」. 『한국동북아논총』 제83호. 2017. 206-211쪽; 선봉규. 「다문화가정 자녀의 교육 현황 및 과제: 광주광역시 거주 고려인동포 자녀를 중심으로」. 『인문사회21』 제8권 2호. 2017. 819-824쪽의 내용을 부분적으로 발췌하여 작성했음.

30) 하남산업단지관리공단 홈페이지. http://hanamic.allthru.kr/?doc=sub_01(검색일: 2016. 12. 12)

그림 1-92 광주광역시 고려인마을 위치

광주의 고려인마을[31]은 광주광역시 광산구 월곡동 일대를 중심으로 형성되어 있다. 2000년대 초반부터 외국인 이주노동자들을 포함하여 소수의 고려인 이주노동자들이 하남공단과 밀접한 지역인 월곡동과 산정동 곳곳에 터를 잡고 정착하기 시작했다. 2000년대 초반 하남공단 일대의 외국인 노동자들을 대상으로 지원사업을 벌여온 이천영 목사가 신조야 등 고려인 노동자의 임금문제에 적극 개입하면서 고려인동포 지원사업이 시작되었다. 2004년 9월에 고려인 20여 명이 중심이 되어 고려인 공동체 모임을 만들었고, 2005년 9월에는 고려인 이주노동자 신조야가 주도하여 고려인을 위한 상담소가 개설되면서 고려인이 모여들기 시작했다.[32]

이와 같이 광주의 고려인마을이 형성되었는데, 한국인 이천영 목사와 고려인 3세 신조야 등 두 사람의 역할이 결정적이었다. 이후 2013년 10월 광주에서는 전국의 지자체 가운데 최초로 고려인 주민을 위한 지원 조례가 제

31) 광주의 고려인마을 위치 지도 출처. https://www.google.co.kr(검색일: 2016. 12. 12)

32) 선봉규(2017). 200쪽.

정되어 고려인동포의 정착을 지원하기 위한 제도적 환경이 마련되면서 고려인마을의 규모가 점차 확대되었다. 또한 광주 고려인마을은 안산 등 다른 지역보다 고려인동포 자녀를 위한 방과 후 돌봄교실인 초등학생 대상의 바람개비 꿈터 지역아동센터(공립)와 중·고교 학생을 대상으로 하는 청소년문화센터, 고려인 학생이 중심인 다문화 대안학교인 새날학교 등 교육 지원 단체 활동이 활성화되어 있다. 이로 인해 비수도권임에도 불구하고 중앙아시아 고려인사회에서조차 "광주에 가면 일자리가 있고 자녀들을 공부시킬 수 있다"라는 소문이 퍼져 있을 정도다.

이 글에서는 고려인마을종합지원센터를 중심으로 광주 고려인마을에서 고려인 주민의 적응 및 정착 지원 활동을 전개하고 있는 지원 단체를 소개한다. 이어서 어린이집, 바람개비 꿈터 공립지역아동센터, 청소년문화센터, 그리고 다문화 대안학교인 새날학교를 중심으로 고려인동포 자녀를 위한 교육 지원 활동을 살펴보고자 한다.

1) 고려인마을종합지원단체 등 지원 단체 활동

광주 고려인마을에는 고려인 주민이 지역사회에 안정적으로 적응하고 정착하기 위해 각종 지원사업을 전개하는 다양한 단체들이 형성되어 활동하고 있다. 현재 광주 고려인마을의 핵심 지원 단체인 고려인마을종합지원센터는 2009년 1월에 설립된 '고려인센터'가 모태다. 고려인센터는 광주에 유입된 고려인의 한국어 통역을 비롯하여 미취업자들의 숙식 제공과 취업 알선, 각종 애로사항 등을 해결하는 역할을 담당했다. 이 센터는 광주광역시와 광주사회복지공동모금회가 협약을 맺고 센터 건립을 위한 모금활동[33]을 전

33) 이 모금운동은 광주지역의 주요 유관기관을 비롯하여 기업체 13곳, 시민 30여 명 등이 참여했으며, 총 1억 8천만 원의 성금을 모금했다. 이 성금액에 광주광역시에서 지원비를 보조하여 고려인마을의 한 상가 건물을 매입하여 리모델링했다. 『연합뉴스』 2015. 9. 7.

개하여 2015년 9월 7일에 '고려인마을종합지원센터'로 변경, 개소했다. 고려인마을종합지원센터는 230여㎡ 규모의 2층 건물로, 상담실, 교육실, 어린이집, 쉼터 등의 시설을 갖추고 있다. 센터의 주요 활동은 고려인의 취업과 산업재해, 국적 취득 등 각종 상담과 자녀보육, 한국어 교육, 자조모임 등 다양한 서비스를 제공하고 있다.

고려인교회는 2009년 고려인센터와 함께 설립되었다. 고려인은 매주 일요일 예배를 통해 지친 심신의 위로와 함께 고려인 상호 간 친교와 정보를 교류하고 있다. 특히 교회에서는 고려인 가족의 합동결혼식을 진행하기도 한다. 이 결혼식은 광산구청을 비롯하여 지역 내 기업 및 유관단체 등의 지원과 협력으로 이루어지고 있다.

고려인마을협동조합은 2013년 3월 10일 비영리 목적으로 설립되었으며, 조합원 · 비조합원 구분하지 않고 고려인 주민 전체를 대상으로 활동하고 있다. 고려인마을협동조합의 주요 사업계획을 살펴보면 다음과 같다. 교육조합사업—유치원, 보육, 방과 후 교실, 학교, 한국어교육, 평생교육; 소비자조합사업—공동구매, 여행사, 이동통신, 인터넷 가입, 문화예술 등 생활전반; 주택조합사업—매매, 전세, 월세, 주택수리 등 주택 관련 지원사업; 의료지원사업, 근로자조합사업, 서비스조합사업—출입국상담, 고충문제, 법률, 경조사 등; 생산자조합사업—다문화체험학습, 역사관, 생산, 가공, 업체간 · 국제 간 정보교류; 유통(외국무역), 재활용 제품 생산, 커피숍, 청소, 시설관리 등이다.

고려인마을협동조합의 구체적인 활동 내용을 보면, 2013년도에 광주광역시의회 홍인화 의원 등과 공동으로 광주광역시 고려인 주민 지원 조례를 제정하는 데 기여했다. 귀환 동포 지원법 제정을 위해 이천영 목사, 신조야 대표 등이 국내 유관단체와 다양한 교류활동을 전개하고 있다. 광산구 월곡동 일대에 '고려인 특화 마을'을 조성하기 위해 음식점, 슈퍼마켓 등을 지원하고 있다. 대표적으로 고려인마을에는 '고려인마을가족카페'가 3호점까지 개점되어 운영되고 있다. 이 가게는 2014년 3월 고려인마을협동조합의 지원을 받아 1호점을 개점했으며, 빵맛이 좋고 고려인 전통음식에 대한 호기심이 많아지면서 고려인 주민뿐만 아니라 원주민과 관광객이 즐겨 찾는 곳이 되었다. 2호점은 빵과 커피, 3호점은 중앙아시아 양꼬치를 주메뉴로 하여 각각 개점했다. 이 카페는 무엇보다 가족이 중심이 되어 운영하고 있다. 이외에도 고려인 주민이 운영하는 다양한 음식점, 한국과 중앙아시아의 식료품을 파는 슈퍼마켓, 이동통신사 가게, 여행사, 미용실 등이 운영되고 있다.

광주 고려인마을에서만 개최되는 특별한 행사가 있다. 그것은 바로 '고려인의 날' 축제다. 고려인의 날 축제는 2013년 10월에 제정된 '광주 고려인 주민 지원 조례'를 기념하기 위한 날이다. 이 축제는 2013년 10월에 개최된

그림 1-94 광주 고려인마을가족카페 1호점과 3호점

이래 매년 10월 셋째 주 일요일에 개최하고 있으며, 2018년 현재까지 6회에 걸쳐 진행되고 있다. 제2회 고려인의 날 축제는 '고려인 주민 한마당'이라는 이름으로 개최되어 광주 고려인마을의 정기적인 축제로 자리 잡아가고 있다.[34] 2018년 10월 21일 개최된 고려인의 날 축제는 고려인전통음식체험, 유공자 표창 및 감사패, 감사장 수여, 고려인마을 주민 축하공연 등으로 진행

34) 광주 고려인마을 고려인의 날 축제. http://www.wiki.hufscon.com/index.php?title=%EB%8C%80%EB%AC%B8(검색일: 2018. 11. 5)

되었다. 아울러 광주신가병원과 전남대치과병원, 광주수완지구 바른안과 등

그림 1-95 제4회 고려인의 날: 고려인 주민 한마당 행사

그림 1-96 2016 추석맞이 고려인가족 한마당 축제

이 참여한 의료봉사활동도 진행되었다.

고려인마을은 광주 고려인마을을 찾는 관광객의 편의를 제공하기 위해 광산구 공익활동지원센터의 지원을 받아 고려인마을 관광지도를 제작했다. 고려인마을 관광지도 제작 이후 고려인마을은 YTN 등 방송사들의 방문 취재가 급증했으며, 타 지역의 대학생 등 관광객이 고려인마을을 방문하여 고려인마을 둘레길[35]을 따라 고려인동포의 삶을 체험하고 이해하는 계기를

35) 고려인마을 둘레길은 고려인 주민 지원 관련 각종 단체와 고려인 주민이 운영하는 음식점이나 슈퍼

마련하고 있다.[36] 특히 2017년은 고려인 강제이주 80주년이 되는 해로서 고려인마을은 이를 기념하기 위해 '광주 고려인마을 방문의 해'로 지정하여 다양한 프로그램을 운영하고 있다. 이 행사는 4월부터 11월까지 매월 넷째 주 토요일에 개최되었다.

표 1-38 2017 광주 고려인마을 방문의 해 행사 현황

날짜	주요 행사 내용
2017년 3월 15일	고려인 강제이주 80주년 기념사업추진위원회 공식 출범
2017년 3월 31일	고려인 강제이주 80주년 기념사업회, 추진위원 초청 간담회
2017년 4월 22일	제1회 2017 광주 고려인마을 방문의 해 행사
2017년 5월 27일	제2회 2017 광주 고려인마을 방문의 해 행사
2017년 5월 28일	〈고려 아리랑: 천산의 디바〉 특별 시사회
2017년 6월 24일	제3회 2017 광주 고려인마을 방문의 해 행사
2017년 7월 22일	제4회 2017 광주 고려인마을 방문의 해 행사
2017년 8월 26일	제5회 2017 광주 고려인마을 방문의 해 행사
2017년 9월 2일	고려인 강제이주 80주년 기념 문화제 개최
2017년 9월 23일	제6회 2017 광주 고려인마을 방문의 해 행사
2017년 9월 2~30일	'1만 5000km 점, 선, 면 유라의 역사' 전시회 개최
2017년 11월 11일	제7회 2017 광주 고려인마을 방문의 해 행사

출처: http://www.wiki.hufscon.com/index.php?title=2017(검색일: 2018.11.5)

광주 광산구 월곡동 지역은 2000년대 중반 이후 중앙아시아 출신 고려인과 외국인 이주노동자가 증대하면서 쓰레기 무단투기, 고성방가, 길거리 음주 등으로 인해 지역주민의 불만이 팽배해 있다. 이러한 원주민의 불만과 불평을 해소하기 위해 고려인마을에서는 2011년 5월에 고려인으로 구성된 '고려인마을 깔끔이 봉사단'을 결성했다. 봉사단원들은 매주 주말에 각 가정

마켓 등을 중심으로 구성되어 있다.

36) 2017년 2월 7일에는 국민대학교 유라시아학과 학생 20여 명이 고려인마을을 방문했고, 4월 22일에는 한국외국어대학교 교수와 학생들이 고려인마을 방문의 날 행사에 직접 참여하기도 했다.

별로 조를 편성하여 고려인마을 거리를 청소하고, '쓰레기 함부로 버리지 않기', '길거리 음주 금지', '쓰레기 분리수거' 등을 홍보하고 있다. 이러한 활동은 원주민과 마찰을 최소화하고 고려인의 이미지를 개선함으로써 지역사회에 안정적으로 정착하기 위한 노력으로 평가할 수 있다.

특히 봉사단은 2015년 광주광역시에서 개최된 하계유니버시아드대회의 성공적 개최를 위해 광주국제행사성공시민협의회와 공동으로 '친절, 질서, 청결, 봉사' 4대 선진문화 시민운동 캠페인과 함께 환경정화활동을 벌이기도 했다. 2016년 4월 9일에는 고려인 주민 15명으로 구성된 '고려인마을 자율방범대'를 결성했다. 이들은 월곡동 일대를 정기적으로 순찰하며 생활질서를 안내하고 원주민과 고려인 간의 접점을 넓혀가고 있다. 방범대는 광주지방경찰청으로부터 순찰복 · 경광봉 등을 지원받았으며, 광산경찰서 월곡지구대와 협조하여 활동을 하고 있다. 이러한 방범대의 활동은 원주민과의 마찰을 최소화하고 범죄가 발생하지 않도록 사전 예방하는 효과를 가져와 고려인 주민의 지역사회 적응과 함께 이미지를 개선하는 데 기여하고 있다.

광주 고려인마을은 2016년 9월에 국내 최초로 고려인 주민이 직접 출연하여 방송하는 '고려FM' 라디오방송을 개국했다. 고려FM은 광주문화재단과 광주시청자미디어센터의 지원을 받아 2016년 5월부터 12주간 준비 작업을 해왔으며, FM 102.1MHz 정식 주파수를 배정받아 운영되는 라디오 방송이다. 송출범위는 방송국 기점으로 5㎞인 미니 FM으로, 광산구 월곡동 · 산정동 · 우산동 · 하남동에 거주하는 고려인이 주요 청취자다. 그리고 고려FM 어플리케이션을 설치하면 전국뿐만 아니라 중앙아시아지역의 고려인도 청취할 수 있다. 고려FM은 월요일부터 금요일까지 매주 오전 10시 30분부터 오후 1시, 오후 5시 30분부터 저녁 8시까지 총 5시간 방송하고 있으며, 러시아어(70%)와 한국어(30%)로 고려인의 이야기를 들려주고 있다. 편성 프로그램을 보면, 「디아나의 광주이야기」, 「고려인마을 뉴스」, 「엄마 수다방톡톡」, 「10대세상, '세대토크'」, 「뮤직타임」 등 다양한 프로그램을 운영하고 있다.

고려FM은 고려인 주민이 자신들의 삶의 이야기와 공동체의 생활정보를 서로 나누고, 이를 통해 지역사회 구성원으로서의 지위를 확인하고 원주민과의 소통을 활성화하는 데 유용한 매체가 되고 있다. 예컨대, 2016년 1월 7일에는 월곡2동 동장과 마을복지팀장이 고려인매거진에 출연하여 지역에 거주하고 있는 고려인 주민의 삶과 적응에 대해 이야기를 나눈 바 있다. 이외에도 고려인 주민의 안정적인 정착을 위해 도움을 주고 있는 주민자치센터, 병원, 사회단체, 자원봉사자 등 지역관계자들이 출연하여 지역주민과의 만남을 확대하고 있다.

2) 고려인동포 자녀의 교육 지원 단체 활동

최근 한국사회의 외국인 이주자 담론에서 중요하게 부각되고 있는 분야는 중도입국자녀를 포함한 다문화가정 자녀의 교육문제다. 특히 중도입국자녀는 한국에서 태어난 다문화가정 자녀와 달리, 한국어를 거의 구사하지 못하거나 한국문화에 익숙하지 않은 상태에서 한국사회로 유입되므로 정상적인 학교 교육을 받는 데 어려움을 가질 수밖에 없다. 이러한 맥락에서 고려인 자녀는 한국에 거주하고 있는 부모들이 대부분 한국어를 잘 구사하지 못한 관계로 특별히 더 어려운 상황에 놓여 있다. 광주 고려인마을은 상대적으로 다른 지역에 비해 자녀들의 보육 및 교육문제를 해소하기 위해 완전하지는 않지만, 다양한 수준의 자생적인 교육시설을 확보하여 운영하고 있다. 광주 고려인마을에서는 자녀들의 교육문제를 해소하기 위해 다문화 정책학교 이외에 지자체와 민간사회의 지원을 받아 교육 지원 단체를 결성하여 다양한 프로그램을 운영하고 있다. 구체적인 교육 지원 단체의 활동을 살펴보면 아래와 같다.

(1) 어린이집

광주 고려인마을은 2012년 10월에 작은 상가건물을 임대하여 무인가 어린이집을 개소하여 취학 전 어린이들을 돌보고 있다. 현재 어린이집은 2015년 9월 7일에 고려인마을종합지원센터가 설립되면서 센터의 1층 공간을 사용하고 있다. 2018년 현재 고려인마을 어린이집에 35명의 아이들이 다니고 있다. 그 외의 어린이들은 한국의 유치원에 다니고 있거나 집에서 할머니의 보호를 받고 있다. 고려인마을의 어린이들은 대부분 맞벌이부부 가정의 어린이들이다. 고려인마을의 어린이집은 이른 아침부터 서녁까지 한글을 비롯한 어린이 학습, 운동, 문예활동을 지도하고 급식과 간식을 제공하고 있다. 한국의 유치원에 다니는 아이들의 경우, 부모들이 아이가 한국어를 빨리 배우게 하기 위한 취지에서 보내고 있다. 이후 러시아어를 모르게 되면 고려인마을의 어린이집에 보내는 사례도 있다.[37]

그림 1-97 광주 고려인마을 어린이집

(2) 바람개비 꿈터 공립지역아동센터

광주의 고려인마을은 초 · 중 · 고 학생들을 대상으로 한국어를 비롯하여 영어, 수학 등 학습 프로그램을 운영하기 위해 2013년 7월에 지역아동센

37) 고려인마을종합지원센터 관계자(신○○, 인터뷰: 2017년 3월 31일).

터를 개소했다. 그러나 고려인동포 자녀의 국적 문제로 정부 인가 및 지원을 받을 수 없어 인건비 확보에 어려움을 겪으면서 한때 운영을 잠정 중단하기도 했지만, 광주광역시와 한국전력의 지원으로 운영을 재개했다. 지역아동센터는 대안학교 교사와 고려인마을 주민, 자원봉사자 등이 교사로 참여하고 있으며, 학기 중에는 평일 오후 4~7시까지 방과 후 교실을 열고 주말에는 체험학습 프로그램을 운영한다. 지역아동센터의 프로그램은 아이들의 기초학력 향상 지원과 한국어 · 영어 · 러시아어 등 외국어 교육을 기본으로 하고 있다. 지역아동센터에서는 지역사회의 원주민을 대상으로 하는 '러시아어 무료강좌'를 실시하고 있다. 이 강좌는 월곡동의 한 주민의 제안으로 시작되었으며, 러시아에서 유학한 경찰관, 유학을 준비하는 대학생, 이웃 주민 등을 대상으로 운영하고 있다. 무엇보다 이 프로그램의 의의는 지역 내 원주민이 이주민의 언어와 문화를 배우고 수용하는 과정을 통해 상호 간의 교류와 소통을 강화하는 데 기여한다는 점이다.

2017년 1월부터는 국민은행의 후원과 광산구청의 지원을 받아 '바람개비 꿈터 공립지역아동센터'로 전환되어 운영되고 있다. 현재 이 센터는 관리자 및 담당 교사, 그리고 지역 내 자원봉사자들이 중심이 되어 초등학생을 대

그림 1-98 광주 고려인마을 지역아동센터

상으로 한국어와 러시아어, 영어, 예체능 등 교육 및 돌봄 프로그램을 운영하고 있다.[38] 구체적인 주간 프로그램을 살펴보면 아래 〈표 1-39〉와 같다.

바람개비 꿈터 공립지역아동센터의 주요 프로그램은 지역사회와 연계하여 운영되고 있다. 수학교실은 장성 문향고등학교 어머니회 회원들이 참여하고 있으며, 한국어교실(목요일)은 광주 숭덕고 어머니회, 예체능교실은 동강대 학생들이 지도하고 있다. 특히 러시아어교실은 주한 러시아대사관에서 고려인동포 학생들이 러시아어를 잊어버리지 않게 하기 위해 학습지원을 요청하여 운영되고 있다.[39]

표 1-39 바람개비 꿈터 공립지역아동센터 주간 시간표

시간 \ 요일	월	화	수	목	금	토
09:00~13:00	등원 및 준비					
13:00~14:00	과제점검, 숙제지도, 학습지지도(저학년)					
14:00~16:00	독서	미술	합창	영어	영어	
16;00~18:00	수학	피아노	러시아	합창	한자	
16:00~17:00	독서	한국어, 미술	의무 교육	기초학습 (국어, 수학) 영어	한국어 영어	
17:00~18:00						
18:00~19:00	귀가지도 및 돌봄					

(3) 청소년문화센터

청소년문화센터는 그동안 초·중·고 학생들을 대상으로 프로그램을 운영해온 지역아동센터가 바람개비 꿈터 공립지역아동센터(초등학생 대상)로 전환되면서 중·고등학생들을 대상으로 하는 방과 후 프로그램을 운영하기 위해 만들어졌다. 현재 이 센터는 중·고등학생 50여 명이 이용하고 있으며, 한국어 수업(화, 금), 사진 및 축구 동아리 활동, 상담, 문예활동 등을 진행하고

38) 고려인마을 청소년문화센터 관계자(안○○○, 인터뷰: 2017년 3월 21일).

39) 바람개비 꿈터 공립지역아동센터 관계자(주○○, 인터뷰: 2017년 3월 31일).

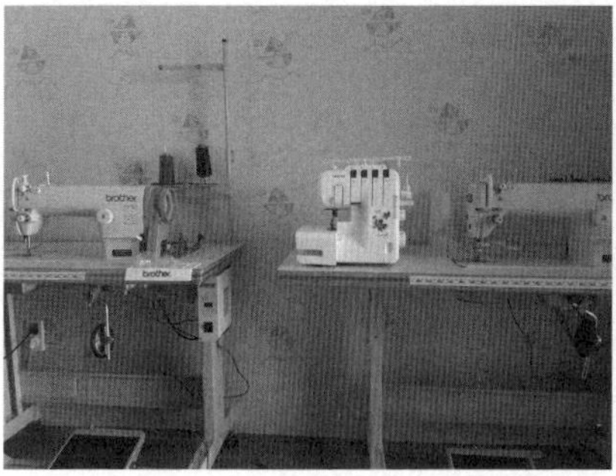

그림 1-99 광주 고려인마을 청소년문화센터의 취미 활동

있다.[40] 이와 같이 광주 고려인마을은 비록 완전하지는 않지만 자녀들의 보육 및 교육문제를 해결하기 위해 어린이집과 공립지역아동센터, 청소년문화센터 등 자체적인 교육시설을 마련하여 다양한 프로그램을 운영하고 있다.

(4) 새날학교

새날학교는 2007년 1월 광주광역시 광산구에 거주하고 있는 결혼이주여성, 외국인노동자, 북한이탈주민, 고려인동포 자녀들을 교육하기 위해 설립되었다.[41] 이후 2011년 6월 광주광역시교육청으로부터 초 · 중 · 고 통합형 대안위탁 교육기관으로 지정되어 현재에 이르고 있다.

새날학교의 입학 대상은 다문화가정 자녀, 고려인동포 자녀, 외국인 노동자 자녀, 북한이탈주민 자녀, 외국에 오래 거주한 한국인 등이다. 입학자격은 한 부모 이상이 외국인인 가정의 학생, 한국인이나 3년 이상 외국거주로 한국어 능력이 떨어지는 학생, 북한이탈주민 가정의 자녀로 일반학교에 적응하지 못하는 학생 등이다. 2018학년도 학생의 원적 현황을 보면, 초등학생 6명, 중학생 26명, 고등학생 58명으로 총 90명의 학생이 다니고 있다. 출

40) 고려인마을 청소년문화센터 관계자(안○○○, 인터뷰: 2017년 3월 21일).

41) 새날학교는 정규 학력 인가를 받은 광주 이외에 인천, 인천 서구, 시화, 청주, 파주, 연기, 부천, 부산, 화성 등에 분교를 두고 있다.

신 국가별 현황을 보면, 우즈베키스탄이 29명으로 가장 많으며, 베트남 21명, 중국 17명, 러시아 12명, 키르기스스탄 · 우크라이나 · 필리핀 각각 3명, 카자흐스탄 2명 등이다.

새날학교는 현재 다문화 예비학교로 초등 1학급, 중등 4학급으로 운영되고 있다. 교육과정은 교과활동과 창의적 체험활동으로 편성되어 있으며, 교과활동은 보통교과와 대안교과로 나누어 운영하고 있다. 새날학교는 중도입국 학생들이 원적 학교에 잘 적응할 수 있도록 한국어와 한국문화 프로그램을 집중적으로 제공하고, 보통교과는 최소화하여 운영하는 데 중점을 두고 있다. 창의적 체험활동은 자율활동, 봉사활동, 동아리활동, 진로활동으로 구성되어 있다.[42]

새날학교의 초 · 중 · 고 교육과정을 살펴보면 다음과 같다. 초등학교 교육과정은 보통교과/대안교과에 국어(국어, 모국어), 바른생활/사회, 수학, 슬기로운 생활/과학 · 실과, 음악, 미술, 체육, 영어 등으로 편성되어 있다. 중학교 교육과정은 보통교과/대안교과에 국어, 모국어, 사회, 수학, 과학/기술가정, 예술, 체육, 외국어(러시아어, 중국어) 선택 등이 있다. 고등학교 교육과정은 보통교과/대안교과에 기초학습―국어 · 수학 · 영어, 탐구학습―사회(사회, 한국사) · 과학(과학, 지구과학), 체육 · 예술학습―체육(스포츠 과학), 예술(음악과 진로, 미술문화), 생활 · 교양학습―기술 · 가정, 제2외국어(러시아어, 중국어), 한문 · 교양 등이 있다.[43] 특히 새날학교의 중 · 고등 교육과정은 학생들의 한국어 수준 차이를 고려하여 학년별 교육과정이 아닌 학교급 내에서 한국어 수준으로 학급을 편성하여 운영하고 있다.[44]

광주 고려인마을에 거주하고 있는 고려인동포 자녀들은 새날학교 이외에도 다문화 연구학교인 하남중앙초등학교, 영천초등학교 등에 다니고 있

42) 새날학교 홈페이지 http://www.saenalschool.com(검색일: 2017. 3. 31).
43) 자세한 교육과정에 관한 내용은 새날학교 홈페이지(http://www.saenalschool.com) 참고.
44) 새날학교 홈페이지 http://www.saenalschool.com(검색일: 2017. 3. 31).

다. 고려인동포 자녀들은 우즈베키스탄, 카자흐스탄 등 중앙아시아지역에서 출생하여 성장한 후 한국으로 들어왔기 때문에 한국어뿐 아니라 한국문화에 대한 이해와 경험이 거의 없는 상황에 놓여 있다. 새날학교에 다니는 고려인동포 자녀 중 초등학생의 경우는 한국어가 서툴고, 한국문화에 대한 이해가 낮아도 원적 학교에 돌아가 학교생활에 어느 정도 적응하고 있다. 반면, 중학생의 경우는 원적 학교에 돌아가면 한국어 수준이 또래 학생보다 현저히 떨어지기 때문에 적응하지 못하고 새날학교로 돌아오는 사례가 많은 것으로 나타나고 있다.[45] 아래 〈표 1-40〉은 새날학교 학생의 일반학교 원적 복귀 현황이다.

표 1-40 새날학교 재학생의 일반학교 원적 복귀 현황

(단위: 명)

구분	초등학생	중·고등학생	합계
2013년 이전	22	15	37
2014년	12	14	26
2015년	36	13	49
2016년	22	24	46
2017년	36	37	73
합계	128	103	231

출처: 새날학교 홈페이지 http://www.saenalschool.com/school/03.html(검색일: 2018. 10. 21)

고려인동포 청소년이 학교생활에 적응하지 못하는 이유는 한국어로 의사소통을 할 수 없다는 점과 한국의 문화에 대한 이해와 경험 부족에서 기인한다. 특히 한국의 문화에 대한 이해 부족은 또래 학생들과의 관계에서 따돌림 당하는 사례가 발견되고 있다. 즉 한국어를 잘 사용해도 한국문화—집단문화, 선후배 관계 등—에 익숙하지 않은 학생들은 일반학생들로부터 학교

45) 고려인마을 청소년문화센터 관계자(안○○○, 인터뷰: 2017년 3월 31일).

생활에서 배제되는 현상이 나타나고 있다. 또한 고려인동포 자녀들 사이에서도 따돌림 현상이 발견되고 있다. 예컨대, 한국어를 잘하거나 한국문화에 익숙한 학생—한국에 동화된 학생—은 다른 고려인 학생들에게 따돌림을 당하기도 한다.[46)]

요약해보면, 광주 고려인마을의 고려인동포 자녀들은 대부분 중도입국하여 부모와 함께 살고 있다. 특히 이들의 부모는 맞벌이부부로서, 아침 일찍 출근하여 저녁 늦게 퇴근하기 때문에 자녀들의 학교생활 및 교육에 대한 관심과 지원이 부족할 수밖에 없다. 아울러 고려인동포 자녀들이 일반학교에 진입하거나 학교생활의 안정적인 적응을 위한 교육지원이 충분한 상황도 아니다. 물론 시교육청에서는 중도입국 학생들이 한국어 및 한국문화에 대한 집중교육을 담당하는 다문화 예비학교 등을 운영하고 있지만, 한국어가 서툴고 한국문화에 대한 이해와 경험이 일천한 학생들이 짧은 기간에 적응한다는 것은 매우 어려운 일이다. 또한 고려인동포 학생들은 학교생활에서 일반학생들로부터 따돌림을 당하는 등 사회적 편견과 차별로 자아정체감을 형성하는 청소년기에 정체성의 혼란을 겪고 있다.

4. 맺음말

국내 고려인동포의 최대 집거지는 경기도 안산시다. 안산에는 거리가 상당히 떨어져 있는 단원구 선부동과 상록구 사동 두 곳에 각기 1만 2천여 명과 4천여 명의 고려인이 집거하고 있다. 그래서 선부동 고려인문화센터(너머)와 사동 고려인센터 미르에서 각기 2011년과 2013년부터 지역의 고려인 성인을 위한 야간한국어교실, 고려인 동반자녀를 위한 돌봄교실이 운영되고

46) 고려인마을 청소년문화센터 관계자(안○○○, 인터뷰: 2017년 3월 31일).

있다. 특히 땟골의 방과 후 교실에서는 50여 명의 고려인 중 · 고등학생들이 어린 동생들을 돌보아주고 고려인사회를 알리는 데도 적극 참여하고 있다. 한국어 소통이 어려운 부모들을 위한 통역도 가능해지고 있다.

광주 고려인마을은 다른 지역과 달리 가장 먼저 고려인 주민을 위한 지원 조례가 제정되었고, 고려인 주민의 주도로 다양한 성격의 자생적인 단체를 결성하여 고려인 주민의 적응 및 정착 지원활동을 전개하고 있다. 아울러 광주광역시청, 광산구청 등 지자체와 밀접한 네트워크를 형성하여 자녀들의 보육 및 교육문제를 해결하기 위해 어린이집에서부터 초 · 중 · 고 학생 대상의 방과 후 프로그램을 운영하고 있다. 특히 고려인마을은 광주광역시교육청으로부터 학력을 인정받은 다문화대안학교인 새날학교가 인근에 있어 일반학교에서 학교생활 적응이 어려운 자녀들의 교육문제를 어느 정도 해결하고 있는 편이다.

광주 고려인마을은 지방에 있으면서도 국내외 연구자와 학생, 다문화 관련 기관의 임직원, 그리고 일반시민에 이르기까지 많은 방문객을 맞고 있다. 이들 가운데 전화번호와 이메일주소를 남긴 사람은 날마다 아침에 문자와 이메일을 받는다. '나눔방송' 이름으로 날마다 고려인마을에서 일어나는 소식을 기사 형식으로 받고 있는 것이다. 이를 받는 사람들은 몸은 멀리 떨어져 있어도 고려인마을에서 일어난 일상을 마음으로 그릴 수 있다. 또한 2017년에는 '나눔방송'의 기사를 분석하여 「광주 고려인마을 콘텐츠 연구」라는 제목의 박사학위논문도 나온 바 있다.[47]

이제 한국사회는 8만여 명의 고려인동포를 이주(노동)자가 아니라 귀환동포로 받아들여야 할 때가 되었다. 80만 명 이상의 중국동포 또한 이제 정착이 트렌드가 된 것처럼 고려인동포도 조상의 나라 한국에 정착하고자 하고 있다. 그러나 중도입국한 고려인 동반자녀들이 한국학교에 적응하기란

47) 정막래. 「광주 고려인마을 콘텐츠 연구: 〈나눔방송〉 기사를 중심으로」. 한국외국어대학교 대학원 박사학위논문. 2017.

결코 쉬운 일이 아니다. 또한 다시 러시아-중앙아시아로 돌아갈 수 있다는 생각에서 고려인 부모는 러시아교육기관이 필요했다. 2015년 9월 안산시 단원구 선부1동에 노아네러시아학원이 생긴 배경이다. 노아네러시아학원 같은 러시아교육기관이 광주와 경주 등 다른 고려인 집거지에도 필요하다.

최근 국내 고려인동포사회는 전국 단위의 고려인단체 결성을 선포했다. 2014년부터 준비해온 대한고려인협회가 그것이다. 대한고려인협회는 전국 각 지역의 고려인 대표들이 뜻을 모아 한국에서 살아가고 있는 고려인을 대표하는 명실상부한 자치조식의 위상을 만들어가고 있다. 대한고려인협회는 고려인의 법적 지위 문제에서부터 복리 증진, 친목 및 상호부조 등의 사업을 펼쳐나갈 계획이다. 대한고려인협회는 지역사회의 선주민을 포함하여 다른 이주민집단과 활발하게 교류활동을 전개해야 하며, 한국사회의 당당한 구성원이 되기 위해 다방면에서 적극적인 노력이 필요하다.

참고문헌

강성희. 「안산 '땟골마을' 고려인들의 학습 문화 기술지 연구」. 아주대학교 대학원 석사학위논문. 2016.

곽동근 · 임영상. 「고려인동포의 귀환과 도시재생: 안산의 고려인마을을 중심으로」. 『역사문화연구』 제64집. 2017. 175-212쪽.

권용 · 김용승 외 3명. 『한국의 다문화 공간』. 현암사. 2011.

김승력. 「고려인 동포의 현재와 미래 — 국내체류 고려인 동포사회를 중심으로」. 한국외국어대학교 강의자료. 2014.

방일권. 「20세기 고려인 사회와 교육」. 『러시아 · 중앙아시아 한인의 역사(상)』. 국사편찬위원회. 2008. 298-299쪽.

배은경. 「1920~30년대 연해주 고려인 교원 양성 정책과 원동조선사범대학에 관한 연구」. 배은경 · 정막래 · 임영상 편. 『한글신문 선봉을 통해 본 연해주 고려인 사회의 교육과 생활문화』. 금철사랑. 2017. 13쪽.

선봉규. 「한국에서 외국인 집거지의 형성과 공간적 특성에 관한 연구: 광주광역시 고려인마을을 중심으로」. 『한국동북아논총』 제83호. 2017. 193-214쪽.

선봉규. 「다문화가정 자녀의 교육 현황 및 과제: 광주광역시 거주 고려인동포 자녀를 중심으로」. 『인문사회21』 제8권 2호. 2017. 803-829쪽.

엄안토니나. 「우즈베키스탄 사마르칸트주 고려인 콜호즈의 여성 선각자들: 파스타르곰 지구 고려인 콜호즈와 여성 교사들의 활동을 중심으로」. 『최용신 기억 속에서 아시아로 걸어나오다(최용신탄생100주년기념 국제학술회의 논문집)』. 안산시. 2009. 88쪽.

오정은 · 강희영 · 성동기. 『한-CIS 관계증진을 위한 CIS출신 동포 활용 방안: 국내체류 경험 고려인을 중심으로』. IOM이민정책연구원. 2014. 54쪽.

정막래. 「광주 고려인마을 콘텐츠 연구: 〈나눔방송〉 기사를 중심으로」. 한국외국어대학교 대학원 박사학위논문. 2017.

고려인지원센터 너머 홈페이지, http://www.jamir.or.kr/main/main.php

구글 홈페이지, https://www.google.co.kr.

새날학교 홈페이지, http://www.saenalschool.com

안산시 고려인문화센터 홈페이지, http://www.koreansan.org/?page_id=1213

안산시 홈페이지, http://www.ansan.go.kr/

하남산업단지관리공단 홈페이지, http://hanamic.allthru.kr/?doc=sub_01

광주 고려인마을 고려인의 날 축제, http://www.wiki.hufscon.com/index.php?title=%EB%8C%80%EB%AC%B8%B8(검색일: 2018.11.5)

『중부일보』 2016. 11. 4.

『연합뉴스』 2015. 9. 7.

저자 소개

임영상

2018년 2월 한국외국어대학교를 정년퇴임했다. 현재 한국외국어대학교 명예교수로 강의는 '세계의 한민족' 1개 과목만 담당하고 있다. 인문콘텐츠학회(2007.1~2008.12)와 재외한인학회(2011.2~2 012.12) 학회장을 역임했으며, 외교부(재외동포분과)와 재외동포재단 자문위원직을 수행한 바 있다. 『구술생애사와 문화콘텐츠를 통해 본 고려인』(신서원, 2012), 『동북의 조선족사회와 조선족문화관』(신서원, 2015), 『한글신문 선봉을 통해 본 연해주 고려인사회의 교육과 생활문화』(금철사랑, 2017), 『한글신문 선봉을 통해 본 연해주 고려인사회의 문학과 문화예술』(금철사랑, 2017) 등 고려인과 조선족 연구서를 단독 및 공동으로 저술했으며, 『코리아타운과 한국문화』(북코리아, 2012)와 『코리아타운과 축제』(북코리아, 2015)를 국내외 전문가들과 함께 공동으로 펴냈다.

이메일: ysyim52@daum.net

선봉규

전남대학교 대학원 정치학과에서 정치학 박사학위를 취득하고, 2011년 5월부터 전남대학교 세계한상문화연구단 연구교수로 재직하고 있다. 현재 한국연구재단의 대학중점연구소 지원사업인 '민족분산과 지구적 소통으로서 디아스포라 연구' 프로젝트에서 고려인과 조선족을 대상으로 다양한 연구활동을 수행하고 있다. 『코리안 디아스포라: 이주루트와 기억의 역사』(북코리아, 2013), 『코리안 디아스포라의 집단적 기억과 재영토화』(북코리아, 2014), 『코리안 디아스포라의 혼종성과 문화영토』(북코리아, 2015), 『코리안 디아스포라의 현지적응과 정착기제』(북코리아, 2017) 등의 저서를 공동으로 저술했다. 그 외 고려인과 조선족 등 코리안 디아스포라 관련 논문 여러 편을 발표했다.

이메일: polisun@jnu.ac.kr

정막래

한국외국어대학교 러시아어과(문학사)와 대학원 러시아어과(문학석사)를 졸업하고, 1996년 6월 러시아 모스크바국립대학교 대학원에서 러시아문학으로 박사학위를 취득한 후 1997년 3월부터 2017년 5월까지 계명대학교 러시아어문학과 교수로 재직했다. 문화콘텐츠 연구를 위해 2016년 3월 한국외국어대학교 대학원 글로벌문화콘텐츠학과 박사과정에 입학, 2017년 8월 『광주 고려인마을 콘텐츠 연구: 〈나눔방송〉 기사를 중심으로』라는 주제로 문화콘텐츠학 박사학위를 취득했다. 그 외 『고려인을 위한 한국어』를 저술하고, 광주 거주 고려인의 『광주에 내린 첫눈』 시집을 번역 출판했으며(2017), 『한글신문 선봉을 통해 본 연해주 고려인사회의 교육과 생활문화』(금철사랑, 2017)와 『한글신문 선봉을 통해 본 연해주 고려인사회의 문학과 문화예술』(금철사랑, 2017)을 공동 저술했다(2017).

이메일: jml764@daum.net

KOREA TOWN

Part 2

재외한인사회와 연구소/연구학회

1

UC 리버사이드 김영옥재미동포연구소

장태한(UC 리버사이드 교수, 김영옥재미동포연구소 소장)

"김영옥재미동포연구소는 김영옥을 연구하는 연구소가 아닙니다." 수년간 김영옥재미동포연구소 설립을 위해 노력하면서 가장 많이 받았던 질문 가운데 하나에 대한 답변이다.

하버드 대학교 행정대학원이 '케네디 스쿨'로 불리지만, 그곳은 케네디에 대해 연구하는 곳이 아니다. 케네디 대통령의 업적을 기리고 기억한다는 의미도 있으나 무엇보다 그 이름이 가진 지명도와 영향력을 최대한 활용하기 위한 것이다. 당시 한국에서는 한 개인의 이름을 붙인 연구소나 학교 건물 또는 기관이 별로 없었기 때문에 '김영옥'이라는 이름을 붙인 연구소 설립을 추진하는 것은 결코 쉽지 않았고, 아직 그런 어려움이 완전히 사라진 것도 아니다.

세계에서 가장 좋은 공립 대학교로 인정받고 있는 University of California는 10개의 독립된 대학교로 구성되어 있다.[1] 한국에서는 버클리와 UCLA가 가장 잘 알려져 있지만, 그것은 각 대학이 위치한 도시 이름을 따서 학교 이름이 정해진 것임을 아는 사람들은 많지 않다. 버클리라는 도시에

1) 북가주에는 UC 버클리, 샌프란시스코, 데이비스, 산타크루즈 대학교가 있고, 남가주에는 UC LA, 산타바바라, 어바인, 샌디에이고, 리버사이드 대학교가 있으며, 중가주에는 UC 머세드 대학교가 있다.

그림 2-1 2010년 9월 29일 창립기념식(왼쪽 앞줄 다이빙 영웅 새미 이 박사, 홍명기 박사, 장태한 소장, 뒷줄 가운데 팀 화이트 당시 총장)

세워졌기 때문에 UC 버클리 대학교가 되었고, LA에 위치해 있기 때문에 UCLA이다. 필자가 재직하고 있는 대학교는 리버사이드에 위치해 있어 UC 리버사이드 대학교이다. 2010년 9월 29일에 설립된 김영옥재미동포연구소는 UC 리버사이드 대학교 내에 세워진 정식 연구소로서, 미국 최초이자 유일하게 한인의 이름을 따서 만들어졌다. 또한 한국학연구소가 아니고 미주한인사회와 해외한인사회를 집중적으로 연구하는 해외동포연구소이기도 하다.

1. 김영옥재미동포연구소 청사진

김영옥재미동포연구소는 설립 당시 다음과 같은 청사진을 갖고 출범했다. 우선 연구기관으로서 재미동포사회 전반에 대한 기초 데이터 구축에 상당한 시간과 노력을 할애할 것이다. 재미동포사회에 대한 기초 자료 수집 및 분석은 재미동포사회의 현황 파악과 미래 설계를 위해 매우 중요하다. 이를 바탕으로 김영옥재미동포연구소는 1992년 LA폭동 이후 지속적으로 제기된 한인사회의 위상 강화와 정치력 신장을 위한 초석을 다지는 역할에 최고의 우선순위를 둘 것이다. 미국 주류사회에서 우리 스스로의 위상 강화와 정치력 신장이야말로 현재를 살아가는 우리 자신을 위해서도, 미래를 살아갈 우리의 2세를 위해서도 절체절명의 과제이기 때문이다.

이와 함께 미주한인의 민권 보호 및 신장을 위한 연구도 매우 중요하다. 특히 인종 갈등을 방지하고 타인종 및 민족과 함께 더불어 사는 지혜를 습득하는 구체적인 방안들을 제시하는 것도 연구소의 중요한 역할이다. 해외동포에 대한 비교 연구, 즉 지구촌 한민족 전체를 대상으로 비교연구를 진행할 것이다. 재미동포와 재일동포의 비교 연구, 재미동포와 재중 또는 구소련 거주 동포와의 사회, 문화, 경제, 종교, 정치, 정체성 비교도 매우 중요한 연구 영역일 것이다.

미국 주류사회에서 한인사회의 영향력은 아직 미미하다. 따라서 김영옥재미동포연구소는 유대계, 중국계, 일본계 등 타인종에 대한 연구를 토대로 한인사회 발전에 기여할 연구를 집중적으로 전개할 것이다. 한국전쟁 참전용사와 그 가족, 입양아와 그 가족, 그리고 미군과 결혼하여 이주한 한인 여성들과 후손들에 대한 연구도 필요하다.

김영옥재미동포연구소는 이러한 활동을 통해 단순히 학문의 상아탑 안에 머물지 않을 것이며, 미주한인은 물론 모든 해외동포사회들에 대한 부정적 선입관을 바로잡는 연구 활동을 지속할 것이다. 이러한 비전으로 시작한 김영옥재미동포연구소의 설립 과정을 되새겨본다.

2. 연구소 설립 과정

김영옥재미동포연구소 설립의 필요성을 절감하게 된 데는 크게 두 가지 배경이 있다. 첫째, 1992년 4월 29일 발생한 로스앤젤레스 폭동 때 미주한인사회는 엄청난 피해와 충격을 당했다. 그럼에도 미주한인사회를 대변해주고 도움을 주는 단체나 조직이 전혀 없었다. 오히려 주류 언론은 한인사회에 대해 부정적인 논조로 왜곡 보도하거나 피해를 당한 한인을 악덕 상인으로 묘사했나.[2] 미주한인사회의 목소리를 대변해주는 단체가 전혀 없었던 것이다. 따라서 미주한인의 권익 신장을 도모하고 대변해주는 단체나 싱크탱크 역할을 할 수 있는 연구소가 절실히 필요했다. 당시 로스앤젤레스 한국일보 기자였던 한우성은 미국사회에 기여한 한인 인물을 찾기 시작했고 '김영옥 대령'이라는 인물을 발굴했다. 그리고 2005년 『아름다운 영웅 김영옥』이라는 책을 발간하여 세상에 김영옥을 알렸다.[3] 미국사회에서 한인의 권익 신장을 위해서는 '주인 의식'을 가져야 하고 우리도 미국사회에 상당한 기여를 했으므로 권리도 주장할 수 있다는 논리다.

두 번째 배경은 당시 미국에서 일제강점기의 징용과 성노예(위안부) 피해자들을 위한 소송이 전개되고 있었다. 유대인이 독일 정부를 상대로 소송을 제기하여 사죄를 받아내고 배상을 받은 선례에 따라 한인도 유대인 변호사들의 도움을 받아 소송을 제기한 것이다. 그런데 당시 소송에 필요한 자료들이 거의 없었다. 특히 성노예 소송에 필요한 자료는 할머니들의 증언만 있을 뿐 객관적으로 입증할 자료가 거의 없었다. 따라서 징용과 성노예 제도가 반인륜적 전쟁 범죄임을 입증할 수 있는 자료들을 찾는 것이 매우 중요했다. 따라서 소송 관계자들은 남가주대학교의 도움을 얻어 연구를 진행하고 추진

---

2) Edward T. Chang and Jeannette Diaz-Viezades. 『Ethnic Peace in the American City: Building Community in Los Angeles and Beyond』. New York University Press. 1999.

3) 한우성. 『아름다운 영웅 김영옥』. 북스토리. 2005.

했다. 그런데 연구 기금 신청 하루 전 남가주대학교로부터 기금 신청을 할 수 없다는 통보를 받았다. 친일 학자들이 제동을 건 것이다. 연구는커녕 기금 신청조차 할 수 없게 된 것이다.

당시 절박했던 상황에서 한우성 기자(현 재외동포재단 이사장)가 김영옥 대령에게 자문을 구했고, 장태한 교수에게 연락해서 도움을 청하라는 답변을 받았다. 당시 필자는 한우성 기자와 잘 모르는 사이였다. 한우성 기자는 필자에게 전화해서 자초지종을 설명하고 시간이 촉박하니 필자에게 연구 기금 신청을 해달라고 부탁했다. 필자는 징용과 성노예에 대해 별로 지식이 없었고 전공 분야도 아니었지만 역사 인식은 공유하고 있었으므로 일단 기금 신청을 하는 것에는 동의했다. 필자의 전공 분야가 아니었기 때문에 처음에는 연구에 참여하는 것은 아니라고 생각했다. 그러나 연구 기금 책임자가 필자여서 책임을 져야 했고 공동 연구에 참여하게 되었다.

공동 연구팀은 서울대학교 정진성 교수와 군산대학교 김민영 교수, 그리고 UC 리버사이드 대학교 장태한 교수로 구성되었다. 정진성 교수는 오랫동안 성노예 연구를 해온 대표적인 학자이며, 김민영 교수 또한 징용에 대해 많은 연구를 한 학자다. 한국에는 성노예와 징용에 대한 연구를 하는 학자들이 많지 않다고 한다. 그런 주제로 박사학위를 받으면 취업하기가 어렵기 때문에 대학원생들이 연구를 기피한다고 한다. 이러한 한국학계의 현실에 비애를 느꼈다. "한국에는 연구자가 많지 않기 때문에 지금부터 연구하면 그 분야의 전문가가 되는 것입니다"라는 조언이 아직도 생생하다.

공동 연구팀은 미국 정부기록보존소에서 일본군이 강압적으로 여성들을 끌고 갔다는 내용의 미군 문서를 발굴하는 성과도 올렸다. 일본은 아직도 여성들이 돈을 벌기 위해 자발적으로 취업한 것이라는 주장을 하고 있다. 그 이유는 강압적으로 끌려갔다는 객관적 자료들이 거의 없기 때문이다. 연구팀은 일본군이 여성들을 강압적으로 끌고 갔다는 미군 문서와 네덜란드 문서를 발굴했다. 그런데 2년 동안의 연구를 성공적으로 마치고 보고서도 제출했으나 기금은 연장되지 않았다. 2000년부터 지금까지 연구가 지속되었더라면 더 많은 자료들을 발굴했을 것이고, 일본 정부의 안하무인식 대응에 좀 더 구체적인 대응을 할 수 있었을 것이다. 많이 아쉬운 부분이다. 당시 미국 연방정부 기록보존소에서는 일본 연구팀이 여러 곳에서 복사기까지 동원해서 자료를 모두 복사하고 있었다. 한인으로는 워싱턴에 거주하는 방선주 박사 홀로 고군분투하고 있었고, 그나마 공동 연구팀이 예산을 확보했으나 방선주 박사와 고작 2년 동안 연구 활동을 함께할 수 있었을 뿐이다. 예산이 중단된 이유는 다음 기회에 소개하고자 한다. 다행히 최근에는 한국 연구팀들이 연구를 재개했다는 반가운 소식이 들린다.

한우성 기자와 필자는 연구소 설립의 필요성을 절감하게 되었다. 연구가 지속적으로 진행되려면 개인의 힘만으로는 부족하며 연구소가 필요하다는 것을 깨닫고 연구소 설립을 위한 노력을 하기 시작했다. 일단 연구소 설립에 필요한 기금을 확보하는 것이 가장 중요했다. 김영옥 대령이 남긴 유산을 활용하여 연구소를 설립하자는 의견에 동의하여 김영옥재미동포연구소 설립 방안이 2007년 이후부터 구체적으로 진행되기 시작했다. 그러나 문제는 그리 간단하지 않았다. 일단 지명도에서 UC 리버사이드는 UC 버클리와 UCLA에 밀렸다. 왜 UC 리버사이드에 설립하려고 하는가? UCLA에 설립하면 좋지 않을까? 그 이유는 필자가 UC 리버사이드에 재직하고 있었기 때문에 김영옥재미동포연구소는 UC 리버사이드에 설립되어야 했다. 연구소 설립 주임 교수의 의지가 가장 중요하기 때문이다. 두 번째는 이미 UCLA, USC, UC 버클리 등 명문대학교에 한국학연구소가 설립되어 있는데, 왜 UC 리버사이드에 비슷한 연구소를 설립하려고 하는가에 대한 질문을 많이 받았다. 기존의 한국학연구소와 김영옥재미동포연구소는 기본적으로 많은 차이가 있지만 한국적 관점에서는 이해하기 힘들었던 것이다. 기존의 한국학연구소는 '한국'을 연구하는 기관이며 학자와 전문가들은 한국의 정치, 문화, 언어, 역사 그리고 경제 분야를 연구한다. 그러나 김영옥재미동포연구소는 미주한인사회, 정치력 신장, 인종, 한·흑 갈등 등과 같이 미국 내 한인의 정치, 경제 그리고 인종에 관한 연구를 하면서 한인의 권익 신장에 기여하는 싱크탱크 역할을 하는 것이 주목적이다. 이러한 차이를 인식시키고 설득하는 데 많은 시간이 걸렸다. 해외동포, 특히 미주한인의 중요성이 인식되면서 점차 김영옥재미동포연구소 설립의 필요성을 인정하고 도움을 주는 인사들이 늘어나기 시작했다.

특히 예산을 집행하는 국회를 움직이는 것이 가장 중요했다. 다행히 김영옥이 남긴 유산은 진보와 보수 정당을 모두 통합하는 중요한 역할을 해주었다. 김영옥 대령은 미군으로 제2차 세계대전과 한국전쟁에 참전하여 프랑스, 이탈리아 그리고 대한민국에서 최고 무공훈장을 받았으며, 총 20여 개의 훈장을 받은 전쟁 영웅이다. 특히 일제강점기에 김영옥은 일본계 미국인 사병들의 지휘관으로 로마 해방의 주역이었으며 이탈리아와 프랑스 전선에서 혁혁한 공로를 세운 전쟁 영웅이다. 1946년 예편 후 성공한 사업가로 변신했는데, 모국인 한국에서 전쟁이 발발했다는 소식을 듣고 미군에 다시 자원입대했다. 모국을 위해 희생을 각오하고 다시 미군에 입대한 것이다. 우여곡절 끝에 한국전쟁 중 중부 전선에 투입된 김영옥은 미군의 역사를 새로 쓴다. 무패의 신화를 만들어낸 김영옥은 미군 역사상 최초로 전시에 소수계로는 처음으로 대대장에 임명되었다. 당시는 노골적인 인종 차별을 하던 시절이어서 소수계는 대대장에 임명되지 못했으나 김영옥은 무패의 신화로 미군의 역사를 바꾼 것이다. 이러한 전쟁 영웅 신화는 한국 보수층으로부터 열렬한 지지를 받았다. 당시 한나라당 국회의원들이 지지를 해주었다.

그러나 전쟁 영웅으로서의 김영옥은 그의 반쪽짜리 얼굴에 지나지 않는다. 1972년 미군에서 대령으로 예편한 이후 김영옥은 평생 사회적 약자를 위해 봉사활동을 전개했다. 특히 여성, 고아, 입양아, 일본계와 한인사회를 위한 여러 봉사 단체를 만들어서 이민 온 지 얼마 안 되는 한인을 위해 봉사활동을 전개한 인도주의자다. 유럽 전선에서 죽어가는 부하들을 보면서 김영옥은 "나는 평생 내가 속한 사회를 좀 더 좋게 만드는 데 기여하면서 살 것이다"라는 약속을 했고 그 약속을 2005년 임종할 때까지 지켰다. 사회적 약자를 위해 노력한 김영옥의 인도주의적 삶은 진보 국회의원들의 마음을 움직였다. 당시 김영옥 대령에게 태극무공훈장을 서훈하라는 지지 서명서에 당시 한나라당과 민주당 국회의원 100명이 동참한 것은 김영옥이 진보와 보수를 아우르며 국회의원들로부터 지지를 받았다는 것을 입증한다.[4] 또한 2008년에 김영옥재미동포연구소 설립 지원 30억 예산안도 통과되어 2009년부터 3년에 걸쳐 총 30억을 집행하도록 했다.

그런데 노무현 정권에서 이명박 정권으로 바뀌면서 문제가 생겼다. 2007년 이명박 대통령 당선과 함께 2008년 권영건 재외동포재단 신임 이사장이 부임하면서 노골적으로 김영옥재미동포연구소 설립을 반대했다. 한국사회의 고질병이라고 할 수 있는데, 전임자가 추진한 사업은 무조건 반대하는 것이 한국사회의 보편적이 추세인 듯하다. 권영건 이사장은 해외동포 문제에 대해 전혀 모르는 인물로서 김영옥재미동포연구소 설립에 무조건 반대하면서 절대 예산을 집행하지 않겠다고 선언했다. 김영옥재미동포연구소 설립안은 국회에서 통과되었고 재외동포재단은 예산 집행을 하면 되는 사안이었다. 그러나 권영건 재외동포재단 신임 이사장은 예산 집행을 거부하면서 연구소 설립 자체를 반대한 것이다. 2009년 12월 21일 UC 리버사이드 대학교 총장과 장태한 교수는 연구소 설립을 확정하기 위해 재외동포재단을 방문하기로 되어 있었지만, 재외동포재단에서는 연구소 설립 협의가 아닌 단

4) 김영옥 대령 태극무공훈장 서훈지지 서명 국회의원 명단(가나다순): 강기정, 강성종, 강혜숙, 곽성문, 구논희, 김부겸, 김성곤, 김영주, 김재경, 김재윤, 김재홍, 김정권, 김종률, 김춘진, 김충환, 김태흥, 김혁규, 김희선, 김흥일, 김종인, 나경원, 남경필, 노응래, 노현송, 맹형규, 민병두, 바계동, 박명광, 박영선, 박재완, 박진, 박찬석, 박찬숙, 박형준, 배기선, 배일도, 백원우, 서갑원, 서재관, 손봉숙, 송영길, 신국환, 신기남, 신상진, 신중식, 심재철, 안민석, 안병엽, 양형일, 열동연, 오제세, 우상호, 원혜형, 유기준, 유기홍, 유선호, 유재건, 윤원호, 이강두, 이경숙, 이계진, 이광철, 이근식, 이미경, 이시종, 이영호, 이용희, 이윤성, 이은영, 이인기, 이재오, 이재응, 이주호, 이진구, 이해봉, 임종석, 임종인, 임채정, 장경수, 장향숙, 전여옥, 정병국, 정봉주, 정성호, 정종복, 정청래, 제종길, 조배숙, 지병문, 진수희, 천영세, 최연희, 최인기, 최재성, 한명숙, 홍미영, 홍재형, 홍준표, 홍창선, 황우여(총 100명).

순 방문이라고 일방적으로 통보해왔다. UC 리버사이드 대학교에서는 원래 MOU를 체결하기 위해 재외동포재단을 방문하려고 했으나 재외동포재단에서 그럴 의사가 없다는 것을 밝힌 것이다. 국회에서 예산이 통과되었고 기획재정부에서도 예산을 집행하라고 압력을 가했으나 당시 영포라인의 실세라고 자부하던 권영건 이사장은 절대 불가를 선언한 것이다. 필자와 UC 리버사이드 총장은 MOU 체결은 없다고 생각하고 아무런 준비 없이 재외동포재단을 방문했다. 권영건 이사장과 UC 리버사이드 총장 팀 화이트(Tim White)와의 면담에서도 줄곧 권영건 이사장은 연구소 설립을 부정적으로 언급해서 화이트 총장이 '황당'한 표정을 지었다. 그런데 면담 후 갑자기 옆방으로 옮기자고 하더니 MOU 체결식을 하자고 했다. 우리는 당황할 수밖에 없었다. 아무런 준비도 되어 있지 않았고 MOU 내용이 무엇인지도 알 수 없었기 때문이다. 권영건 재외동포재단 이사장은 스스로 국제적 망신을 자초한 것이다. 필자는 팀 화이트 총장에게 내용은 이미 우리와 협의한 것이기 때문에 서명하자고 설득했고, 그 자리에서 MOU 서명식을 하게 된 것이다. 우여곡절 속에서 드디어 김영옥재미동포연구소가 탄생하게 되었다.

그런데 2011년 권영건 이사장의 연임 가능성 소식이 전해지자 이례적으로 재외한인학회, 김창준 전 미국 연방 하원의원, 그리고 임용근 전 오리건주 상원의원은 청와대에 권영건 이사장의 연임 반대 진정서를 제출했다. 재외한인학회는 5일 발표한 '차기 재외동포재단 이사장 선임에 대한 재외한인학회 성명서'에서 권영건 이사장이 재외동포사회와 재외동포 전문가의 소통과 협력을 이끌어내는 데 실패했으며, 내년부터 시행되는 재외국민 선거와 같이 중요한 사안에 대응하기 위해 국내외 재외동포 전문가들의 의견을 수렴하여 바람직한 정책 대안을 개발하는 노력을 게을리 했다고 지적했다. 성명서는 또 "1988년 창립된 재외한인학회는 1997년 재외동포재단 설립 이래 재외동포재단의 협력자로서 재단의 조사 연구, 교육 정책 개발 사업에 적극 협력해왔으나 권영건 이사장이 취임한 후부터 그 역할을 할 수 없게 되었다"

고 밝히고, "2009년 3월 재외한인학회 임원진은 권영건 이사장을 면담한 자리에서 권 이사장이 '재외한인연구가 무슨 학문이냐는 황당한 발언을 들었다'면서 '어떻게 재외동포사회에 대해 아무런 의식과 사명감이 없는 사람이 이사장이 되었는지 이해할 수 없다'고 폭로했다."[5] 결국 권영건 이사장은 재임되지 않았지만 이처럼 재외동포에 대한 이해가 전혀 없고 오직 자신의 출세와 명예만 중요시한 인물을 재외동포재단 이사장으로 임명하고 연임까지 강행하려고 한 이명박 정권은 해외동포에게 사과해야 할 것이다.

재외동포재단이 3년에 걸쳐 총 30억을 지원하여 김영옥재미동포연구소가 탄생했다. 2010년 5억, 2011년 10억, 그리고 2012년 15억을 지원하고 UC 리버사이드 대학교는 신임 종신 교수 1명을 채용하고, 연구소 부대시설을 제공하고 기타 지원을 약속했다. 또한 미주한인사회에서 100만 달러를 모금하는 조건으로 김영옥재미동포연구소는 2010년 9월 29일 창립 기념식을 가졌다.

3. 연구 활동

UC 리버사이드 대학교 부설로 설립된 김영옥재미동포연구소의 가장 큰 목적은 연구 활동이다. 미주한인사회에 대한 연구 활동으로 최고의 연구기관이 되는 것이 가장 중요한 목적이기 때문이다. 김영옥재미동포연구소는 미주한인사회의 싱크탱크로서 책 출판, 논문 발표, 그리고 신문 논설 게재와 연재 등 연구 활동을 활발하게 전개해왔다. 우선 2011년 『아름다운 영웅 김영옥』 책을 영문으로 번역 · 출판하여 영어권에 김영옥 대령의 스토리를 소개했다. 『이름 없는 영웅: 김영옥 대령 이야기(Unsung Hero: The Col. Young Oak

5) 『월드코리안뉴스』(http://www.worldkorean.net). 2011년 7월 13일.

Kim Story)』라는 책은 김영옥재미동포연구소에서 출판했고 꾸준히 읽히고 있다.[6] 최근에는 영국 등 유럽에서도 꾸준히 팔리고 있다. 또한 김영옥 일대기 한국어판은 2014~2015년 사이에 국방일보(2011)와 미주 중앙일보에 6개월 동안 연재되어 독자들의 호응을 받았다. 2012년에는 1993년 출판되었던 『흑인 그들은 누구인가』를 로스앤젤레스 폭동 20주년을 맞이하여 고려대학교 출판부에서 『미국의 흑인, 그들은 누구인가』로 재출판했다. 많은 부분을 새로 추가해서 출판한 책이다. 2013년에는 한우성과 장태한 공저로 『1920, 대한민국 하늘을 열다』를 출판했다.[7] 이 책은 그동안 잘 알려지지 않았던 캘리포니아 윌로스에 대한민국 공군의 효시로 볼 수 있는 윌로스 비행학교·비행대 설립과 목적 그리고 운영 방법 등을 자세히 연구한 책이다. 대한민국 공군은 이제 윌로스 비행학교·비행대가 임시정부의 재가로 설립된 것을 인정하고 대한민국 공군의 효시로 인정하고 있다. 2015년에는 영문으로 『미주 한인의 선구자적 비행사들: 윌로스의 조종사들(Korean American Pioneer Aviators: The Willows Airmen)』이라는 책을 출판했다.[8] 비슷한 내용이지만 영어권에 맞게 새로 구성하여 출판한 책이다. 2016년에는 고려대학교 출판부에서 『외로운 여정』을 번역 출판했다.[9] 또한 현재 중·고등학생들을 대상으로 미주 한인사 영어 교재와 한국어 교재를 발간할 예정이다. 차세대의 주역인 한인 중·고등학생들에게 코리안 아메리칸 역사를 가르쳐 코리안 아메리칸의 정체성을 확립하고 자긍심을 갖도록 할 예정이다. 또한 역사 교재와 함께 미주 한인 역사 다큐멘터리를 제작하여 효과를 증진할 예정이다. 또한 2017년에는 로스앤젤레스 폭동 25주년을 기념해서 미주한인 2세 캐롤 박(Carol Park)의

6) Edward T. Chang translated. 『Unsung Hero: The Col. Young Oak Kim Story』. Young Oak Kim Center for Korean American Studies. 2011.

7) 한우성·장태한 공저. 『1920, 대한민국 하늘을 열다』. 21세기북스. 2013.

8) Edward T. Chang and Woo Sung Han. 『Korean American Pioneer Aviators: The Willows Airmen』. Lexington Books, 2015.

9) 장태한 역. 『외로운 여정』. 고려대학교 출판부. 2016.

시각으로 로스앤젤레스 폭동을 다룬 『한 계산원의 회고록(Memoir of a Cashier)』을 김영옥재미동포연구소에서 발간했다. 이 책은 로스앤젤레스타임지에서 1면 톱기사로 소개할 정도로 주류 언론으로부터 많은 관심을 받았다.[10] 이처럼 김영옥재미동포연구소는 짧은 기간에 책 6권을 출판했다.

김영옥재미동포연구소는 2014년 한국학중앙연구원(한국학진흥사업단)으로부터 씨앗형 사업 대상으로 선정되어 3년간 미주한인 역사 연구를 진행했다. 첫 번째로 미주한인의 '구술사' 연구가 진행되었는데, 이제는 타계한 새미 리 박사와 도산 안창호의 막내아들인 랄프 안, 임용근 전 오리건 상원의원, 홍명기 M & L Hong 재단 이사장, 그리고 아시안 아메리칸 언론인의 원로인 이경원 기자 등 주로 연세가 많은 인물들부터 인터뷰를 통해 그들의 삶을 육성과 영상으로 남기고 있다. 현재 40여 명의 구술사 작업이 완료되었고 지속적으로 인터뷰를 할 예정이다. 두 번째는 차세대들이 읽고 자긍심을 느낄 수 있는 미주한인사 영문 교재 개발이다. 이제 거의 교재 개발이 마무리 단계에 있어서 내년에는 출판될 예정이다. 동시에 미주한인사 다큐멘터리 작업도 완성되어 2018년 12월 KBS America에서 방영되었다. 이 다큐는 코리안 아메리칸 정체성 확립을 통한 차세대 교육에 도움을 줄 것이다. 세 번째는 이경원, 김익창, 그레이스 김이 공동으로 수집한 초기 한인 이민자의 구술사를 한국어로 번역하여 출판한 것이다. 총 70여 명의 구술사가 영문으로 남겨져 있는데, 그중 30명을 선발하여 한국어로 번역 출판했다. 또한 미주 시사저널에 초기 이민 인물사를 요약하여 2018년부터 게재하고 있다. 조만간 영문 전부를 편집하여 온라인으로 출판할 예정이다.

또한 김영옥재미동포연구소는 미주 중앙일보와 협조하여 아름다운 영웅 김영옥과 윌로스 비행학교 · 비행대도 중앙일보(2014)에 매주 전면 연재했으며, 또한 미국 최초의 한인타운인 리버사이드의 파차파 캠프에 대한 새로

---

10) Carol Park. 『Memoir of a Cashier』. Young Oak Kim Center for Korean American Studies. 2017.

운 연구도 중앙일보에서 2017~2018년 35주 동안 매주 월요일마다 전면으로 연재했다. 김영옥재미동포연구소의 연구물은 단지 연구자들의 전유물이 아닌 일반 대중과 소통하는 것을 중요하게 생각하고 있다. 따라서 중앙일보라는 매체를 적극 활용하여 일반 대중에게 가깝게 다가가고 있다. 미주한인사회의 중요한 이슈가 생기면 중앙일보 오피니언 란에 자주 기고하여 싱크탱크 역할을 담당하고 있다. 또한 페이스북(facebook)과 웹사이트를 통해 연구물들을 소개하고 있다. 연구 활동에서 책 출판뿐만 아니라 많은 논문들도 발표했다.[11)]

또한 김영옥재미동포연구소는 1980년, 1990년, 2000년, 2010년 미연방정부 센서스 인구 통계를 바탕으로 한인 인구의 변화를 한눈에 볼 수 있는 지도를 제작 중이다. 현재 거의 완성 단계에 와 있으며, 지도에 마우스를 대면 미국의 특정 도시나 모든 주의 지난 40년간 한인 인구 통계를 한눈에 볼 수 있다. 이 지도 제작은 많은 시행착오와 노력으로 이루어진 결과물이다. 우선 1980년 인구 통계 자료는 미국 센서스국에서도 어디에 있는지 몰라서 추적을 해서 겨우 찾아냈다. 그러나 1980년도 자료는 컴퓨터가 발달하기 이전의 자료로서 현재 사용 중인 데이터와 호환이 불가능하여 시행착오와 엄청난 교정 작업을 한 후에 겨우 입력할 수 있었다. 2000년과 2010년 데이터는 비교적 쉽게 입력했으나 1980년과 1990년 데이터는 많은 노력을 한 후 입력할 수 있었다. 이 자료는 완성되는 대로 공개할 예정이다.

4. 기금 모금 활동

연구소에서 연구 활동을 지속적으로 하려면 연구 기금 확보가 중요하

11) 논문 목록은 뒤에 첨부했다.

그림 2-2 홍명기 박사 기금 기부식

다. 재외동포재단에서 지원한 30억 기금은 원금은 사용하지 못하며, 대략 연 4%의 이자로 연구소 운영 자금으로 사용한다. 또한 재외동포재단과의 MOU 체결 시 김영옥재미동포연구소는 미주한인사회에서 미화 100만 달러를 모금한다고 약정했다. 현재 90만 달러를 모금하여 목표액의 90%를 달성했는데, 올해 안으로 100%를 모금할 예정이다. 기금 모금은 많은 시간과 노력을 필요로 한다. 다행히 김영옥재미동포연구소의 의미와 가치를 아는 참으로 많은 분들이 연구소를 전폭적으로 지지하며 그 발전을 위해 적극적으로 동참해주어 기금 모금을 할 수 있었다. 특히 홍명기 M & L Hong 재단 이사장은 목표액의 절반 이상을 기부해주었고, 김주연 사장도 15만 달러를 기부했다. 또한 수십 명의 후원 이사들이 매년 지속적으로 기부금을 자발적으로 보내주어 큰 힘이 되고 있다. 김영옥재미동포연구소가 상아탑 울타리에 안주하지 않고 각종 행사와 언론 인터뷰를 통해 한인사회와 소통해왔기 때문에 가능하다고 생각된다.

2015년 11월 12일 김영옥재미동포연구소 창립 5주년 행사가 한인타운의 옥스퍼드 팰리스 호텔에서 열렸다. 이 행사에 홍명기 이사장을 비롯하여

200여 명의 한인사회 인사들이 참석했고, 킴 윌콕스 총장과 밀라그로스 펜냐 인문대 학장이 참가한 가운데 성대히 열렸다. 앞으로도 지속적으로 한인사회와 소통하면서 기금 모금 활동을 꾸준히 전개하여 김영옥재미동포연구소 연구 전임자를 채용하는 것이 목표다. 연구 전임교수는 연구만 전담할 수 있는 장점이 있어서 김영옥재미동포연구소 연구 활동을 더욱 활발하게 진행할 수 있게 될 것이다.

5. 콘퍼런스와 특강 활동

김영옥재미동포연구소는 출범 직후부터 여러 콘퍼런스를 개최하고 특강 시간을 마련했다. 여기서 다 소개하는 것은 불가능하기에 주요 콘퍼런스와 특강만 소개한다. 2012년 3월 미시건 대학교의 데이비드 정 교수를 초빙하여 「고려 사람」 다큐멘터리를 상영하고 질의응답 시간을 가졌다. 「고려 사람」은 일제강점기 구소련 영토에서 현재의 카자흐스탄과 우즈베키스탄이 있는 중앙아시아로 강제 추방된 한인의 스토리를 다큐멘터리로 제작한 것이다. 2012년 4월에는 엔젤라 오 변호사를 초빙하여 UC 리버사이드 대학교에서 로스앤젤레스 폭동 20주년 기념행사를 열었다. 2012년 5월 18일 전 UC 산타크루즈의 주디 영 교수를 초빙해서 아시안 이민자의 관문 역할을 했던 '엔젤 섬'에 대한 특강 시간을 가졌다. 2013년 10월 12일에는 일본 도쿄에서 일본 학자들을 대상으로 김영옥 특강 시간을 가졌다. 대부분의 일본 학자들은 김영옥에 대해 잘 모르고 있었으나 강연을 통해 많은 관심을 보였다. 2013년 12월 7일 UCLA와 공동으로 1973년에 발생한 이철수 사건 40주년 행사를 개최했다. 사형 선고를 받았던 이철수를 이경원 기자의 끈질긴 탐사보도로 석방시킨 사건으로, 당사자인 이철수 씨가 초빙되어 사건을 되새기는 시간을 가졌다.

2014년에는 재외동포재단 '재외동포 이해 교과목 개설' 사업 지원을 받아 특강을 마련했다. 2014년 5월 8일에는 이경원 기자를 초빙하여 로스앤젤레스 폭동에 관한 특강 시간을 가졌고, 2014년 5월 13일 뉴욕 퀸즈칼리지의 민병갑 교수를 초빙하여 차세대 정체성에 관한 특강 시간을 마련했다. 2014년 5월 15일 캘리포니아 주립대학 도밍게즈 힐의 박정선 교수를 초빙하여 '강남스타일을 통해 바라본 한류의 출현과 성공' 특강 시간을 가졌고, 2014년 5월 27일 한인타운 청소년회관 송정호 관장을 초빙하여 '재미동포의 비영리단체 활동'에 관한 대화를 나누었다. 2015년 1월 22일 오하이오 주립대학교의 박찬응 교수를 초빙하여 '한국인의 이산 판소리 창작' 특강 시간을 가졌고, 2월 5일 김현명 총영사를 초빙하여 '문화외교로 한류, 그리고 친구 만들기' 특강 시간을 가졌는데, 200여 명 이상이 참석하는 성황이었다. 2월 26일에는 이창진 시각예술가를 초빙하여 「위안부 여성을 찾습니다」 다큐를 상영하고 질의응답 시간을 가졌다. 3월 5일에는 이경원 기자를 초빙하여 '수용소에서 살아남은 재미 일본인 1, 2세들의 죄의식' 특강을 했다.

2014년 5월 12일 UC 리버사이드 도서관에서 코리안 아메리칸 전시회를 개최했다. 2015년 7월 28일 스탠퍼드 대학교에서 개최한 '미국 교사에게 한국 알리기' 워크숍에서 미주한인사 특강을 했고, 2015년 8월에는 서울대학교 학생들이 김영옥재미동포연구소를 방문하여 김영옥 대령에 대한 특강을 경청했다. 2015년 12월 4일 캘리포니아 주립대학 플러튼에서 '코리안 디아스포라'라는 주제로 기조연설을 했다.

2016년 1월 16일 한인타운에 위치한 교육원에서 200여 명의 차세대 한인 청소년을 대상으로 코리안 아메리칸 데이 기념식 및 특강 시간을 가졌다. 2016년 1월 20일에는 샌디에이고시에서 1월 전체를 '코리안 아메리칸 달'로 지정하는 기념식을 가졌다. 당시 샌디에이고 시장실에서 근무하던 앤소니 조지 전 김영옥재미동포연구소 인턴이 주도하여 이룬 성과다. 2016년 1월 27일 '구술사 프로젝트'에 대한 라운드 테이블 시간을 가졌다. 2016년 2월 삼육대학교에서 약 800명의 학생이 참석한 가운데 김영옥 대령에 대한 특강을 했고, 강남구청에서도 특강을 했으며, 2월 24일 강석희 전 어바인 시장을 초청하여 '가능성의 힘'이라는 주제로 학생들에게 특강을 했다.

2016년 10월에는 남가주에 소재한 한국학과 코리안 아메리칸학 학자 50여 명을 초빙하여 한국학과 코리안 아메리칸 학문 교류 및 경계를 넘나드는 방법을 모색하는 워크숍 행사를 진행했다.[12] 2016년 11월 EBS-TV 초대석과 인터뷰를 통해 1시간 동안 도산 안창호의 삶과 미주한인사를 소개했다.

2017년 3월 23일 리버사이드시에서 도산 안창호가 세운 미국 최초의 한인타운인 파차파 캠프를 '문화 관심지' 제1호로 지정하는 기념식이 리버사이드 시장과 많은 인사들이 참석한 가운데 열렸다. 2017년 9월 8~9일에는 오리건주 포틀랜드시에서 개최된 전국 미주한인연합(Korean American Coalition) 기조연설에서 코리안 아메리칸 역사의식 고취와 정체성에 대해 특강을 했다. 2017년 8월 9일 한국의 사이버 외교사절단 반크 회원들이 김영옥재미동포연구소를 방문하여 김영옥 알리기에 적극 앞장서기로 했다.

2017년 4월 29일은 로스앤젤레스 폭동 25주년이 되는 해로서 많은 행사와 다큐멘터리 제작이 있었다. 김영옥재미동포연구소는 25주년 행사를 흑인 커뮤니티 단체와 흑인 지역에서 개최했으며 장태한 소장은 History, A & E, National Geographic, CBS-TV, NBC Universal, CNN 등 미국 주요 방송과의 인터뷰와 KBS, SBS-TV, 연합뉴스, 중앙일보 등 한국 언론과 인터뷰 및 기고 활동을 전개했다. 2018년 8월 4일에는 미주한국학교연합회 연례 총회에 참석하여 김영옥 대령에 대한 기조연설 및 MOU 체결식도 했다. 8월 13일 캘리포니아주 하원의원에서 「도산 안창호 날」 법안을 통과시켰는데, 발의자인 최석호 의원에게 자문을 해주었다. 2018년 9월 13~14일 UC 리버사이드 대학교에서 부산의 부경대학교와 공동으로 제4회 '환태평양 국제 콘퍼런스'

12) 김종우. 「美 주요대학들, 한국학·재미한인학 융합연구 본격 추진」. 『연합뉴스』. 2016년 10월 11일.

를 개최했다.

또한 UCLA, 호치민 국립대학교, 서울대학교, 고려대학교, 한양대학교, 성균관대학교, 한국외국어대학교, 충남대학교, 공주교육대학교, 춘천교육대학교, 부산교육대학교, 부경대학교, 그리고 광주교육대학교 등 주요 대학은 물론 법무부, 은평구청, 청소년정책연구원, 여성정책연구원 등에서 다문화, 로스앤젤레스 폭동, 김영옥 대령, 파차파 캠프 등 다양한 주제로 특강을 했다.

6. 커뮤니티 활동과 언론 인터뷰

김영옥재미동포연구소는 한인사회는 물론 타인종과 주류사회 사이의 연결고리 역할을 해왔다. 한인사회와 관계된 이슈가 생기면 이제는 김영옥재미동포연구소로 연락이 와서 연구소는 인터뷰를 통해 사안에 대한 분석을 해주고 한인사회의 입장을 대변하여 미주한인사회의 싱크탱크 역할을 담당하고 있다. 중앙일보, 미주 중앙일보, 조선일보, 주간동아, 라디오 코리아, KBS-TV America, KBS 라디오, YTN, 연합뉴스, SBS-TV 등 미주한인 언론은 물론 한국 언론과 많은 인터뷰를 통해 김영옥재미동포연구소를 알리고 연구 업적도 소개했다.[13] 특히 도산 안창호가 1902년 샌프란시스코 도착 후 현지 유력 신문인 샌프란시스코 크로니클지와 전면 인터뷰한 기사(1902년 12월 7일)를 114년 만에 발굴한 것은 중앙선데이는 물론 연합뉴스, 네이버, 다음 뉴스와 거의 대부분의 한국 언론에서 대서특필했다.[14] 또한 2016년 11월 1일 EBS 초대석 인터뷰가 방영되었다. 2018년 4월 13일 우리방송 강석희의 휴먼다큐에서 인터뷰가 방송되었다.[15]

13) 인터뷰 목록은 부록에서 볼 수 있다.

14) 『중앙선데이』. 2016년 3월 6~7일: 1.

15) 우리방송은 로스앤젤레스에서 방송되는 라디오 방송국이다. 1230AM.

로스앤젤레스 폭동 20주년(2012)과 25주년(2017) 때 미주한인 언론, 한국 언론, 그리고 미국 주류 언론과 대대적인 인터뷰를 통해 미주한인사회의 목소리를 대변했다.[16] 특히 2017년 4월 25주년에는 미국 전국 TV 네트워크 5곳에서 로스앤젤레스 폭동 25주년 기념 다큐멘터리를 제작했는데 필자는 History Channel, A & E Channel, 그리고 National Geographic Channel과 인터뷰했으며 CNN, CBS 뉴스와도 인터뷰하여 미주한인사회의 모습을 전달했다. 또한 2012년 20주년 행사 때는 흑인 · 라틴계 커뮤니티와 공동으로 콘퍼런스를 개최했으며 한인의 시각으로 본 폭동을 다큐멘터리로 제작하여 한인사회의 입장을 널리 알렸다.

김영옥재미동포연구소는 로스앤젤레스 한인타운에 2009년 새로 설립된 김영옥 중학교에서 매년 '퀴즈볼'을 개최하여 김영옥 알리기에 주력하고 있다. 영문 책 100권을 김영옥 중학교에 기부하여 전교생이 김영옥 일대기를 읽도록 권고하고 있으며, 입상한 학생들에게 상금과 부상을 주고 매년 50명을 UC 리버사이드로 초대하여 학교를 구경시켜주고 점심을 제공하고 있다.

그림 2-3 김영옥 중학교에서 실시한 퀴즈볼 대회

16) 인터뷰 목록 참조.

그림 2-4 김영옥 메모리얼 하이웨이 명명 기공식

2019년부터는 M & L Hong 재단에서 기부한 기금으로 청소년 리더십 프로그램을 신설하여 소수의 학생들을 워싱턴 D. C. 견학이나 한국 방문 프로그램에 참여하도록 하는 기회를 확대하려는 계획이 있다. 김영옥 중학교와 인근의 케네디 고등학교 학생들을 선발하여 보낼 예정이다.

2018년 8월 3일 로스앤젤레스 시내 구간의 고속도로에 한국인의 이름을 딴 구간이 생겼는데, 바로 '김영옥 대령 메모리얼 하이웨이'로 명명된 고속도로 구간이 생긴 것이다. 도산 안창호 선생의 이름을 딴 '도산 안창호 기념 인터체인지' 표지판이 설치돼 있지만, 고속도로 본구간에 한국인의 이름이 새겨지는 것은 미주한인이민 사상 처음이다. 또한 2018년 7월 14일 경기도 평택 주한미군 사령부는 김영옥 대령의 이름을 딴 '김영옥 대령 빌딩' 명명식을 열었다. 이처럼 미국과 한국에서 김영옥 대령을 기리는 사업이 활발하게 진행되고 있으며 UC 리버사이드 김영옥재미동포연구소는 주도적으로 사업을 전개하고 있다.

7. 인턴 제도와 방문교수

김영옥재미동포연구소는 인턴십 제도를 운영하여 학부생과 대학원생들에게 연구 방법을 배우는 기회를 제공하고 있다. 매년 4~5명의 학생들이 김영옥재미동포연구소에서 인턴 기회를 제공받는데, 한인 학생은 물론 타인종 학생들도 참여한다. 인턴 활동을 통해 습득한 지식으로 명문 대학원에 진학한 학생들도 있고 좋은 직장에 취업한 경우도 많다. 베트남계 학생은 예일대학원에 진학했고 할리우드에 카메라맨으로 취직한 경우도 있다. 또한 한국의 여러 대학에서 매년 1~2명씩 방문교수로 김영옥재미동포연구소를 찾는다. 방문교수 프로그램은 한국의 학자들에게 견문을 넓히고 많은 자료들을 수집할 기회를 제공하여 연구와 강의에 큰 도움을 주고 있다.

특히 고려대학교 국문학과 대학원생 2명이 2017~2018년에 인턴으로 김영옥재미동포연구소에서 활동했는데, 그 학생들은 UC 리버사이드가 제공하는 수업을 들으면서 많은 새로운 관점을 배우고 또한 연구소에서 진행하는 연구 활동에 참여하여 서로에게 많은 도움을 주었다. 특히 고전문학을 전공한 학생들이기에 공립신보와 신한민보 기사를 현대어로 번역해주어 파차파 캠프 연구에 큰 도움이 되었다.

8. 맺음말

2010년 9월에 설립된 김영옥재미동포연구소는 지난 8년간 6권의 책을 출판했고 다수의 논문을 발표하는 활발한 연구 활동을 전개했다. 김영옥재미동포연구소는 단순히 상아탑에 머무르지 않고 미주한인사회와 적극적인 소통과 대화를 통해 미주한인사회의 싱크탱크 역할을 하는 것이 주목적이었다. 따라서 김영옥재미동포연구소는 연구 활동을 지역사회 발전에 활용하는 여러 방안을 추구해왔다. UC 리버사이드 교내에서 콘퍼런스, 특강 그리고 워크숍을 개최하여 학생들에게 코리안 아메리칸 교육과 다인종 · 다문화 교육을 시행했다. 또한 미국 최초의 한인타운 리버사이드 파차파 캠프 연구 활동을 통해 미주한인에게 자긍심을 북돋워주고 있다. 매주 중앙일보에 연재되고 있는 파차파 캠프에 관한 글을 읽고 많은 분들로부터 격려를 받았다.

로스앤젤레스 폭동 20주년과 25주년 행사를 통해 주류 언론과 소통하면서 미주한인사회의 목소리를 전달했다. 미주한인에게는 타인종과의 교류 및 함께 사는 지혜를 공유하는 것을 적극 장려했으며, 타인종에게는 미주한인의 살아가는 모습을 전달하여 그들의 이해를 돕는 데 기여했다. 한국 언론과의 인터뷰를 통해 코리안 디아스포라를 설명하고 모국동포와 해외동포가 상부상조하는 바람직한 미래상을 주도하고 있다. 김영옥재미동포연구소는 연구 활동을 지속하고 미주한인사회와 소통하는 것은 물론 주류사회와의 연결고리 역할을 담당할 것이다. 또한 미주한인 연구의 중심이 되어 지속적으로 싱크탱크 역할을 할 것이다.

김영옥재미동포연구소 주소(Young Oak Kim Center for Korean American Studies)

900 University Avenue
4031 CHASS INTN
Riverside, Ca 92521
951-827-5661
carol.park@ucr.edu
www.yokcenter.ucr.edu
Facebook: @yokcenterUCR
Youtube: UCR YOK Center
Twitter: @YOKCenter
Instagram: @yokcenter

김영옥재미동포연구소 설립 경과

1. 경과

2007년 6월 LA총영사관, 외교부에 설립 건의

10월	통일외교통상위원회, 30억 신규 증액
12월	조선일보, 연구소 설립에 정부 관심 촉구하는 사설 게재

- 일간지, TV, 라디오 등 기타 한국 언론의 관심과 보도도 2008년까지 계속됨
- 예산결산위원회, 30억 전액 통과 계수조정소위 협의 과정에서 기금 30억 대신 프로젝트 지원 1억으로 대체 — 재정부, "매년 1억씩 장기 지원하겠다"

2008 1월 UC Riverside, matching fund 확약서 제시
4월 외교부, 재정부에 신규 사업으로 제시
8월 재정부, 신규 사업에 동의

- 외교부/재정부 합의: 2009년 50만 달러, 2010년 100만 달러, 2011년 150만 달러
- 당시 환율은 약 1 : 1,000이었으며 예산안은 한화로 편성

11월 외통위 통과
12월 예결위 — 정부안대로 국회 통과. 설립 확정

- 2019년 현재 90만 달러를 모금하여 목표액의 90%를 달성했는데, 올해 안으로 100%를 모금할 예정이다.

○ 2010. 6. 7.	1차 분담금(09년 예산) 5억 원(404,040.41달러) LA총영사관 계좌 송금
○ 2010. 12. 17.	2차 분담금(10년 예산) 6억 2,200만 원(538,062.29달러) 상동 계좌 송금
○ 2011. 11. 16.	3차 분담금(10년 예산) 18억 7,800만 원(1,644,627.38달러) 상동 계좌 송금
○ 2010. 4. 12.	재외동포재단-UCR 간 협약 체결
○ 2010. 9. 29.	UC 리버사이드 대학교 김영옥재미동포연구소 설립

별첨 1: 논문 목록

「파차파 캠프: 미국 최초의 한인타운」. 성안당. 2018.

「Pachappa Camp: The First Koreatown in the United States」. Accepted by 『California History』

「남가주 한인 사회와 비영리 단체」. 『재외한인학회』 44. 재외한인연구. 2018. 1-32쪽.

「Confronting Sa-i-gu: Twenty Years after the Los Angeles Riots」. Edited by In-Jin Yoon and Young-Hun Jeong. 『The Korean Diaspora: A Sourcebook』. The Academy Of Studies Press. May 2017: pp. 167-179.

「A Concise History of Korean Americans」. Mary Connor. 『Teaching East Asia: Korea Lessons and Resources for K-12 Classrooms』. National Korean Studies Seminar and Korean Cultural Center Los Angeles. 2017: pp. 249-256.

Carol Park. 「Forward」. 『Memoir of a Cashier: Korean Americans, Racism, and Riots』. The Young Oak Kim Center for Korean American Studies. 2017: ix-xii.

「Remembering Sa-I-Gu」. 『Amerasia Journal』 38. 2012. pp. 31-33.

〈Book Chapters〉

「윌로우스 비행학교/비행대」. 『한민족연구』 14. 2014. 127-146쪽.

「Korean Diaspora in America (In Introduction)」, 『Unsung Hero: The Story of Col. Young Oak Kim』. YOK Center for Korean American Studies. 2011.

「Community in Transition: Korean American Empowerment in the 21st Century」. 『2009 Civilization and Peace』. The Academy of Korean Studies. 2010. pp. 97-120.

〈Encyclopedia Entry〉

「Los Angeles Riots and Korean American」. 『Asian American Society: An Encyclopedia』. Sage. 2014.

「Unsung Hero: Col. Young Oak Kim」. 『Asian American Society: An Encyclopedia』. Sage. 2014.

Barbara W. Kim. 「Korean Americans」. Edited by Edith Wen-Chu Chen and Grace J. Yoo. 『Encyclopedia of Asian American Issues Today』 Volume 1. Greenwood Press. 2010.

별첨 2: 주요 인터뷰

「김영옥 대령」. 『YTN』. 2018년 4월 25일.

「윌로우스 비행학교/비행대」. 『YTN』. 2018년 4월 25일.

「클로이 김과 올림픽」. 『BBC Radio, The World』. February 14. 2018.

「Lost LA: Pacific Rim」. 『KCET(Channel 28)』. January 2. 2018.

「도산 안창호 추방」. 『연합뉴스』. 2017년 8월 10일.

〈로스앤젤레스 폭동 25주년 인터뷰〉

『National Geographic Channel』. April 30. 2017.

『Pacific Ties(UCLA)』. April 29. 2017.

『CNN』. April 25. 2017.

『History Channel』. April 23. 2017.

『LA Daily』. April 21. 2017.

『LA Weekly』. April 21. 2017.

『연합뉴스』. April 21. 2017.

『NBC Universal』. April 20. 2017.

『CBS-TV』. April 7. 2017.

『NPR』. April 5. 2017.

『ABC-TV Nightline』. March 30. 2017.

『KBS-TV』. April 29. 2017.

『National Geographic channel』. April 30. 2017.

「25th Anniversary and Pachappa Camp」. 『Charter Communications』. January 30. 2017.

「미국 최초의 한인 타운: 파차파 캠프」. 『KBS World Radio』. January 3. 2017.

「YOK Center Inspires Recognition of Riverside Site as the First Korea Town in the U.S.」. 『UCR Today』. December 12. 2016.

Ruben Vives. 「A Korean community in ruins after the Blue Cut fire: 'We've traveled the world only to end up in hell」. 『LA Times』. October 13. 2016.

「외로운 여정」. 『KBS America』. July 15. 2016.

「외로운 여정」. 『라디오 코리아』. July 24. 2016.

「파차파 캠프」. 『한민족 라디오』. July 13. 2016.

「외로운 여정」. 『YTN FM』. July 8. 2016.

「장태한 교수」. 『중앙일보』. July 5. 2016.

「로스앤젤레스 폭동 24주년」. 『라디오 코리아』. April 29. 2016.

「Korean Media Gush Over Discovery of Interview with 20th Century Hero」. 『UCR Today』. April 1. 2016.

「김영옥재미동포연구소 연구 활동」. 『연합뉴스』. 2016년 3월 30일.

「윌로우스 비행학교를 미국 역사 기념물로 지정 추진」. 『연합뉴스』. 2016년 3월 30일.
「쿠바의 한인」. 『KBS-TV』. November 29. 2015.
「Col. Young Oak Kim: A Legacy」. 『Council of Korean Americans(Washington DC)』. October 23. 2015.
「퍼거슨 사태와 미주 한인 사회」. 『MBC 라디오』. 2014년 11월 26일.
「Lessons Learned from Previous Race Riots」. 『CCTV (China) English Edition』. October 26. 2014.
「장태한 교수」. 『중앙일보(서울)』. 2014년 10월 29일.
Laura Bliss. 「Koreatown Rising」. 『LA Magazine』. April 29. 2014.
「미주 한인사」. 『YTN』. April 1. 2014.
「김영옥 대령」. 『워싱턴 디시 중앙일보』. 2014년 3월 23일.
「파차파 캠프와 도산 안창호」. 『KBS-TV America』. 2013년 5월 11일.
「Young Oak Kim」. 『This Morning(Seoul) eFM 101.3』. June 5. 2013.
「김영옥 대령」. 『시애틀 중앙일보』. 2013년 4월 19일.
「일본군 젊은 여성들 성 노예로 납치」. 『신동아』. 2012년 11월 23일.
「다문화의 새로운 패러다임」. 『강원일보』. 2012년 9월 20일.

〈로스앤젤레스 폭동 20주년 인터뷰〉
「LA Riots」. 『VH1』. May 1. 2012.
Margaret Carrero. 『KNX Radio』. April 29. 2012.
『Voice of America』. April 29. 2012.
「LA Riots and Korean American Church」. 『Korean Christian Radio』. April 29. 2012.
『Christian Television System (CTS)』. April 26. 2012.
「All Things Considered」. 『National Public Radio』. April 27. 2012.
『Which Way L.A.』. April 11. 2012.
Nalea Ko. 『Pacific Citizen』. April 11. 2012.
Tammy Audi. 「LA Riots 20th Anniversary」. 『Wall Street Journal』. April 9. 2012.
「LA Riots Conference」. 『Korea Daily Los Angeles』. April 4. 2012.
Sam Quinones. 「Indoor Swap Meet and Korean American Entrepreneurs」. 『Los Angeles Times』. April 2012.
Mike White. 「LA riots 20th anniversary」. 『Bloomberg News』. March 1. 2012.
「김영옥재미동포연구소」. 『샌프란시스코 중앙일보』. 2012년 1월 9일.
「김영옥 대령 영문판 발행」. 『국방일보』. 2011년 8월 18일.
「미주 한인 사회」. 『한민족 라디오』. 2011년 7월 10일.
「한국 전쟁 스페셜: 김영옥 대령」. 『KBS 라디오』. 2011년 6월 25일.
「김영옥 대령 일대기 영문 번역」. 『미주 중앙일보』. 2011년 5월 31일.
「미주 한인 사회의 미래」. 『KBS 라디오』. 2011년 4월 20일.

저자 소개

장태한

현재 UC리버사이드 대학교 소수인종학과(Ethnic Studies) 교수이며 김영옥재미동포연구소 소장. 인천고등학교 졸업(1975). UC 버클리 대학에서 박사학위(1990). 9권의 저서와 7권의 편저가 있으며 수십 편의 논문을 썼다. 가장 최근의 저서로는 『파차파 캠프: 미국 최초의 한인타운』(2018), 『외로운 여정』(2016). *Korean American Pioneer Aviators: The Willows Airmen, 1920 대한민국, 하늘을 날다*(2013)가 있고, *Unsung Hero: The Story of Col. Young Oak Kim* (2011)을 번역 출판했으며, *Ethnic Peace in the American City: Building Community in Los Angeles and Beyond* (1999), New York: NYU Press, 1999(with Jeannette Diaz-Veizades), 『아시안 아메리칸』(책세상, 2004), 「미국의 흑인 그들은 누구인가」(고려대학교, 2012) 등이 있다. 한흑 문제 및 LA폭동에 대한 전문가로 인정받아 하버드, 예일, 스미스칼리지, 존스홉킨스, 미시간, 에바나, 샴페인, UC 버클리, UCLA 등의 미국 주요 대학에서 수차례 초청 강연을 했다. SAT II 한국어 채택에 기여한 공로로 대한민국 정부로부터 훈민정음 반포 549돌을 맞이하여 대통령 표창을 수상했다(1995). 현재 미주한인위원회 이사이며 재외동포재단 자문위원이다.

이메일: edward.chang@ucr.edu

2

뉴욕시립대학교 퀸즈칼리지 재외한인사회연구소

민병갑(퀸즈칼리지와 뉴욕시립대학교 대학원 사회학과 석좌교수, 재외한인사회연구소 소장)
임세정(뉴욕시립대학교 대학원 사회학과 박사과정, 재외한인사회연구소 연구원)

1. 머리말

재외한인사회연구소는 2009년 뉴욕시립대학교 퀸즈칼리지(Queens College of the City University of New York) 내에 설립된 연구기관이다. 뉴욕시립대학교는 뉴욕시에 총 25개의 교육기관을 보유한 미국에서 가장 규모가 큰 도심 공립 대학 연합체로, 산하에 퀸즈칼리지를 포함한 11개의 4년제 대학, 7개의 커뮤니티 칼리지, 1개의 박사과정 전문대학원(The Graduate Center), 6개의 고등전문 교육기관이 포함되어 있다.[1)]

퀸즈칼리지는 미 동부에서 가장 큰 규모의 한인타운이 형성된 퀸즈 플러싱에 자리 잡고 있다. 이러한 지리적 이점을 바탕으로 연구소는 그동안 지역 한인 커뮤니티와 유기적인 관계를 맺으며 성장해올 수 있었다. 설립 당시 북미지역에서 한국사회가 아닌 동포사회를 연구하는 전문기관으로는 유일했던 본 연구소는 재미동포에 대한 연구를 장려하고, 이에 관한 다양한 양적 · 질적 데이터를 꾸준히 생산하고 배포하며, 다양한 학술교류활동을 통해

1) http://www2.cuny.edu/about/colleges-schools

모국과 재미동포사회를 연결하는 데도 적극적으로 노력해왔다.

이 글에서는 설립 10주년을 앞둔 재외한인사회연구소의 발자취를 되짚어보고, 현재 진행 중인 프로젝트들을 소개하며, 또 다른 10년을 계획하기 위한 연구소의 비전과 계획을 나누고자 한다.

2. 재외한인사회연구소는 어떻게 설립되었나

연구소는 '재미한인이 미국의 한 소수민족으로서 민족 정체성을 유지해가며 살아갈 수 있도록 돕는다'는 비전하에 설립자이자 현 소장으로 재직 중인 민병갑 교수의 오랜 고민과 한인 커뮤니티의 도움으로 탄생하게 되었다. 민 교수는 30년 넘게 뉴욕 한인 커뮤니티의 중심에서 재미동포와 아시아계 소수민족에 관해 수많은 연구를 해왔다. 그리고 늘 공공사회학(public sociology)적 가치관을 추구하며 본인의 사회학적 지식을 신문 칼럼과 강연 등을 통해 꾸준히 동포사회와 나누는 데 힘써왔다. 재외한인사회연구소도 이러한 민병갑 교수의 오랜 경험과 철학에 기반을 두어 설립되었다.

민 교수는 오랫동안 다양한 이민자 집단이 미국사회에 적응해나가는 과정을 연구하며 주류사회에 성공적으로 적응하면서도 강한 민족 정체성을 유지해오고 있는 유태인 커뮤니티에 큰 관심을 갖게 되었다. 대부분의 이민 민족집단은 세대가 진전됨에 따라 미 주류사회에 진출하고 사회경제적 지위상승을 이루지만, 동시에 자신의 고유한 문화와 민족 정체성을 자연스럽게 잃어간다. 특히 이민의 역사가 오래된 백인 이민 민족들은 현재 대부분 자신의 민족 정체성을 상실한 상태다. 그러나 유독 유태인 집단은 오랜 이민 역사에도 불구하고 다른 백인 이민 민족들과 달리 강한 민족 정체성을 유지해오고 있다. 민 교수는 이렇게 유태인 커뮤니티가 효과적으로 민족 정체성을 유지해올 수 있던 요인 중 하나가 미국의 수많은 대학들에 유태인 커뮤니티의 역사, 사회, 문화 등을 연구해온 다양한 연구소와 학과가 있었기 때문임을 깨달았다. 그들은 자신의 커뮤니티에 대해 체계적으로 연구하고 생산해낸 다양한 데이터를 바탕으로 효과적으로 미래를 설계해오고 있었던 것이다. 그렇다면 재미동포사회는 어떠했는가. 미국의 대학 중 한국학과가 개설되어 있고 한국의 역사, 사회, 경제, 문화 등을 전문적으로 연구하는 한국학 프로그램은 지금은 더욱 많아졌지만 약 10년 전에도 그 수가 상당했다. 하지만 재미동포사회에 초점을 맞추고 연구하는 곳은 본 연구소 설립 당시 전무한 상태였다.

민 교수는 재미동포사회에도 재미동포의 이민 역사, 사회·경제적 적응 패턴, 민족문화 유지 정도 등을 체계적으로 연구하는 기관이 필요함을 절감했다. 재미동포사회가 스스로의 역사와 주류사회에서 자신의 현 위치를 정확히 알아야만 향후 하나의 소수민족으로서 효과적으로 정착해 살아갈 방향을 설정할 수 있기 때문이다. 한인 커뮤니티로부터도 실제로 이러한 필요성이 점차 대두되기 시작했다. 다양한 한인 사회봉사단체들은 주로 미 연방정부에 지원금을 신청해 활동기금을 마련하는데, 이때 가장 중요한 것은 봉사수혜 대상자들에 대한 정확한 정보를 파악해 지원 필요성을 피력하는 것이다. 하지만 이러한 사회봉사단체들에게는 도움이 필요한 한인의 현황을 수치로 정확히 보여줄 데이터가 턱없이 부족했다. 재미동포사회를 전문적으로 연구하는 기관에서 다양한 한인 커뮤니티에 대한 데이터가 마련되어야 할 필요성이 거듭 확인된 것이다.

민 교수는 어떻게 하면 퀸즈칼리지에 재미동포 전문 연구소를 설립할 수 있을지 궁리했다. 그러나 아무리 이민자 출신 학생이 많은 퀸즈칼리지에서도 하나의 소수민족 커뮤니티를 연구하는 기관을 설립하는 일은 쉽지 않았다. 학교 측으로부터는 전혀 재정적 지원을 받을 수 없는 상황이었다. 퀸즈칼리지에는 이미 아시안/아시안 아메리칸 센터가 설립되어 운영 중이었지만, 민 교수가 그리고 있던 재미동포 전문 연구소의 비전과 목적과는 거리가

그림 2-5 2010년 2월에 가진 연구소 출범(2009년 9월 창립) 기념행사

있었다. 민 교수는 지역 한인 커뮤니티로 향했다. 여러 한인 지도자들을 만나 연구소의 필요성을 전하고 공감을 이끌어내던 중 2008년, 지금은 고인이 된 한 한인 독지가로부터 20만 달러를 기증받았다. 이후 학교 측에서는 교내에 작은 사무공간만 지원해주었을 뿐이지만, 마침내 오랫동안 고민하고 바라던 한인 커뮤니티 전문 연구기관을 미국 대학 내에, 그것도 플러싱 한인타운 안에 자리 잡은 퀸즈칼리지에 세울 수 있게 되었다.

2009년 9월에 설립된 재외한인사회연구소는 다음의 세 가지 목적을 가지고 활동을 시작했다. 첫째, 재미동포에 대한 연구를 장려한다. 둘째, 재미

그림 2-6 연구소 창립 1주년 기념 국제학술행사(2010. 10. 8-9)에 앞서 10월 7일에 장승 명인 김종흥 씨가 조각해 퀸즈칼리지에 세운 장승 앞에서. 미국 대학 캠퍼스 내에 한국의 장승이 세워진 곳은 퀸즈칼리지가 유일하다.

동포에 관한 다양한 양적 · 질적 데이터를 수집 · 생산해 한인 커뮤니티, 한국 정부, 관련 분야 연구자 등에게 배포한다. 셋째, 체계적이고 신뢰할 수 있는 데이터를 바탕으로 재미동포사회가 걸어온 발자취를 기록하고 향후 재미한인사회가 나아가야 할 방향을 제시한다.

3. 재외한인사회연구소의 운영 및 주요 활동

연구소는 설립 당시부터 현재까지 한인 커뮤니티의 기부금을 통해서만 운영되고 있다. 초기 연구소 설립을 가능케 해준 한 독지가의 20만 달러 지원금 이후 한인 커뮤니티로부터 거액의 기부금은 이어지지 않았다. 하지만 2010년 연구소의 중요성을 인지하고 활동기금을 마련해주고자 뜻을 함께한 한인 커뮤니티 지도자들이 '한인사회연구재단(Research Foundation for Korean Community)'[2]이라는 비영리재단을 출범시켜 매년 연구소의 운영비 일부를 지

그림 2-7 2014년 퀸즈칼리지에서 개최한 연구소 갈라(Gala)

2) 재단 출범 당시에는 '재외한인사회연구재단'이라는 명칭으로 활동했으나, 2017년부터 '한인사회연구재단'으로 활동하고 있다.

원해주고 있다. 매년 18명 내외의 이사진이 재단에 소속되어 활동 중이며, 주로 갈라 또는 골프대회 등의 기금모금행사를 별도로 개최하거나 연구소가 주관하는 학술대회 개최 전에 한인 커뮤니티로부터 지원금을 모금해오고 있다. 이렇게 모인 기금은 주로 정기적으로 개최되는 연구소의 행사 진행비, 도서 및 사무용품 구입비, 파트타임 대학원생 3명의 인건비로 사용된다.

퀸즈칼리지에서는 재정적인 지원 대신 소장을 맡고 있는 민병갑 교수가 1년에 한 과목 수업 면제 혜택을 받고, 작은 사무공간 4개를 제공받았다. 연구소는 풀타임 직원 없이 현재까지 파트타임 학생 2~3명과 자원봉사자의 도움을 통해 운영 중이다. 파트타임 학생들은 주로 뉴욕시립대학교 사회학과 석사 또는 박사과정 학생들이며, 퀸즈칼리지 또는 주변 대학교의 학부생들과 고등학생들도 여름방학을 이용해 연구소에서 트레이닝을 받으며 업무를 돕기도 한다. 비록 온전히 연구소 업무만 전담하는 정직원은 한 명도 없지만, 재외한인사회연구소는 퀸즈칼리지에 소속된 다른 연구센터들에 비해 매우 왕성한 활동을 해온 곳으로 손꼽힌다. 그동안 연구소가 이룩한 성과와 활동내용을 간단히 정리하면 다음과 같다.

1) 재미한인에 관한 통계 보고서 및 서적 출판

연구소는 그동안 미 연방 센서스와 이민 통계 등의 공공자료를 바탕으로 한인사회의 이민 패턴 변화, 사회 · 경제적 적응 현황, 모국 문화 유지 정도 등에 관해 총 13편의 연구 보고서를 발간했다. 〈표 2-1〉의 연구 보고서 제목에서 알 수 있듯이 대부분의 보고서는 영어로 작성되었으나, 일부는 한국재외동포재단과 한국청소년정책연구원으로부터 조사연구비를 지원받아 한국어로 작성되었다. 연구소의 보고서는 주로 재미한인에 관한 통계자료 배포를 목적으로 제작하고 있다. 더불어 재미한인에 대한 연구를 장려하기 위해 재미한인에 대한 연구를 목록화한 'Bibliography on Korean Americans'

표 2-1 재미한인에 관한 연구 보고서 목록

	연구 보고서 제목	저자
1	An Annotated Bibliography on Korean Americans (2009)	민병갑
2	Growth and Settlement Patterns of Korean Americans, 1990-2008 (2010)	민병갑, 김치곤
3	Koreans' Immigration to the U.S.: History and Contemporary Trends (2011)	민병갑
4	Updated Growth and Settlement Patterns of Korean Americans, 1990-2010 (2012)	민병갑
5	Statistics on Korean Americans' Marriage and the Family (2012)	민병갑
6	Population Growth and Racial Composition in Korean Enclaves in the New York-New Jersey Area, 1980-2010 (2012)	민병갑
7	The Socioeconomic Attainments of Korean Americans, Compared to Native-Born Whites and Other Asian Groups, in the NY-NJ-CT CMSA: Generational Differences (2013)	민병갑
8	미국 뉴욕·뉴저지 지역 차세대 재미동포의 한국어 교육·보급·사용 현황 연구(2014) *2014 재외동포재단 조사연구용역 보고서	민병갑, 임세정
9	Korean and Asian Immigration Data: Recent Trends (2015)	민병갑
10	재미동포 청소년 현황: 인구학적, 사회·경제적, 문화적 성격을 중심으로(2016) *한국청소년정책연구원 『미래 인재 개발 전략으로서 재외동포청소년 지원방안 연구 II』의 일부로 진행	민병갑, 임세정
11	뉴욕·뉴저지 한인 커뮤니티의 뿌리 교육기관과 프로그램(2016) *한국청소년정책연구원 『미래 인재 개발 전략으로서 재외동포청소년 지원방안 연구 II』의 일부로 진행	민병갑, 주대신
12	Social Science Bibliography on Korean Americans—second edition (2016)	토마스정
13	An Overview of Korean Immigrants' Health in the United States (2018)	장서현

도 꾸준히 업데이트해 배포하고 있다.

앞서 살펴본 보고서 외에도 연구소는 〈표 2-2〉와 같이 재미한인에 관한 총 5권의 편저서를 출판했다. 이 책들은 재미한인에 관한 전반적인 이해를 돕고, 한인 이민 1~2세의 발자취를 자전적 에세이로 기록해 그들의 목소리를 직접 들려주는 데 초점을 맞추고 있다. 출판된 5권의 서적 중 2권은 미국에서 출판했으며, 나머지 3권은 한국에서 출판했다.

표 2-2 연구소 기획 · 출판 도서 목록[3)]

	제목	편저자
1	Koreans in North America: Their Experiences in the Twenty-First Century (2013), Lexington Books | p. 268	민병갑
2	Younger-Generation Korean Experiences in the United States: Personal Narratives on Ethnic and Racial Identities (2014), Lexington Books | p. 254	민병갑, 토마스 정
3	Second-Generation Korean Experiences in the United States and Canada (2014). Lexington Books | p. 282	민병갑, 새무얼 노
4	재미한인사회에 힘을 실어준 한인들(2014), 북코리아 | 505쪽 한영 합본(조동호 역)	민병갑, 토마스 정, 김영옥
5	뉴욕의 한국어 선생님들(2016), 북코리아 | 289쪽	민병갑, 임세정

미국에서 2013년에 출판한 *Koreans in North America: Their Experiences in the Twenty-First Century*는 미국과 캐나다에 거주하는 한인의 경험을 이민 역사와 정착 패턴에 관한 기초 통계자료, 젠더 이슈 및 민족 정체성에 관한 질적 자료를 통해 다양하게 보여준다. 이듬해에 출판한 *Younger-Generation Korean Experiences in the United States: Personal Narratives on Ethnic and Racial Identities*는 2011년에 개최된 연구소의 제2회 학술대회 발표문들을 엮어 출판한 것이다. 이 책은 1.5세 및 2세 재미한인 13명의 개인 에세이를 통해 그들의 민족 정체성 형성과정을 자라온 시기에 따라 두 개의 집단(1960~1970년대 초, 1980~1990년대 초)으로 나눈 뒤, 민족 정체성 형성에 중요한 영향을 끼치는 네 가지 요소(민족문화 유지 정도, 민족 사회조직에의 참여 정도, 모국과의 관계, 인종차별 경험 여부)를 바탕으로 두 집단 간의 공통점과 차이점을 보여준다. *Second-Generation Korean Experiences in the United States and Canada*는 미국과 캐나다에 거주하는 한인 1.5세 및 2세들의 경험을 이민 1세와 비교함으로써 한인 이민자의 세대별 차이를 다양한 각도에

3) 한국에서 출판한 연구소의 북미한인 시리즈에는 뉴욕지역 한국학교의 역사와 현황을 자세히 담은 『뉴욕·뉴저지 지역의 한국학교: 역사 및 현황』도 있다. 이 책은 '뉴욕지역 한국학교 40년사 편찬위원회'가 기획했으며, 이광호, 민병갑, 박종현, 오지영이 공동 편저했다.

그림 2-8 2016년 9월 『뉴욕의 한국어 선생님들』 출판기념회

서 분석했다. 이 책의 원고는 대부분 2013년 봄에 개최된 재외한인사회연구소 제4회 학술대회 발표 논문들로 이뤄졌다.

북코리아 출판사에서 출간한 두 권의 책은 민병갑 교수가 시작한 '북미한인 도서 시리즈'의 일환으로, 재미한인의 경험을 직접 자신의 목소리로 들려주는 데 그 목적이 있다. 『재미한인사회에 힘을 실어준 한인들』은 전 · 현직 한인 이민자와 젊은 세대 선출직 정치인, 임명된 정치인 및 한인 커뮤니티 조직가(community organizer) 18명의 자전적 에세이를 통해 한인사회의 성장과 발전에 기여해온 이들의 경험을 담고 있다. 『뉴욕의 한국어 선생님들』은 뉴욕-뉴저지 지역의 주말 한국학교 및 공립학교 등에서 한국어 교육과 보급에 힘써온 교사 15명의 경험을 한국어 교사를 시작하게 된 계기, 한국어를 가르치면서 현장에서 특별히 어려웠던 점, 보람을 느꼈던 순간 등을 중심으로 보여준다. 두 권의 책은 한국의 독자들에게 재미한인의 삶의 단면을 보여주고, 장차 한인 차세대에게는 이전 세대의 발자취를 보여주는 자료로서 매우 큰 가치가 있다.

현재 연구소에서는 3개의 출판 프로젝트가 마무리 단계에 있다. 첫 번째 프로젝트는 앞서 살펴본 '북미한인 도서 시리즈'의 네 번째로 출판될 뉴욕의 한국 문인 16명의 경험이 담긴 편저서다. 타국에서도 모국어로 글을 쓰고 나누며 문화를 유지해오고 있는 문인들의 에세이는 현재 최종 편집을 거의 마쳐가고 있다. 두 번째로는 2015년 연구소가 '한국계 입양인의 경험'을 주제로 개최한 학술대회에서 발표된 자전적 에세이를 모은 책이 최종 편집을 마치고 출판사를 물색 중이다. 마지막으로 2017년에 연구소가 일본군 성노예 희생자 배상운동을 주제로 개최한 학술대회 발표논문들을 엮어낸 편저서(Japanese Military Sexual Slavery: The Transnational Redress Movement for the Victims)는 독일 베를린에 본사를 둔 De Gruyter 출판사를 통해 2019년 6월에 출판될 예정이다. 이 책은 'Genocide and Mass Violence in the Age of the Extremes'라는 시리즈의 첫 번째 책이 될 것이다.

이 밖에도 연구소에서는 4개의 출판 프로젝트가 더 진행 중인데, 이를 간단히 소개하면 다음과 같다. 먼저, 민병갑 교수가 집필을 마쳐가는 뉴욕 한국 이민자의 한국문화 보급운동에 대한 책이 있다. 이 책은 뉴욕지역의 한인 1세 이민자가 어떻게 한국의 문화와 전통을 한인 2세들에게 전하고, 또 일반 미국인에게도 알리기 위해 노력해왔는가를 검토한다. 이 프로젝트의 일환으로 연구소에서는 약 300명에 가까운 한국 이민자를 대상으로 설문조사를 실시하고 데이터를 분석했으며, 재미한인의 초국가적 문화활동에 관한 신문자료를 주제별로 수집 · 정리했다. 민병갑 교수는 이 프로젝트와 관련해 최근 두 편의 논문을 출판했다.[4)]

민 교수는 이 외에도 일본군 성노예 희생자를 위한 배상운동에 관한 영문 저서를 완성해나가고 있다. 이 책은 무엇보다 시기적 중요성에 기인해 서둘러 집필 중인 책으로, '일본군 위안부' 문제의 쟁점과 초국가적으로 이뤄지

---

4) Min, Pyong Gap. 2017. "Transnational Cultural Events among Korean Immigrants in the New York-New Jersey Are." Sociological Perspectives 60(6), pp. 1136~1159; Min, Pyong Gap. 2018. "The Movement to Promote an Ethnic Language in American Schools: The Korean Community in the New York-New Jersey Area." Ethnicities (Online First: February 13, 2018 https://doi.org/10.1177/1468796817754126)

고 있는 희생자 배상운동에 대해 체계적으로 기술하고 있다. 이 책은 한국과 동아시아를 넘어 미국과 유럽에도 '위안부' 문제에 대한 관심을 크게 일으키는 데 기여할 것으로 기대한다. 민 교수는 현재 총 14개의 챕터 중 12개의 집필을 마쳤고, 출판 계약을 기다리고 있다. 이 프로젝트를 위해 일본군위안부 희생자 증언집을 바탕으로 한 자료조사에는 연구소에서 방학을 이용해 인턴을 했던 학부과정 학생들도 참여했다. 민 교수가 집필 중인 이 저서와 2017년 학술대회 논문을 바탕으로 출판 예정인 일본군위안부 문제에 관한 편저서 출판 프로젝트는 연구소가 향후 연구의 범위를 한국사회와 해외동포사회와의 초국가적 관계성에 더욱 초점을 두고 확장해나가려는 시도이기도 하다.

현재 진행 중인 또 다른 프로젝트에는 자세한 통계자료를 중심으로 재미한인의 특성을 타 아시아 민족과 비교해 보여주는 책이 있다. 이 책은 재미한인의 일반적인 이민 패턴, 인구학적 및 세대에 따른 특성, 정착 패턴, 주요 민족 집거지(ethnic enclaves) 현황, 사회 · 경제적 성격, 가족 및 결혼 패턴 외에도 재미한인의 건강 상태 및 헬스케어 현황, 재미한인 노년층에 대한 자세한 통계자료를 수록해 집필 중이다. 이 밖에 뉴욕 · 뉴저지 지역의 한인이민 역사를 사회학적 관점에서 바라보는 역사책도 준비하고 있다.

2) 재미한인 커뮤니티를 위한 리스트 제작 및 배포

연구소는 한인 커뮤니티에 도움이 될 만한 주제를 선정해 목록화하는 작업도 해왔다. 현재까지 연구소가 제작해 배포한 리스트는 〈표 2-3〉에서와 같이 총 세 가지가 있다. 가장 먼저 제작했던 리스트는 한인 학생들에게 도움이 되는 한인 커뮤니티 장학금 및 경시대회에 관한 것이었다. 2012년에 처음 제작하여 2014년에 정보를 추가한 이 리스트는 뉴욕 · 뉴저지 지역에 거주하는 한인 학생들(초등학교부터 대학[원]생까지)이 신청할 수 있는 다양한 커뮤니티 장학금과 경시대회 정보를 담고 있다.

표 2-3 한인 커뮤니티를 위해 제작한 리스트

	리스트 제목	저자
1	한인 학생들을 위한 뉴욕지역 한인 커뮤니티 장학금 및 경시대회 목록(2014) (김인자, 주동완이 2012년에 제작한 리스트를 업데이트함)	김가현
2	Korean-American Writers of Fiction, Poetry, Memoirs, Creative Non-fiction, Young Adult Fiction, Children's Books, Genre Fiction (2015)	토마스 정
3	List of Korean Americans in Politics, Public Service, and the Judiciary (2016) (김인자, 윤여옥이 2012~2013년에 제작한 리스트를 업데이트함)	토마스 정

리스트는 한글로 제작되었으며, 장학금 수여 및 경시대회 주관 단체, 신청 대상, 종류, 금액, 지원기간 등을 편리하게 확인할 수 있도록 되어 있다. 이 리스트는 기본적으로 지역 한인신문을 통해 정보를 수집하고 웹사이트 또는 전화로 세부사항 확인 작업을 거친 뒤 완성했다.

또 다른 리스트는 한국계 미국인(Korean American) 작가들을 조사해 목록화한 것이다. '*Korean-American Writers of Fiction, Poetry, Memoirs, Creative Non-fiction, Young Adult Fiction, Children's Books, Genre Fiction*'라는 제목의 이 리스트에는 영어로 원작품을 출판한 118명의 한국계 미국인(미국 출생 및 어린 나이에 이민 온 세대), 한국계 입양인, 혼혈 한인 작가들의 이름, 작품명, 작품 장르가 포함되어 있다. 한국에서 주로 활동하는 작가의 영어 번역작품은 조사대상에서 제외되었다. 이 한국계 미국인 작가 리스트는 연구소가 최초로 제작해 배포한 것으로, 미국에서 얼마나 많은 한국계 미국 작가들이 활동하고 있으며 어떠한 종류의 작품을 주로 창작하고 있는지 살펴볼 수 있는 유일한 자료다. 이는 그동안 의료, 법조계, 비즈니스, 이공계 분야 등에서 성공한 한국계 미국인에 가려져 크게 주목받지 못해온 예술 및 인문학 분야에서 성공적으로 활동 중인 인물들을 드러내주었다는 데도 매우 큰 의미가 있다.

2016년에 새로 업데이트해 배포한 '*List of Korean Americans in*

Politics, Public Service, and the Judiciary'는 미국에서 활동 중인 한국계 정치인과 공공 서비스 종사자 등의 명단을 미국 내 주별로 정리한 것이다. 이 리스트 역시 연구소가 최초로 정리를 시작한 것으로, 한인 커뮤니티로부터 매우 좋은 반응을 이끌어냈다. 이 리스트는 2012년 말에 시작해 네 차례 업데이트해왔다. 재미한인사회가 앞으로 더욱 성장하기 위해서는 무엇보다 우리의 현 위치를 파악하는 것이 중요하다. 그런 의미에서 이 한인 정치인 리스트는 한인의 미 주류사회 정치 참여 현황을 한눈에 보여주는 매우 유용한 자료라고 할 수 있다.

위에서 살펴본 리스트들은 자료의 특성상 제작에 매우 오랜 시간이 소요된다. 인력이 부족한 현재의 연구소 사정상 자주 업데이트가 어려운 실정이지만, 그럼에도 불구하고 2~3년 단위로 정보를 업데이트하기 위해 노력 중이다. 나아가 한인 커뮤니티에 직접적인 도움이 될 만한 주제를 발굴, 목록화해나가는 작업을 이어갈 예정이다.

3) 뉴욕 한인단체에 관한 다큐멘터리 제작

연구소는 2018년 초부터 한인사회의 발자취를 기록하는 다큐멘터리 제작사업을 새롭게 시작했다. 이 사업은 뉴욕 · 뉴저지 지역의 오래된 주요 한인단체들의 역사와 활동모습을 기록해 널리 보급하고자 기획되었으며, 재외동포재단에 지원금을 신청해 제작비의 일부를 지원받을 수 있었다.

이 다큐멘터리의 첫 번째 제작대상은 지난 30년 동안 뉴욕지역에서 한인 사회봉사단체를 넘어 다양한 이민자 및 소수민족 커뮤니티를 위해서도 봉사해오고 있는 민권센터다. 약 30분짜리 다큐멘터리가 될 「뉴욕 민권센터의 30년(가제)」은 민권센터의 어제와 오늘을 통해 재미한인 커뮤니티가 타 이민자와 함께 미국사회에 뿌리내려온 과정을 자세히 보여줄 것이다. 영상 촬영과 편집은 뉴욕지역에서 지난 20년 넘게 다양한 한인 행사를 전문적으로 촬영 · 취재해온 베테랑 감독이자 연구소의 미디어 제작 담당을 맡고 있는 김창종 연구원이 맡고 있다.

연구소는 앞으로 1~2년에 한 편씩 뉴욕지역 한인 커뮤니티의 성장에 기여해온 주요 한인단체에 관한 다큐멘터리를 제작할 계획이다. 이 다큐멘터리 제작 사업은 다음과 같은 세 가지 목표를 달성할 것으로 기대한다. 첫째, 지난 30년간 어떠한 과정을 거쳐 현재의 한인 커뮤니티가 형성될 수 있었는지 한인 2세들과 최근의 한국 이민자에게 효과적으로 전달하며, 이는 한인사회 내 세대 및 집단 간 이해의 폭을 넓히는 데 크게 기여할 것이다. 둘째, 한국에 거주하는 국민과 타 지역의 재외동포 역시 이 다큐멘터리를 통해 재미한인의 역사와 삶을 이해하는 데 도움이 될 것이다. 마지막으로, 이제 단순한 이민집단을 넘어 하나의 주요 소수민족으로 자리매김한 재미한인의 역사를 미국 내 타민족과도 나눌 수 있는 계기가 될 것이다.

4) 일반 한인 커뮤니티를 대상으로 정기 세미나 개최

연구소는 설립 이후부터 뉴욕지역 일반 한인을 대상으로 매년 정기적으로 세미나를 개최해왔다(2018년 10월 기준, 총 44차례 개최). 세미나는 주로 재미한인사회와 관련된 내용으로 진행되었으나 이따금씩 해외한인사회, 한국의 역사 및 문화에 관한 주제도 다루곤 했다. 발표자는 주로 재미한인사회 관련 연구 전문가로 이뤄져왔으나 연구소에 체류 중인 방문학자들도 자신의 전문 연구 주제 또는 뉴욕에 체류하며 연구한 결과를 발표하기도 했다. 발표는 기본적으로 누구나 쉽게 이해할 수 있는 수준으로 기획됨으로써 일반인들로부터 꾸준한 관심과 지지를 받고 있다. 연구소의 정기 세미나는 특히 지역 한인 1세 이민자로부터 매우 좋은 평가를 받아오고 있다. 세미나는 한인 이민자가 집중적으로 거주하는 플러싱에서 늘 개최되어왔으며, 강연은 발표자에 따라 영어 또는 한국어로 진행해왔다(1/3이 영어 발표, 2/3가 한국어 발표). 〈표 2-4〉는 최

그림 2-9 한인 커뮤니티를 대상으로 한 정기세미나 발표 모습: 민병갑 교수(왼쪽), 김춘례 교수(오른쪽)

근 5년간 개최해온 세미나 발표 제목과 발표자를 정리한 것이다. 세미나는 일반적으로 저녁 7시에 시작해 8시 20분(주제발표 50분, 질의응답 및 자유토론 30분)에 마친다.

표 2-4 한인 커뮤니티를 대상으로 개최한 정기 세미나 주제(최근 5년)

날짜	발표 제목 및 발표자
2018. 10. 30	〔방문학자 특강〕 보완대체의학(발반사요법)의 연구동향과 실제적용 (이영미 국립강원대학교, 재외한인사회연구소 방문학자)
2018. 8. 15	한국 이민자들의 모국 의료 관광 (장서현 박사, Postdoc Fellow at University of Washington)
2018. 7. 11	〔방문학자 특강〕 국내외 사례를 통해 본 한국전통복식의 현대적 해석과 활용 (이은진 교수, 국립경상대학교, 재외한인사회연구소 방문학자)
2018. 5. 23	코리안 아메리칸으로 성장하기 (최윤선 교수, University of Chicago)
2018. 3. 28	〔방문학자 특강〕 한국전쟁 전후의 월북작가들과 북한 미술 (김옥자 박사, 재외한인사회연구소 방문학자)
2017. 12. 1	어릴 적 학대 피해 경험이 파트너 폭력 피해 경험에 미치는 영향: 뉴욕지역 한인 이민자 여성을 중심으로(김춘례 교수, St. Joseph's University)
2017. 9. 27	영화 「귀향」 무료 상영회 *2017년 '위안부 문제' 관련 학술대회 개최 홍보 특별 영화상영회로 Flushing YWCA와 공동개최
2017. 6. 9	재미한인 노년층의 삶의 여건, 건강 상태, 사회 · 경제적 지위 (김치곤 교수, Wright State University, Ohio)
2017. 4. 19	한인사회 역량 강화를 위한 교외 한인 거주지의 이점: 뉴욕 퀸즈 보로와 버겐 카운티의 비교

	(민병갑 교수, Queens College and the Graduate Center, 재외한인사회 연구소장)
2016. 9. 27	글로벌 시대 재미한인의 다양한 정치적 행보 (Edward J. W. Park 교수, Loyola Marymount University)
2016. 9. 1	〔출판기념회〕『뉴욕의 한국어 선생님들(Korean-Language Teachers in New York)』
2016. 8. 9	미국 내 한국 이민자들의 정치 참여 (김치곤 교수, Wright State University, Ohio)
2016. 7. 12	쿠바한인들의 독립운동과 후손들의 삶 (김재기 교수, 전남대학교, 재외한인사회연구소 방문학자)
2016. 5. 31	한인 민족단결 정치활동과 LA 코리아타운의 도시 재개발 (Angie Y. Chung, State University of New York, Albany)
2016. 3. 1	한인 커뮤니티의 세대 변화 속 민족 정체성의 점진적 소멸 문제 (민병갑 교수, Queens College and the Graduate Center, 재외한인사회 연구소장)
2015. 8. 15	워싱턴 DC-볼티모어 지역의 한인사회 (김대영 교수, George Mason Univerisy)
2015. 6. 24	일본군 성노예의 희생자 배상운동, 그 시작배경과 현재까지의 흐름 (민병갑 교수, Queens College and the Graduate Center, 재외한인사회 연구소장)
2015. 4. 15	교육수준에 따른 젊은 세대 재미한인의 결혼패턴과 그들의 경제적 삶의 질 (김창환 교수, University of Kansas)
2015. 2. 20	힘없는 이민자와 소수민족을 위한 투쟁: 존 김과 구수현의 이야기 (존 김, 애니 E. 케이시재단 회장 비서실장 & 구수현, 前 워싱턴시 시장실 아태계주민 담당국장)
2014. 12. 11	한인사회 청소년 교육문제와 전략 (김현철 박사, 한국청소년정책연구원, 재외한인사회연구소 방문학자)
2014. 11. 13	〔출판기념회〕『재미한인사회에 힘을 실어준 한인들(Korean Americans Who Have Empowered the Korean-American Community)』
2014. 6. 14	뉴욕거주 조선족의 민족적 유대감 (민병갑 교수, Queens College and the Graduate Center, 재외한인사회 연구소장)
2014. 3. 19	세계인, 김영옥 (장태한 교수, University of California, Riverside, 김영옥재미동포연구소장)
2014. 1. 7	뉴욕거주 2세 한인 고등학생들의 민족 유대감과 그 메커니즘 (민병갑 교수, Queens College and the Graduate Center, 재외한인사회 연구소장 & Audrey Joo, Boston Univ. 학부과정)

5) 학술대회 개최

연구소는 설립 이듬해부터 매년 재미한인 또는 해외한인에 관한 체계적이고 학술적인 정보를 제공하고자 〈표 2-5〉와 같이 총 8차례의 국제/북미학술대회를 주최 · 주관해왔다. 처음 두 차례의 학술대회는 플러싱 한인타운 내에서 개최했고, 이후부터는 퀸즈칼리지 캠퍼스에서 개최했다. 지금까지 개최된 학술대회는 모두 학술적으로 큰 의미를 가지고 있지만, 한국계 입양인과 '일본군위안부' 문제를 주제로 각각 2015년과 2017년에 개최한 행사는 한인 커뮤니티로부터 특별히 많은 관심과 지지를 받았다.

2015년 가을에 'Made in Korea, Assembled in the U.S.'라는 제목으로 개최된 학술대회에서는 한국계 입양인 11명이 자신들의 경험을 담은 자전적 에세이를 발표했다. 연구소는 오랫동안 미국뿐만 아니라 한국사회로부터도 소외되어왔던 약 12만 명의 미국 거주 한국계 입양인을 한인 커뮤니티가 포용할 필요성을 강조하고, 직접 이들의 목소리를 들려줄 수 있는 기회를 마련하고자 행사를 기획했다. 이 학술대회를 준비하기 위해 연구소는 2014년 말부터 미국 거주 한국계 입양인을 대상으로 자신의 다양한 삶의 모습(양부모 및 생모와의 관계, 민족 · 인종적 정체성의 변화 과정, 인종차별 및 소외의 경험 등)을 담은 15쪽가량의 자전적 에세이를 수집했고, 11명의 에세이 작성자들이 모두 학술대회에 참석해 에세이를 낭독했다. 이 행사는 입양인 커뮤니티와 한인 커뮤니티 모두로부터 매우 고무적이고 뜻깊은 행사라는 평가를 받았다. 발표자 중 한 명이었던 마이클 멀린(Michael Mullen)이 행사 이후 연구소로 보내온 이메일은 학술대회가 그와 다른 입양인 참가자들에게 가진 의미를 잘 전달해준다.

> … It is hard for me to express how much the entire experience meant to me. It is the most fulfilling organized event I have experienced in over twenty years. … I think that this conference may be the first time that an entire Korean community embraced adoptees as their own – as equals to be listened to and

respected, in both words and deeds, and also with open hearts. It created a sense of comfort that released a beautiful dynamic that I'm sure you felt as each story was read. … I felt that I was telling my story to friends, a story that meant a great deal to me, that I previously did not really have anyone else to tell.

(… 학술대회에서의 모든 경험은 표현하기 힘들 정도로 내게 매우 의미 깊었습니다. 이번 행사는 내가 20년이 넘도록 경험한 행사들 중 가장 만족스럽게 개최된 것이었습니다. … 이 학술대회는 한인 커뮤니티가 최초로 마음을 열고 말과 행동 모두로 입양인들을 자신들의 일부로서 포용해준 자리였다고 생각합니다. 행사는 실로 편안하고 아름다운 분위기를 만들어냈습니다. 입양인들의 이야기가 하나씩 낭독될 때마다 당신도 그 분위기를 느꼈을 거라 확신합니다. … 저는 그동안 누구에게도 말하지 못했지만 제게는 의미가 컸던 이야기를 마치 친구에게 하듯이 할 수 있었습니다.)

(2015. 11. 5, 11:24 pm, 마이클 멀린으로부터 받은 이메일 중 발췌)

2017년 가을 이틀에 걸쳐 개최된 국제학술대회는 지난 27년간의 일본군 성노예 희생자 배상운동을 돌아보는 자리였다. 행사에는 한국, 일본, 미국 세 나라에서 '위안부' 배상운동에 관해 연구하고 운동가로 활동해온 19명의 학자 및 활동가가 참석해 자신의 연구 결과와 활동내용을 발표했다. 발표자 중 8명은 한국계였으며, 3명은 일본계, 1명은 중국계, 나머지 7명은 미국 백인 학자였다. 연구소가 재미한인 또는 해외한인에 관한 주제에서 벗어나 이 학술대회를 기획하게 된 데는 다음과 같은 중요한 세 가지 목적이 있었다. 먼저, ① '위안부' 문제를 학자들이 여러 각도에서 규명해 뉴욕 지역을 중심으로 미국인에게 이 문제를 알리고, ② 발표된 영어 논문들을 편저서로 엮어 출판해 보급하며, ③ '위안부' 문제를 연구하는 학자와 운동가가 한 자리에 모여 네트워킹할 수 있도록 하는 것이었다. 이틀에 걸쳐 약 200명이 참석한 이 학술대회에 참석한 청중의 상당 부분은 비한국계 학생, 학자, 일반 시민이었다.

그림 2-10 2014년 제5회, 2015년 제6회 국제학술대회를 마치고 참석자들과 함께

표 2-5 연구소에서 개최한 학술대회 주제

	날짜	구분	학술대회 주제(개최 장소)
1	2010. 10. 8~9	국제	Korean Diasporic and Immigrant Communities' Transnational Ties to the Homeland 재외한인의 한국과의 초국가적 연계 (Open Space, Korea Village, Flushing, NY)
2	2011. 11. 18	북미	Ethnic and Racial Identities among Younger-Generation Korean Americans 재미한인 젊은 세대들의 민족 정체성 (Flushing Hospital Medical Center, Flushing, NY)
3	2012. 11. 17	북미	Korean-American Experiences: History and Contemporary Trends 재미한인의 경험: 역사와 현대적 흐름 (Campbell Dome, Queens College, Flushing, NY)
4	2013. 4. 5~6	북미	Second-Generation Korean Experiences in the United States and Canada 미국과 캐나다 한인 2세들의 경험 (Rosenthal Library, Queens College, Flushing, NY)
5	2014. 4. 25	국제	Korean Communities in Major Overseas Korean Population Centers 해외 한인 집중거주지역의 한인사회 (Rosenthal Library, Queens College, Flushing, NY)
6	2015. 11. 7	북미	Made in Korea, Assembled in the U.S.: Personal Narratives of Korean Adoptees 한국계 입양인의 자전적 이야기 (Rosenthal Library, Queens College, Flushing, NY)
7	2016. 11. 5	북미	Korean Religious Experiences in the U.S. 재미한인의 종교 활동 (Rosenthal Library, Queens College, Flushing, NY)
8	2017. 10. 13~14	국제	The Redress Movement for the Victims of Japanese Military Sexual Slavery: Looking Back at the 27-year Movement 일본군 성노예 희생자 배상운동: 지난 27년을 회고하며 (Rosenthal Library, Queens College, Flushing, NY)

이 학술대회는 그동안 연구소가 개최한 다른 어느 학술대회보다 뜨거운 관심을 받았고, 이를 계기로 미국인에게 '위안부' 이슈와 함께 연구소의 다른 활동도 성공적으로 알릴 수 있었다.

6) 재미한인 데이터뱅크 웹사이트 운영

연구소는 2012년 2월부터 KoreanAmericanDataBank.org라는 웹사이트를 통해 재미한인에 관한 다양한 형태의 자료를 배포하고, 뉴스레터를 통해 2천 명 이상의 구독자에게 연구소 소식도 전해오고 있다. 재미한인 데이터뱅크는 현재 총 다섯 가지 섹션(Statistical Reports, Book Reviews and References, Papers and Book Chapters, Qualitative Data, Community Data)으로 구성되어 있다. Statistical Reports 섹션에는 재미한인에 대한 다양한 통계자료가 담긴 연구보고서와 논문이 게시되어 있으며, Book Reviews and References 섹션은 재미한인에 관해 최근 출판된 영문 학술서의 서평/소개글을 담고 있다. 재미한인 학자 또는 재미/해외한인 관련 연구자들은 이 섹션에 소개될 자신의 책에 대한 짧은 소개 또는 서평을 연구소로 직접 보낼 수 있다. Papers and Book Chapters에는 통계 중심이 아닌 폭넓은 주제의 재미한인 또는 해외한인에 관한 논문, 조사보고서(working paper), 북챕터(Book Chapter)가 게시되어 있다. Qualitative Data 섹션에는 연구소가 출판한 재미한인의 자전적 에세이 일부와 연구소가 2013년에 실시한 한국문화에 관한 에세이 콘테스트 수상작 등이 실려 있다. 마지막으로 Community Data 섹션에는 일반 한인 커뮤니티 구성원들에게 실질적인 도움이 될 만한 리스트들이 포함되어 있다.

현재 연구소의 데이터뱅크 웹사이트는 기존의 자료들은 그대로 유지하되 좀 더 직관적인 디자인과 편리한 이용을 위해 전면 새단장 중이다. 새로운 홈페이지는 2019년 상반기에 선보일 예정이다.

7) 소규모 도서관 운영

연구소는 설립 당시부터 소규모 도서관을 운영함으로써 재미한인 관련 연구자, 연구소 방문 교수, 박사과정 학생 등의 연구를 돕고 있다. 도서관에는 현재 재미/재외한인에 관한 650여 권의 서적, 학술지, 정기 간행물, 영상자료가 보관되어 있다. 비록 도서관의 자료 수는 적은 편이지만, 관련분야 연구자들에게 이 도서관이 갖는 의미는 매우 크다. 다른 곳에서 쉽게 구하기 어려운 재미한인 연구 자료들이 한데 모아져 있기 때문이다. 특히, 뉴욕지역 한인 단체들이 발행해온 정기 간행물, 한인 업소록, 한인 단체 행사 자료집, 재미한인 관련 학술대회 자료집 등을 한 곳에서 편리하게 열람할 수 있는 것은 크기와 상관 없이 연구소 도서관만의 큰 장점이라 하겠다.

연구소가 소장하고 있는 또 다른 중요한 자료에는 과거 뉴욕지역에서 발간된 한국일보와 중앙일보 아카이브가 있다. 이 옛 신문들은 과거 미주 한국일보와 중앙일보에 몸담았던 분들에게 기증받았다. 먼저, 뉴욕 한국일보의 초기 11년간(1976년 10월~1987년 10월) 발행되었던 신문은 미주 한국일보의 고문을 지낸 고(故) 황종천 님의 유가족으로부터 기증받았는데, 이는 한국일보에서조차 보유하고 있지 않던 유일한 원본이었다. 연구소는 기증받은 신문을 한국 국사편찬위원회로 모두 보내 원본 신문은 그곳에 보관하도록 하고 이를 스캔한 디지털 파일을 보유하고 있다. 뉴욕 한국일보가 발행한 초기 11년간의 신문은 총 77개의 CD로 제작되어 있으며, 이 자료는 신청자에 한해 연구소 도서관에서 열람할 수 있다.

2015년 11월에는 1985년부터 2004년까지 뉴욕 중앙일보 편집장을 지낸 성정숙 님으로부터 인터넷 서비스가 시작되기 전의 미주 뉴욕판 중앙일보(1986~2000) 원본을 기증받았다. 현재 연구소의 작은 사무실 하나를 거의 꽉 채우고 있는 이 신문 원본은 안전한 보관을 위해 또다시 국사편찬위원회로 보내 디지털화할 예정이다.

옛 신문자료가 한인사회의 역사를 연구함에 있어 갖는 가치를 고려할 때, 연구소가 보유하고 있는 이 신문 아카이브는 앞으로 매우 귀중한 연구 자료로 활용될 수 있을 것이다.

8) 재미 · 재외한인 연구를 위한 국제 네트워크 구축

연구소는 그동안 재외동포 관련 연구자 및 관련 기관과 지속적으로 관계를 맺으며 교류해오고 있다. 2010년에 시작된 방문학자 프로그램을 통해서는 재미한인 또는 해외한인을 주제로 연구하는 이들이 뉴욕에 머물며 연구활동을 할 수 있도록 지원하고 있다. 이 프로그램을 통해 그동안 한국, 중국, 일본에서 총 11명의 학자가 연구소에서 6개월~1년 반의 연구기간을 마치고 돌아갔으며, 현재 4명의 연구자가 뉴욕에 머물고 있다.

이 밖에도 연구소는 한국의 재외한인학회를 비롯해 한국의 여러 대학 내 소속 연구기관[전남대학교 세계한상문화연구단, 건국대학교 통일인문학연구단, 고려대학교 한인 디아스포라 연구 중앙허브 사업단, 한국외국어대학교 융복합콘텐츠연구센터(구명 글로벌문화콘텐츠연구센터)] 등과 연구 협력을 체결하고 각 기관에서 시행하는 연구 프로젝트를 지원하거나 공동으로 학술대회를 개최하기도 했다. 2016년에는 대한민국 국회사무처와 퀸즈칼리지가 MOU를 체결하는 데 적극적인 가교 역할을 하기도 했다. 가장 최근에는 한국청소년정책연구원과 MOU를 체결했다 (2018년 1월).

4. 또 다른 10년을 계획하며

2019년은 재외한인사회연구소가 설립된 지 10년이 되는 해다. 연구소는 앞으로 Korean and Korean American Research Center로 명칭을 변경하여 연구 범위를 재미한인사회에서 한국사회로 확대해나갈 계획이다. 이러한 맥락에서 연구소가 현재 적극적으로 준비하고 있는 것은 바로 퀸즈칼리지 사회학과에 재미동포 및 한국에 관한 강좌가 매 학기 개설될 수 있는 시스템을 만드는 일이다. 연구소는 사회학과가 꼭 필요한 강좌들을 개설하도록 강좌 내용 및 강사 섭외 등을 전문적으로 담당하고, 향후 사회학과 내에 한국학 부전공이 개설될 수 있도록 할 계획이다. 현재 퀸즈칼리지에는 고전, 중동, 아시아 어문학과(Classic, Middle Eastern, and Asian Languages and Cultures)를 통해 한국학 부전공 프로그램이 오래전부터 운영 중인데, 앞으로 사회학과를 통해서도 한국학 부전공이 자리 잡게 된다면 궁극적으로 어문학과와 사회학과의 한국학 부전공을 통합한 독립적인 한국학 프로그램이 퀸즈칼리지에 마련될 수 있을 것이다. 학교 측에서도 이러한 계획을 적극적으로 지원해주고 있어 전망은 매우 밝다. 향후 10년 안에 퀸즈칼리지에 한국학 프로그램이 정식으로 개설될 수 있도록 가교 역할을 하는 것이 연구소가 이루고자 하는 중요한 목표 중 하나다.

그 시작으로 2019년 봄학기에는 우선 재미동포와 한국사회에 관한 전반적인 이해를 높이는 과목 2개(Korean Americans, Modern and Contemporary Korean Society)가 사회학과에 개설될 예정이다. 그리고 계속해서 한국의 주요 사회이슈(예: 한국의 분단, 갈등, 통일의 전망 및 위안부 문제와 배상운동 등)와 한국문화에 관한 과목들이 추가로 더해질 것이다. 재미동포사회에 관한 다른 과목들은 미국의 한인단체와 젊은 세대 한인의 민족 정체성과 미국사회 진출 등에 관한 내용을 중점적으로 다룬 강좌들이 개설될 예정이다.

현재 미국 대학에서 재미동포에 관한 과목들은 Asian American Studies Program을 통해 개설되고 있고, 한국의 사회, 문화, 역사에 관한 과목들은 대부분 한국학 프로그램을 통해 개설되고 있다. 그러나 앞으로는 재미동포사회에 관한 과목들도 한국학 프로그램의 일부로 통합되어 개설될 필요가 있다고 생각한다. 과거에 비해 상상할 수 없을 정도로 활발해진 재미동포사회와 모국과의 초국가적 연계로 이제 더 이상 한국연구와 재미동포연구를 완전히 분리하기 어려워졌기 때문이다. 그리고 끊임없이 발달하는 인터넷 통신 및 수송기술은 장차 한국과 해외의 한인동포사회를 지금보다 더욱 강하게 연결해줄 것이다. 이는 재미동포사회와 한국에 관한 연구가 함께 이뤄져야 함을 시사한다.

미국의 여러 대학에 세워진 유대인 연구 프로그램은 초국가적 연계가 활발해지기 훨씬 전부터 재미유대인 연구를 중심으로 한 민족학 프로그램을 운영해왔다. 이에 반해 미국의 주요 대학들에 세워진 한국학 프로그램들은 거의 대부분 재미한인사회와는 큰 관련 없이 운영되고 있는데, 이러한 경향은 바뀔 필요가 있다고 생각한다. 한국학의 목표는 미국인에게 한국사회, 문화, 역사를 알리는 데 주요 목적이 있지만 오늘날과 같은 초국가 시대에는 한국학 프로그램이 미국에 한국을 알리는 역할뿐 아니라 한인동포 후세들에게 한국의 언어, 문화, 역사, 사회 등에 관한 지식을 넓혀주는 것도 한국학의 중요한 사명이라고 생각하기 때문이다.

연구소는 앞으로 재미한인사회에 관한 연구를 장려하고 이에 관한 데이터를 생산 · 배포하는 기존의 역할 외에도 연구 범위를 한국사회로 확대함으로써 초국가 시대에 더욱 적합한 한국학 프로그램을 정착시키기 위해 노력할 것이다. 특히, 연구소가 앞으로 새롭게 초점을 둘 연구 분야는 해외동포와 모국 간의 초국가적 관계에 관한 것들이다. 이에 맞게 앞으로 연구소의 학술대회 및 정기 세미나의 주제도 더욱 광범위하게 넓혀 개최할 계획이다. 이미 2017년부터 시작해 진행 중인 본 연구소의 위안부 문제에 관한 편저서 출판 프로젝트와 민병갑 교수의 위안부 문제 및 배상운동에 관한 저서 집필 역시 이러한 연구소의 새로운 계획에 맞는 연구활동 중 일부다. 마지막으로, 본 연구소는 앞으로도 계속해서 위안부 문제를 미국 대학생들과 일반인에게 널리 알릴 수 있도록 다양한 활동을 해나갈 생각이다.

저자 소개

민병갑

뉴욕시립대학교 대학원과 퀸즈칼리지에서 32년째 사회학 교수로 재직 중인 민병갑 교수의 집중연구 제목은 이민, 민족 정체성, 이민자의 종교활동, 이민자의 상업활동, 가족, 여성 차별과 성폭력이다. 그의 연구대상은 주로 한국 민족 및 다른 아시아계 소수민족인데, 다섯 권의 책을 출판했다. 그중 1996년에 출판된 *Caught in the Middle: Korean Communities in New York and Los Angeles*는 두 아시아계 소수민족 관련된 학술협회로 최우수도서상을 받았으며, 2010년에 출판된 *Preserving Ethnicity through Religion in America: Korean Protestants and Indian Hindu among Generation*은 세 개의 학술협회로부터 최우수도서상 및 우수상을 받았다. 또한 14권을 단독 혹은 후진 교수, 대학원생들과 함께 편저서로 출판했는데 그중 두 편저서는 크게 인정을 받았다. 또 단독으로 2005년에 출판한 편저서인 800여 쪽의 3권으로 된 *Encyclopedia of Racism in the United States*는 그해에 출판된 23개의 최우수 참고문헌 중 하나로 선정되었다. 또한 120개가 넘는 논문을 여러 사회과학 학술지와 편저서에 출판했다. National Science Foundation(미국국립연구재단)으로부터 1986년과 2005년에 큰 액수의 연구비를 받았으며, 2006~2007년에는 Russel Sage Foundation으로부터 펠로십을 받아 뉴욕지역의 한국 이민자의 청과상에 관한 책을 저술했다. 2010년에는 뉴욕시립대학교의 석좌교수로 임명되어 강의보다 연구에 집중할 수 있었다. 현재 퀸즈칼리지에는 단지 14명의 교수만이 석좌교수로 재임하고 있는데, 그는 2012년 미국사회학협의 이민분야로부터 이민 연구에 대한 평생공로상을 받았다. 또한 뉴욕지역의 아시안 아메리칸 연구소 및 한국학 연구소와 뉴욕 시 및 뉴욕지역의 많은 한인단체로부터 연구와 자료제공으로 커뮤니티에 봉사한 공로를 인정받아 10개 이상의 공로상을 받았고, 2017년에는 한국 정부로부터 대통령 표창을 받았다.

이메일: pyonggap.min@qc.cuny.edu

임세정

한국외국어대학교 중국어과를 졸업하고 한국외국어대학교 대학원 문화콘텐츠학과에서 문화콘텐츠학 석사학위, 뉴욕시립대학교 퀸즈칼리지 사회학 석사학위를 취득했다. 현재 뉴욕시립대학교 대학원 사회학과 박사과정에 재학 중이며, 퀸즈칼리지 사회학과에서 사회과학 통계를 가르치고 있다. 주요 연구 관심사는 이민, 인종 및 민족 정체성, 이민자의 모국과의 초국가적 연계 등이며, 재외한인사회연구소에서는 파트타임 연구원으로 근무하며 통계분석, 보고서 작성, 주요 행정 업무를 담당하고 있다.

이메일: syim@gradcenter.cuny.edu

3

조선족사회의 변화와 중국조선민족사학회

정희숙(중앙민족대학 민족박물관 연구원, 중국조선민족사학회 부회장)

1. 머리말

중국조선민족사학회[1]는 어떤 단체인가? 학회는 규모의 예산도 아니고 현란한 마케팅 능력도 없고 완벽한 경영 기법도 없는데, 정부나 기업이 할 수 없는 위대한 일을 할 수 있다. 중국조선민족사학회는 1987년 3월에 설립되었다. 1987년부터 2006년까지 여러 가지 원인 때문에 학회는 역할을 제대로 발휘하지 못했다. 2006년 국가민족사무위원의 지시에 따라 당시 중앙민족대학 한국문화연구소 소장 황유복 교수는 연변대학 최문식 교수(서거)와 중앙민족대학 장화 교수 등과 협의하여 중국조선민족사학회 설립(换届)을 추진했다. 당시 중국조선민족사학회를 재생하는 데는 여러 가지 어려움이 많았다. 하지만 주관 부문인 중국민족사무위원회의 적극적인 지지하에 2006년 근 1년간의 준비를 거쳐 2007년 국가민족사무위원회의 허가를 받아 중국민정부에 비영리성 학술단체로 등록했다.

학회가 지속적인 운영을 유지하려면 관건은 운영비다. 하지만 비영리 단체인 사학회가 어디에서 자금을 마련한단 말인가? 민정부 사업등록증을

1) http://www.ckh21.org

받은 황유복 교수는 고민이 많았다. 바로 이때 베이징에 있는 조선족기업가들이 후원의 손길을 보내주었다. 남룡 이사장을 비롯한 16명의 조선족기업가들은 한마음으로 생각을 모아 해마다 정기적으로 중국조선민족사학회에 운영비를 지원하기로 했다. 이렇게 되어 학회는 중국민생은행에 계좌를 설치하고 등록금을 지급할 수 있었으며, 2008년 4월 26일 베이징시 시왠(西苑)호텔에서 설립대회를 개최하고 명예회장, 고문, 회장(황유복), 부회장, 상무이사, 운영 이사진, 비서장 등 조직 체계를 갖추었다.

그림 2-11 황유복 교수

그 후 2013년 7월 7일 황유복 회장의 임기가 끝나고 중국사회과학원 민족학 인류학연구소 정신철 연구원이 제2기 사학회 회장으로, 중앙민족대학 민족박물관 부교수 정희숙이 비서장 겸 법인으로 당선되었다(매기 임기는 5년). 2015년과 2017년 사학회는 규범화 관리에 몰입하여 민정부 감사에서 연속 3년 합격하여 5성급 사단법인으로 평가받을 수 있는 기회를 갖게 되었다.

그림 2-12 중국조선민족사학회 창립 제1회 학술회의

그림 2-13 정신철 교수

2018년 6월 30일~7월 1일 제3기 사학회 회장으로 역시 정신철 회장이 연임을 하게 되고 정희숙 중앙민족대학교 민족박물관 연구원, 리화자 중국사회과학원 역사연구소 연구원, 박승권 중앙민족대학교 계속교육원 교수(법인 겸), 김준 절강공상대학교 동아연구원 부교수, 박금해 연변대학교 민족연구원 교수, 박광성 운남민족대학교 사회학과 특별초청교수(비서장 겸), 강룡범 천진외국어대학 동북아연구센터 교수, 리춘호 상해외국어대학교 동방언어학원 교수, 손기균(한족) 국가민족사무위원회 민족이론 정책연구실 연구원등 9명이 부회장으로 임명되었다.

2016년 말부터 국가민족사무위원회 기관당위원회의 지시에 따라 모든 사단법인 조직도 공산당지부 건설을 강화하게 되었다. 중국조선민족사학회도 (2017년) 7월 10일, 11월 5일, 12월 2일 각기 세 차례 교육과 훈련을 거쳐 사상을 통일하고 12월 20일 중국조선민족사학회 공능성 당지부를 설립하고 민족사무위원회기관당위 동의를 거쳐 정신철 회장이 당지부 서기로 임명되었다.

학회의 취지는 첫째, 중국 헌법과 관련 법규를 준수하고 중국공산당과 국가민족정책을 관철 집행한다. 둘째, 조선족 역사와 조선족 관련 연구자들을 조직하여 민족단결을 도모한다. 셋째, 조선민족 역사와 조선민족 현실 문제를 연구하는 학술활동이 가능하다. 넷째, 민족문화를 전승하고 조선족사회의 건강한 발전을 위하여 공헌함을 목표로 하고 있다.

2. 중국조선민족사학회의 역할은 무엇인가?

1) 학술회의 개최와 연구논문집 출간

중국조선민족사학회는 설립된 후 민정부와 민족사무위원회의 인솔하에 사회 각계인사들의 적극적인 참여로 해마다 각각 두 차례씩 조선족역사 연구 학술대회(표 1)와 현실문제 연구로 조선족포럼(표 2)에 관한 학술회의를 개최하고 있다. 또한 사학회는 2008년 설립 이후 2018년 6월까지 9차례의

표 2-6 중국조선민족사학회 학술대회

횟수	개최일	주제	장소	참가 인원	후원
제1회 제1차	2008. 04.25	"과거를 돌이켜 미래를 모색"	베이징: 베이징 시왠호텔	200	운영이사회
제1회 제2차	2009.08.11	"신중국설립60주년: 조선족사회의 변화와 발전"	연길시: 연길 백산호텔	150	연변대학
제1회 제3차	2010.08.18	"리홍광100주년 기념회"	심양: 심양호텔	60	료녕조선 문보사
제1회 제4차	2011.07.28	"중국해방전쟁과 조선족"	대련: 대련대학	60	대련대학
제1회 제5차	2012.07.25	"중국조선족문화사업과 문화산업"	장춘: 장춘호텔	100	길림신문사
제2회 제1차	2013.07.05	"신중국조선족사회 발전사"	북경: 중앙민족대학	100	중앙민족대학
제2회 제2차	2014.05.16	"이민성이 조선족역사 및 현실에 미치는 굴절"	항주: 절강공상대학	80	절강공상대학
제2회 제3차	20150815	"중국 항일전쟁과 조선민족"	장백현: 길림성 장백현 정부	80	장백현민족 종교국
제2회 제4차	2016.08.16	"인물로 보는 조선족역사"	연길시: 연변대학	60	연변대학
제2회 제5차	2017.07.08	"과거를 돌이켜 미래를 모색"	베이징: 중국사회과학원 인류학민족학연구소	90	중국사회 과학원
제3회 제1차	2018.06.30	"시대의 변화에 따른 신시대 조선족 사학 연구"	베이징: 중앙민족대학	110	중앙민족 대학

* 2018년부터 중국조선민족사학회 남룡을 비롯한 운영이사회가 후원하여 진행.

표 2-7 중국조선족 발전을 위한 학술심포지엄과 워크숍

횟수	일시	주제	장소	참가인원
제13회	2008년 10월	"개혁 개방 30주년 조선족 사회 변화와 발전"	중국 청도 동방항공호텔	150
제14회	2009년 10월	"조선족 언어문화 교육발전전략"	중국 단동시 평호호텔	150
제15회	2010년 11월	"글로벌 코리언문화네트워크 형성전략"	중국 중앙민족대학	100
제16회	2011년 11월	"코리언 문화사업과 문화산업 발전전략"	한국 국립부경대학교	100
제17회	2012년 8월	"중국조선족문화산업 발전연구"	중국 장춘호텔	150
제18회	2013년 8월	"중국조선족 미디어와 뉴미디어 산업의 진흥"	중국 하얼빈시 흑룡강성 로간부 활동중심	100
제19회	2014년 8월	"국가 논업정책과 조선족 농촌이 직면한 위기"	중국 유수현 연하향 정부	80
제20회	2015년 11월	"도시화 진정중 조선족기업발전과 전망"	중국 베이징 호북호텔	60

* 제1회부터 제12회까지는 황유복 교수가 사회후원을 받아 개최하고 2018년부터 중국조선민족사학회 남룡을 비롯한 운영이사회가 정기적인 후원을 하여 진행.

이사회와 20차례의 학술회의를 개최하고 20권의 회의 자료집과 13권의 책(표 3)을 출판했다. 13권의 책에는 조선족 연구 관련 312여 편의 논문이 수록되었다.

표 2-8 중국조선민족사학회에서 공개 출판한 논문집

횟수	출판연도	도서명	출판사	주필	수록된 논문 수 및 글자 수
1	2008	글로벌 코리안 경제문화 네트워크	베이징, 중국민족출판사	황유복, 유경재	25편 21만 자
2	2008	2008 중국 조선족사 연구	베이징, 중국민족출판사	황유복	32편 42만 자
3	2009	2009 중국 조선족사 연구	베이징, 중국민족출판사	황유복	25편 21만 자
4	2011	개혁개방 이래 중국 조선족 사회의 변화와 발전	베이징, 중국민족출판사	황유복, 남룡해	30편 38만 자

5	2011	조선족 언어문화교육의 발전전략	베이징, 중국민족출판사	정희숙, 최호	20편 22.25만 자
6	2012	2010-2011 중국조선족사 연구	베이징, 중국민족출판사	황유복	25편 22만 자
7	2013	조선족 문화사업과 문화산업 연구	베이징, 중국민족출판사	황유복, 정희숙, 홍길남	23편 22만 자
8	2014	2013 중국조선족 연구	베이징, 중국민족출판사	중국조선민족사학회	25편 21만 자
9	2015	2014 중국조선족 연구	베이징, 중국민족출판사	중국조선민족사학회 정신철, 정희숙	25편 20.5만 자
10	2016	2015 중국조선족 연구	베이징, 중국민족출판사	중국조선민족사학회 정희숙, 박광성	32편 42만 자
11	2016	길림성안도현석문진차조촌촌지	베이징, 중국민족출판사	중국조선민족사학회 박금해, 정희숙, 김학금	32만 자
12	2017	2016 중국조선족 연구	베이징, 중국민족출판사	중국조선민족사학회 김해영	22편 19만 자
13	2018	2017 중국조선족 연구	베이징, 중국민족출판사	중국조선민족사학회 정희숙, 박광성	28편 26.5만 자

* 도서출판은 중국조선민족사학회 운영이사회가 후원.

2) 전국수능시험 장원생 장학금 전달과 영광패 전달

중국조선족 발전을 위한 학술심포지엄과 워크숍 주최 측은 2001년부터 시작하여 전국 각 성에서 대학입시에 수석을 차지한 조선족 청년에게 우수청년상을 제공하여 장학금을 지원해왔다. 제1기부터 제4기까지는 황유복 회장이 조남기, 강경산 등 유명 인사들의 후원을 받아 장학금을 전달하고 제5기부터는 중국조선민족사학회 운영이사들의 후원으로 전달되었다(표 4).

표 2-9 우수 민족 청년상 역대 수상자 명단

수상 차례	연도	수상자 명단	소속 성, 수석 학과	입학 대학
제1기 민족청년상	2001	김일(金日)	1999년 길림성 리과 수석	청화대학 자동화학부
		권정(權貞)	2000년 북경시 문과 수석	북경대학 경제학부
		최연(崔燕)	2000년 료녕성 문과 수석	북경대학 법률학부
제2기 민족청년상	2003	박영(朴燕)	2002년 료녕성 문과 수석	북경대학 경제학부
		리해룡(李海龍)	2002년 길림성 리과 수석	북경대학 경제학부
제3기 민족청년상	2005	윤로(尹魯)	2004년 흑룡강성 리과 수석	청화대학 건축학부
		박미연(朴美燕)	2004년 흑룡강성 문과 수석	북경대학 공정관리학부
제4기 민족청년상	2007	박정령(朴丁玲)	2006년 료녕성 문과 수석	북경대학 광화관리학부
제5기 민족청년상	2008	강연(江燕)	2008년 료녕성 문과 수석	북경대학 광화관리학부
		허미선(許美善)	2008 길림성 문과 수석	북경대학 광화관리학부
제6기 민족청년상	2009	배홍유(裵宏有)	2009 길림성 문과 수석	청화대학 심리학부
		서미진(徐美珍)	2009년 료녕성 문과 수석	북경대학 광화관리학부
제7기 민족청년상	2010	왕동매(王冬梅)	2010 료녕성 문과 수석	청화대학 심리학부
		심가영(沈嘉莹)	2010년 길림성 문과 수석	청화대학 경제관리학부
제8기 민족청년상	2015	양소연(樣笑妍)	2015 길림성 문과 수석	청화대학 경제관리학부

* 제1기부터 제4기까지는 황유복 교수가 조남기, 황유복, 강경산 등 유명 인사들의 후원을 받아 장학금을 전달하고 제5기부터는 중국조선민족사학회 남룡을 비롯한 운영이사회가 정기적인 후원을 하여 진행.

3) 민족운명공동체: 기업과 학문의 연합

민족운명공동체는 일정 지역 내에 형성된 특수한 역사문화 관계, 안정적인 경제활동 특징과 심리적 자질의 민족비영리단체이다. 한 가지 씨족이나 한 가지 부족도 부락연맹, 부족 또는 현대 민족일 수 있다. 민족공동체의 다른 특징은 언어, 경제생활, 문화적 성격 등에 중요한 영향을 미친다. 중국조선민족사학회는 학술 엘리트와 기업 엘리트가 연합하여 손잡은 NGO 단체라 할 수 있다.

기업과 학문은 둘 다 서로 이해관계가 맞지 않는 업종인데, 어떻게 운명공동체가 될 수 있었을까. 그것은 조선족의 역사 때문이다, 역사는 일련의 인류활동 진행 과정을 기록하는 학문으로서 현실을 비쳐볼 수 있을뿐더러 과거와 함께 현실에서 토론할 수 있는 문제가 될 수 있다는 것이다. 조선족의 역사는 계속되고 있다. 중국, 미국, 유럽, 일본 등 각 나라 할 것 없이 조선족은 이동하고 있으며 글로벌 민족으로 발전하고 있다. 역사는 문화의 전승이며 문화의 축적이고, 문화의 확장이며 인류 문명의 궤적이다. 조선족의 역사가 기업과 학술을 함께 연결시키는 운명공동체로 뭉치게 한 것이다. 지난 10년간 중국조선민족사학회 운영이사들은 사학회 연구와 조선족사회 문화 발전을 위하여 끊임없는 후원을 아끼지 않았다(〈표 2-6〉~〈표 2-9〉). 사학회는 학술연구뿐 아니라 정부, 지역, 민간단체 할 것 없이 조선족 발전에 도움이 되는 일이면 학회의 인적자원을 충분히 발휘하여 적극 지원하고 협력해왔다. 예를 들면 베이징민속체육대회, 정음우리말학교, 대련조선족협회, 광동조선족협회 활동에 전문가를 파견한다든지, 지역사회에 연구기지와 교육기지를 설립한다든지 하는 지원을 아끼지 않았다. 이렇게 사학회 학자들과 기업인들은 머리를 맞대고 조선족사회를 고민하고 조선족 발전을 위하여 미래 지향적인 방향을 제시하기도 한다. 이렇게 중국조선민족사학회는 조선족사회에서 없어서는 안 될 단체로 자리매김해가고 있다.

근 10년간 중국조선민족사학회는 운영이사회(남룡, 남화섭, 김의진, 리철호, 리상철, 남룡수, 림경원, 윤해룡, 리룡식, 박진희, 김병진, 남영군, 김영택, 한명성, 리호석, 신창명, 한경호, 허화청, 손진석, 정철범, 허성일, 리춘일, 마학철, 전룡태, 박문혁, 김준호)의 후원으로 일편

그림 2-14 제20회 조선족기업가 고충포럼

단심 최선을 다하여 학술연구와 규범화 관리에 몰두하게 되었다. 그 결과 2014년부터 연속 3년 민정부 감사에 합격하여 5성급단체 평가를 받을 수 있는 단체 자격을 갖추게 되었다.

4) 사회활동들과 학회 분회 설립

중국조선민족사학회는 학술활동 외에 조선족사회의 현안에 대해 정부에 제안하기도 했다. 2011년 중앙 CCTV 프로그램에서 사회자가 '조선족'을 '선족'이라고 하여 우리 사회에서 불만을 일으켜 학회까지 반응하게 되었다. 학회는 국가민족사무위원회에 「조선족 족칭에 관한 보고서」를 올리고 국가민족사무위원회에서는 중앙선전부와 공안부에 반영되어 2011년 중앙선전부와 공안부에서 각 언론매체와 기관에 「조선족 족칭을 정확히 사용할 데 관한」(民办函【2011】191号) 공문이 나왔다. 또한 2016년 7월에는 「도시민족사업조례」에 대한 의견 청취에 언어, 문자, 교육, 경제, 간부등용 등을 건의했다.

중국조선민족사학회는 날로 소실되어가고 있는 조선족향촌 기억을 발굴 · 보호하고 규범화하기 위하여 2013년부터 「중국조선족향촌지」 규범화

조례를 반포하고 조선족향촌 규범화에 나섰다. 처음으로 2015년 5월 23일에 차조촌을 학회 연구기지로 정하고 학회 교수들을 파견하여 지역편찬인원을 교육시키고 두 차례 개별 보도를 거쳐 학회에서 주관하고 편집한 『길림성안도현차조촌촌지』 촌지가 2016년 7월에 출판되었다. 그 후 2015년 6월 6일 흑룡강성 녕안시 강남조선족 만족향 조선족촌 명성촌에 '조선족향촌연구기지'를 설립했다. 또한 사학회는 조선족 역사의 과거와 현황연구를 추진하기 위하여 2014년 1월 10일 요녕성 심양시 위홍구 조선족오가황중심소학교에 '중국조선족혁명투쟁사교육기지'를 설립하고, 2016년 9월 22일에는 길림성 반석시 홍광중학교에 '홍광정신교육기지'를 설립했다. 2017년에는 길림성 룡정시 당안국에 '한락연연구기지'를 설립했다.

민정부의 공문에 따라 중국조선민족사학회에서는 변화하고 있는 조선족사회에서 학회가 모든 분야의 단체들과 협력하여 효과적으로 일하기 위하여 성숙된 기층단체에 한하여 중국조선민족사학회 분회 설립을 허가해주었다. 현재 사학회 분회는 2015년 6월 상해에 근거지를 둔 '중국조선민족사학회 조선족발전전문위원분회(이양근)'와 2016년 9월 길림시 홍광중학교에 근거지를 둔 '중국조선민족사학회 리홍광정신교육전문연구분회(안경신)'가 있다. 그 밖에 2017년 5월 중국아태전략연구원에 근거지를 둔 '중국조선민족사학회 한락연연구전문분회(박건일)'가 설립되었다. 또한 2018년 4월 길림성건축대학교에 근거지를 둔 '중국조선민족사학회 조선족 거주문화연구전문분회(장준용)'가 설립되었다.

3. 사학회 논문집을 통해 본 조선족사회의 변화

2008~2017년 중국조선민족사학회 논문집에 수록된 380여 편의 논문을 통하여 조선족사회의 변화를 살펴보고자 한다. 사회변동(社會變動, social change)

은 사회의 질서나 제도 및 문화가 부분적 · 전체적으로 변화하는 것으로, 그 변동 원인과 과정에 따라 여러 가지 이론의 시각에서 다르게 파악해볼 수 있다. “이민사”, “항일투쟁사”, “해방전쟁사”, “조선족문화교육”, “개혁개방조선족사회의 변화”, “조선족집거지 연구”, “글로벌화 조선족문화 연구”, “조선족언어교육 발전전략”, “문화문화사업과 문화산업”, “해방 후 조선족 사회변천사”, “이민과 디아스포라”, “항일전쟁과 조선민족”, “인물로 보는 조선족역사”, “시대의 변화에 따른 신시대 조선족 사학 연구” 등 매번 학술회 주제가 뚜렷하여 한 편의 역사를 읽는 것과 같다.

1) 조선인에서 조선족으로의 변화

중국에서 조선민족을 중국 소수민족으로 인정한 최초의 문헌은 1928년 7월 9일 중국공산당 제6차 전국대표대회에서 통과한 「민족문제에 관한 결의문」이다. 그 후에 작성된 중국공산당의 중요한 문헌자료에서 시종일관 중국 조선민족을 중국 소수민족으로 인정했다. 다만 민족 명칭을 ‘고려인’으로 사용했다는 점이 특이하다.[2)]

그런데 그 시기 조선민족 이민이 집중 거주하던 동북지역은 중화민국 정부에 귀속되는 동북군벌정권의 유효 행정 지배하에 있었고 그들 행정부가 조선민족 이민을 중국 소수민족으로 인정하지 않았기 때문에 조선인은 사실상 외국거류민으로 취급되었다. 1945년 항일전쟁 승리 후 몇 년 사이에 거의 절반에 가까운 조선민족 이민이 자의에 의해 광복된 조국으로 돌아갔다.[3)]

---

2) 《中國共產黨第6次全國代表大會,關於民族問題的決議案》(1928. 7. 9).《民族問題文獻彙編》. 中央黨校出版社. 1991年 참조. p. 87. “中國共產党第六次大會認爲中國境內少數民族的問題(北部的蒙古, 回族, 滿洲之高麗人, 福建至台湾人, 以及南部之苗, 黎等原始民族, 新疆和西藏) 對于革命有重大的意義---.” 그리고 “蒙古, 回藏, 苗黎, 高麗人等凡是居住在中國地域的這些弱小民族, 他們可以完全自由決定加入或脫离中國蘇維埃聯邦, 可以完全自愿的決定建立自己的自治區域.”《中國蘇維埃的十大政綱》(1930. 5), 1931年11月中華工農兵蘇維 第一次全國代表大會通過的《關于中國境內少數民族問題的決議案》.

3) 1948년 판 《조선연감》에서 1945년 8월 이전 동북거주 조선인을 210만 명으로 집계했는데, 1953

귀국하는 사람들과 남아 있을 사람들이 완전히 구분되지 않은 상황에서 중국공산당 중앙동북국은 그 당시 동북에 거주하는 조선민족을 '한국거류민', '조선인'으로 규정하기도 했다.[4] 그러나 이민 현장에 남아 영주할 결심을 한 조선민족 구성원들은 토지개혁을 통해 토지를 분여 받았고, 지방정권 수립에 참여하여 참정권을 갖게 되였다. 그러한 과정에서 그들은 '조선인'에서 '조선족'으로 점차 탈바꿈하게 되었다.

1950년 12월 6일자 『인민일보』는 "중국동북경내의 조선민족"이라는 논설에서 "1949년 9월, 중국인민정치협상회의가 개막되면서 동북경내의 조선인민은 중국경내 소수민족의 자격으로 각 형제 민족들과 만나게 되였다. 그때부터 중화인민공화국 각 민족 인민 가운데 이 새로운 구성부분은 각 형제 민족 인민의 관념 가운데서 교민으로 중국에 거류하는 조선인민으로부터 갈라져나오게 되었다(1949年9月, 中国人民政治协商会议开幕, 东北境内的朝鲜人民, 以中国境内少数民族的资格, 和各兄弟民族见了面.从此, 中华人民共和国各族人民间 这个新的组成部分, 才在各兄弟民族人民的观念里, 以侨居中国的朝鲜人民中区划出来.)"라고 지적했다.[5] 중국공산당 기관지인 『인민일보』는 조선민족이 조선교민으로부터 중국 소수민족으로 탈바꿈한 시기를 1949년 9월 중국 전국인민정치협상 회의 개최로 보고 있다.[6] 그러나 그때까지도 '조선인민', '조선민족'이라는 호칭을 쓰고 있어 '조선족'이라는 이름은 1951년부터 1952년 연변조선족자치주가 성립되는 그사이에 확정되었다고 할 수 있다.

년 중국의 인구통계 자료에 따르면 조선족 인구수는 112만 명으로 나타났다. 1945년부터 1953년까지의 자연 인구증가 숫자를 감안한다면 광복 후 귀국한 사람들을 100만 명 정도로 추산할 수 있다.

4) 中共中央東北局. 〈關於東北時局的具体主張〉. 《民族問題文獻彙編》. 中央黨校出版社. 1991年 참조. p. 751.

5) 《人民日報》. 1950. 12. 6.

6) 《中國大百科全書》. 中國大百科全書出版社. 1986年. 民族券 참조.

2) 조선족의 인구이동 변화

공간적 경계의 측면에서 조선족의 인구이동을 세 가지 범주로 나누고 기본적인 특징을 살펴본다. 조선족은 개혁개방 후 국내, 국제, 초국적으로 이동하고 있다. 개혁개방 이후 시장경제의 도입과 농촌개혁으로 인한 산업구조의 변화로 농촌의 잉여 노동력은 서비스산업과 건설업계에서 대량의 노동력을 소요하는 도시로 진출할 수 있는 직접적인 계기를 마련했다. 조선족의 인구이동은 1980~1990년대 농촌인구의 인근 도시 진출과 1990년대 이후 조선족 집거지구의 도시 및 농촌인구의 연해도시 진출, 1992년 한중 수교 이후 노무송출 등 취업 위주의 국외 진출 등 세 갈래로 나눌 수 있다.[7)]

1980년대 시장경제 도입 후 경제건설 중심의 전략으로 활성화된 도시화는 농촌인구의 인근 도시 진출을 촉진했다. 예컨대 중국 조선족사회의 가장 큰 집거지구인 연변지역은 1984년까지 농업인구가 비농업인구를 초과했지만, 1985년부터 역전되어 2003년에는 비농업인구가 140만으로 연변자치주 총인구의 64%에 달했다. 도시에 진출한 농민들은 도시에서 요식업을 운영하거나 상업활동에 참여하고 있으며, 일부는 자녀들의 교육을 위해 잠시 농촌을 떠나 도시에서 영세직업에 종사하면서 도시의 빈민층을 형성하고 있다. 조선족의 인구이동에서 가장 큰 비중을 차지하고 사회변화에 중요한 영향을 미친 것은 1990년 중반 이후 조선족 집거지구 도농(都農)인구의 국내 연해도시로의 대량 진출이다. 한중 수교 후 한국기업이 중국의 연해도시에 대거 진출하면서 조선족 젊은이들은 연해도시로 진출해 한국기업에 취직했다. 특히 한국어로 의사소통이 가능한 조선족에게 한국기업은 선망의 직장이었고, 일부 조선족기업이 연해도시에 진출하면서 동북3성을 비롯한 조선족 집거지의 젊은이들은 대거 연해도시로 이동했다. 한국기업과 조선족기업의 연

---

7) 이승률. 『동북아시대와 조선족』. 박영사. 2007. 275쪽.

해도시 진출은 현지의 제3산업을 촉진시켰으며, 대량의 조선족 농민들이 연해도시에 진출해 한국기업과 음식 및 서비스산업에 종사하면서 새로운 거주지를 형성하고 있다.

최근 10여 년간 국내와 국외로 대량의 인구유동으로 조선족 인구의 집거지인 길림성 · 흑룡강성 · 내몽골의 조선족 인구는 지속적으로 감소되고 있지만, 요녕(辽宁)성의 경우는 약간 다른 양상을 보이고 있다. 그것은 1990년대 이후 한국과 일본기업이 대련과 심양 등에 대거 진출함에 따라 국내 대학생들의 외자기업 취직이 늘어났고, 외성에서 온 조선족기업들의 정착이 증가했기 때문이다. 따라서 요녕성(23만 명)은 떠난 사람보다 주변 성시의 유입인구(5만 명)가 더 많았기에 인구증가 양상을 보이고 있다.[8)]

조선족 인구의 국내 이동 상황을 살펴보면 몇 가지 특징이 있다. 첫째, 연해도시로 진출한 연령층은 18~50세 사이의 청장년층 인구가 주를 이루고 있다. 둘째, 인구이동의 규모는 크고 분포지역이 넓지만 경제가 발전한 연해지구에 집중해 있다. 셋째, 인구의 직업 특성은 요식업 등 서비스업에 종사하거나 한국기업 및 한국인 관련 직업에 주로 종사하고 있다. 넷째, 인구의 이동이 한국기업의 진출 지방과 밀접한 관련을 갖고 있다. 여기에서 주목되는 것은 조선족 젊은이들의 연해도시 진출은 민족공동체의 해체를 가속화시키고, 특히 가임여성의 고향이탈은 조선족 인구감소의 직접적 원인이 되고 있다는 점이다.

3) 조선족 집거지와 생업의 변화

1992년 한중 수교 후 한국기업들이 중국의 연해도시에 대거 진출함에 따라 조선족의 국내 인구이동 중심이 한국기업과 관련한 연해지역으로 옮겨

---

8) 이진산 주필. 『중국 한겨레 사회 어디까지 왔나?』. 흑룡강조선민족출판사. 2006. 159쪽.

졌다. 따라서 중국의 조선족 인구분포는 더욱 넓어졌고, 최근에는 수도권과 연해도시를 중심으로 새로운 거주지가 형성되었다. 현재 조선족은 기존의 동북지역과 수도권 · 산동 · 화동 · 화남 등의 지역에 5대 집거지구를 형성함으로써 동북을 제외한 지역의 대도시에 거주하는 총 인구수는 55~60만 명에 달한다.[9)]

개혁개방 이후 조선족의 생활관 · 가치관이 점차 변화되면서 한중문화에 익숙한 조선족 젊은이들은 한국기업이 진출한 곳에 집중 이동하는 양상을 보였다. 대표적인 조선족의 신집거지로 문화와 교육여건이 좋은 북경 · 천진 중심의 수도권, 생활환경이 양호하고 한국기업의 대거 진출로 취직여건이 좋아진 산동성의 청도 등 연해도시를 꼽을 수 있다.

한국의 대중국 투자 1위, '조선족 도시진출 1번지'라고 불리는 산동성에는 청도 · 연대 · 위해시를 중심으로 18만 명의 조선족과 한국인 약 12만 명이 상주하고 있다. 최근에도 인구유입이 지속되면서 30만 명이 넘는 한민족이 집중 및 산개된 도시공동체를 형성한 산동반도에는 청도를 중심으로 각지에 코리아타운이 속출하고 있다. 한국기업의 진출과 조선족 인구가 대량 유입되어 한민족의 새 삶의 터전으로 주목받는 산동성에는 교육 · 문화 인프라가 기본적으로 마련되었고, 자체적인 조혈 기능을 가진 코리아상권도 형성되어 있다. 청도의 대표적인 코리아타운은 이창구 이촌[10)]이다. 향후 한국인의 진출과 해외 조선족의 유입 가세로 이 지역의 도시공동체는 연해도시의 가장 중요한 한민족 집거지로 거듭날 것이다.

북경 · 천진 중심의 수도권지역에는 약 17만 명의 조선족과 13만 명의 한국인이 생활하고 있다. 중국의 정치 · 문화 · 금융 · 교통 중심지인 수도 북

9) 본 인구 수치는 2006년까지의 흑룡강신문사 실사 자료를 참고했고, 그간 북경 · 청도 등지의 인구유입이 지속된 점을 감안하면 2008년 현재 대도시 · 연해도시에 진출한 조선족 인구는 60만 명을 상회할 것으로 추산된다.

10) 이진산 주필. 『중국 한겨레 사회 어디까지 왔나?』. 흑룡강조선민족출판사. 2006. 115-118쪽.

경의 특수지위와 4대 특구 천진시의 지정학적 위치 등의 우세로 향후 더욱 많은 인구가 이 지역으로 유입되어 한민족 도시공동체로서의 규모가 현재 '제2 한겨레 공동체' 산동성을 추월할 것이다. 북경의 조양구에 위치한 왕징(望京) 코리아타운은 수도권의 가장 큰 한민족의 도시공동체로 유명하다. 이 지역에는 현재 7~8만 명의 조선족과 6~7만 명의 한국인이 집중해 타운을 형성하고 있다. 2010년 이후 타운의 인구가 30만 명에 달해 중국 최대의 코리아타운으로 발전할 것으로 전망된다.[11]

그 외, 상해 · 남경 · 항주 중심의 화동지역에는 약 8~9만 명의 조선족이 진출했고, 그중 상해시에 6만 명이 거주하고 있다. 화남지역에는 심천 · 광주 · 동관지역을 중심으로 약 6만 명의 조선족이 상주하고 있다. 서부대개발 프로젝트 시행으로 서부지구에 진출한 조선족 인구수도 점차 증가하고 있다. 2005년의 통계에 의하면 서안시에 상주하고 있는 조선족이 3천 명에 달하고, 사천성의 조선족 인구수는 2천여 명으로 그중 성도시에만 1천 명이 넘는다.

조선족의 대도시 이주는 그들의 생활수준을 향상시키고 새로운 거주지를 형성한 반면, 연변을 중심으로 하는 기존 조선족 집거지구는 총체적인 해체 위기를 맞게 되었다. 비록 새로운 거주지의 형성으로 (집중)산개된 도시공동체가 촉성되고 있지만, 민족어를 배울 수 있는 공간이 줄어들고 민족교육 환경이 열악한 상황이다. 따라서 민족동화가 갈수록 심화되어 도시에서의 민족 정체성 위기가 새로운 거주지의 조선족사회 문제로 부상하고 있다.

한편, 농업이 유일한 생계였던 조선족은 상업, 운수, 기업 등으로 전환했다. 화룡현 투도진 신흥촌 4사는 상품경제의 발전으로부터 출발하여 토지 도급을 조절하고 식량생산 전업호와 상업, 운수, 봉사 등 전업호를 발전시켜

11) 윤인진. 「중국 조선족의 인구이동과 도시공동체: 청도 사례연구」 요약문. 한국사회학회. 2005. 그런데 최근의 한중관계의 변화로 왕징을 비롯한 중국 내 코리안타운이 큰 변화를 겪고 있다. 한국인의 퇴조가 눈에 띄게 늘어나고 있다는 것이다.

많은 농민들을 토지에서 해방시켰으며 산업결구를 개변시켜 치부의 발걸음을 추진했다. 신흥촌 4사에는 37호, 175명이 있었는데 과거 토지만 도급할 때는 전사의 평균수입이 인민폐 400위안을 돌파하지 못했다. 그러나 1986년 산업결구를 개변한 결과 전사의 20호 농민들이 토지를 8호의 식량생산전업호에 양도하여 22쌍의 토지를 도급 맡게 했으며, 95명의 농민들이 토지를 떠나 상업, 운수, 기업 등 항업에 종사했다.[12)]

4. 맺음말

어느 민족도 고유문화를 가진 사회는 하나도 없으며, 각 사회의 문화들이 서로 전파되어 사회들이 서로 다른 문화를 수용함으로써 사회변동이 일어난다. 식물의 가지가 자라 잎이 많이 열리게 되면, 뿌리도 깊이 자라고 나무껍질도 두꺼워진다.

개혁개방은 조선족사회를 크게 발전시켰지만 조선족사회로 하여금 새로운 현실문제에 직면하게 했다. 급속한 인구이동에 따라 조선족 집거지 농촌인구의 격감과 수많은 부녀자들의 유출로 인한 인구감소와 성비 불균형, 전통집거지의 축소와 민족교육의 약화, 농촌총각들의 결혼문제와 장기출국에 따른 가정해체 위기, 국제결혼의 증가로 인구의 자연감소 등 많은 문제들이 발생했다. 그중 인구이동으로 조선족 인구의 급속한 감소와 집거지구의 해체, 민족교육의 위축 등은 조선족의 존폐와 관련하여 심각한 문제로 주목된다.

인구이동으로 조선족 공동체의 해체와 정체성의 혼란, 민족교육의 위축으로 인한 민족공동체의 위기 및 민족동화의 가속화 등 문제점을 해결하기

12) 중국조선민족사학회 편: 정신철 · 정희숙 편: 《조선족연구2013》. "연변조선족생활문화의 변화와 문제점에 대한 연구". 허영길 · 허영순. 55쪽. 북경: 민족출판사. 2014.

위한 대안을 제언한다. "조선족사회의 절박한 문제들을 푸는 해법은 어느 한 기관에 있지 않고 집단의 노력 속에 있다."

특히, 새로운 테크놀로지 투입, 즉 스마트폰에 따른 변혁은 개인적 생산활동, 소비활동, 가치관 등 의식에 커다란 변화를 가져왔다. 스마트폰을 활용한 소셜네트워크서비스(SNS)를 통해 조성된 고향 친구그룹, 동창그룹, 미디어그룹, 직장동료그룹 등. 새로운 커뮤니티들이 속속 나타나면서 새로운 대안질서를 모색하고 구축하려는 단체 활동이 끊임없이 활발하게 전개되고 있다. 예를 들면 산재지역에서는 북경민속체육운동대회, 상해조선민족체육운동대회, 청도조선민족운동대회, 광주조선족체육운동대회, 한국조선족운동회, 대련조선족민속축제 등 활동들이 줄지어 전개되고 있다. 그뿐만 아니라 집거지역인 연변조선족자치주, 료녕성, 흑룡강성에서도 조선족민속활동들을 발굴하여 여러 가지 축제들이 이어지고 있다. 예를 들면 녕안류두절, 단동단오절, 연변두만강문화축제 등 행사 때마다 산재지역에서 사는 동향친구들이나 지역인을 초청하여 함께 즐기면서 새로운 네트워크를 형성하고 있다. 나아가 초국적인 SNS의 특성으로 조선족사회의 네트워크는 글로벌화가 이루어진 상태다. 이러한 상태에서 각처의 조선족단체들은 세계를 크게 바꾼 비영리단체의 습관을 배워야 한다.

첫째, 인구이동에 따른 저출산 · 고령화 현상에 대한 정부의 대비책과 함께 자체 대안을 마련해야 한다.

둘째, 새로운 거주지 도시공동체에서의 민족어를 기반으로 하는 민족교육을 강화해야 한다.

셋째, 새로운 거주지에서 코리아타운을 형성해 민족 정체성을 지켜나가야 한다.

참고문헌

황유복 · 유경재 주필. 정희숙 · 조셉윤 부주필. 『글로벌 코리안 경제문화 네트워크 조선족 발전을 위한 학술심포지엄 논문집』. 북경: 민족출판사. 2008.

황유복 · 정희숙 · 홍길남 주필. 『조선족 문화사업과 문화산업 연구』. 북경: 민족출판사. 2013.

정희숙 · 최호 주필. 『조선족 언어문화교육의 발전전략 조선족 발전을 위한 학술심포지엄 논문집』. 북경: 민족출판사. 2011.

황유복 · 남룡해 주필. 『개혁개방 30년이래 조선족 사회의 변화와 발전 조선족발전을 위한 학술심포지엄 논문집』. 북경: 민족출판사. 2011.

황유복 주필. 『중국 조선족사연구 2009』. 북경: 민족출판사. 2011.

황유복 주필. 『중국조선족사연구 2010-2011』. 북경: 민족출판사. 2011.

중국조선민족사학회 편. 『조선족연구 2013』. 북경: 민족출판사. 2014.

중국조선민족사학회 편. 정신철 · 정희숙 주필. 『조선족연구 2014』. 북경: 민족출판사. 2015.

중국조선민족사학회 편. 정희숙 · 박광성 주필. 『조선족연구 2015』. 북경: 민족출판사. 2016.

중국조선민족사학회 편. 정희숙 · 박광성 주필. 『조선족연구 2015』. 북경: 민족출판사. 2018.

저자 소개

정희숙(鄭喜淑)

중국 길림성 룡정 출신 조선족3세. 『두만강지역 생태문화자원보호와 문화산업연구』로 2010년 중국 중앙민족대학 민족학부에서 민족학(문화인류학) 박사학위를 취득했다. 현재 중국 중앙민족대학 박물관에서 연구교수로 재직 중이며 중앙민족대학교 민족학 사회학 대학 고고학 및 문물박물관학과 석사지도교수로, 중앙민족대학교 중국소수민족문물연구소 소장을 맡고 있다. 대표연구로는 『연변조선족자치주 생태문화자원보호와 문화산업연구』(2012), 주요 공저는 『소수민족의 중국혁명에서의 공헌』(2014), 공동주필로는 『2015, 2017조선족연구』(2015, 2018), 『길림성안도현석문진 조선족 촌 차조촌촌지』(2016) 등이다. 최근 CSSCI 학술 등재지 논문으로는 『당대 민족박물관 문화 창의 제품과 문화개념정리 및 당대 표달 요점 탐색』(2018), 『신형문화业态(업태) 시각에서 보는 민족박물관 문화 창의 경로 연구』(2017), 『대학교 박물관이 본과교육에서 응용되는 현황과 해결 경로』(2017), 『민족문물정리의 곤경과 보호 경로 연구』(2016), 『문화다양성 보호 컨셉 시각에서 보는 소수민족복식문화연구』(2015), 『장길도 전략과 두만강구역 문화산업연구』(2012) 등이 있으며, 그 외 한국에 발표된 글로는 『북경, 상해, 청도 지역 조선족 축제활동(한글)』(2015), 『중국의 신 농촌 건설과 길림 시 아라디 민속촌(한글)』(2012), 『조선족 문화변동과 문화정체성(한글)』(2010) 등이다.

이메일: zheng63@hanmail.net

4

일본 조선족연구학회의 연혁 및 학술활동

권향숙(조치대학교 조교수, 조선족연구학회 부회장 겸 사무국장)

1. 머리말

조선족 단체활동은 1990년대 도쿄를 기점으로 유학생들이 주축이 된 소규모 활동에서 시작되었다.[1] 재일조선족 유학생을 중심으로 하여 처음으로 설립된 동방학우회(1992년 '연변대학 학우회'로 개칭, 1999년 '연변대학 일본학우회'로 정식 개편)의 뒤를 이어 천지협회(현 천지회)가 설립되었다. 일본에서 재일조선족 유학생의 역사가 새겨지고 있는 가운데 이러한 단체들의 활동은 규모가 확대되고 내용이 다양화되어가는 추세다. 2018년 현재 재일조선족이 가장 많이 거주하는 수도권 지역을 중심으로 조선족 단체들은 활발한 활동을 펼치고 있다.[2]

1990년대 초기 조선족의 모임 중 하나였던 중국조선족연구회(이하 '연구

---

1) 동방학우회의 설립 배경에는 당시 도쿄대학의 객원 연구원으로 재직했던 동훈(董勳) 전 국토통일원 차관의 공로가 적지 않다. 자세한 내용은 다음 "조글로" 칼럼 참조. 김호웅. 「북청 물장수―동훈 선생」 http://www.ckywf.com/blog/read/jinhuxiong/9586(최종검색 2018. 8. 31); 김광림. 「나의 체험을 통해 본 일본과 미국의 조선족」 http://www.zoglo.net/blog/read/jinguanglin/65069(최종검색 2018. 8. 31).

2) 수도권의 주된 단체로 연변대학 일본학우회, (사)천지회, 조선족연구학회, 월드옥타 치바지회, (사)재일조선족여성회, (사)재일조선족축구협회, (사)재일조선족경영자협회, (사)일본조선족문화교류협회가 있고 기타 출신교별 학우회와 지역별 동호회 등이 있다.

회')는 2007년 12월에 조선족연구학회(이하 '학회')로 확대 · 발전했다. 이 글은 10년이 넘도록 학술활동을 펼쳐온 학회의 발자취를 기록하고 서술하는 데 목적이 있다. 즉, 초기의 재일본 조선족 유학생 커뮤니티(Community)적인 성격에서 어소시에이션(Association)의 양상을 띤 모습으로 탈바꿈하면서 전개되어 온 활동과 내용을 정리하고 서술함으로써 향후 비전과 전망을 공유할 수 있을 것이다.

2. 전신 '중국조선족연구회'

학회의 전신인 연구회는 동북아시아 속 조선족의 위치와 역할의 중요성을 인식하고 이를 자각한 조선족 유학생들, 특히 연변대학 출신의 소장파 교수들이 중심이 되어 1999년 1월 10일에 설립되었다.[3] 발기인은 초기 일본 유학생이었던 백영훈, 리동철, 김광림, 리철권, 최광일, 리강철의 6명[4]이었다. 초대 회장은 리동철 교수, 사무국장은 백영훈 교수가 맡았고, 『중국 조선족연구회보』(창간호 2002년 3월 25일) '창간의 말'에서 활동을 시작하게 된 계기에 대해 리동철 교수는 다음과 같이 설명하고 있다.

> 1999년 1월 일본에서 「중국조선족연구회」가 태어난 이래 어느덧 3년 이상의 세월이 흘렀다. 「중국 조선족연구회 설립안」에도 명기되어 있듯이 중국 조선족의 정치, 경제, 문화, 언어, 역사 등 여러 분야의 학술연구 활동을 통해 동북아시아 속의 중국 조선족의 지위와 역할에 관해 탐구, 모색하고 조선족의 발전과 번영을 위

3) 天池倶樂部. 『천지인문(天池人文: 我々が考え, 我々が實行し, 我々が支援し, 我々の夢を實現する)』 제21기. 1999년 1월. Vol. 3 No. 1. 26쪽.

4) 일본으로 유학하기 이전 중국에서의 교사 직명은 다음과 같다. 백영훈(白榮勛: 전 연변대학 역사학부 진임강사), 리동철(李東哲: 전 연변대학 외국어학부 전임강사 및 부학부장), 김광림(金光林: 전 연변대학 일본어 교사), 리철권(李哲權: 전 연변대학 농학원 전임강사), 최광일(崔光日: 전 연변대학 법률학부 전임강사), 리강철(李鋼哲: 전 중화전국총공회북경공운학원 전임강사).

함이 본 연구회의 설립 목적이다.

1980년대 후반부터 1990년대에 걸쳐 중국 연변대학을 중심으로 많은 조선족 연구자가 일본으로 유학 왔다. 일본에서 유학 생활을 하면서 이들은 점차 조선족으로서 민족적인 성찰과 그 필요성을 의식적 · 무의식적으로 느끼게 되면서 함께 토론할 장이 필요하다는 것을 인식하게 되었다.

연구회 발족의 밑바닥에는 이처럼 함께 토론의 장을 만들어보자는 가벼운 마음이 깔려 있다. 발족 당시 구성원들의 연구 분야는 제각각이었으나, 일본에 거주하는 조선족 연구자라는 점, 모두 중국의 대학교사(거의 중국 조선족이 중심인 연변대학의 교사) 출신이라는 공통점을 가지고 있었다. 당시, 연구회 설립안은 발족인 전원의 동의로 가결되었다.

설립 후 경비, 회장(会場), 연구 주제 등 연구회 운영에 많은 어려움이 있었지만, 하나씩 하나씩 이를 극복하면서 꾸준히 활동을 전개해왔다. 그 결과 미숙하나마 재일본 중국 조선족을 비롯해 일본인, 한국인, 재일코리안(재일한국조선인) 학자 등 52명의 연구자를 아우르는 연구조직으로 발전하였다. 연구회 발표 주제도 설립 당시보다 중국조선족에 관한 심도 있는 내용이 늘고 있다. 참으로 바람직한 일이다.

「중국 조선족연구회보」(연간 4회 발행)는 향후 연구회가 발전을 거듭해나갈 것을 고려하여 조직화, 정규화를 통하여 대외적으로 영향력을 발휘하고자 설립되었다고 할 수 있다. 고작 12페이지밖에 되지 않는 소책자이지만 우리 연구회가 지금까지 걸어온 것처럼 회원 여러분이 관심을 가지고 함께 키워나간다면 반드시 우리 연구회의 얼굴과 마음과 목소리로 확실히 자리매김할 것이다.

「중국 조선족연구회보」 발간을 계기로 중국 조선족 연구성과가 동북아지역 사회의 공동번영과 발전에 이바지하기를 기대한다.

연구회 구성원들은 회보를 꾸준히 발간하고 학술활동을 해왔다. 특히 연구회가 주최하고 기획한 2001년(제1차)과 2005년(제2차)의 국제심포지엄에서는 당시 연구회 회장을 맡은 리강철(현 호쿠리쿠대학) 교수가 중심이 되어 한 · 중 · 일 관련 연구자들이 한자리에 모여 토론하는 장을 마련했고, 이를 통하여 일본 조선족의 힘과 존재를 아낌없이 보여줄 수 있었다. 국제심포지엄에서 다루어진 주제는 〈표 2-10〉과 같다.

표 2-10 재일본 중국조선족 국제심포지엄(제1, 2차)[5]

시기 및 장소	항목	주제	발제자, 토론자*, 사회자**
제1차 2001. 12. 도쿄 메지로대학	기본보고	국제화에서 중국조선족 사회 변용과 국제적 네트워크	리강철
	기조강연	동북아 공동의 집과 조선족 네트워크	와다 하루키
	제1 세션	중국조선족의 역사, 현황과 국제적 네트워크의 형성	정아영, 권향숙, 김훈*, 가사모토 미카*, 고바야시 히로시*, 다테노 아키라**
	제2 세션	일본 사회의 변용과 마이너리티의 발전, 성공의 길	다케야마 상철, 송호암, 노구치타스쿠*, 리동철*, 허영수*, 박학**
제2차 2004. 11. 도쿄 메지로대학	기조강연	동북아협력에서의 신뢰조성과 에스닉의 역할	후나하시 요이치
	특별강연	코리안 네트워크의 구축과 동북아 공동의 집	강상중
	제1 세션	다문화사회의 형성을 향한 에스닉 교육	황유복, 신영근, 최우길, 브렌사인, 정아영*, 다니가와 유이치로*, 고바야시 히로시*, 리상철**
	제2 세션	일본의 외국인 중소 벤처기업과 국제 네트워크	하라지리 히데키, 이영준*, 리동철*, 조길한*, 오희창*, 류경재**
	제3 세션	동북아에 있어서의 사람의 이동과 네트워크의 형성	이진영, 정신철, 안제로 이시, 단야구쓰, 이요타니 도시오*, 김광림*, 권향숙*, 미야지마 미카**

그림 2-15 제2회 국제심포지엄 특별강연자와 발표자들

5) '조선족연구학회' 총회 자료, 뉴스레터, 홈페이지(http://www.askcj.net/)와 조선족에 관한 일본어 포털 사이트 '조선족 넷'(http://www.searchnavi.com/~hp/chosenzoku/index.html)의 관련 기사를 참고로 필자가 작성함. 제1, 2차 심포지엄에 관해서는 다음 책 참조. 권향숙 지음. 신종원 옮김. 『이동하는 조선족: 소수민족의 자기통치(AKS번역총서1)』(한국학중앙연구원, 2015). 252-259쪽. 이하 〈표 4-2〉에서 〈표 4-7〉까지도 마찬가지로 위 자료에 근거하여 필자가 작성했음.

제2차 국제심포지엄에 발표자로 참가한 인하대학교 이진영 교수(전 재외한인학회 회장)는 재외동포신문에서 다음과 같은 참가 후기를 남기고 있다.[6)]

> (전략) 지난 11월 일본 동경의 한 국제회의를 다녀왔다. 재일본 중국 조선족연구회가 주관한 '동북아시아 지역통합을 지향하는 시민교류 네트워크의 구축'이라는 주제로, 그리고 '다민족-다문화 간의 벽을 넘어서는 아시아인의 의식 형성'이라는 부제가 붙은 학술회의였다.
>
> 처음 메일로 연락을 받고 잠시 머뭇거렸다. 그것은 항공비, 체재비 및 논문 발표비까지 모든 비용을 주최 측에서 부담한다는 것이었다. 일본의 중국 조선족연구회에 대해 듣기는 했어도 이 정도로 능력이 있는가 하는 의구심이 들었기 때문이다. 회장으로 봉사하는 이강철 선생이 여러 나라 참가자들의 회의라고 설명하여 속으로는 반신반의하면서 참가했다.
>
> 그러나 도착한 날부터 사정은 나의 예상을 뛰어넘고 있었다. 일단, 회의조직을 재일교포, 일본인 그리고 일본에 사는 중국동포의 세 그룹이 공동으로 맡아 일본식의 국제회의를 치밀하게 준비하고 있었던 것이다.
>
> 회의 전날 저녁 환영 리셉션, 그리고 300명 넘는 사람들이 참석한 신주쿠의 한 대학에서의 하루 종일 회의, 그리고 최종 '간친회'라는 파티까지 모두 일본에 있는 중국 동포가 주관이 되어 자원봉사 형태로 운영되고 있었다.
>
> 1999년에 설립된 조선족연구회가 6년 만에 이런 규모의 회의를 이렇게 내실 있게 하다니! 약 5만 명에 달한다는 일본 내의 중국동포와 9천 명에 달하는 유학생들은 이렇게 새롭게 조직되어가고 있었던 것이다.
>
> 일부 동포는 이미 20년을 거주하여 일본사회에 뿌리를 내렸으며, 10년 전인 1995년부터 천지협회라는 그들만의 교류단체도 만들어 청년 모임, 장학금 사업, 천지넷(www.tianchinet.com) 등을 만들어 활동하고 있었던 것이다. 중국동포에 대해 연구하고 그들의 이주에 대해 관심이 있는 필자에게도 일본 내 중국동포의 활동은 전혀 생소한 것이었다.
>
> 더군다나 회의에는 중국 화교, 일본계 브라질인 등도 자신들의 사례를 발표했고, 중국동포 기업인에 대한 기초연구도 보고되었다. 특히, 중국조선족의 동아시

6) 이진영. 「(시론)일본의 중국 조선족연구」. 『재외동포신문』. 2005. 12. 16. http://www.dongponews.net/news/articleView.html?idxno=7172(최종검색 2018. 8. 31)

아에서의 역할에 대해서도 많은 토론이 있었다. (후략)

두 번에 걸친 1, 2차 국제심포지엄의 성과는 연구회가 만든 『조선족의 글로벌 이동과 국제 네트워크』(中国朝鮮族研究会 編, 2006)에 함축적으로 반영되어 있다. 항목별로 「제1부: 글로벌화·리져널화와 조선족 네트워크」, 「제2부: 중국에서의 조선족의 역사 및 사회와 경제」, 「제3부: 해외에서의 조선족의 다이너미즘」, 「제4부: 민족교육과 아이덴티티」로 구성되어 있다. '글로벌화', '출신 지역', '거주 지역', '교육 및 아이덴티티'의 네 가지 영역에 관해 다루고 있다(표 2-11). 즉, 현시대 글로벌화의 시대적 상황과 더불어 이민이 보편적으로 직면하는 출신 지역과 거주 지역을 둘러싼 이슈들, 그리고 차세대 교육 문제를 다루었다. 조선족, 재일코리안, 한국인, 일본인 등 다양한 집필자 총 28명이 조선족의 역사와 문화, 경제와 네트워크, 과거와 현재 등을 광범위하게 논의한 이 서적은 일본어로 출간된 조선족 연구의 집대성이라 할 수 있다.

표 2-11 중국조선족연구회 총서(中國朝鮮族研究會 編, 2006) 목차 및 집필자[7)]

구성	제목	집필자(거주지)
제1부 글로벌화· 리져널화와 조선족 네트워크	グローバル化時代の朝鮮族社會構図: 重層的アプローチ	李鋼哲(일본)
	東北アジア共同の家と朝鮮族ネットワーク	和田春樹(일본)
	東北アジア協力における信頼釀成とエスニックの役割	舟橋洋一(일본)
	コリアン·ネットワークの構築と東北アジア共同の家	姜尙中(일본)
제2부 중국에서의 조선족의 역사 및 사회와 경제	東北アジア時代と中國朝鮮族	黃有福(중국)
	中國朝鮮族社會の現狀と未來: 移動に伴う影響と役割	鄭信哲(중국)
	中國朝鮮族をめぐる歷史·現狀·未來: 在日朝鮮人の視点から	鄭雅英(일본)
	北東アジア経濟圈の要·図們江地域開發	鶴嶋雪嶺(일본)

7) 다음 논문의 〔표 1〕을 수정 보완하여 게재했음. 權香淑. 「中國朝鮮族の移動とコミュニティ研究における理論的課題: トラソスナショナルな枠組みの批判的継承に向けて」(『朝鮮族研究學會誌』 第8号, 2018). 28-53쪽.

	延辺朝鮮族自治州の人口構造分析: ダブル「人口ボーナス」を求めて	笠井信幸(일본)
	1990年代における中國朝鮮族人口の傾向: 人口センサス資料の分析	權泰煥(한국)
	中國朝鮮族: 社會変化とジェンダー	朴光星(중국)
	都市化過程における朝鮮族の發展	崔龍浩(중국)
	中國朝鮮族の都市移動の實態に關する報告	韓光天(중국)
제3부 해외에서의 조선족의 다이너미즘	グローバル朝鮮族の経濟發展戰略	劉京宰(일본)
	在日本中國朝鮮族實体調査に關する報告	權香淑(일본)·宮島美花(일본)·谷川雄一郎(일본)·李東哲(중국)
	在日本中國朝鮮族企業家に關する調査報告	原尻英樹(일본)
	海外移動先における社會ネットワーク形成とその問題点に關する一考察: 「在日本中國朝鮮族」の事例から	朴鮮花(일본)
	共生を構築する主体としての朝鮮族: 在韓朝鮮族の現實と展望	芮東根(한국)
	ロシア沿海州地域における中國朝鮮族の現狀	李愛俐娥(일본)
	ニューヨークにおける中國朝鮮族社會	白銀珠(미국)
제4부 민족교육과 아이덴티티	民族とアイデンティティ: 朝鮮族のアイデンティティ問題を中心に	李相哲(일본)
	東アジアにおける人の移住と地域協力の必要性: 人間の安全保障レジームお構築	李振翎(한국)
	東北アジアの中の〈朝鮮族〉: 移動, 呼称, 同一化の動態	權香淑(일본)
	トランスナショナル・アクターとしての中國朝鮮族	宮島美花(일본)
	日系ラジル人の多様なネットワークとその可能性: 「在日ブラジル人一世」の立場から	アンジェロ·イシ(일본)
	日本における多文化社會の實現と在日朝鮮人の民族教育	愼榮根(일본)
	グローバル化時代の「朝鮮民族アイデンティティ」の模索: 「多文化社會形成のための民族教育」に寄せて	崔佑吉(한국)

3. 조선족연구학회의 설립 및 학술활동

1) 설립 목적

재일조선족 유학생들이 시작한 연구회 활동을 토대로 2007년 12월 8일에 설립된 학회는 조선족 연구자를 중심으로 다양한 회원[8)]으로 구성되어 있으며, 학술연구와 교류에 중점을 두고 활동을 해왔다. 설립 취지문[9)]에서 그 목적을 확인할 수 있다.

> 조선족연구학회는 그 전신인 「중국 조선족연구회」를 확대・발전시킨 학회로 2007년 12월 8일에 발족하였다. 명칭을 변경한 이유는 첫째, '조선족'은 한중・일 등 국제사회에서 이미 시민권을 얻은 공통어로 부상되고 있기 때문이다. 둘째, '조선족'은 최근 20여 년 동안 중국에서 한국, 일본, 미국과 유럽 등으로 활발하게 이동하고 있다. 따라서 연구범위가 중국이라는 영역을 초월하였다는 인식에 따른 것이다.
>
> 본 학회는 조선족에 관한 문화, 역사, 언어, 교육, 사회, 경제, 정치 등 여러 분야의 문제를 연구하며, 나아가 조선족 사회의 발전과 동북아시아 각 지역 간의 교류와 협력 및 세계평화 발전에 이바지하는 것을 목적으로 한다. 회원 구성은 민족, 종교, 국적을 불문하고 조선족 사회 및 조선족 연구에 관심과 흥미를 가지고 있는 연구자, 회사원, 대학원생, 대학생, 일반시민 등 다양하다. 현재, 조선족 연구자가 주축으로 일본인, 재일코리안(뉴커머도 포함), 재일중국인(한족) 등 폭넓은 사람들이 회원으로 활동하고 있다.
>
> 전신인 '중국 조선족연구회'는 1999년 1월 일본에 유학 중이던 중국 출신 조선족 연구자(6명)에 의해 설립되었다. 조선족 사회의 역사, 문화, 교육, 경제 등을 주제로 두 달에 한 번씩 연구회를 꾸준히 거듭해오면서 조선족 연구자들 간의 네트워크를 넓혀왔다. 2001년에 처음으로 본 연구회가 주최하고 천지협회와 연변대학

8) 2018년도 총회 자료에 근거하면 정식 회원(국내, 해외 포함)은 104명이며 인터넷 등록 회원은 191명으로 확인됨.

9) 조선족연구학회 홈페이지를 참조하여 한국어로 번역하여 게재했음.

일본 학우회가 공동으로 주최한 「제1차 재일본 중국 조선족 국제심포지엄」을 일본에서 성공적으로 개최하여 일본 사회의 주목을 받았다.

그 후 2005년 11월에 동 「제2차 재일본 중국 조선족 국제심포지엄」을 했다. 이 심포지엄에는 일본뿐만 아니라 중국과 한국의 연구자와 학자가 참가하게 되면서 국제적인 네트워크 구축의 첫걸음을 내디뎠다.

21세기를 맞이한 오늘날, 지구상에서는 글로벌화와 지역화의 조류가 동시에 진행되고 있다. 이러한 때, 시대가 우리에게 요구하는 것은 민족과 국경을 초월하여 글로벌적인 성향과 지역적 맥락을 동시에 담아내면서 동북아시아 지역의 평화와 안정, 번영에 기여해야 한다는 것이다.

본 학회의 연구목표는 동북아시아 지역의 국경을 초월해서 활약하고 있는 독특한 존재로서의 '조선족'이라는 현상을 깊이 탐구하는 데 있다. 동시에 일본 사회에서 코리안과 화교 나아가 국제화를 지향하는 일본 시민과 폭넓은 네트워크 형성 및 학술교류와 문화교류 활동을 펼쳐나가는 것 또한 본 학회가 지향하는 목표이다.

조선족에 관한 다양한 분야의 문제를 연구하고 조선족 사회의 발전과 동북아시아 각 지역 간의 교류와 협력 및 세계 평화와 발전에 이바지하기 위한 목적으로 설립되었음이 명시되어 있다. 학회는 이러한 연구회의 설립 목적을 공유하고 계승하고 있음을 알 수 있다. 취지문에서 단체명을 학회로 명칭을 변경한 이유에 대해 이미 '조선족'이 한중 · 일을 포함한 국제사회에 널리 알려진 공통언어이며, '조선족'이 중국의 연해도시와 한국, 일본은 물론 유럽이나 미국 등으로 이동하고 있어 '중국'이라는 영역을 넘어서고 있다고 밝히고 있다.

2) 역대 이사회 구성

설립 11년째에 들어선 학회의 역대 이사회 구성은 〈표 2-12〉와 같다. 제VI기(2018~2019년도)는 회장 정형규(니혼대학) 교수와 12명의 이사 및 2명의 고문과 함께 학회를 이끌고 있다.

표 2-12 조선족연구학회 역대 이사회 구성[10)]

제 I 기(2007~2009년도)	
회장	리강철
부회장	가사이 노부유키, 리상철, 권향숙
사무국장	다니가와 유이치로
이사	김광림, 구지영, 계연옥, 권녕준, 주영호, 장경자, 정아영, 박선화, 리명화
제II기(2010~2011년도)	
회장	리강철
부회장	가사이 노부유키, 리상철, 권향숙
사무국장	박은희, 쓰쓰미 가즈나오
이사	다니가와 유이치로, 계연옥, 최학송, 주영호, 조해석, 정아영, 리문철, 구지영, 박선화, 리명화, 김광림, 이진영*
제III기(2012~2013년도)	
회장	리강철
부회장	가사이 노부유키, 권향숙, 오홍민
사무국장	박은희, 쓰쓰미 가즈나오
이사	다니가와 유이치로, 리상철, 윤은철, 김진, 주영호, 조해석, 무우야 오치엔(穆堯芊), 예동근*, 이진영*, 최우길*, 김삼*, 박광성*, 리성일*
고문	황유복, 와다 하루키, 이승률
제IV기(2014~2015년도)	
회장	가사이 노부유키
회장보좌	권향숙
부회장	다키자와 히데키, 현선윤, 정형규
사무국장	다니가와 유이치로
이사	현무암, 선원석, 장경자, 김설, 오태성, 미야지마 미카, 정아영, 혼다 히로유키, 오홍민, 림매
제V기(2016~2017년도)	
회장	정형규
부회장	다키자와 히데키, 현선윤, 권향숙
사무국장	권향숙(겸임)
이사	현무암, 선원석, 장경자, 김설, 오태성, 미야지마 미카, 정아영, 혼다 히로유키, 오홍민, 림매
고문	리강철, 가사이 노부유키
제VI기(2018~2019년도)	
회장	정형규
부회장	다키자와 히데키, 현선윤, 권향숙
사무국장	권향숙(겸임)
이사	현무암, 선원석, 김설, 오태성, 미야지마 미카, 정아영, 혼다 히로유키, 남옥경, 홍용일
고문	리강철, 가사이 노부유키

10) 朝鮮族研究學會 編. 『在日本中國朝鮮族運動會資料集』(2016). 6쪽 참조. 해외이사는 (*)표시.

그림 2-16 1, 2, 3기 리강철 회장(왼쪽), 4기 가사이 노부유키 회장(가운데), 5, 6기 정형규 회장(오른쪽)

3) 주된 사업

학회의 주된 사업은 다음 다섯 가지다(회칙 제3장 제4조).

① 연구대회 및 부회의 개최(연구)

② 기관지 등의 출판물 발행(편집)

③ 국내외의 학회와 연락, 교류, 협력(섭외)

④ 홈페이지 작성 및 운영(홍보)

⑤ 기타 본회의 목적에 따라 필요하다고 인정되는 사업(기타)

(1) 연구: 학술회의 심포지엄 개최

학회는 관동과 관서에 각각 지역 부회를 두고 있으며, 회원들의 학술연구 성과 발표의 장을 1년에 4회씩(그중 한 번은 전국학술대회) 개최하고 있다. 이러한 활동은 학회 설립 후 지금까지 꾸준히 진행되어왔다. 학회에서는 앞서 소개한 두 차례 국제심포지엄의 성과를 토대로 제3차(2009년) 및 제4차(2011년) 국제학술회의를 개최했으며(표 2-13), 특히 제4차 학술대회는 재외한인학회(한국)와 조선민족사학회(중국)가 공동 세션을 준비하여 성황리에 개최되었다.

표 2-13 재일본 중국조선족 국제심포지엄(제3, 4차)

	항목	주제	발제자, 토론자*, 사회자**
제3차 2009. 12. 도쿄 메지로대학	기조강연 1	글로벌 코리안 네트워크와 동아시아 공동체	황유복
	기조강연 2	동북아에서 경제질서의 새로운 변화와 국제협력	이승률
	기조강연 3	동아시아의 세 가지 파도	가사이 노부유키
	패널토론	공동체구축과 코리언 네트워크의 역할	리강철*, 정갑수*, 장경자*, 김삼*, 한광천*, 호림*, 리상철**
	특별강연	성공하는 미래형의 글로벌 개체와 세계 네트워크의 역할	류경재
	패널토론	코리안 기업인 네트워크 구축의 과제	허영수, 천금옥*, 안승룡*, 조송천*, 김군연
제4차 2011. 12. 교토 류코쿠대학	기조강연	글로벌 디아스포라의 현황과 과제: 코리안 디아스포라를 중심으로	임채완
	특별보고 1	조선족 사회의 문화와 문화발전에 대하여	황유복
	특별보고 2	중국조선족의 국경을 넘나드는 생활: 생활사 조사를 통하여	미야지마 미카
	특별보고 3	동북조선족 사회와 민족문화관, 한국사회의 협력	임영상
	특별보고 4	한반도의 남북협력과 해외 코리안: 평양과학기술대학의 위치와 역할	이승률
	제1 세션	한・중・일 협력시대의 코리안(조선족연구학회, 재외한인학회 세션)	조귀화, 데와 다카유키*, 강진갑, 이진혜*, 정희숙, 임영상*, 유연숙, 손미경*, 최금좌, 박재진*, 임영상**
	제2 세션	한・중・일 협력시대의 코리안(조선족연구학회, 재외한인학회 세션)	김명희, 리삼*, 이진영, 이애리아*, 김광림, 권우*, 최우길, 정아영*, 임영언, 엄정자*, 가사이 노부유키**
	제3 세션	중국 조선 민족의 역사문화연구(중국조선민족 사학회 세션)	권혁수, 최학송*, 림성희, 박련옥*, 박춘자, 장경호*, 허은주, 권녕준*, 최영호, 리단, 곽재석*, 황유복**
	제4 세션	조선족에 관한 기초연구	윤지현, 리성일, 박광성, 강광문*, 권향숙, 예동근, 미야지마 미카*, 박우, 예동근**, 현선윤**
	제5 세션	미디어 저널리즘 콘텐츠	김광현, 리동렬, 박장천, 나카노 다모츠*, 리상철**
	총괄보고	종합토론 및 질의응답	정아영**, 오홍민**

그림 2-17 제3, 4차 국제심포지엄

또한, 2012년도부터는 해마다 전국학술대회 특별세션(표 2-14)을 기획하여 국내외 회원들과 함께 논의하는 자리를 마련했다.

표 2-14 전국학술대회 특별세션(2012~2018)

연도	주제	장소	날짜
2012	동북아의 새 정권과 중국 조선족	오사카경제법과대학	2013. 3. 16
2013	한 · 중 · 일 속의 중국 조선족	니혼대학	2013. 12. 15
2014	중국 조선족 이주 노동에서 여성의 역할과 〈초국가적 가족〉	히토쓰바시 강당	2014. 11. 15
2015	초창기의 일본 유학생과 조선족의 교육	니혼대학	2015. 11. 29
2016	중국 조선족을 둘러싼 역사와 문학: 두 명의 문학자(윤동주, 김학철)에 초점을 맞추어	니혼대학	2016. 10. 2
2017	중국 조선족의 이동을 다시 읽다: 『조선족의 글로벌한 이동과 국제 네트워크』의 발간10년이 지나서	리쓰메이칸대학	2017. 10. 1
2018	중국 조선족 이동연구를 둘러싼 관점의 다양화와 심화	니혼대학	2018. 10. 20

그림 2-18 2017년도 전국대회(리쓰메이칸대학)

그림 2-19 2018년도 전국대회(니혼대학)

(2) 편집: 학술지 발간

학회 기관지인 「조선족연구학회 학술지」(ISBN 2186-7038)는 2011년에 창간됐다. 기본적으로 일본어 논문을 게재하면서 한국어와 중국어로도 투고가 가능한 다언어 학술지라는 점이 특징이다. 해마다 한 권씩 총 7권이 발간됐으며, 2018년 말에는 제8호가 나올 예정이다. 지금까지 출간된 학술지 목록은 〈표 2-15〉와 같다.

표 2-15 조선족연구학회지 목록(2011~2018)

호수	종류	제목	저자
1호 (2011)	기고논문	廣東關元昌: 一族のリユニオン活動	谷垣眞理子
	논문	중국 조선족과 한국의 이민정책: 미래 동북아 관점에서 접근해야	이진영
	논문	ソウル大學奎章閣所藏旧韓末の間島關連資料: 解說及びその史料的価値について	金光林
	논문	村における政策が意味するもの: 中國東北地域のある朝鮮族村を事例に	林 梅
	논문	経營者支配をめぐるコーポレート・ガバナンス論の展開と中國の取締役會制度	尹相國
	논문	〈國文學〉への仲間入り: 尹東柱の韓國語版詩集をめぐって	朴銀姬
	연구노트	三言語を使える「朝鮮族」を可能にしたもの: 留學生として來日している「朝鮮族」を中心に	金花芬
	연구노트	中國の經濟成長と格差問題	李光國
	서평	權香淑 著, 『移動する朝鮮族: エスニック・マイノリティの自己統治』	鄭雅英

	서평	卓南生 著, 『東アジアジャーナリズム論』	木村知義
2호 (2012)	기고논문	중국의 경상계정 불균형의 원인과 결과 그리고 거시경제적 함의	박재진
	논문	中國延辺朝鮮族による韓國製品ビジネスの實態と課題	穆堯芋
	논문	越境する勞働者需給システムと國家役割の再構築: 韓國の外國人勞働者導入政策を中心に	宣元錫
	논문	中國東部沿海地域における中國朝鮮族の生活と社會意識	金明姬
	논문	高學歴者が「歸郷」するとき: 韓國在住の朝鮮族のアイデンティティの搖らぎをめぐって	趙貴花
3호 (2013)	기고논문	只是歷史的形成原因而非現實的特征: 离散(diaspora)視角的中國朝鮮族歷史新論	權赫秀
	기고논문	디아스포라적 시각으로 본 조선족 역사의 새로운 해석	권혁수
	논문	中國同胞から「朝鮮族」へ: 1970年半ばから1998年までに見られる朝鮮族の移住過程を中心に	吳泰成
	논문	韓國における中國朝鮮族の出稼ぎの変容: 出稼ぎの長期化と定住化傾向	金英花
	자료소개	在日本朝鮮族の日本生活に關する考察: ポータルサイト「シムト」の「日本体験手記」掲示板を中心に	金花芬
	서평	本田弘之 著, 『文革から「改革開放」期における中國朝鮮族の日本語教育の研究』	鄭亨奎
4호 (2014)	기조강연	延辺朝鮮族家族の現況とジェンダー: 延吉市某朝鮮族小學校生徒たちの家族調査を中心に	金花善
	보고논문	村の包攝と排除の仕組みから考える移動"中國延辺自治州の朝鮮族村の事例から	林 梅
	보고논문	中國朝鮮族中高校生の內的世界: 『全國朝鮮族中學生優秀作文選』の資料的可能性と限界をめぐって	玄善允
	종합토론	ラウンド・テーブル・ディスカッション	金花善・林梅・玄善允・鄭雅英
	서평	林梅 著, 『中國朝鮮族村落の社會學的研究: 自治と權力の相克』	鄭雅英
	시리즈	私の朝鮮族研究: 「朝鮮族研究」事始	瀧澤秀樹
5호 (2015)	기조강연	新中國の草創期における日本留學と予備教育	鄭亨奎
	보고논문	中國朝鮮族の日本留學の歷史的背景	花井みわ
	보고논문	朝鮮族學校の課題: 1990年代から2000年代の延辺を中心に	出羽孝行
	종합토론	ラウンド・テーブル・ディスカッション	鄭亨奎・花井みわ・出羽孝行・權香淑
	논문	延辺地域における看板の朝中二言語併記について	李東哲・

			權宇
	서평	朴敬玉 著, 『近代中國東北地域の朝鮮人移民と農業』(2015)	田中隆一
6호 (2016)	논문	日本における朝鮮族コミュニティの変遷と定住化: 2015年調査を中心に	權香淑・金雪・吳泰成
	서평논문	在日中國朝鮮族のアイデンティティ:エスニシティの社會學的アプローチから	林梅
	연구노트	延邊地區縣域生態經濟發展模式及對策研究	李松林・安田知繪
	자료소개	在日本中國朝鮮族運動會及び生活實態に關するアンケート調査結果	權香淑・金雪・吳泰成
	서평	崔學松 著, 『中國における國民統合と外來言語文化』(2013)	權寧俊
	서평	趙貴花 著, 『移動する人びとの教育と言語』(2016)	金英花
7호 (2017)	논문	國共內戰期中國の土地改革と延辺社會	田中隆一
	논문	朝鮮族の中國國內移動とエスニック・コミュニティの構築: 北京周辺地域・燕郊鎮の事例	南玉瓊
	보고논문	金學鐵と尹東柱, 二人の文學者の歸屬と日本における受容の對比などについて	玄善允
	보고논문	朝鮮族研究のすすめかた: 学分野における方法論	宮島美花
	서평	連合ニュースグローバルコリアセンター韓民族ニュース部 著, 『人生を変えた一枚の切符』(2017)	宣元錫
	서평	申惠蘭 著, 『我々は皆朝鮮族だ』(2016)	吳泰成
	시리즈	私の朝鮮族研究: 葉月 著, 『ナグネ:中國朝鮮族の友と日本』を讀んで	瀧澤秀樹
8호 (2018)	논문	在韓朝鮮族社會の形成における政策の重層的影響: 2000年代以降に見られる質的変化を 中心に	吳泰成
	논문	中國朝鮮族の移動とコミュニティ研究における理論的課題: トランスナショナルな枠組みの批判的継承に向けて	權香淑
	기조강연	급속한 인구이동과 조선족사회의 존속문제	정신철
	기조강연	急速な人口移動と朝鮮族社會の存續の問題	鄭信哲
	특별보고	植民地解放後, 濟州島出身女性の渡日と生活世界	伊地知紀子
	보고록	「留守」を生きる村: 中國朝鮮族村の觀光化に着目して	林梅
	서평	宮島美花 著, 『中國朝鮮族のトランスナショナルな移動と生活』(2017)	鄭雅英

(3) 섭외: 국내외 학회와 연락 및 교류 · 협력

한국과 중국의 학술단체들과 교류하고 협력하여 공동으로 추진한 심포지엄 및 세미나는 〈표 2-16〉과 같이 진행되었다. 거의 해마다 관련 단체들과 학술회의를 공동주최해왔음을 알 수 있다.

표 2-16 공동으로 주최한 국제학술회의

장소 및 시일	국제학술회의 주제	공동주최 단체
중국 연변대학 2009. 8	제1차 한 · 중 · 일 · 조선 언어문화 비교연구 학술심포지엄	연변대학 일본학연구소(주최)
한국 고려대학교 2010. 8. 23	제1차 해외 한민족 학술세미나 「한 · 중 · 일 협력 시대의 조선족의 역할」	재외한인학회
중국 연변대학 2011. 8. 22~25	제2차 한 · 중 · 일 · 조선 언어문화 비교연구 학술심포지엄	연변대학 일본학연구소(주최), 니가타 현립대학, 후쿠오카 국제대학 등
한국 부경대학교 2011. 8. 20	제2차 한 · 일 공동 국제학술세미나 「재외동포의 이주 현황과 향후 정책 방향」	재외한인학회, 이주동포정책연구소, 부경대학 국제지역연구소, 동서대학 세계한인경제연구소, 인제대학 통일학연구소
중국 연변대학 2013. 8. 19~21	제3차 한 · 중 · 일 · 조선 언어문화 비교연구 학술심포지엄	연변대학 일본학연구소(주최), 니가타 현립대학, 후쿠오카 국제대학 등
일본 문화센터아리랑 2014. 3. 22	에스닉타운 오쿠보와 문화플랫폼 국제학술회의	글로벌문화콘텐츠학회, 한국외대 융복합콘텐츠연구센터(구명 글로벌문화콘텐츠연구센터)
중국 연변대학 2015. 8. 17~19	제4차 한 · 중 · 일 · 조선 언어문화 비교연구 학술심포지엄	연변대학 일본학 연구소(주최), 니가타 현립대학, 후쿠오카 국제대학 등
일본 도쿄YMCA 2016. 12. 26~27	에스닉, 에스닉타운 연구와 한국문화교육 국제학술회의	한국외대 대학원 BK21+ 에스닉-코리아타운 도시재생 특화전문인력양성사업단
중국 연변대학 2017. 8. 19~21	제5차 한 · 중 · 일 · 조선 언어문화 비교연구 학술심포지엄	연변대학 일본학연구소(주최), 니가타 현립대학, 후쿠오카 국제대학 등
중국 루동대학 2018. 9. 13~16	제1차 동아시아 일본학연구 국제심포지엄	동아시아 일본학연구학회 및 루동대학 동북아연구원(주최), 한국 일어일문학회, 니가타 현립대학, 메이지대학 대학원 교양디자인연구과

(4) 홍보: 조선족 단체들과의 교류 및 기초 데이터 마련

홈페이지 작성과 운영 목적은 홍보를 위한 것도 있지만, 재일조선족 단체들과 교류 증진 및 그들의 활동 기록을 통해 기초 데이터를 마련하는 데 있다. 학회는 2015년 8월 9일 1,500여 명의 참여로 진행된 '재일 중국조선족 운동회 2015 in Tokyo'의 공동주최 기관으로 참가했다. 이 운동회의 준비와 운영을 함께하면서 조선족 단체들을 소개하고 기록하는 『재일 중국조선족 운동회 자료집』(朝鮮族研究学会編 2016)의 편집을 맡아 작성했다. 이 자료집에는 재일조선족의 실태와 현황을 파악하기 위해 실시한 양적 조사연구 결과도 게재되어 있다.[11] 민족별 구분이 없는 일본의 국적별 외국인 통계에서는 조선족의 실제 총수를 알아내기 힘들기 때문에 여전히 재일조선족의 모집단을 확정하기가 어렵다. 이러한 상황에서 진행된 양적 조사를 통해 얻어진 기초 데이터는 재일조선족사회의 바람직한 발전 방향을 모색하는 데 소중하고 중요한 자료임에 틀림없다.

(5) 기타: 출판기념회, 강연회 등

본 학회 목적에 따라 필요하다고 인정되는 사업들도 다양하게 추진되어 왔다. 예컨대, 2018년도에 실시한 관련 사업 중에는 중국의 길림신문사와 공동으로 추진한 「오기활 기자 문집 "왜 갔느냐면 일본에, 왜 사느냐면 일본서" 출판기념회」(2018년 3월 5일)[12]와 일본의 과학연구비 프로젝트[13]와 공동 기획한 강연회 「경계를 살아가다: 脱마지널 맨 신화는 가능한가」(2018년 3월 17일) 등이 있다. 전자는 일본의 조선족 유학생을 대상으로 취재한 기사를 엮은 출

11) 운동회 사전등록 및 참가자, 그리고 공동주최 단체 회원들을 대상으로 2015년 10~11월에 걸쳐 실시한 설문지 조사임.

12) 상세한 내용은 『길림신문』 2018년 3월 7일자 「재일조선족들의 생활상 담은 기자문집 출간」(http://kr.chinajilin.com.cn/sports/content/2018-03/07/content_199236.htm(최종검색 2018. 8. 31) 기사 참조.

13) 일본과학연구비 기반연구B 「중국조선족의 일본 유학 경험자와 동아시아의 "월경적인 사회공간"에 관한 연구」(과제번호 170H04514, 대표 연구자: 권향숙)

그림 2-20 1980년 국비유학생 제1기생 김용철 교수 강연회

판기념회이며, 후자는 초기 국비 유학생인 김용철(金龍哲) 교수[14)]의 강연으로 김용철 교수가 일본으로 유학을 오게 된 과정과 직장생활, 그리고 현재 연구 생활에 이르는 생활사를 기록하는 관점에서 기획된 사업이다. 2018년도 전국학술대회(2018년 10월 20일, 니혼대학)에서는 일본에서 살아온 당사자의 진솔한 이야기를 공유하기 위해 실시된 글짓기 공모전 "자화상을 그리다: 나의 일본 생활 이야기"[15)] 시상식도 진행되었다.

4. 맺음말

이상 본론에서는 연구회와 학회의 20여 년간의 학술활동을 간략하게 서술하고 살펴보았다. 1999년에 연구회로 시작하여 8년간의 축적기간을 거

14) 1980년에 중국의 국비유학생으로 일본에 온 제1기생임. 유학 후 중국으로 돌아가 중국 教育部 中央教育科學研究所 부교수 및 中央教育科學研究所 비교교육센터 부주임, 일본 廣島大學大學院 教育學 研究科 부교수를 거쳐 2018년 현재 神奈川縣立保健福祉大學 교수로 재직 중임.

15) 이 공모전은 전국학술대회 특별강연자인 연변작가협회 석화(石華) 시인의 제안으로 시작됐는데, 회원·비회원을 막론하고 재일조선족이면 누구나 참여할 수 있도록 기획되었다. 시상식에서는 성인부문에서 대상 1편(석춘화 수필 「20대의 끝자락에서」), 우수상 2편(고향련 수필 「태풍이 지나간 사이」 및 박봉화 수필 「일본, 내 청춘의 활무대」), 입선 7편, 학생부문에서 특별상 1편이 시상되었다.

친 후 학회로 거듭난 지 10년이 지났다. 그동안의 활동과 축적된 경험을 바탕으로 한 향후 발전 전망을 다음 세 가지로 정리하면서 이 글의 결론으로 대신하고자 한다.

첫째, 학회 설립 취지문에도 명시되어 있듯이 '조선족에 관한 문화, 역사, 언어, 교육, 사회, 경제, 정치 등 다양한 분야의 문제를 연구'하며 그 성과를 기록하는 작업이 필수다. 해마다 학회지의 지속적인 발간은 물론 질적 제고가 당면 과제로 제기될 것이다. 제VI기(2018~2019년도) 이사회에서는 이러한 과제를 수행하기 위하여 연구회 총서가 간행된 2006년 이후 10여 년간 조선족 연구를 정리하고 연구결과를 반영한 학회 편 총서출판을 계획하고 있다. 현재 계획이 원활하게 진행된다면 조선족 연구, 나아가 재외동포 연구에 소중한 지적 자산이 될 것이다.

둘째, 본 학회는 일본을 중심으로 활동하는 단체인 만큼 재일조선족사회 발전을 이루기 위한 기초 데이터 수집에 노력을 기울일 필요가 있다. 1990년대 일본에 유학을 와서 정착한 재일조선족 1세들은 현재 각 전공 분야의 제일선에서 활발히 활약하고 있다. 또 한편으로는 일본에서 태어난 2세들이 이미 사회인으로 등장하기 시작하고 있다. 즉 재일조선족사회는 확실히 다양화 · 다세대화 · 계층화[16] 경향을 보이고 있으며, 차세대 민족교육과 정체성 확립에 관한 테마는 어느 때보다 중요한 이슈로 부각되고 있다. 이처럼 사회적 변화를 참작하여 적절한 방법으로 기초 데이터를 수집하는 것은 아무리 강조해도 지나치지 않을 것이다.

마지막으로 학회 설립의 궁극적 목적인 '조선족사회의 발전과 동북아시아 각 지역 간의 교류와 협력 및 세계 평화와 발전'에 이바지하기 위하여 국내외 학술 단체와 교류를 적극적으로 추진하고 네트워크를 형성해나가는 시도는 바람직하다고 할 수 있다. 이미 여러 곳에서 언급했듯이 이 지역의 교

16) 權香淑 · 金雪 · 吳泰成. 「日本における朝鮮族コミュニティの変遷と定住化: 2015年調査を中心に」(『朝鮮族研究學會誌』 第6号, 2016). 16쪽.

류를 촉진시키는 매개자로서 역할은 한・중・일 세 가지 언어에 능통하면서도 다문화사회에 대한 적응 능력이 높은 일본의 조선족이다. 이러한 특수성을 살리는 환경과 조건, 그리고 이를 정비하기 위한 정책적 제안은 학회가 감당해야 할 몫일 것이다. 무엇보다도 해외 단체 간의 교류와 연대를 가능하게 할 거점 역할은 본 학회에 주어진 사명이자 향후 과제임에 틀림없다.

참고문헌

1) 文獻

권향숙 지음. 신종원 옮김.『이동하는 조선족: 소수민족의 자기통치(AKS번역총서1)』(權香淑,『移動する朝鮮族: エスニックマイノリティの自己統治』, 彩流社, 2011年). 한국학 중앙연구원. 2015.

오기활.『왜 갔느냐면 일본에, 왜 사느냐면 일본서』. 흑룡강 조선민족출판사. 2017.

朝鮮族研究學會 編.『在日本中國朝鮮族運動會資料集』. 2016.

朝鮮族研究學會 編.『朝鮮族研究學會誌』第1-8号. 2011-2018.

中國朝鮮族研究會 編.『朝鮮族のグローバルな移動と國際ネットワーク』. アジア経済文化研究所. 2006.

權香淑 · 金雪 · 吳泰成.「日本における朝鮮族コミュニティの変遷と定住化: 2015年調査を中心に」.『朝鮮族研究學會誌』第6号. 2016.

權香淑.「中國朝鮮族の移動とコミュニティ研究における理論的課題: トランスナショナルな 枠組みの批判的継承に向けて」.『朝鮮族研究學會誌』第8号, 2018.

2) 인터넷 자료

조선족연구학회 http://www.askcj.net/

조선족 넷 http://www.searchnavi.com/~hp/chosenzoku/index.html

저자 소개

권향숙(權香淑)

일본 오사카 출생의 재일코리안 3세. 동북아 조선족의 이동과 네트워크 형성에 관한 연구로 2008년 일본 조치대학교에서 박사학위를 취득했다. 일본 국립국회도서관 입법조사원, 전남대학교 연구교수 등을 거쳐 현재 와세다대학교 지역 · 지역 간 연구기구 초빙연구원, 오사카경제법과대학 아시아연구소 객원연구원을 맡고 있으며 게이센여자대학교, 도요대학교 등에서 강의를 진행하고 있다. 2019년 4월부터 조치대학교에서 조교수(assistant professor)로 취임할 예정이다. 주요 공저는 『コリアン・ディアスポラの経験と現在』(2013), 『アジア学のすすめ』(2010), 『朝鮮族のグローバルな移動と国際ネットワーク』(2006) 등이며 학위논문을 토대로 엮어낸 『移動する朝鮮族』(2011)은 한국학중앙연구원 번역총서로 선정되어 『이동하는 조선족』(2015)으로 출판되었다. 조선족연구학회 부회장 겸 사무국장을 역임하고 있다.

이메일: kwonhyangsuk@gmail.com

KOREA TOWN

Part 3

코리아타운과 스토리텔링

1

홍가네 사람들(KBS World Radio 방송대본)[1]

연출: 전경숙/ 글 · 구성: 노희준/ 해설: 임영상

인써트 1(E) 141201_35-개회식1E(男 MC, 日) 7초 코리아타운 행사를 시작합니다. 잘 부탁드립니다~
+ (男 귀빈, 한국어) 2:45 여러분, 안녕하세요? + (이하 일본어) 2:47 미나상, 곤니치와(여러분, 안녕하세요~)…

해설 일본 오사카 이쿠노구(生野区).
이곳에서는 매년,
한국인과 일본인이 함께하는 축제가 열립니다.

인써트 2(E) (사람들) 12초 반대한다! 반대한다! 반대한다! 반대한다!…

해설 이 축제는
'한일협정'이 체결된 지 올해로 반세기가 됐지만,
여전히 냉각과 해빙을 반복하는 양국에

---

1) 《홍가네 사람들》 대본은 2015년 1월 1일 방송된 것으로 KBS World Radio 신년특집 2부작 〈한일관계, 이쿠노 코리아타운에서 길을 찾다〉의 제1부이다. 본 대본을 『코리아타운 사람들』 책에서 다시 만나게 허락해준 KBS World Radio의 관계자들과 또 방송에 출연했던 이쿠노 코리아타운 동포들에게도 감사를 드린다.

'함께'라는 화두를 제시합니다.

인써트 3(E) R09_0021-일어 해설 곁들인 광대놀이E

해설 더구나 이곳의 사람들은
한국인, 일본인 할 것 없이 공생(共生)을 말합니다.

인써트 4 (홍성익) R09_0008 홍성익 회장 57:17 이쿠노는… 사람들이… 정치, 이념… 민족 갈등 이런 거 관계없이 계속 같이 이웃으로 살아오면서 서로 어느 때는 싸우고, 어느 때는 식사도 같이 하고 술도 같이 먹고 하면서 계속 자라왔기 때문에 진짜 우리나라 말로… 이웃사촌이죠. 그게 하나의 공생의 기본 아닙니까.
(요시무라, 日) R09_0011-1 요시무라상 인터뷰 4:26 재일코리안, 일본인… 이렇게 구분하지만 함께 살다 보면 어차피 친구입니다… 함께 살다 보면 그런 의식이 없어집니다. … 그냥 같이 생활하는 친구, 이런 느낌으로 살고 있습니다.

해설 이쿠노는 어떤 곳이고,
이쿠노에는 어떤 사람들이 살고 있기에
공생은 당연하다고 말하는 것일까요?
그 답을 찾기 위해 일본 오사카, 이쿠노로 떠납니다.

시그널

타이틀 광복 70년 미래 30년, 대한민국 100년의 드라마
KBS World Radio 신년특집 2부작

한일 관계, 이쿠노 코리아타운에서 길을 찾다
《 제1부 홍가네 사람들 》

시그널 up & out

해설 안녕하십니까?
한국외국어대학교 사학과 교수 임영상입니다.
'재외한인학회' 회장을 역임한 저는
동포들이 많이 살고 있는 여러 나라의
한인촌을 연구해왔습니다.
또 외교부 재외동포 정책자문위원으로,
동포들의 삶을 주목해왔습니다.
그런데 이런 저에게도
일본 오사카 이쿠노는 특별한 곳입니다.

인써트 5(E) R09_0016 호객소리E 1초 (남들) 어서 오세요~~

해설 오사카 동쪽의 교통요지, 츠루하시역에서
동쪽으로 10여 분을 걸어가면
눈과 귀가 즐거운 동네가 모습을 드러냅니다.

인써트 6(E) 가게 셔터문 올리는 소리
+
인써트 7(E) (일본 아이) 오하이오 고자이마스(좋은 아침)~
(어른 여) 오하이오. 이떼라시아, 아, 다녀와~
(한국 아이) 안녕하세요~

해설　　일본어와 한국어가 공존하는 이곳은
일본 최대의 한인촌인
오사카 이쿠노구입니다.
실제로 13만 명의 인구 중
한국인이 2만 6천여 명에 달합니다.
'이쿠노'에 한국인이 많이 사는 이유는 무엇일까요?
이 질문에 문화인류학자인 재일동포 2세 고정자
고베대학교 교수가 히라노강으로 안내합니다.

인써트 8　　(고정자 女) R09_0019 히라노 강가 조선인 정착 44초 여기가 히라노운하라고 해요.… 옛날 여기 주변에는… 강들이 굽이굽이 해서 비가 오면… 홍수가 나고 했답니다. 1920년대는 오사카가 동양의 맨체스터라고 불릴 정도로 경제적으로 발전하니까… 새로운 이 히라노운하를 개조하는 공사를 했습니다. 그때에 바로 노동자로 한반도에서 많은 사람들이 여기 왔고요.…

음악 1　　강이 유장하게 흐르는 느낌

해설　　이쿠노의 중심을 관통하는 '히라노강(平野川)'은
본래 '구다라강(百濟川)',
즉 '백제천'으로 불렸습니다.
5세기 무렵, 한반도에서 건너온 백제인이
문화를 전승한 곳이 이쿠노이기 때문입니다.

그러나 일제강점기,
생활 기반이 파괴된 한국인은
값싼 노동자로 '이쿠노'에 왔습니다.
특히 1923년 4월, 제주도와 오사카를 오가는
연락선 항로가 개설된 후,
5만 명이 넘는 제주도 사람들이
이곳에 뿌리를 내렸습니다.
한국인의 정착에는 또 다른 이유가 있었기 때문입니다.

인써트 9 (고정자 女) R09_0019 히라노 강가 조선인 정착 2:20? 재일동포들이 제일 어려운 게 뭐냐 하면… 사는 집을 얻는 거였습니다. 한국 사람들이… 냄새가 난다, 그다음에 많은 사람들이 같이 산다, 이런 이유 때문에 일본 사람들이 거의 집을 안 빌려줬거든요. 그런데 여기는 저습지에다가 비가 오면 길가도 안 좋고… 그러니까 일본 사람들이 안 살고 한국 사람들에게 빌려줬고… 3:40? 그래서 이 지역에 많은 재일동포들이 살게 되었습니다.

해설 단순 육체노동자로 일하며,
집이라고 할 수도 없는 열악한 곳에 살았지만,
'이쿠노'에 정착한 한국인은 독특한 공간을 만들었습니다.

인써트 10 (고정자 女) R09_0014 고정자 교수 2 8:56? 인간이 생활하는 데서 제일 보수적인 것이 음식이라고 합니다. 다른 것들은 다 봐줄 수(참을 수) 있는데… 고향에서 먹던 음식이 그립지 않습니까?… 9:28 그리고 또 하나는… 가족들이 같이 오는데 아낙네들이 일본말을 못하잖아요? 그러니까 일자리가 없어요. 그럼 그분들은 어떻게 생활하는가, 악착같이 살잖아요. 그러니까… 들판이나 이런 데 가서 민들레 같은 거, 미나리 같은 것들을 뜯어다가 반찬 만들어가지고 팔고… 10:20? 그래서 조선 사람들이 모여서 골목에다가 시장을 만들었어요.

인써트 11(E) R09-0027 경주상회 김치 만드는 1초 김치 써는 소리

해설 한국에서 건너온 아낙들은
'츠루하시 공설시장'에서 걸어서 5분쯤 떨어진
뒷골목에 좌판을 펼치고
고향의 음식을 팔았습니다.

음악 2 향수어린 느낌

해설 고향을 떠나 낯선 타지에서 밤낮없이 일하던
이들에게는 고향의 맛이 유일한 위안이었습니다.
그래서 한국 음식을 찾아 조선시장으로 모여든
한국인은 하루 2만 명을 넘기도 했습니다.
그렇게 일제 강점기, 일본으로 건너온 사람들은
조선시장에서 서로를 의지하며,
질곡의 세월을 견뎌냈습니다.
(음악 out)
하지만 이들은 1945년 8월 15일.
광복 후에도 고향으로 가지 않았습니다.
아니 가지 못했습니다.

Dramatise ①

효과 1	솥, 이불 등 짐 푸는 소리

고씨	(짐 푸는 박씨 보며) 박씨, 경해도(그래도) 고향엔 갑서~
박씨	고씨, 아무리 해방된 내 나라가 좋아도 최고사령분가 뭐신가 하는 미국 놈들이 반출 금지령을 내렸는디 맨 몸으로 우째 가능교?
고씨	경 가게 해시민 얼마나 좋코 마씀? 현찰 천 엔은 쌀 한 가마도 안 돼 마씀 그추룩 살아지쿠광? 이 돈 갖고 고향 갈 수 이쑤과?
박씨	일본 와서 눈물, 콧물 흘리며 모은 돈을 여개 두고, 맨 몸에 옷가지 몇 개만 갖고 배를 타라니, 말도 안 되능교~ 우리한테 와 이카노?
고씨	무시기 세상이 이리 무정한지…

음악 3	브릿지

해설	1945년, 일본에는 200만 명의 한국인이 살았습니다. 광복 후 이들은 서둘러 항구로 달려가 귀국선을 기다렸습니다. 하지만 당시 일본을 통치하던 연합군 최고사령부는 한 사람이 지참할 수 있는 짐의 무게를 114kg!

소지할 수 있는 금액은 1천 엔으로 제한했습니다.
일본에서 모은 재산을
사실상 가져갈 수 없다는 뜻이었습니다.
원망스러운 반출 금지령에
60만 명의 한국인이 고국행을 포기했습니다.
'재일(在日) 한국인'의 시작이었습니다.
그런데 이렇게 남게 된 일본도
당시는 살기 어려운 곳이었습니다.

인써트 12 (문우평) 141129_04-문우평 소개 30초 우리 어머니, 아버지가 건너와가지고… 1:28 츠루하시에서… 호르몬 장사를 했어요.… 소고기 내장을 사와가지고… 2:04 큰 냄비에다가 내장을 많이 넣어가지고 된장, 간장 넣고 그래서 돼지고기 다리라고 할까, 족발. 그리고 돼지머리, 거기다가 탁배기, 그리고 김치, 밥, 그러한 장사를 하고 있었죠.… 7:08 그러니까 전쟁 후니까… 7:46 배가 고프니까 뭐라도 먹어야죠. 배부르게 먹고, 맛이 있고… 김치하고 먹으면 맛이 있고 밥도 먹고 하니까… 일본에서는 정전 후라 하고 우리는 해방 후라 하고 하지만 일본 사람들도 먹지 못해서 아주 곤란했죠.… 8:37 그 당시는 우리 한국 사람들, 조선 사람들 생활 곤란하고 일본 사람들도 생활이 곤란하고…

음악 4 애잔한

해설 문우평 씨의 부모님은 1945년 태평양전쟁 직후
츠루하시에서 호르몬 장사를 했다고 합니다.
전후 일본의 상황을 생생하게 기억하는 그의 얘기처럼

이때는 모두의 삶이 고단했습니다.
이쿠노 상점가에도 빈 가게가 늘어났습니다.
물자도 부족하고, 살 사람도 줄어들자
공습을 피해 고향으로 간 일본상인들이
돌아오지 않은 것입니다.
빈 상점가를 채운 것은 한국인이었습니다.

인써트 13 (문우평) 141130_03 문우평 조선시장 소개 1초 여기도 한국에서 왔죠. 여기도 한국에서 왔죠. 여기도 한국에서 왔죠.
+ 141130_09 문우평 코리아타운 3:06? 본래 여기는 일본사람들이 거의 대부분이었어요.… 조선 사람은 골목 뒤에서 많이 살았거든요.… 3:43? 그런데 뒷골목에 일을 하고 있던 사람이… 한 집, 한 집 여기 들어왔어요. 해방 후에. 조선시장이라고 여기 뒤에서 떡 만들고, 김치 만들고, 술 만들고 그래가지고 조금씩 돈벌이 한 사람이… 여기 진출해서 나와 가지고 장사를 했어요.

해설 문우평 씨는 뒷골목에서 장사를 하다가
지금의 미유키도오리(중앙) 상점가인 큰길 상점!
즉, 코리아타운의 중심으로 나온
한국인 가게들을 정확하게 기억하고 있었습니다.
그런데 이 중 한 곳이
이쿠노 지역의 삶을 바꿔놓은 홍씨 집안의 가게입니다.

인써트 14 (홍성익) R09_0005 홍성익 덕산물산 대표이사 9초 저희 덕산물산, 일본에서는 도쿠야마물산이라고 하는데… 옛날에는 여기가 조선 이치바라고 해서 조선시장, 한인들이 많이 사는 동네에서… 1:02 우리 할머님이 생활수단으로 그냥 집안에서 떡을 만들고… 방앗간으로 시작한 것이 우리 덕산물산의 시작이라고 저희는 생각합니다.… 2:40 원래는… 지금 도쿠야마 상점, 그리고 여기 식공방 있는 데가 원래 메인 상가거든요. 그런데 이쪽에 나와서 가게를 내야 좀 넉넉해지는데 우리는 뒷골목에서 그냥 가내업을 하고 있었기 때문에 어머님은 이쪽 메인 골목에 나와 가게를 내는 것이 꿈이었죠.… 3:18 그리고 초등학교 3학년 때 여기 코리아타운에 자그마한 구멍가게를 처음으로 어머님이 내셨거든요? 그때 저희가 뒷골목에서 이사 온 기억이 지금도 있습니다.

해설 홍씨 집안의 장남인 홍성익 회장은
지금도 이쿠노 코리아타운에서
식품 제조 유통회사인 '덕산물산'을 운영하고 있습니다.

인써트 15 (홍성익) R09_0009 홍성익 자사 식품 설명 7초 떡국부터 시작해서 지금 순두부찌개, 지짐이… 1:21 이거는 이번에 새로운 제품, 찌개라면이고… 2:44 한국 코너가 아니라 지금 일본의 일반 슈퍼, 백화점에, (진열되어 있는) 식생활에 일반화되어 있는 제품들입니다.… 6:04 덕산물산 우리 직원이 동경, 오사카 합쳐서 본사에서는 한 100명 정도 되고, 김치 공장, 마루시게식품이라고 해서 여기에도 직원이 거의 한 100명 가까이 됩니다. 또 그룹 내 반가식품하고 덕산식품이라는 제조회사가 있습니다. 거기 직원들이 한(각각) 50명쯤 되니까 총 한 300명 정도 됩니다.

해설 일본인의 식탁에도 친숙하게 오르며

오사카 본사 매출액만 천억 원이 넘는
'덕산물산'의 출발점은 '조선 시장'이기 때문입니다.

인써트 16(E) 141201_92-강안자 떡+김밥E 56초 (남) 할머니, 안녕하세요?
(강안자 女) 안녕하세요.…
1:12 (남) 몇 시부터 나와서 이렇게 일하세요?
(강안자 女) 7시…
1:37 (남) 몇 년을 이걸 이렇게 하신 거예요?… 한 50년?
(강안자 女) 60년. 이상 했어요.…

해설 홍 회장의 어머니, 강안자 씨는
여든의 나이에도 매일 아침 시장에 나와 일을 합니다.

인써트 17 (강안자 女) R09_0016 홍정숙 모친 강안자 3:15 코리아타운에 우리 어머니가… 비단장사하고, 또 우리, 저(남편)는 뒷골목에 살았어요. 그런데 중매로 해가지고 서로 결혼했죠.… 3:39 그때는 (남편이) 노무(노동) 일 다니고 있었어요. 결혼할 때도… 공 만드는 공장, 저도 노무일 다니고 … 4:26 뭐 고생한 건 뭐 말로 다 못하죠.

음악 5 회상하는

해설 1935년 제주도에서 태어나
열다섯 살에 현해탄을 건너고,
스무 살에 이곳에서 재일동포 홍여표 씨를 만나
결혼한 강안자 씨의 소원은

중앙 상점가에 내 가게를 갖는 것이었습니다.
그 꿈을 이루기 위해서
강안자 씨는 쉼없이 일해왔습니다.
강안자 씨가 그토록 가게를 원한 이유는 무엇일까요?

인써트 18 (강안자 女) R09_0016 9:34 골목집에 살면서 아이들 공부시키려고 하면 참 고기도 사다가 팔러 다니고, 또 그렇게 살면서… 5:23 시어머니가 떡을 한 시루씩 만들어서 길에서 팔고 저는 부름씨(심부름)하고… 7:20 옛날에는 기계도 없어요. 다 손으로 만들어가지고 그거 다 쪄서, 새벽에 다 해가지고 그걸 팔면서… 10:18 우리 남편은 열심히, 열심히 일도 많이 하고… 우리 아이들… 대학 나와도 일본 회사에도 못 들어가고 하니까 조그마한 떡 공장을 만들어요. 우리 코리아타운에서 우리 아이들 다 거기서 키우고, 대학까지 다 보내고…

음악 6 가족애 느낌의

해설 광복으로 일본 국적에서 벗어났지만,
고국의 국적을 받지 못한 재일 동포들은
국적이 없는 사람들이었습니다.
그래서 일할 곳도 없고, 갈 곳도 없었던 한국인은
가족끼리 뭉쳐서 가내수공업을 했습니다.
가족 간의 끈끈한 결속은
열악한 환경과 고달픈 노동을 이겨내는 힘이었습니다.
홍여표, 강안자 씨도
한국인이라는 이유로 차별받는 자식들을 위해

작은 떡 공장, 즉 방앗간을 시작했습니다.

인써트 19 (홍성익) R09_0005-홍성익 덕산물산 대표이사 50초 원래 우리나라 사람들이 제사나 아니면 명절 아니면 혼인 이런 걸로 떡이라는 게 절대로 필요한 거 아닙니까?… 5:20? 그런 걸로 인해 일본 전국에 있는, 그때 한 60만에서 70만의 교민들이 잔치, 제사, 뭐 이런 것들이 있으면 다들 이쪽까지 사러 왔거든요? 그러니까 소위 방앗간이 불티나게 잘된 것 같습니다.

음악 7 명절(예: 설, 추석) 느낌 BGM

해설 일본에서의 '삶'보다
한국인이라는 '핏줄'에 무게를 두고 살아온
재일동포들은 제사와 명절을 중시했습니다.
어려운 생활 속에서도 관혼상제가 있을 때는
꼭 고향의 음식이 있고, 한복을 파는 가게들이 늘어선
'조선시장'을 찾았습니다.
홍씨 집안의 방앗간도 호황을 맞으며
지금의 '덕산물산'으로 성장하는 토대를 마련했습니다.
또한 한국인의 혼을 지키며 살아가는 재일동포의 삶은
홍성익 회장에게도 많은 영향을 줬습니다.

인써트 20 (홍성익) R09_0006-홍성익 회장 13:20? 한인으로서, 민족의 혼에 대해서(는) 어릴 때부터… 배워왔고, 또 …그래서 R09_0008 홍성익 회장 8:15 홍성익으로 계속 다녀왔고… 옛날에는 홍성익이라는 차별 때문에… '아, 이놈 한국인이다, 한국 이름이다' 하는 걸로… 얼마나 고생을 많이 했겠습니까… 8:44 그런데 그런 것들을… 긍정적으로 생각할 수 있었던 것은 이 환경에서 자랐기 때문입니다. 이 이쿠노라는 환경에서 자랐기 때문에… 긍정적으로 살 수 있었고…

해설 학창 시절, 미술을 전공한 홍성익 회장은
작품을 제출할 때마다 한국 이름을 당당히 적었습니다.
일본에서 태어났지만
한국인의 생활 원형이 살아있는
이쿠노에서 자랐기 때문입니다.
하지만 한국인의 고장에도 어둠은 있었습니다.

인써트 21 (김광민) 141130_20_-김광민I_고기 써는E 1:05? 사람들이 피해 다녔거든요? 조선시장에 가면 안 된다고 위험하다고, 지저분하다구요.… 제가 고등학교 때만 하더라도 이쿠노에 가면 안 된다고. 저는 고등학교가 여기 아니고 조금 떨어진 고등학교 다녔는데… 거기에 가면 일본인 친구들이 이야기하는 거예요. 이쿠노에는 절대 가면 안 된다… 분위기가 단절된… , 일본 사회에 살고 있는데 일본 사회 안에 있는 것도 아니에요. 있는데도 있는 척 못하고, 있는데도 상대 안 해주고… 그러니까 수초처럼 떠다니는 그런 존재…

음악 8 단절된 느낌

해설 재일동포의 권익 향상을 위해 노력하는
코리아NGO센터 김광민 사무국장이 말한 대로

일본에서 한국적인 색채가 가장 강했던
'이쿠노'는 기피의 대상이자, 단절된 공간이었습니다.
'조선시장'에 한국인이 모여들수록
일본인은 '이쿠노'를
알고 싶지도 않고, 알 필요도 없는 곳으로 분류했습니다.
재일동포들이 일본에 일군 '작은 한국'은
존재하지만, 존재하지 않는 곳이었습니다.
고립된 섬과 같은 '이쿠노'.
그 벽을 허물기 위해 고민한 사람은
홍가네의 수장, 홍여표 씨였습니다.

인써트 22 (김광민) 141130_16 김광민 인터뷰2 3:35 홍 회장님은 열정적이셨어요.… 과거에 어려웠던 시절부터 현재에 이르기까지 정말 일심으로 재일동포 사회를 바라보고 오신 분이시고요.… 홍 회장님이 돌아가시기 전에 이런 꿈을 꾸고 계셨어요.… 재일동포들이 코리아타운에 찾아오기만 하면 마음이 놓이고, 편해지고, 생기를 받아서 돌아갈 수 있는 그런 시장으로 만들고 싶다고 하셨고, 그리고 동시에 일본사람들이 와서 우리 조선 반도에 대해 만져보고, 알고, 감동을 느끼고 돌아갈 수 있는 그러한 교류의 장으로 만들겠다고… 그런 신념으로 우리를 많이 밀어주셨거든요.

해설 한국과 일본의 공생은 교류에서 시작된다고 믿은
홍여표 회장은 김광민 국장이 추진한
동네 가꾸기, 지역 활성화 사업을 적극 지원했습니다.
하지만 이것만으로는

한국인과 일본인이 어울리며 살아가는 곳을
만들 수 없었는데요.
한 · 일 공존은 뜻밖에도 위기에서 시작됐습니다.

Dramatise ②

효과 2	셔터 내리는
철이어멍	아니, 웅이네, 벌써 접는 거야?
(50대)	이제 겨우 한 시인데, 오후 장사 안 해?
웅이네	철이어멍도 얼릉 접고 가~
(50대)	손님도 없는데 가게만 열면 뭐 해? 전기세만 아깝지~
철이어멍	츠루하시역이 생긴 뒤론 영 손님이 없네~
	허긴 나 같아도 역 앞에 있는 국제시장을 가지,
	다리 품 팔아가며 이 먼 조선시장까지는 안 오지,
	암, 안 오고 말고~
웅이네	그뿐이면 다행이게?
	우리같은 늙은이나 고향에서 하던 대로 먹고, 입지
	요즘 젊은 애들은 제사도 안 지내고, 한복도 안 입는다고~
	그러니 조선시장을 누가 오겠어?
철이어멍	게다가 대형 마트가 또 들어온다니 정말 살 길이 막막하네~
	어제도 건너편 김씨네 가게 내놨던데…
웅이네	가게 내놓는다고 누가 사는 사람은 있구?
	이제 조선시장도 끝이야, 끝~

음악 9　　브리지

해설　　1980년대 조선시장은 '셔터의 거리'로 불렸습니다.
찾아오는 손님이 줄어들어
문을 닫는 가게가 속출했기 때문입니다.
설상가상으로 미유키도오리 상점의 핵이었던
츠루하시 공설시장의 폐지가 결정되자
1988년, 조선시장의 상인들이 한 자리에 모였습니다.

인써트 23　　(홍성익) R09_0008 홍성익 회장 26:50 여기 이쿠노라는 데가… 재일교포들에게 있어서는 여기가 한인들의 메카입니다. 여기가 성지입니다. 진짜 그러니까… 21:27 우리 아버님이… 22:50 이 도시를 어떻게 이끌어가야 이 도시의 매력을 충분히 가져올 수 있고, 또 전국적인 주목도를 높일 수 있냐 하는 것을… 계몽하는 데 많이 힘도 쓰셨고, … 일본 사람 아니면 한국인들 다 공생할 수 있으면서… 재미있고 매력있는 도시를 한 번 멋지게… 만들어보면 어떠냐…

해설　　아버지를 돕기 위해 회의에 참석한 홍성익 회장은
그 자리에서 '코리아타운'을 제안했습니다.
요코하마에 있는 '중화(中華)거리'처럼
'한국 문화의 메카'라는 이쿠노의 지역성을
독특한 경쟁력으로 제시한 것입니다.
그러나 이 구상은 강한 반대에 부딪혔습니다.

인써트 24　　(이노우에, 日) 141201_83-이노우에 3 5:15? 이때 반대를 했던 일본

사람이 엄청 많았습니다. 항의와 협박 전화를 엄청 많이 받았다고 합니다. 그래서 코리아타운에서 지역민의 반대가 심했기 때문에 다 같이 코리아타운을 하나로 할 수 없는 상황이었습니다.

해설　현재 동(東)상점가의 회장을 맡고 있는
이노우에 노부노리 씨는 코리아타운 구상이 지역민!
즉, 이 지역에 오래 살아온
일본인의 반발을 샀다고 말했습니다.
사실 '조선시장'으로 불리는 '미유키도오리 상점가'는
동(東)상점가, 중앙 상점가, 서(西)상점가.
세 곳으로 나누어져 있습니다.
'조선시장'은 한국인이 많이 찾는 곳이지만
이쿠노 지역에 사는 주민들도 애용하는
동네 시장이기 때문입니다.
이 문제를 해결하기 위해 요시무라 겐이치 씨가
'코리아타운 추진위원회'에 합류했습니다.

인써트 25　(요시무라, 日) R09_0011-1 요시무라상 인터뷰 8:20? 저 같은 경우에는 여기서 태어나고 자랐기 때문에 자이니치라든지 여기에 대해 잘 알고 있고, 마을 만들기를 하기 위해 여러 가지 자원봉사를 했습니다. 그런 가운데 덕산물산 홍 회장님이 "요시무라상은 평상시에 이 상점가에서 자원봉사도 많이 하고 계시니까 여기에… 멤버로 들어와서 뭔가 새롭게 상점가에 바람을 일으켜 달라"고 부탁해서 멤버로 참여하게 되었습니다.

인써트 26(E) R09_0015 요시무라 재일교포 인사 (요시무라, 日) 1초 하이… 오쿠노상… 15초 오늘 장사 잘됐어요? 많이 팔았어요?

(재일동포 여상인, 日) 별로 안 좋았어요…

(요시무라, 日) 좋아질 때도 있을 거예요, 간바떼(힘내)~~

해설 이 지역 토박이로
재일동포들과도, 일본 상인들과도 허물없이 지내온
요시무라 씨의 합류는 소통의 통로가 됐습니다.
'여기는 일본 땅이고,
일본인도 장사를 하고 있는데
왜 코리아타운으로 불려야 하나?'
일본 상인 입장에서는 당연히 갖게 되는 의문에 대한
답을 찾기 시작한 것입니다.
그 과정에서 떠오른 공유의 기억은
일본 상인들을 움직인 원동력이 됐습니다.

인써트 27(E) 141130_20-김광민I+고기 써는 E 2:18 기계로 고기 써는 소리

인써트 28 R09_0026 (가고모토, 日) 5:07 우리 가게도… 일본인이지만 일본의 보통 정육점하고는 찾아오는 손님들부터가 다르지… 국물용이나 갈비탕도 그렇고 이런 뼈 부위를 자를 수 있는 저런 반도소(기계 이름) 같은 전기톱 설비를 제대로 갖추지 않으면 안 되고… 다른 정육점에서는 국물용 뼈를 팔지도 않겠지만…

(김광민, 日) 6:24 제사용도 그렇죠… 6:37 여기서만 팔잖아요. 보통 정육점에서는 팔지 않잖아요.… 7:25 형하고 이야기를 하면 제 어렸을 적 유년시절의 기억과 겹치는 부분들이 많고, 이야기를 나누다 보면 옛날 생각이 나기도 하고.

해설 동네 가꾸기에 여념이 없는
김광민 국장의 발걸음은 늘 분주합니다.
그래도 가고모토 씨가 운영하는 정육점 앞을 지날 때면
발길을 멈추고 이야기를 나눕니다.

인써트 29 R09_0026 (카고모토, 日) 7:44 또 제사 뒷날에는 제사음식을 도시락 반찬으로 싸오잖아. 중학교 때는…
(김광민, 日) 7:59 명절 아침에는 누가 없다든가 (웃음)… 8:04 이런 부분까지 서로 잘 아는 상황에서 마을 만들기를 해나간다는 것이 가장 좋은 조건이라고 생각해요.… 일본인이라고, 또는 재일코리안이라고 해서 신경 쓰지 않아도 되잖아요. 이 점이 마을 만들기에 있어서 필수조건이라고 봐요.

음악 10 따뜻한 추억 느낌

해설 3대째 조선시장에서 가게를 하다 보니
한국 사람이 즐겨 찾는 국거리 고기며 제사용 고기!
제사를 지낸 다음날이면
한국인 친구의 도시락에 어김없이 등장했던 제사 음식!
공유하는 추억이 끝도 없기 때문입니다.
그렇게 한 사람은 한국인이고,
한 사람은 일본인이지만
똑같이 이쿠노에서 태어나…
한 공간에서 성장기를 함께 보낸 이들은
또 다른 가족입니다.
(음악 out)

이렇게 '이쿠노'에는
한국인과 일본인이 함께 살아온 독특한 역사가 있기에
1993년, 마침내 이곳에 '코리아타운'이 만들어졌습니다.

인써트 30(E) 141130_13 숯불갈비 점원(여, 日) 1:03 어서 오세요, 호네츠키 갈비입니다.… (한국어) 1:23 부드럽고, 굉장히 맛이 좋아요~

음악 11 시장의 흥겨운 느낌

해설 히라노강에서 출발해
약 600미터 길이의 직선 도로를 걷다 보면
백여 곳의 상점을 만나게 되는 '이쿠노 코리아타운'.
동(東)상점가, 중앙상점가 입구에는
전통적인 한국의 지붕을 씌운 문이 서 있고
먹음직한 부침개, 김치, 김밥, 한국의 식재료!
한국의 냄새가 물씬~ 묻어나는 이곳은
남대문시장을 보는 듯합니다.
(음악 out)
하지만 시장을 이렇게 정비하고,
이름이 달라졌다고 해서
바로 사람이 오는 것은 아닙니다.
실제로 '코리아타운'이 조성된 뒤에도
상가의 침체는 계속됐습니다.
이 문제를 고민하던 김광민 국장은
새로운 방안을 생각했습니다.

인써트 31 (김광민) 141130_16 김광민 인터뷰 2 10:10 실질적으로 장사가 안 되는 바람에… 누구한테 팔아 넘겨야 한다고 그렇게 생각하는 걸 보면 굉장히 아깝고, 안타깝게 생각을 했었으니까 어떻게 해서든지 사고의 전환을 이끌어가야 한다고 생각을 해서 저희들이 일본 여행사하고 협정을 맺어가지고… 코리아타운 체험학습 프로그램을 상품화해서 제공하니 수학여행을 오는 학생들을 한 번 데려와달라고… 그때 마침 오사카에 USJ가 생겨서…, 유니버셜 스튜디오 재팬, 오사카에 수학여행 오는 학교가 굉장히 급속하게 늘어났어요.

해설 2004년 시작된
코리아타운 체험을 통해 알리고 싶은 것은 단 한 가지,
'있는 그대로의 삶'이었습니다.

인써트 32(E) (야스다, 日) 19초 어떻게 좋은 마늘인 줄 알아요?
(할머니, 日) 상처가 없는 마늘이 좋은 마늘이야…
(야스다) 아오모리산이요? (할머니) 그래.

해설 상가 뒷골목 무허가 좌판에서 시작해서
피땀 어린 노력으로 내 가게를 갖게 된
1세대 한국 상인들은 가게에 애착을 갖고 있습니다.
그래서 이쿠노 코리아타운에서
대를 이어서 장사를 하는 집이 많습니다.
일본에서는 야스다 히로하키로 불리는 이희철 씨도
할머니, 어머니의 뒤를 이어
채소 가게를 하고 있는 재일동포 3세입니다.

인써트 33 (야스다, 日) R09_0025 야스다와 가게 2:44 이 가게를 처음 시작한 것은 60년 전에 제주도 오조리 출신의 할머니가 리어카에다가 김치, 생선 이런 것을 싣고 팔기 시작하면서입니다.… 4:53 이게… 제주도 김치, 할머니 옛날 김치, 깍데기… 하고 잔자 다이콩(무), 그리고 무, 맛있어요.…

해설 가족의 삶에 긍지를 느끼고 있는 이희철 씨는
찾아오는 이들에게 자랑스럽게 가게 역사를 소개합니다.
그러면 지나가던 손님도 한 마디씩 거듭니다.

인써트 34 (女손님, 日) R09_0025 야스다와 가게 8:22 오이시데스요, 김치모, 콩나물모 오이시, 참 맛이 있어요.… 8:41 콩나물하고 이거는 이 외에서는 다른 데서는 안 사~

음악 12 애틋한 느낌

해설 이쿠노 코리아타운에서는 콩나물도 특별합니다.
어두운 곳에서 싹을 틔우는 콩나물은
한밤중에 몇 번이나 물을 주면서
정성을 들여 길러야 합니다.
그런 콩나물을 기르면서 재일동포들은
암담하기만 한 일본에서의 삶도
정성을 다하면 희망이 자랄 것이라고 믿었습니다.
그렇게 콩나물 하나에도 깃들어 있는
코리아타운의 역사를
매년 만여 명의 학생들이

'체험학습'을 통해 알게 됐습니다.
물론 이 변화를 가장 반긴 이는 홍여표 씨였습니다.
홍정숙씨가 회상하는 아버지의 이야기를 들어보시죠.

인써트 35 (홍정숙 女) R09_0018 홍정숙 부친 회상 1:44 옛날에는 차별로서 (차별받으며) 그렇게 다 고생했는데… 좋은 시대가 왔잖아요.… 아버지는 그에 대해 많이 감사하셨어요.… '코리아타운이라고 하면 치별의 대명사였는데 지금은 일본 사람들이… 여기를 좋아해서 찾아온다'고, 그에 대해 '뭔가 보답하고 싶다'고 해서 식공방을 차렸고, 그 아이들이 비를 맞으면서 점심을 먹고 있는 모습을 보면서 뭔가 그 마당을 마련해야 한다고, 장사가 아니라 내가 이 코리아타운에 보답하고 싶다고 해서 식공방을 차렸어요.… 그렇게 해서… 코리아타운에 사람들이 더 모이게 되고, 코리아타운을 좋아하게 된다는 것은 우리를 이해 받는 거잖아요.(우리를 이해하게 되는 거잖아요)

해설 많은 학생들이 찾아오지만,
쉴 곳이 없는 것을 안타깝게 여긴 홍여표 씨는 2002년!
중앙 상점가 한가운데
일종의 쉼터인 '반가 식공방'을 열었습니다.
그 덕분에 따뜻한 차도 공짜로 마시고,
고단한 다리도 쉬어갈 수 있었던 아이들은
감사의 편지를 보냈습니다.

음악 13 따뜻한 느낌 BGM

낭독 (남학생) 타운랠리에서 재일한국인에 대해 배웠습니다. (편지) 그 때 들은 한국 이름, 한국 글씨가 신기해서 집에 돌아가… 한글로 제 이름을 써보았습니다.

(여학생) 코리아타운의 역사를 듣고 마음에 남아 있는 것은 한국인이 옛날, 심한 대접을 받았던 이야기였습니다. 같은 사람끼리 즐겁게 살아갈 권리가 있습니다.

해설 알면 보이고,
보이면 느껴지고,
그때 느끼는 것은 전과 같지 않습니다.
실제로 코리아타운을 체험한 학생들은
다시 한 번, 이쿠노를 찾게 됐고
그렇게 시작된 발걸음은
수많은 방문객들로 이어졌습니다.

인써트 37 (일본인 女1, 日) 141201-34 방문객 T 1:06 저는 한국을 무척 좋아하는데요.… 얼마전에도 한국에 다녀왔어요. 제가 히로시마에 살고 있습니다. 그런데 일본 안에서 가장 가깝게 한국을 느낄 수 있는 곳이 코리아타운이라고 생각해서… 시간 날 때, 한국을 느끼고 싶을 때, 코리아타운을 자주 방문합니다.

(일본인 女2, 日) 141201-71 김치 방문객 T 36초 '기시와다'가 제 고향인데요. '기시와다'에서 일부러 김치를 사러 왔어요. 코리아타운 김치가 저희 동네 김치보다 맛있어서요. 김치 사러 자주 옵니다~

인써트 38(E) 141130_21 고기 주문E (여상인, 日) 6초 하이, 아리가또 고자이마

스~··· 35초 조또마테(잠시만요)

(여손님, 日) 44초 그거랑 그걸로요.··· (적당한 곳에서 Narr.)

해설 일본에서 한국을 느낄 수 있는 곳으로!
한국 음식이 가장 맛있는 곳으로 인식된
이쿠노 코리아타운은
사람들의 물결로 언제나 넘쳐납니다.

음악 14 월드컵 음악

해설 이 물결은 한국과 일본이 공동 개최한 2002 월드컵!
그리고 드라마 〈겨울연가〉로 촉발된 한류로
이쿠노는 오사카 제1의 명소가 되었습니다.
그 놀라운 변화에
'코리아타운 추진위원회'에 합류했던 요시무라 씨도,
동(東) 상점가를 맡고 있는 이노우에 회장도
감탄하고 있습니다.

인써트 39 (요시무라, 日) R09_0011-1 요시무라상 인터뷰 38분? 홍여표 사장님은 현재의 상황을 정확하게, 확실하게 인식하시고 미래에 대해 내다보시는 그런 힘이 있었던 분으로 기억하고 있습니다.··· 제가 홍여표 회장님에 대해 말씀드린다면 역시 이 시대에 꼭 필요했던 사람이 아닌가, 생각하고 있습니다.

(이노우에, 日) 141201_83-이노우에 3 7:19 당시에는 코리아타운을 내세운 것이 실패로 보였을지 모르겠습니다. 그러나 지금 생각해보면 코리아타운으로 내세워서 출발했던 것이 성공한 것이

라고 생각하고, 선견지명이 있었던 그런 판단에 감사하는 마음입니다.

해설 하지만 홍여표 씨의 딸!
홍정숙 씨는 지금에 만족하지 않습니다.

인써트 40 (홍정숙 女) R09_0017 홍정숙 모녀 부친 회상 12초 누구보다도 당신이 먼저 앞장서서 뒷모습을 보고 따라오게 해주셨어요.… 40초 어느 정도 돈이 들어가고 장사도 잘되면… 게으르게 되잖아요. 그러나 아버지는 그런 모습이 하나도 없었어요. 잘되면 될수록 더 열심히 하고… 1:52 그것이… 진짜 아버지의 대단한 부분으로 저는 그것을 진짜 이어가고 싶다고… 3:01 여기서 아버지가 하지 못했던 일들을 제가 할 수 있었으면 좋겠다. 제가 하나씩 할 수 있는 것으로 아버지 생각을 이어가면서 뭔가 좀 만들 수 있었으면 좋겠다고 지금도 그 도중이에요.(그 과정에 있어요)

해설 현실에 안주하지 않고,
꿈을 향해 계속 나아간 아버지처럼
딸도 문화교류의 거점을 마련하는 사람이 됐습니다.
아들인 홍성익 회장이
한국의 식문화를 일본에 전파한
홍가네의 가업을 잇고 있다면,
딸인 홍정숙 씨는 문화를 통해
아버지의 꿈을 이어가는 겁니다.

인써트 41 (홍정숙 女, 日) R09_0009 홍정숙-흐르는 천 년 4:22 여기가 '흐르는 천년'이고요.··· R09_0010 홍정숙-흐르는 천년 31초 여기 천 년 전에는 한국이나 일본이나 그런 거 관계없이 도래인들이 와서 다양한 문화교류들을 했습니다. 그래서 천 년의 과거부터 시작해서 현재에도 교류하면서 다시 미래로 이어지는 그런 생각으로 '흐르는 천 년'이라는 것을 만들었습니다.

음악 15　고풍스러운 국악

해설　'흐르는 천 년'은 다양한 종류의 한지,
재료 그대로의 아름다움을 살린 목가구 등
한국 전통의 멋을 느낄 수 있는 작품이 전시된 1층과
한국의 전통 차, 한식을 맛볼 수 있는 2층으로 이루어진
복합 문화공간입니다.
이곳의 의미를 전하기 위해
홍정숙 씨는 일본인 손님들이 오면
꼭 이렇게 설명을 합니다.
그 말을 듣고, 다시 한 번 둘러보는 공간,
맛보는 음식에는
고풍스러운 한국의 모습이 담겨 있습니다.

인써트 42　(일본인 여손님 1, 日) R09-0022 연카페 식사하는 일본 손님들 30초 북어국. 북어국··· 1:06 하지메떼. 처음 먹어봐
(일본인 여손님 2, 日) 1:37 한국적인 분위기를 실감나게 느낄 수 있는 공간입니다~

해설　이렇게 코리아타운에 문화를 더하고 있는 홍정숙 씨는

3년 전 새로운 도전을 시작했습니다.

인써트 43 (홍정숙 女, 日) R09_0021_연카페 1초 여기가 연카페입니다.… 24초 '흐르는 천 년'하고 여기하고 차이점은 '흐르는 천 년'은 과거에서 현재, '연카페'는 현재에서 지금 막 만들어지고 있는 미래적인 그런 것들을 다 포함한 물건들을 진열하고 있습니다.… 5:26 그러니까 장사보다는 사람들이 현재의 한국을, 변화하는 한국을 가깝게 느끼고 이해할 수 있는 공간으로 소개하고 있습니다.

음악 16 꿈이 피어나는

해설 문명 발전에 관한 보고서, 《총, 균, 쇠》 에서
저자인 제레드 다이아몬드(Jared Mason Diamond) 교수는
"한국과 일본은 성장기를 함께 보낸 쌍둥이와도 같다"고 말했습니다.
그러나 이를 인식하지 못하는
양국의 다가서기를 위해
홍정숙 씨는 〈흐르는 천 년〉과 〈연카페〉로
문화적 교류를 시도하고 있습니다.
그리고 이는 또 하나의 흐름이 되어
딸에게로 이어지고 있습니다.

인써트 45 (박순옥 女) R09_0007 홍정숙_딸-연키친 14:30 내가 어디서 와서, 어떻게 태어났는지, 아니면 자기 부모님이나 할아버지, 할머니가 어떻게 사셨는지 그런 것을 알면서 사는 게, 아는 것만으로

도 되게 큰 의미가 된다고 생각하거든요. 지금 엄마가 하고 계시는 가게가 그런 상징이라고도 생각하거든요. 그러니까 나중에 제가 그런 일을 할 수 있을지는 모르겠지만 저도 자연스러운 흐름 속에서 나중에 일본이랑 한국이랑 그렇게 이을 수 있는 그런 일을 하게 된다면 되게 멋질 것 같아요.

해설 홍가네의 다음 세대인 박순옥 씨는
할아버지가 심어놓은 꿈의 씨앗으로
어떤 열매를 맺을까요?
이미~ 이쿠노 코리아타운은
상생의 결실을 거두고 있습니다.

인써트 46(E) 141201_55 오야지밴드1E 8:12 (남, 日) 미나상, 곤니찌와, (우리말) 안녕하십니까?
+ 141201_39 길놀이E 2:10 (남) 만사태평하고 소원성취하옵소서~… (쭉 깔리며)

해설 한국도, 일본도, 구분하지 않고
모두가 하나 되어 즐기는 축제가 탄생한 것입니다.
코리아타운을 만들며 함께 살아가는 법을 배운
한국인과 일본인.
이들은 축제를 통해
또 어떤 훙겨운 공존을 빚고 있을까요?
내일 이 시간에는 그 모습을 따라가 보겠습니다.

後 시그널

타이　　　광복 70년 미래 30년, 대한민국 100년의 드라마
KBS World Radio 신년특집 2부작

한일 관계, 이쿠노 코리아타운에서 길을 찾다
《제1부 홍가네 사람들》

後 시그널 up & 서서히 out

해설　　　지금까지 기술 김남희, 음악 이강호, 효과 신현파, 장찬희,
글·구성 노희준, 연출 전경숙,
해설에 임영상이었습니다.

2

자이니치 홍과 이쿠노 코리아타운을 산책하다

정막래(전 계명대학교 교수)

1. 머리말 - 자이니치 홍을 만나다

이 글은 2016년 2학기 한국외국어대학교 대학원 글로벌문화콘텐츠학과 글로벌문화콘텐츠워크숍 2 수업으로 2016년 10월 29~30일에 일본 오사카에서 진행된 워크숍에 관한 보고서이다. 오사카의 이쿠노 코리아타운에서 열린 이쿠노 코리아타운 축제에 참가한 후의 느낌을 적은 것인데, 문화콘텐츠학과 워크숍인 점을 감안해 탐방기를 스토리텔링 형식으로 작성해보았다.

그림 3-1 코리아타운 입구에서(왼쪽), 코리아타운 탐방자료집 표지(오른쪽)

'이쿠노 코리아타운'의 창립자라 할 수 있는 고 홍여표 씨가 우리에게 이곳을 안내하는 것을 상상하며 글을 써보았다. 홍여표 씨를 '자이니치 홍'으로 표현했다. 자이니치(在日)를 아는가? 자이니치[1]는 일본인이 한국에서 온 사람들을 낮추어서 부르는 말이다. 북쪽에서 온 사람, 남쪽에서 온 사람을 부르는 이름이 다르기 때문에 모두를 '자이니치'라고 부르는 것도 좋겠다는 의견도 있다 한다.

자이니치 홍이라는 이름을 적은 이유는 그 때문만은 아니다. 재일동포들이 비록 자이니치라는 말로 불리었어도 그들은 자존감이나 주체성을 잃지 않고 일본 사회에서 주류민족인 일본인과 함께 잘 어우러져 살아가고 있기 때문에 문제가 되지 않을 것으로 여겨져서이다. 오사카 이쿠노 코리아타운이 일본 내뿐만 아니라 전 세계의 코리아타운 가운데 모델이 될 수 있다는 점을 감안한 것이다.

자이니치 홍이 이곳의 의미 있는 장소들을 보여주면서 자신의 기억을 그 장소에 첨가시키는 것은 이 장소들을 과거로 돌이켜 더욱 생생한 현재의 모습으로 만들게 될 것이다. 탐방보고서를 새롭게 시도하면서 이쿠노 코리아타운의 좁다란 골목이 정다운 골목으로 다가오고 있음을 느끼게 될 것 같다.

2. 히라노강에서 철조각을 줍던 조선인

이 강이 바로 히라노강[2]이라네. 이곳 이쿠노 지역에 어쩌다가 조선인이 살게 되었는지 궁금할 게야. 이 지역에 조선인이 급증하게 된 것도 바로 이 강의 개수공사 때문이었다네.

1) 일본에 사는 한국인을 부르는 말로는 재일코리안, 재일조선인, 자이니치, 재일한인, 재일한 · 조선인, 조선인 등 많은 이름이 있다.

2) 히라노강은 백제강이라는 이름으로 불렸다. 츠루하시라 불리는 이 일대는 히라노강과 네코마강에 의해 생긴 충적지대로 빈번하게 범람하여 주민을 힘들게 했다. 백제강(구 히라노강)은 쇼와 15년인 1940년에 신히라노강의 완성으로 매립되었다.

히라노강은 비가 많이 내리면 순식간에 물이 불어나 주변지역이 침수되곤 했다네. 이 때문에 1919년부터 1923년에 걸쳐 대규모 개수공사가 실시되어 이때 많은 조선인이 작업에 동원되었다네. 조선 땅에서 건너온 조선인은 이곳에서 막노동자로 일을 하였다네.

또 이 이쿠노 지역에는 고무공장과 열쇠공장 등 금속가공 공장도 많았기 때문에 장기간 거주하는 사람도 생겨나게 되었다네. 그래서 이곳에서는 긴 막대기에 자석을 달고서 이 강으로 흘러내려오는 철을 건져 올리는 사람들이 당시에 많았다고 하네. 1923년에는 오사카-제주도를 연결하는 정기선이 취항했기에 제주도에서 이곳으로 배를 타고 오는 사람들이 많아졌다네. 지금도 이곳에 제주도 사람들이 많은 것은 이 때문이라고 할 수 있지.

그림 3-2 히라노강의 모습 1(왼쪽), 히라노강에서 바라본 코리아타운(가운데), 히라노강의 모습 2(오른쪽)

이곳에 조선인이 많아지자 그리운 고향의 맛을 제공하기 위해 서서히 조선시장이 그 모습을 갖춰가기 시작했다네. 당시 조선시장은 현재 코리아타운에서 남쪽으로 10미터 정도 떨어진 곳에 위치했다네. 당시에는 2층 목조건물에 살던 조선인이 1층 토방에 나와서 김치와 나물 등을 판매하는 구멍가게들이었다네. 명절에는 2만여 명의 사람이 북적일 정도로 성황을 이뤘으나 1941년 생활필수물자통제령이 공포되는 바람에 쌀과 생선 등의 매입에 대한 경찰 통제가 강화되어 대부분의 조선인 가게들은 문을 닫게 되었다고 하네. 또 지금의 코리아타운이 있는 미유키모리 상점가는 1945년 이곳이 공습을 당했을 때 동쪽 지역이 절반 정도나 연소되었다고 하네.

그런데 어떻게 해서 조선인 상가가 다시 일어나게 되었는지 알겠나? 공습을 당하게 되자 이를 두려워한 일본인 점포주들이 지방으로 피난을 가기 위해 점포를 싼 가격으로 팔거나 임대를 하게 되었다네. 이때 구멍가게를 하던 영세한 조선인은 미유키모리 상점가로 진출을 하게 되었다네. 그리고 전후에 조선인 점포가 늘어가면서 이곳이 조선시장으로 불리게 되었다네. 지금 이 상점가는 동상점가, 중앙상점가, 서상점가로 나뉘어 있지. 지금 우리가 말하는 이쿠노 코리아타운이 바로 이 상점가들이라네.

그림 3-3 츠루하시역, 국제시장, 미유키모리 상가(코리아타운)〔왼쪽〕, 코리아타운의 거리(가운데), 코리아타운의 밤거리(오른쪽)

3. 나는 스물다섯 살 난 청년사업가였네

내가 사업을 언제 시작했냐고? 나는 요샛말로 청년CEO였다네. 내가 스물다섯 살 나던 해부터 나는 사업에 뛰어들었다네. 그때 시작한 사업이 바로 식자재 사업[3]이었지. 이 일을 하면서 나는 우리 한인 상인들을 한데 모으려고 애를 썼다네. 서로의 이익을 창출하는 데에는 협동만 한 것이 없거든.

그림 3-4 서상점가, 중앙상점가, 동상점가 대표들(왼쪽), 서상점가(가운데), 중앙상점가(오른쪽)

나는 동상점가와 중앙상점가를 연합하는 일도 도모했지. 나는 당시에 중앙상점가의 회장을 맡고 있었다네. 서상점가에는 일본인이 운영하는 상점들이 많아서 처음부터 이들까지 끌어들이는 것은 힘든 일이었다네. 나는 전국적으로 쇠퇴해가고 있는 상점가를 살리고 싶었다네. 그들의 이익을 대변하는 일도 함께하고자 했지. 이 상점가는 조선시장으로 전국적으로 알려진 적이 있으니 이 점을 이용하여 코리아타운으로 살려보자는 생각을 했다네.

이때 힘도 들었지만 지금 생각해보면 참으로 보람찬 나날들이었다네. 서로의 의견이 안 맞아서 게이트를 세우거나, 도로를 포장하거나, 가로등을 세우는 일들을 하면서 의견이 서로 달라 애도 많이 먹었다네.

그림 3-5 한복상가(왼쪽), 분식상가(가운데), 숯불구이식당(오른쪽)

3) 홍여표 씨는 1955년에 구 조선시장에서 한식재료를 취급하는 도쿠야마상가를 열었다. 이곳이 오늘날의 반가식공방이다.

그림 3-6 김광민 사무국장

결국 네 군데에 게이트를 세우게 되었다네. 동상점가는 코리아타운, 중앙상점가는 미유키모리중앙과 코리아로드라는 명칭을 새기기는 했지만 어쨌든 조선시장은 이제 코리아타운으로서 새로운 길을 개척한 것이라고 볼 수 있다네. 후에 이 두 상가는 코리아타운으로 명칭을 통일하게 되지.

그때 참 열성적으로 일했지. 그 시절이 내 전성기라고 할 수 있을 게야. 그것이 요샛말로 하면 NGO센터 같은 것이라 할 수 있겠구만. 요새는 이 일을 코리아NGO센터에서 맡아서 조직적으로 잘하고 있더구만. 이곳에서 일하는 김광민 사무국장[4]이 젊은 나이에 참 열심이지. 협동회사도 하나 차려서 그 회사에서 돈을 벌어서 이곳에 대는 거지. 하지만 사무국장이 강연하러 다니면서 받는 강연료가 여기 유지하는 데 훨씬 도움이 될 걸. 아마 한국외국어대학교에서도 해마다 강연을 하고 있을 걸, 하하! 그 강연료를 모두 모아서 센터에서 공용으로 사용한다는구만. 그래서 이곳 센터에서 일하는 이들 4명 월급 주고 그 가족들이 다 살 수 있는 것을 보면 운영을 잘하는 게지.

이제는 NGO 활동가도 하나의 직업으로 살아갈 수 있어야 해. 돈이 많아도 마음이 넓지 못하면 남을 위해 좋은 일을 할 수 없는 법이거든. 그래서 모든 CEO가 NGO 활동을 할 수는 없지. 하지만 모든 NGO가 CEO였으면 하는 바람이 있네. 그래야 식구들 밥 굶길 염려 안 하면서 좋은 일 마음 놓고 할 수 있을 테니 말이네.

---

4) 김광민 사무국장은 일본에서 나고 자란 재일교포 3세이다. 그의 할아버지, 할머니가 1930년대 초반 일제강점기에 고향인 제주도에서 일본으로 이민 온 1세대이다.

4. 한국인은 어디 가나 교육열이 뜨겁지

해외로 나간 우리 한인이 가장 열중하는 것이 무엇이라고 생각하나? 돈 벌기, 하루 벌어먹고 살기, 아니면 부 축적하기? 그래 그런 것들을 열심히 해야지. 그런데 그런 것들을 왜 그렇게 열심히 한다고 생각하나? 그래, 다 마찬가지라네. 그 지긋지긋한 가난에서 벗어나고 싶어서지. 이 가난을 내 후대에게는 결코 물려주고 싶지 않은 마음에서라네. 그래서 우리 자이니치들은 열심히 일하면서 돈 벌어서 우리 자식들 교육에 열과 정성을 다한다네.

밥 안 굶고 살 만하니 이제는 자식들 가르치는 일에 열중해야 될 때라고 생각하게 되지. 하지만 우리 조선인은 밥을 굶더라도 자식들은 가르쳐야 한다고들 생각한다네. 우리 민족의 교육열을 쫓아올 만한 민족은 세계 그 어디에도 없을 걸세. 우리도 이곳에서 아이들 교육에 열심을 다했다네.

초등학교에 입학하기 전에는 유치원에 보내게 되는데, 이곳 한국오사카교회에서 좋은 일을 하고 있지. 부속유치원을 만들어서 아이들을 돌봐주고 있다네. 종교단체에서 이런 일을 하기에 교인의 수가 늘어나는지도 모르는 일이지. 안팎으로 일해야 하는 이민사회에서 아이들을 돌봐주는 일을 도맡아 하는 교회 유치원도 운영하는 교회의 역할은 본토에서보다 더 큰 것이라고도 할 수 있다네.

아이들이 초등학교에 갈 나이가 되면 고민이 하나 생긴다네. 이곳의 학교가 하나가 아니기 때문이라네. 이곳에는 남쪽 민단에서 운영하는 학교도 있고, 북쪽 조총련에서 운영하는 학교[5)]도 있다네. 특히 조총련에서 운영하는 오사카조선제4초등학교는 공식학교로 우리 조선인이 자식들을 이곳에 많이들 입학시키고 싶어 한다네.

5) 이 학교는 2016년에 창립 70주년이 되는 역사가 깊은 학교이다.

그림 3-7 오사카조선제4초급학교(왼쪽), 조선학교의 행사광고(가운데), 한국오사카교회와 부속유치원(오른쪽)

일본의 일반 학교를 다니는 이들도 많지. 그곳에서 민족학급의 활동[6]을 할 수 있다네. 민족학급이라는 것은 방과 후에 한국어를 사용하는 동포끼리 모이는 공부방을 말한다네. 이곳에서는 운동회, 다과회 등이 격의 없이 이루어져서 이곳에서 한인 학생들이 친구를 사귈 수 있었다네. 여기에서는 한국의 생활방식에 대해 자유롭게 대화를 나누기도 했다네. 이를테면 제사나 재일한인 1세대들의 잘못된 일어 사용 등이 대화의 소재가 되기도 했다네. 이런 활동이 있었기에 자신이 고립되어 있지 않음을 느끼고 어느 정도 마음의 안정을 얻게 되었던 게지.

그래, 누구나 어딘가에 소속되어 있다는 소속감이 중요하지. 그리고 '학교가 민단이면 어떻고 조총련이면 어떤가' 라고 이곳 사람들은 생각한다네. 그것은 남북으로 분단되기 이전에 이곳으로 왔기 때문일 것이네. 그래, 어느 학교에 다니든지 잘 배우면 되는 게지.

가을이면 열게 되는 코리아타운축제에서 탈춤을 추고 노래도 하고 꽹과리, 장구 치며 농악을 하는 아이들을 보면 흐뭇하기 이를 데 없게 되지, 하하.

---

6) 이쿠노 코리아타운의 코리아NGO센터의 김광민 사무국장도 민족학급의 활동에 참여했다.

그림 3-8 축제 때 무대 위의 공연들(왼쪽), 축제 때 무대 아래의 공연들(가운데), 축제 때 거리의 공연(오른쪽)

축제 때에는 아이나 어른 할 것 없이 하나가 되어서 이 거리를 걷는다네. 지금은 장사가 잘되어 감사하는 마음으로 이 행사를 개최하고 있다네. 농악패들이 축제가 시작되면 이 거리를 지나면서 상점마다 들러서 복을 빌어주기도 한다네. 제주도에서 사람들이 자기 돈 들여서 1년에 한 번씩 이렇게 찾아와주기도 하니 얼마나 고마운지 모른다네.

5. 이만하면 자식농사 잘 지었지

나는 아들 5명과 딸 1명, 모두 6명의 자녀를 두었다네. 우리 자식들 모두 민족학교에 다녔다네. 막내아들은 조선 고등학교를 졸업하고 나서 나가노현의 마쓰모토치과대학에 진학해서 치과의사가 되었네만, 후에는 모두 조선대학교까지 졸업했다네.

셋째는 조선대를 나온 뒤에 프랑스에 유학 가 3년 정도 공부하고 나서 이곳에 돌아와 지금은 반가식품의 사장으로 일하고 있다네. 그러니 치과의

사를 하고 있는 막내아들을 제외하고 사위까지 전부 우리 회사에서 일하고 있는 셈이지. 한국의 전통적인 식재료를 다루고 식문화를 전파시키는 일을 자식들 모두가 합심하여 하고 있다네.

우리 아이들이 합심하여 하고 있는 사업은 내가 문을 열었던 도쿠야마 물산이라네. 아마 이곳 코리아타운에서 가장 크게 장사를 하는 곳일 게야, 하하. 요샛말로 깨알자랑 좀 하자면, 해방 당시에 떡 가게로 출발하여 현재는 한국 식품을 다루는 일본 내 가장 큰 회사가 되었다네. 조선은행에 부도가 나서 출장소가 매각되자 이를 우리 물산에서 사들이고 또 출장소 뒤에 철공소 부지까지 구입하여 반가식공방을 새롭게 만들었다네. 이곳 2층에서는 체험학습, 행사 등도 하고 있다네. 3층에서는 장구교실 등 문화체험도 하고 있다네. 이곳에서 개발한 떡을 굳지 않게 만드는 방법은 한국 회사에 수출도 했다네.

내 딸은 요즘 독립해서 요 옆에 '연카페'[7]를 열었다네. 워낙 부지런해서 한국에 자주 드나들며 물건을 사온다네. 한국의 카페같은 분위기가 날 걸세. 젊은이들 취향에 맞는 이른바 유행에 뒤지지 않는 카페를 운영하고 있다네. 자랑스런 외동딸이네. 내 딸이 지금 이 연카페 외에도 가게를 두 군데 더 운영하고 있다네. '흐르는 천년'이라는 카페는 옛날의 한국을 느낄 수 있는 곳이라네. 즉 한국의 전통을 맛볼 수 있는 곳이지. '연키친'은 한국의 요리를 강습하고 체험할 수 있는 곳이라네.

처음에는 마늘냄새가 싫어 김치를 혐오하기까지 했던 일본인이 이제는 김치 담그는 법을 배우기 위해 우리 아들이 운영하는 반가식공방과 우리 딸이 운영하는 연키친을 찾고 있다네, 하하. 앞으로 오사카의 이쿠노 코리아타운이 우리 한민족의 문화를 일본사회에 알리는 문화플랫폼의 역할을 더 충실히 하기를 바라고 있다네.

---

7) 홍여표 씨의 딸 홍정숙 씨는 '연카페' 외에도 카페 바로 옆에 또 하나의 카페를 운영하고 있다. 이 카페에서는 매주 모여 한국음식을 만드는 실습을 하기도 한다.

그림 3-9 자이니치 홍의 딸이 운영하는 연카페(왼쪽), 흐르는 천년(가운데), 코리아 갤러리 2층의 전시실과 한류 전시작품(오른쪽)

각자 맡은 분야에서 자신의 몫을 하고 있지. 내 더 바랄 게 뭐가 있겠나! 자식 농사 이만하면 잘 지은 것 아니겠나, 하하!

6. 내 나이 들어 일본말을 잊어가네

내가 태어난 것이 1930년이니 내가 살아있다면 올해 87세라네. 내 나이 들어가니 최근 것들부터 자꾸 잊히는구만. 오늘 밥을 먹었는지 어제 먹었는지 정신을 바짝 차려야 생각이 난다네. 어릴 적 일들은 이렇게나 또렷이 기억이 나는데 원… 그래서 그런지 이곳 일본땅에 와서 배운 일본말이 엄청난 속도로 잊혀가는구만… 일본 양로원엘 갈 수 없어 나는 하는 수 없이 조선인이 운영하는 조선양로원에 다니고 있다네.

이곳 양로원은 한국의 경로당 같은 것이라고 생각하면 되지. 아침에 밥 먹고 이곳에 와서 친구들과 지내다가 저녁이 되면 집으로 가는 노인들이 한국에 있는 것처럼 이곳에도 그런 곳이 몇 군데 있지. 한국과 조금 다른 점이 있다면 이곳에서는 아픈 사람들을 돌봐주기도 한다는 것이지. 일종의 병원 역할도 담당하는 것이라네. 양로원에 가깝다고도 할 수 있지만 아침에 이곳으로 와서 저녁이면 집으로 돌아간다는 점에서는 경로당과 더 흡사하다고 볼 수 있을 것이네. 몸이 불편한 이들을 위해 차를 가지고 와서 데려가고 있다네. 이렇게 보면 어린 시절에 다녔던 탁아소와 별 다를 게 없지.

처음에는 네 다리로 걷다가, 그다음에는 두 다리로, 그다음에는 세 다리로 걷는 동물이 바로 사람이라는 말이 딱 들어맞는 게야. 나이가 들면 아이가 된다는 말이 맞아. 어린 시절에는 아직 힘이 생기지 않아서 부모의 도움을 받아야 했고, 나이 들어서는 힘이 빠져나가서 자식들의 도움을 받아야 하는 게지. 그렇게 보면 우리 인생에서 누군가의 도움을 받지 않고 줄 수 있는 세월이 그리 긴 것도 아니라네.

우리 자이니치들은 그래도 다행이라네. 누구나 우리는 젊은 시절에 열심히 일하여 노후를 위해 재물을 모았지. 우리 자이니치들이 젊은 시절에는 일본 경기가 꽤 좋았지. 그래서 우리는 부를 상당히 축적할 수 있었던 게야. 지금 생각해보면 얼마나 다행인지 몰라. 자식들에게 손 안 벌리고 그 돈으로 노후의 간호를 제대로 받을 수 있으니 말이네.

그림 3-10 재일한인 양로원 '데이케어'(왼쪽), 재일한인 양로원 '바다'(오른쪽)

이곳 이쿠노지역에 있는 양로원은 '바다'[8]와 '데이케어'[9] 두 군데가 있

8) 이쿠노 코리아타운에 위치해 있는 양로원 '바다'는 재일동포가 운영하고 있다.
9) 이쿠노 코리아타운에 위치해 있는 양로원 '데이케어' 역시 재일동포가 운영하고 있다.

는데 어디로 갈지 한참 고민했다네. 어느 유치원엘 갈까 고민하는 것과 흡사하지? 하하하! 양로원 이름이 '바다'[10]라는 것도 일본말을 잊어버리고 조선말만 기억하는 우리 자이니치들을 위한 시설임을 잘 보여주는 것이라네.

자네 같은 젊은이들이 앞으로 이런 실버사업을 잘 구상한다면 좋은 사업이 될 게야. 의학의 도움으로 우리 같은 늙은이들의 숫자가 갈수록 많아질 테니 말이야, 하하.

7. 나 죽거든 사랑하는 이여

서양속담에 "노인 한 사람이 세상을 떠나는 것은 도서관이 한 곳 없어지는 것과 같다"라고 한다지. 성경에도 왜 있지 않나, "센 머리 앞에 일어서라"[11]는 말처럼 노인이 공경 받고 존경도 받는다 하더라도 늙는다는 것은 서러움을 동반하는 일이 아니겠는가. 하지만 우리가 인생을 오래 살았다는 것은 그 어떤 상황도 조금은 덤덤하게 받아들일 준비를 했다는 말이 아니겠는가? 그것이 바로 노인에게서 배우는 지혜, 도서관 한 채와도 같은 지혜가 아니겠는가? 그렇게 우리 자이니치도 이곳 타향인 일본에서 죽음을 맞이해야 한다네.

예전에는 노인이 돌아가시면 만사를 제쳐두고 제주도 등의 고향으로 장례를 치르러 떠났다네. 그 장례 치르는 일이 엄청난 시간과 힘과 돈을 요구하는 것이었다네. 어느 때는 1년에 달하는 장례절차를 마치고 일본의 일터로 돌아오면 예전에 했던 일들을 더 이상 못하게 되는 수가 허다했다네.

그래서 이곳에서 장례를 치르고 이곳의 납골당에 뼈를 묻게 되자 우리

10) 양로원 '바다'의 영어 표기가 'Pada'로 되어 있는 것은 우리말 표기법에 맞지 않는 것으로 앞으로 고쳐지기를 바란다.

11) 성경 레위기 19장 32절 말씀.

자손들은 부모 가시는 길에 마지막 효도도 다 하면서 자신의 일자리를 잃지 않고 편안하게 살 수 있게 되었다네. 그 일을 저 절[12]에서 해주었지. 에스닉 타운에 꼭 필요한 일 중의 하나를 불교사찰 관음사에서 담당해주어서 우리야 고맙지. 저 절의 7층에 있는 납골당에 나도 묻혀 있다네. 이곳이 바로 명당이지.

왜 옛날에는 '좌청룡, 우백호'가 명당이라고 하지 않았는가? 하지만 요새는 '좌택시, 우버스'가 명당이라지 않는가, 하하! 사랑하는 이들을 남겨두고 떠나는 일은 힘든 일이지만 그들이 나 죽어서도 자주 찾아와서 추억할 수 있는 장소가 가까이에 있다는 것이 그나마 위안이 된다네.

그림 3-11 불교사찰 관음사(왼쪽), 관음사의 7층에 위치한 납골당(오른쪽)

벌써 몇 년 전의 일이구만! 죽어서도 세월은 참 빨리 흐르는구만! 젊을 때 더 열심히 살아야 하는 이유인 게야.

8. 맺음말: 자이니치 홍과 거닐었던 길에 점을 찍다

자이니치 홍과의 만남은 이렇게 짧게 끝이 났다. 우리네 할아버지 같은 분의 안내를 받으며 걸었던 이쿠노 거리는 이제 더 이상 좁은 골목길이 아니

12) 그 절은 5층 빌딩에 위치한 극락사로, 이 건물의 3층 전체가 납골당이다.

었다. 이쿠노 코리아타운은 할아버지 걸음으로도 1시간 반이면 족히 걸을 수 있는 거리였다. 그 길이 어린 시절의 아련한 추억의 길처럼 남게 되었다.

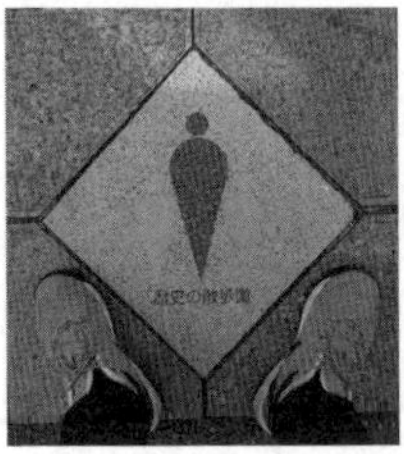

그림 3-12 역사의 산책길(왼쪽), 미유키모리상가(코리아타운) 지도(오른쪽)

자이니치 홍과 걸었던 그 길을, 자이니치 홍과 들렀던 그 장소, 그 건물들을 지도 위에 하나씩 점찍어보련다.[13] 그리고 자이니치 홍이 들려줬던 옛날이야기들과 오늘날의 이야기들을 적어둔다. 우리 뒤에 또 이곳을 찾게 될 다른 이를 위해 오늘도 콘텐츠학도로서의 기록을 남기는 사명을 다한다.

13) 지취에 점을 찍는 작업은 지식맵을 만드는 일로 위키와 구글맵을 활용하여 이후에 만들 예정이다.

저자 소개

정막래

한국외국어대학교 러시아어과(문학사)와 대학원 러시아어과(문학석사)를 졸업하고, 1996년 6월 러시아 모스크바국립대학교 대학원에서 러시아문학으로 박사학위를 취득한 후 1997년 3월부터 2017년 5월까지 계명대학교 러시아어문학과 교수로 재직했다. 문화콘텐츠 연구를 위해 2016년 3월 한국외국어대학교 대학원 글로벌문화콘텐츠학과 박사과정에 입학, 2017년 8월 『광주 고려인마을 콘텐츠 연구: 〈나눔방송〉 기사를 중심으로』라는 주제로 문화콘텐츠학 박사학위를 취득했다. 그 외 『고려인을 위한 한국어』를 저술하고, 광주 거주 고려인의 『광주에 내린 첫눈』 시집을 번역 출판했으며(2017), 『한글신문 선봉을 통해 본 연해주 고려인사회의 교육과 생활문화』(금철사랑, 2017)와 『한글신문 선봉을 통해 본 연해주 고려인사회의 문학과 문화예술』(금철사랑, 2017)을 공동 저술했다(2017).

이메일 주소 : jml764@daum.net

3

홍강은 흐른다:
베트남 딘방 마을[1]의 코리아타운 스토리텔링

정호완(대구대학교 명예교수)

1. 빈랑(檳榔)의 꼼수

강물은 언제나 붉은 듯 무슨 홍수라도 난 것 같다. 강다리를 건너면서 홍강에 대한 이야기를 나누었다. 딘방마을이 고향인 퀴엣이 홍강에 대한 여러 가지 사연을 말해주었다.

"홍강이 사람이라면 우리 베트남의 기쁨과 슬픔을 알고 있을 것입니다. 특히나 우리 역사 가운데 최초의 독립국이었던 리씨 왕조에 대한 애환도 몸으로 겪었을 것입니다."

나그네는 홍강의 내력에 대하여 알고 싶었다.

"그것은 저보다도 하노이에 오래 살고 나이가 많으신 땀 선생님이 말씀해주시는 것이 좋을 듯합니다. 선생님, 설명을 하시지요?"

자칭 고르바초프와 같다는 땀 선생이 이야기를 했다. 그는 러시아에 가

1) 딘방 마을은 베트남 북부 홍강 삼각주 지역으로 하노이 인근에 자리한 박닌성의 고장으로 베트남의 옛 수도이다. 경상북도 봉화군이 봉산면 창평 저수지 일원에 13세기 고려시기에 베트남의 왕손이었던 화산군 이용상(李龍祥)의 후손인 화산이씨 집성촌에 국비 지원을 받아 베트남타운을 만들고 있다. 이에 상응하여 베트남에서도 화산군 이용상의 조상의 땅인 딘방 마을에 코리아타운을 만들면 좋지 않을까 한다. 이 글은 딘방 마을을 방문한 필자가 딘방 마을 코리아타운을 제안하면서 쓴 글이다.

서 6년 동안 연구와 공부를 한 친러시아 선생이었다. 그의 영어 발음에는 억양부터 러시아 설전음 발음이 자주 나왔다.

"그렇게 하지요. 홍강(洪江, Sông Hong)이 감돌아 흐르는 곳에 하노이가 있고 그 하류에 박닌성 딘방(Đinhbang)마을이 자리하고 있다. 홍강은 송코이(Song coi)강이라고도 부른다. 말하자면 딘방이나 하노이는 홍강이 만들어낸 삼각주 평야이니 하노이의 어머니라고 할 수 있지요."

이제 베트남타운과 관련하여 이용상 왕손의 고려 망명과 빈랑에 얽힌 이야기를 듣고 싶다고 했다. 땀 선생은 마치 자신이 무슨 문화해설가인 양 분위기를 잡아가며 입에 침이 마르도록 다음과 같은 이야기를 들려주었다.

화산군 이용상은 베트남 당시는 대월(大越, Dai viet)국 리 왕조의 서울이었던 탕롱성(昇龍, 현 하노이)에서 6대 임금이던 아인똥(영종, 英宗)의 7남으로 태어났다. 그의 어머니는 황후 여씨(여미아, 皇后 黎美娥)이다. 농민들의 민란이 일어났다. 마침내 1208년, 응에 안 지방의 관리 팜주(范猷)가 반란을 일으키자 팜빈지(范秉彝)로 하여금 평정케 했다. 그러나 도망친 팜주는 뇌물을 주고 중앙 관리를 꼬드겨 팜빈지를 죄주라고 발고하매 조정에서는 팜빈지를 아들과 함께 가두었다. 그러자 팜빈지의 부하들이 반란을 일으켜 궁으로 쳐들어갔다. 황급하게 짐을 꾸린 고종은 현 푸토 지방으로, 황태자 텀(忱)은 현 타이 빈 지방으로 피신했다. 팜빈지는 황태자 텀(忱)을 왕위에 앉히고 관원을 임명했다.

황태자가 피신한 집이 이 지방의 토호인 쩐리(陳李) 집이었다. 빼어난 미모의 쩐리 딸과 눈이 맞아 혼인을 했다. 그 뒤 쩐리 형제에게 상당한 벼슬을 주었다. 이게 화근이었다. 그는 고기잡이로 돈을 많이 벌고 어지러운 혼란기를 틈타 해적질로 많은 사병을 거느리고 있었다. 사병을 거느리고 역도들을 물리치고 탕롱(昇龍, 현 하노이)을 다시 빼앗고 이어서 고종을 탕롱으로 모셔왔다. 병약한 고종은 일 년 뒤 병들어 죽었다. 이윽고 황태자 탐이 16세에 용상에 올랐으니 이가 대월국의 제8대 임금 혜종(惠宗, 1211~1224)이다. 나이 어린 혜종은 어머니의 섭정을 받아야 했다. 황태후 려씨는 황태자가 결혼한 쩐리의 딸을 황후로 맞이함을 반대했다. 그 오빠 쩐뜨카인(陳嗣慶)이 무력으로 황태후를 누르고 결혼시키니 리(李) 왕조는 쩐씨 무리가 온 나라를 쥐고 흔드는 형국이 되었다. 게다가 임금은 몸이 쇠약하고 정신까지 혼미하여 국정을 담지몽(譚以蒙)이 맡았으나 실상은 쩐뜨카인이 전권을 휘두르고 있었다. 권력은 이어졌다. 그가 죽자 그의 사촌 아우인 쩐투도(陳守度)가 더욱 강력한 권력을 휘둘렀다.

혜종 14년(1224) 임금의 병이 깊어지자 아직 미혼의 어린 둘째 딸인 펏낌(佛金)에게 왕위를 물려주었다. 이제 겨우 나이 7살에 베트남 역사상 최초의 여제가 되었다. 소황(昭皇)이 리 왕조의 마지막 임금이 된다. 쩐투도는 왕권을 빼앗기 위하여 교묘한 꼼수를 부렸다. 8세의 조카 쩐까인(陳煚)으로 하여금 소황제를 친구하여 가까이 놀게 했다.

꽃피고 새우는 아름다운 어느 봄날 어린 소황제가 왕궁의 뜰에서 빈랑(檳榔)을 담은 수건을 쩐까인에게 던지게 하는 놀이를 하도록 한다. 이 놀이는 사랑하는 사람에게 결혼을 청하는 의미가 있었다고 한다. 이를 빌미로 하여 전해오는 관습에 따라 소황제와 쩐까인을 결혼시킨 뒤 드디어 왕위를 남편인 쩐까인에게 넘기게 하는 칙령을 내리게 한다. 마침내 대월국의 리 왕조는 막을 내리니 양력으로 1226년 1월이었다. 남편인 쩐까인이 차기 황제로 즉위하니, 그가 바로 태종이다.

한 손에 권력을 휘어잡은 쩐투도는 피비린내 나는 숙청을 단행했다. 대상은 왕족들이었다. 1226년 8월 10일, 혜종은 마침내 갖은 음모로 스스로 목숨을 거두었다. 쩐투도는 혜종의 장례식이 열리자 소황과 그의 언니를 제외한 나머지 장례식에 참석한 리 왕조 가문 참석자들을 모조리 쳐 죽였다. 이후 소황을 태종과 강제로 이혼시키고 소황의 언니(쩐씨 가문에 이미 시집간 유부녀였다)와 태종을 강제로 결혼시킨다. 소황은 그 뒤 평생을 쩐 왕조에 머물다가 생을 마감했다.

이런 숙청의 기미를 눈치 챈 일부 왕손들은 밤길을 도와 배를 타고 망명

길에 올랐다. 6대 임금 영종의 둘째 아들인 이용상(李龍祥, Lý Long Tường)은 나라가 망하자 1226년 조상의 제기(祭器)를 배에 싣고 바다를 건너 송나라에 잠시 머물다가 풍랑에 밀려 다다른 곳이 황해도 옹진군 화산면 창린도(猖麟島)였다.

안남국의 왕자가 표류했다는 장계를 받은 조정에서는 크게 환영하고 이용상이 고려에 정착할 수 있도록 편의를 제공했다. 이용상이 감사의 인사를 전했다.

"망한 나라의 왕자를 이렇게 돌봐주시니 몸 둘 바를 모르겠습니다."

고종은 당연하다고 했다.

"국운이라 함은 어느 나라도 피해 갈 수가 없다. 나도 언제 망한 나라의 왕이 될지 아무도 모르는 일이오."

이용상 일행은 옹진 지역의 해적 소탕은 물론, 관군과 힘을 합쳐 당시 옹진군 지역으로 침략해 들어오는 원(元)나라 군사를 막아냈다. 고려 고종은 옹진 현감에게서 장계를 받고 이용상에게 화산군(花山君)이라는 칭호와 함께 30리의 토지와 2천 명의 백성을 주어 정착하게 했으니, 이 사람이 곧 화산(花山) 이씨의 시조가 되었다.

화산이씨 족보에 따르면, 다음과 같은 일화가 전해온다. 이용상이 고려에 들어올 무렵이었다. 고종이 어느 날 내전에서 풋잠이 들어 꿈을 꾸었다. 남쪽으로부터 큰 새 한 마리가 날아와 서해 바닷가를 날고 있었다. 꿈에서 깨어 사람을 시켜 살펴보았더니, 실제로 안남국 왕자 이용상이 왔더라는 것이다.

그로부터 6년이 지나 원나라는 고려로 쳐들어왔고, 고종은 강화도로 피란하여 지내다가 마침내 피난지에서 생을 마감했다. 무상한 세월의 흐름이었다. 꼼수는 꼼수일 뿐 영원할 수는, 울고 웃는 삶이.

2. 황금 상자의 속내

고종 40년(1253) 12월 화산군 이용상은 옹진성 동쪽 화산에 살고 있었다. 고을 수령이 문득 화산군에게 달려와서 몽골군이 쳐들어왔으니 이에 대한 물리칠 대책과 도움을 청했다. 화산군은 협력할 것을 약속하고 위효관(韋孝寬)과 함께 군사를 나누어 성을 지키도록 했다. 삼면에 토성으로 성벽을 쌓고 전면에 목책을 높이 세웠다. 굴을 파서 땔감과 나무를 비축하고 몽골군이 대포를 쏘면 함께 쏘고, 성벽을 넘으면 돌이며 뜨거운 물을 부어서 철저히 방비했다. 몽골군이 다섯 달 이상 공격했지만 성을 넘지는 못했다.

몽골 장수는 거짓으로 화친을 요구하며 황금이 담긴 상자 5개를 보내왔다. 이용상과 현령은 망대를 높이 쌓아 위엄을 보인 가운데 항복받을 채비를 했다. 그들이 황금 상자를 보내오자, 이용상은 이상하게 여기고 다섯 상자를 모두 묶고 구멍을 뚫게 했다.

"빨리 상자에 구멍을 내고 그 안을 살펴보아라."

"예, 알겠습니다."

"칼을 지닌 검객이 누워 있습니다."

"내가 그럴 줄 알았어."

"뚫은 구멍에 끓는 불을 들이부어라."

이용상의 말대로 끓는 물을 구멍에 부었다. 마침내 자객들은 죽고 그 상자를 다시 금종이로 바르고 몽골군의 적진에 도로 갖다주라고 했다. 몽골 장수는 너무나 놀라고 군사를 급히 돌려 도망을 했다.

"한 놈도 남기지 말고 추격하여 산 채로 잡으라."

이윽고 숨어 있던 고려군이 기습하여 몽골군을 격파하고 수백 명의 포로를 사로잡는 전공을 세웠다. 북을 치며 승전고를 울렸다. 마을 사람들이 나와서 모두가 임금과 이 장군 만세를 불렀다.

전승의 보고를 받은 고종은 이용상에게 상을 주어 화산군의 작호를 내리고 옹진 화산 지방 30리 인근과 식읍 2천 호를 주었다. 아울러 화산군 조상의 제사를 지냄에 제수를 넉넉하게 내리고 화산관의 문미에 '수항문(受降門)'이라는 사액을 내렸다. 황금이 좋다 하나 그 속에 창이, 그 창에 죽는 줄….

3. 이용상, 화산군이 되다

고종은 매우 흡족한 표정으로 차를 권하면서 화산군에게 전공에 대한 치하를 한다.

"화산군, 참으로 노고가 크셨소. 이 공로를 무엇으로 보답하면 좋겠소?"

"제가 무슨 공로를요? 현령과 고려군이 앞장서서 이루어낸 전과입니다, 전하."

"이래도 알고 저래도 압니다. 물도 설고 땅도 선 고려에서 고생이 많소이다. 내가 있는 개경으로 옮깁시다. 자주 만나서 차담회도 하고…."

"지금 사는 화산이 좋습니다. 고향에도 화산이 있고 바다 쪽이 가까워 조상에게 망배를 올리기에도 좋고요. 필요하실 때 언제든지 부르시면 됩니다."

"효성이 지극하시구려."

차담회도 끝나고 이제 화산으로 돌아가 곧 3월 보름의 망제(望祭)를 준비하기에 바빴다.

고려 고종 40년(1253, 癸丑), 이용상은 몽골군이 고려를 침략했을 때, 황해도 금천의 화산(花山)에서 몽골군을 물리치는 데 큰 공을 세움으로써 화산군(花山君)의 작위를 받았다.

이와 함께 식읍(食邑)도 받아 넉넉하게 살았으나 언제나 바다 건너 조국을 그리워해 해마다 조상에게 제사를 올리면서 망향의 그리움과 아픔을 가족들과 나누면서 눈을 감았다. 이에 대한 자취가 아직도 북녘 땅 옹진군에 남아 있다. 왕자가 고향 하늘을 보며 그리던 망국단(望國壇), 몽골군과 싸우기 위해 화산에 쌓은 화산성, 조정이 이용상에게 내려준 수항문과 그의 망명과 귀화를 알 수 있는 수항문기적비(受降門紀蹟碑)가 그 기록을 방증해주고 있다. 기적비를 세우고 여기서 조상신에게 기적비를 세웠다는 내력을 알리는 고유제(告由祭)를 올렸다. 물론 화산군 이용상을 중심으로 한 조상신들을 향한 것이다. 맨 먼저 잔을 올리는 초헌관은 큰 아들 간(幹)이었다.

"고하나이다. 조국을 떠나서 먼 고려 땅에서 외적을 물리치는 공을 세워 조정에서 수항문이라는 정표(旌表)를 받게 되었습니다. 고려 사람들에게는 물론이고, 저희 후손들에게는 두고두고 본이 되고 자랑스러운 아버지가 될 것입니다. 고이 잠드시고 자식들과 뜻 있는 조정대신들이 함께 저리하여 잔을 올리오니 저희 정성을 받아주소서."

목이 메어 차마 말을 다 잇지 못하고 말을 흐리고 끝이 났다. 조정에서는 임금이 보낸 예부상서(예조판서)가 향을 피우고 잔을 올렸다. 이어 매년 향사를 모시기 위한 위토전 백결을 내려준다는 교지를 주고 돌아갔다.

이용상의 후손들은 화산군을 시조로 삼아 관향을 화산으로 했다. 화산군의 큰 아들 간(幹)은 삼중대광, 도첨의 좌정승과 예문관 대제학을 지냈다. 둘째 아들 일청(一淸)은 안동부사를 했고 이어서 안동 내성면 토곡리에 뿌리를 내렸다. 현재 화산이씨는 옹진을 포함한 황해도 남부에 모여 살고, 경상도 봉화와 안동, 밀양과 진주에도 많이 살고 있다. 이러한 화산군 이용상의 일대기를 주제로 한 오페라 「이용상」은 그 내력을 음악극으로 재현한 바 있다(2002).

2018년 들어 정부 지원으로 건립이 추진되는 베트남타운은 화군 봉성면인데, 이곳에는 대대로 화산이씨 집성촌이 이루어져 있다. 창평 저수지 인근에 베트남 역사공원과 베트남 길, 그리고 베트남 마을이 들어서게 된다. 날로 늘어나는 베트남과의 경제·문화 교류 등을 고려하면 매우 뜻 있는 과제라고 할 수 있다. 바람에 배를 띄워 닻을 내린 곳, 진달래 화산에.

4. 전설이 현실로

베트남 박닌(Bacninh)성 딘방(Đinhbang)마을에는 베트남 사람들이 신성시하는 리 왕조의 종묘(宗廟)가 있다. 리 왕조 8명의 역대 왕의 사당을 모시고 있다. 이곳의 종묘는 1019년에 세워진 뒤로 1952년 프랑스의 침략으로 모두 불에 탔다가 1989년에 다시 세웠다.

베트남에서 이공온(李公蘊), 곧 리타이또(李太祖)의 후손으로 살아남은 이가 많지 않다. 쩐투도가 이씨 왕족을 정리할 때 그들의 성씨를 응웬(Nguyen, 阮)씨로 개칭했기에 더욱 그러하다. 말하자면 성씨 개명 정책을 따르지 않으면 죽음이 기다리고 있으니까. 망명한 화산이씨의 후손들이 이어져 이용상 왕자가 망명한 지 800여 년 만인 1995년 3월, 화산군의 후손 대표들이 선조들의 고향마을인 베트남 박닌성 딘방마을을 찾았다. 당시 도무오이 공산당 서기장을 비롯한 베트남 정부의 3부 요인이 모두 나와 한국에서 온 화산이씨 후손들을 맞이하여 왕손으로 정중하게 예우했다.

베트남의 역사상 외세의 침략을 과감하게 물리치고 독립 국가를 세움으로써 베트남의 정체성을 바로 세운 리타이또와 리 왕조에 대한 존경심과 향수가 아직껏 남아 있기 때문이다. 그 대표적인 글이 "남국의 산하는 남국의 황제가 다스린다(南國山河南帝居)"라는 일종의 독립선언서가 있다. 쩐(陳) 왕조에 의해 리 왕조의 후손들이 사라진 뒤 죽지 않고 살아남아 800년 세월의 바다를 건너 3,600여 ㎞나 떨어진 한국에 살아있음을 보여준 현장들이었다. 당시 베트남 현지 언론들은 800년 만에 사라졌던 리 왕조의 후손이 다시 살아나 돌아왔다고 크게 보도했다. 지금도 해마다 리 왕조 건국 기념식에 후손인 이창근 선생을 비롯한 종친회 대표들이 초청을 받아 방문하고 있다.

1952년 프랑스 침략으로 종묘가 불에 탈 때 그 안에 있던 제기들 중 신성한 향로가 사라져버렸다. 1995년 음력 3월 15일 화산이씨 26세손인 종손 이창근 선생이 찾아왔다. 거의 800년 만에 왕손이 찾아와서 종묘에 제사를 지내려고 온 것이다. 사람들이 몰려들었다. 이윽고 딘방마을의 촌장이 왕손에게 물었다.

"리 선생이 정말 리공온 리타이또의 후손이고 이용상의 종손이 맞나요? 무슨 증거라도 있나요?"

"예, 여기 화산군 이용상 할아버지를 시조로 하는 집안의 족보를 가져왔습니다. 한번 보시지요."

겹겹이 싼 보자기를 풀어 화산이씨 족보를 내놓는다. 모두가 한자로 쓰여 있으니 알 수가 없다. 누구 한자를 읽을 수 있는 사람이 없는지 물어보았다. 때마침 한국에서 왔다는 정 선생이 나섰다. 함께 간 베트남 출신의 퀴엣이 통역을 하기로 했다. 첫 장을 읽으며 리용상(李龍祥)을 시조로 하고 그 후손들의 족보를 설명하고 26세 후손인 리창근이 맞다고 말했다.

"제가 보기에는 화산군 이용상의 족보가 맞고 그 후손이 리창근이 맞습니다."

"놀라운 일입니다. 놀라운 일이야…."

"왕손, 어디 좀 봅시다."

함께 몰려온 사람들이 박수를 치고, 어떤 이는 덩실거리며 춤을 추었다. 촌장이 앞장서서 종묘 제단으로 안내하더니 분향을 하고 종손으로 하여금 네 번의 절을 하게 한다. 이게 리 왕조가 한 뒤 얼마 만인가.

베트남의 3부 요인들이 종묘에 이창근 후손과 함께 분향하고 참례를 하러 왔다. 정식으로 궁중 음악에 따라 홀기를 들고 앞에서 제례의 차례를 설명하며 진행하는 집사가 나와서 잔을 올리고 향을 피우는 등 제전을 이끌어 갔다. 이어 환호의 노래가 종묘에 메아리 치고 절절한 노래의 가락에 따라 춤을 추는 무녀들이 장단을 맞추어나갔다. 제전이 끝났으나 사람들은 돌아갈 줄을 모른다. 실감이 나지 않았다. 딘방마을 종묘에서 첫 제사를 지낸 뒤 종묘의 우물터에서 그동안 찾지 못했던 그 향로가 나왔다. 사람들은 이구동성으로 입을 모았다.

"나무숲이 사라지고 따오케 강물이 마를 때, 리 왕조가 다시 돌아온다"는 전설이 실현되었다며 감격했다고 한다. 그때 그 지방의 나무숲은 사라져 있었고, 따오케강이 흐르던 곳은 농토로 변해 있었기 때문이다. 따오케강은 홍강의 지류였다.

홍강은 흐른다. 강은 중국의 운남성에서 발원하여 하이퐁에 이르러 바다로 흘러든다. 메콩 다음으로 가는 장강이요, 베트남 북부의 젖줄이다. 강물은 흘러가도 그 자리는 남아 사람들의 삶터를 이루어주고 돌고 돌아 다시 바다로 흘러든다. 압록강은 흘렀어도 산하는 옛 모습 그대로인 것처럼. 굽이진 인생처럼 파란만장한, 기나긴 사연을…. 나무 숲 사라지고 강이 마르면, 연어 떼 돌아와.

5. 딘방 마을 탐방기

먹구름 비바람이 천둥번개로 남북의 시름도 다 씻어갔으면…. 엊저녁에 문득 퀴엣(Quyet) 선생의 전화가 걸려왔다. 전에 이야기했던 박닌성 딘방 마을에 가지 않겠느냐고. 아침 아홉 시쯤 되었는데 흰색 차를 몰고 퀴엣 선생이 기숙사 앞에 와서 전화를 하는 게 아닌가. 부랴부랴 아내와 함께 대충 옷을 갈아입고 내려갔다. 두 사람이 차에서 내리더니 그동안의 안부를 묻는다. 고르바초프같이 생긴 한 70대쯤으로 보이는 농업경제 선생과 함께였다. 안 그래도 딘방마을에 가보겠다고 했는데. 같이 온 분은 같은 학교 농업경제를 전공하고 러시아에서 한 5년 공부했다고 한다. 대학에서 정년한 지 10년여가 되며 올해 72세라고. 러시아식 발음이 섞인 영어라 설전음 소리가 유독 많이 섞여 있었다. 게다가 베트남식 억양까지…. 그건 나도 마찬가지. 운전석 옆에 50만 동을 놓으며 부족하지만 연료비나 네 사람 짐심하는 데 보태라고 했다. 별 반응이 없었다. 옆에 함께 온 땀 선생은 말이 없다. 퀴엣과 무슨 이야기만 나누고…. 땀 교수는 퀴엣이 존경하는 선배라고 했다. 자신의 고향이기도 한 딘방에 같이 가자고 하여 모시고 왔다는 것. 어떻게 딘방마을에 오게 되었느냐고 물었다. 나그네는 간단하게 설명했다.

지난 3월 초순에 한국의 봉화군에서는 베트남타운을 만든다고 발표했다. 480억 국비를 들여서 연차적으로 진행한다는 것이다. 그곳에는 13세기 고려 때 베트남의 왕손이었던 화산군 이용상(李龍祥)의 후손이 정착하여 마을을 이루고 살았던 인연으로 말미암은 역사테마 파크다. 당시에 베트남에서는 쩐투도(陳守度)가 이씨(李氏) 왕조를 뒤엎고 그 왕손들을 죽이는 활극이 벌어졌다. 틈새를 이용하여 겨우 피신한 뒤 밤에 배를 타고 바다를 건너 사투 끝에 도착한 곳이 고려 땅 황해도 옹진의 화산이었다. 마침 그때 몽골군이 고려를 침략하여 옹진군에 쳐들어왔을 때 군수와 힘을 합하여 몽골군의 침략을 막아낸 공로로 조정으로부터 화산군이라는 작위를 받고 마침내 그 후손이 경상도 봉화에 자리를 잡게 되었다. 화산군 이용상의 조상 땅이 바로 딘방마을이었다. 지금도 딘방에는 여덟 왕의 신위를 모시는 사당이 있는데, 여기서는 덴도(Diendo), 줄여서 도(Do) 사당이라고 부른다. 덴도는 아마도 일본식 한자어로 전당(殿堂)을 그렇게 불렀을 가능성이 있다. 역사문화의 발전은 지속과 변화라는 큰 흐름 속에서 이루어진다. 한국에서 베트남 마을을 만드니까 상호주의 관점에서 딘방마을에 코리아타운을 만들면 좋겠다고 본다. 이런 생각으로 우선 딘방마을을 답사해보고자 했다. 땀 선생이 물었다.

"좋은 생각인데요. 코리아타운에 대한 콘텐츠를 만들려면 상당한 비용이 들 텐데 어디서 지원이라도 받습니까?"

"아닙니다. 제가 당분간 타이응웬 대학에 와 있으니까 한번 구상하는 겁니다. 오기 전에 봉화군에 연락해서 참고용으로 베트남타운에 대한 기초 자료를 받은 일이 있었습니다."

낙엽이 떨어지면 뿌리로 돌아간다(落葉歸根). 왕손이었던 이용상의 조상인 8명의 제왕의 신위를 모신 사당이 아닌가. 말하자면 우리나라의 종묘(宗

廟)나 다름이 없었다.

열 시 반쯤 딘방마을에 차를 댔다. 날은 덥고 후텁지근했지만 아랑곳할 겨를이 없었다. 네 개의 문을 들어가니 여덟 분의 임금의 용상을 재현해놓았다. 가운데 이씨 왕조를 세운 태조 이공온(李公蘊)을 중심으로 양옆으로 후대 임금들이 나란히 자리했다.

이씨 왕국의 건국기념일이 음력 3월 15일이었다. 보름 전에 제례를 모셨는데도 찾아와서 분향하는 이들이 줄을 이었다. 자욱한 향연 속에 이태종의 모습이 어른거린다. 참으로 조상에 대한 그리움이 절절한 탓인가. 돌아보고 나오다가 걸려 있는 족자를 보았다. 땀 선생은 나에게 한자를 읽어보라고 한다.

"남쪽의 산하는 남쪽의 황제가 다스린다(南國山河南帝居)."

중국의 남쪽에 자리한 베트남은 중국의 영토가 아니다. 따라서 베트남의 황제가 다스린다. 일종의 독립선언서다. 우리에게는 독립선언서가 있다. 좋은 대조를 이룬다. 누구나 홀로서기 어디 쉽던가, 겨레의 산하여.

6. 콴호(Quanho, 觀胡)에 연꽃은 피고

덴도에서 나와서 나무 그늘에서 쉬고 있었다. 사당 앞에 축구장 크기의 연못 한가운데 정자각에서 노랫소리가 들렸다. 하나둘씩 사람들이 정자로 모여들기 시작했다. 애절한 이별의 노래 혹은 애원의 노래같기도 하다. 이 지역에서 예부터 전해오는 민요인데, 2009년 유네스코 문화유산으로 지정되어 보전되고 있다. 더러는 콴호를 관세음(觀世音)과 관련짓기도 한다. 일종의 불교 음악이라고 할 수 있다. 베트남의 유래에 대하여 잠시 살펴보도록 한다.

베트남은 본디 어울락(au lac, 甌雒)이라 했다. 어원을 보면 어우비엣(au

viet, 甌越, 현 해남도)과 락비엣(lac viet, 雒越, 현 광서지방)을 통합한 비엣족의 나라를 만든 것이다. 지역으로 보면 오늘날 하노이를 에돌아 흐르는 홍강의 기름진 델타 평야를 중심으로 하는 북부 베트남으로 볼 수 있다. 콴호의 발상지라 할 딘방 지역은 홍강의 하류이면서 리(Ly, 李)왕조의 본거지였다. 농업국가인 베트남의 전통민요인 콴호는 어울락의 고대 민요 장르로서 어울락(베트남) 음악의 얼굴로서 자리했으며, 오늘날에 와서 유네스코 무형문화로 지정되었다(2009). 이 노래는 서정적인 정감을 표현하며 때때로 절 안마당이나 반얀나무가 서 있는 마을, 나루터에서 사람들이 일을 하면서 부르던 노래나. 콴호의 노랫말은 가족과 지역에서 서로 간의 인사와 정겨움을 중심으로 한다. 그림에서도 보인 빈랑 껍질이나 구장 잎을 씹으면서 차를 이바지한다. 콴호를 부르는 남자 가수를 리엔아인(Lien Anh), 여자 가수를리엔치(Lien Chi)라 한다. 가수 가운데서 가장 잘 부르는 남자를 아인하이(Anh Hai), 여자 가수를 치하이(Chi Hai)라고 이른다. 이들의 노래는 마치 부처님에게 이바지하듯이 부른다.

"그대들이 찾아오매 물을 끓여 차를 만드네. 소중한 차, 오, 친구들이여."

어울락 사람들의 손님을 맞이하는 전통은 "차와 구장을 위한 초대"라는 콴호 노래로 달콤하게 그린다. 콴호 박닌 민요 앙상블이 부르는 노래를 잠시 소개하면 아래와 같다.

> "그대가 방문하니 물을 끓여 차를 만드네, 소중한 차
> 오, 친구들이여. 나를 위해 한 잔씩 차를 마시겠나.
> 강이 땅으로 변하길 바라네.
> 배를 기다리지 않고 건널 수 있도록 사원에서 신성한 향을 태우네.
> 절 가까이 살지만 안타깝게도 나는 아직 혼자라네.
> 달빛이 비추는 복숭아 정원 거기에 앉아 있는 서너 사람 그들 중 누가 집착을 벗어났을까?
> 결혼의 붉은 실로 우린 묶여졌을까?

구장과 빈랑이 담긴 쟁반을 들고 그대를 보네.
나의 쟁반에 씹는 구장 잎 불사조 날개모양 만들었네.
그대가 즐기길. 친구들이여.

우리 마음을 알고 있나요? 우리를 생각하나요?
우리 감정을 이해하나요? 우리를 생각하나요?"

영혼을 감아 도는 명주실 같은 느낌으로 다가오는 절절함이 밴 노래. 그 노랫말은 알지 못하겠으나, 정자가 있는 작은 섬에서 울려 퍼지는 콴호는 잔잔한 물결 위로 흩어져 간다. 마치 덴도의 묵은 나뭇가지에서 우는 새 소리와 함께… 잔잔한 연꽃들이 바람에 흔들려 핀다. 더러는 오리목처럼 물속에 잠기고. 다시 고개를 들기도 하면서…

주고받는 가객들의 노래하는 모습이 정겨워 보인다. 아리랑을 아느냐고 하니 안다고 했다. 콴호와 같은 노래라고 풀이하면서 함께 간 퀴엣이 베트남말로 옮겨준다. 자기들 차례가 끝나면 한번 아리랑을 불러보라고 한다. 학춤과 함께 아리랑을 불렀다. 아리랑 아리랑을 함께 불렀다. 정자각 위로 무슨 해오라기 같은 새들도 날아간다. 흰 구름 속으로 점점이 사라져 간다.

콴호의 날개 펴고 옛날 그 시절, 꿈으로 이어져….

7. 풀빛 영혼들

청청한 대숲 같은 타이 겨레 꿈을, 물신을 믿으매. 바람의 노래를.

색다른 소수민족의 사는 모습을 찾기로 했다. 학교에서 12인승 차를 마련해 외국 선생 몇 사람을 태우고 한 삼십분쯤 걸리는 타이하이(Thai Hai) 민속촌을 찾아갔다. 마을로 들어가는 길목에는 안락원(An lac vien)이 있었다. 넉넉하게 사는 이들을 위한 공동묘지가 눈에 들어온다. 그 옆으로는 어렵게 살다

간 보통 사람들의 돌비가 여기저기 눈에 띈다. 흙이 되기는 마찬가지이련만, 그것도 사회주의 나라에서…. 무슨 할미새 같은 것들이 쪽쪽 대며 날아다닌다. 영혼들의 이야기를 들려주려는 듯.

차는 울퉁불퉁한 시골길을 돌아가더니 이내 타이하이마을로 접어들었다. 검은 옷 입은 신부와 수녀복을 차려 입은 듯한 이들이 나와서 우리 일행을 반긴다. 해끔하게 보이는 웬 젊은 안내원이 중씰한 여성의 이야기를 통역한다. 잘 오셨고 한번 둘러보라고 한다. 여기서는 모두가 영어를 쓴다. 안내원의 영어가 유창하다. 오스트레일리아에서 9년간 유학을 했단다.

처음으로 안내를 하는 곳은 우물이었다. 이 마을에는 200여 명이 사는데 많은 신들과 함께 산다는 것. 숲에는 숲의 신, 우물에는 우물 신이 산다는 것이다. 작지만 깊지 않은 우물이다.

한 여성 안내원이 자루가 긴 우물 바가지를 갖고 손을 씻으라고 한다. 마을에서는 우물 신을 믿고 손을 씻고 마을의 안녕과 번영을 빈다는 것. 그 옆으로는 물레방아가 놓여 있다. 방아확에는 안남미 쌀의 왕겨가 담겨 있다. 말라서 그런지 길고 매우 좁다란 왕겨 모양이다. 이른바 롱 라이스의 한 단면을 보는 듯하다. 우리는 자포니카라고 하여 짧고 찰진 그러면서도 다소 통통한 모양새인데.

다음으로 안내한 곳이 약초로 만든 대체 약물을 둔 곳이다. 들어가는 입구에 늘어놓은 키가 큰 질경이가 보인다. 널따란 잎새에 잎맥이 튼실해 보인다. 꽃술도 기다랗다. 커다란 유리병에 많은 종류의 약초들이 담겨 있다. 자신들이 만든 것이라며 건강에 좋다고 한다. 다시 작은 규모의 운동장으로 안내한다. 도깨비 다리인 양 긴 두 개의 막대기를 타고 한 발자국씩 내디뎌 보라고 한다. 자칫 넘어지기 일쑤였다. 이어지는 막대기로 힘겨루기를 한다. 양쪽 끝을 잡고 가운데 선을 넘는 쪽이 지는 것이다. 홀쭉한 도우미와 정말로 뚱뚱한 미국인 빌 선생과의 대결이다. 동서양의 맞섬이랄까. 한쪽 다리가 불편해서 지팡이를 짚고서도 해보겠다고 나선다. 팽팽했다. 결과는 빌의 승이었다. 덩치가 커서인가. 목이 도우미의 두 배 정도나 되어 보인다. 모두가 한바탕 웃음을 터뜨렸다. 의외였다. 어떻게 아픈 몸으로….

다시 이층 대나무 집으로 올라가 찰떡 만들기 체험으로 이어졌다. 우리와 아주 비슷하다. 나보고 한번 반죽을 저어보란다. 쌀가루에 생강가루를 넣어 물을 붓고 함지박 같은 데다 다듬이 방망이 같은 막대기로 휘저으란다. 천천히 저었다. 손을 내저었다.

"그러면 안 되고 빨리 저어야 합니다."

그러고는 막대기를 달라더니 재빠르게 저어댄다. 뭔가 반죽이 풀리면서 진행된다. 조금 있더니 가위로 반죽을 잘게 잘라서 먹어보란다. 마치 인절미를 먹는 맛이다. 다시 탐딩이라는 해금 같은 악기를 든 여성과 두 사람이 함께 타이족의 민요를 부른다. 처음에는 느린 속도로 무슨 불경을 읽는 듯했다. 그러더니 차츰 빨라졌다. 박수를 치면서 함께하자고 한다. 벌써 초저녁이 지났다. 구구새 비슷한 소리가 숲에서 들려온다.

숲의 신을 찬양하며 부르는 듯, 절절함이 노래에 담겨 있다. 마치 우리의 '소리를 찾아서'에 나오는 동해안의 무가(巫歌)와도 같은 느낌을 준다. 신을 부르고 신을 보내는 그런 소리…. 우리 몸속에 인성과 영성이 함께 깃들여 있는 건데.

문을 나서는 우리에게 찾아주어서 고맙다고 인사를 한다. 차를 타는데 비닐봉지에 담은, 무슨 봉송이라도 된 양 일행에게 준다. 어린 차나무를 심었던 작은 분과 함께…. 봉지에는 함께 체험했던 인절미 찰떡이었다. 찰떡 인정이었다. 노래에다, 체험에다, 선물까지…. 우리는 어떠한가. 아니 나는 어떠한가를…. 잘 가라고 흔들어주는 손이 어둠속으로 금세 사라졌다. 우리의 인생처럼. 구름에 가린 초승달이 얼굴을 내민다. 즐겁고 행복한 하루였다. 인생의 하루하루 축복이라고. 다시 만나리니….

8. 해 지면 우는 매미

매미의 소야곡은 강물을 이루고, 목마른 사랑을…. 아무도 살지 않는 원시림에 와 있는 양 어두운 숲길에는 귀뚜리 소리만…. 새벽별이 다할 때까지. 짝을 향한 사랑의 야상곡만은 아닐 터. 무슨 가을도 아닌데. 오늘은 개소리, 닭소리 들리는 타이응웬 시골길로 가보고 싶었다.

자전거 바퀴에 바람을 넣었다. 2천 동(100원)을 내고 이내 마을길로 접어들었다. 베트남의 통일을 기념하는 금성기가 집집마다 걸려 바람에 펄럭인다. 국경일이다. 공산당 연수원을 돌아들어 한 십여 분 갔을까. 벼가 한창인 논이며 밭의 옥수수가 보인다. 자전거를 세우고 옥수수 밭 옆으로 다가섰다. 언제 개꼬리가 나왔는지 싯누런 꽃술들이 더위에 축 늘어져 비에 젖는다. 머잖아 옥수수 알갱이가 알알이 박힐 것이다. 옥수수들은 바람의 노래를 부르고 있을까. 무심하게 돌아서려는데 옥수수 밭 앞에 보이는 다소 누런 듯 보이는 논이 들어온다. 손전화로 당겨서 사진을 찍어보니 벌써 벼이삭이 올라오고 있었다. 지금이 4월인데 무슨 벼이삭이…. 아, 그렇지. 여기는 이모작 동네가 아닌가. 젊은 한때 새로 들어온 통일벼를 심어 벼농사를 지을 때였다.

어떡하면 단위 면적의 논에서 좀 더 많은 벼농사를 지을 수는 없을까. 따뜻한 동남아 지역으로 가면 두 번 혹은 세 번 벼농사를 짓는다던데…. 논밭에는 사람들이 보이지 않는다.

바람에 흔들리는 벼와 옥수수가 시를 읊고 있다. 살다 가노라고…. 고려 중엽 숙종 때 귀화한 북송인 손목의 『계림유사』에는 쌀을 '보살(菩薩)'이라 했다. 보살-빨-쌀로 소리와 음절이 줄어서 오늘날의 쌀이 된 것이다. 보살은 보리살타(菩提薩埵)의 줄임말로, 깨닫고 더 많은 사람들을 자비의 길로 인도하는 수도자라는 말이다. 그렇다. 배가 고파서야 아무것도….

50~60년대 우리는 먹을 쌀이 모자랐다. 그래서 학교에서는 혼·분식을 장려한다고. 점심시간에 선생님이 도시락 검사를 했던 기억이 난다. 겉에만 보리며 잡곡을 그 아래로는 쌀밥을 싸 갖고 오던 코흘리개 시절이 있었다. 심술궂은 아이들은 다른 애들 도시락을 몰래 미리 먹어치우고 빈 도시락 통 안에 개구리를 넣어놓는다. 한바탕 소동이 일어난다. 그 여자애는 울고불고…. 그런 날이면 선생님이 벌로 운동장에 나가서 풀을 뽑게 하고 변소 청소를 하게 했다. 지금은 어떤가. 쌀이 남아돌아 골칫거리다. 농사짓는 이들은 때만 되면 정부의 쌀 수매가 협상에 애를 먹는다. 에프 티 에이 때문이라고…. 쌀이 좋으니 나쁘니.

밥이 하늘이라고. 목구멍이 포도청이라고. 먹거리의 중요함을 강조한 화두들이다. 모두가 사람들의 삶을 위한 희생의 제물들이다. 그 바탕 위에서 우리는 행복을 추구하며 축복을 노래한다. 고맙다. 미안하다. 벼와 옥수수들이여.

점점 비바람이 불더니 보슬비가 내린다. 가던 길을 되돌아섰다. 벌써 한 시 반. 점심때가 지났다. 배가 고팠다. 당 연수원 쪽으로 돌아오는 길섶에는 갈잎에 싼 찹쌀 밥, 여기서는 쏘이(XOI)라고 한다. 부부가 길섶에서 커다란 우산을 받쳐놓고 음식을 만들어 판다. 한두 사람이 쏘이를 먹고 있다. 나도 달라고 하고는 야트막한 플라스틱 의자에 앉아 내 차례를 기다렸다.

고기를 넣지 말라고(khong thic thit) 했다. 시장이 반찬이라 맛이 좋았다. 먹고 나서 얼마냐고 물으니 2만 동, 우리 돈 1천 원이다. 2천 동(100원)을 더 주니 안 받는다. “이건 내 마음입니다(trai tim toi)”라고 하자 고맙다고 한다. 장사 잘하시라고…. 농대 쪽으로 가는 길을 물었더니 바로 옆 고샅길로 가란다. 가깝다고. 세상에는 공짜로 먹는 밥이 없구나. 없어….

비는 그쳤다. 구름만 끼었다 하면 보슬비가 오는 때가 많다. 거리가 비교적 조용하다. 아, 그렇지. 여기서는 12시부터 오후 2시까지는 문 닫고 잠을 자거나 휴식을 취한다. 빨리빨리를 좋아하는 우리와는 다르다. 안 그래도 그날이 다가오고 있는데…. 안 그래도 내가 탄 열차는 76킬로미터로 달리지 않는가. 허둥거리며 달려온 나를 되돌아볼 때이기도 하다. 나도 좀 집에 가서 쉬어야겠다. 매미 소리를 들으며.

9. 빈랑의 전설

아주 오래전의 이야기랍니다. 기원전 약 700년 전 홍(Hung) 왕조가 베트남에서 가장 먼저 나라를 세웠던 시절이었습니다. 어느 아주 작은 마을에 사이좋게 탄과 랑 두 형제가 살고 있었습니다. 형제는 쌍둥이는 아니었으나 너무나 비슷한 붕어빵이었습니다. 앞으로 솟은 눈썹이며 올곧은 콧대, 사람을 꿰뚫는 듯한 눈빛. 두 형제는 찰떡같은 형제였지요.

불행하게도 두 형제는 어린 나이에 일찍 부모님도 돌아가시고 불에 집이 타서 있던 재산도 다 잃게 되고 말았습니다. 입에 풀칠하기도 어렵게 되었지요. 다른 사람들의 도움만 받고 살 수는 없어 남의 일을 하며 살았습니다. 그러던 어느 날 형제는 루 정승의 집을 찾아가 일거리를 구했습니다. 마침 집에 있던 루 정승은 두 형제의 아버지 친구였습니다. 루 정승은 두 아이들을 반갑게 맞아주었습니다.

"너희들이 탄과 랑이란 말인가?"

"예, 그렇습니다만…."

"내가 너희들 아버지의 친구다. 그동안 내가 너무 무심했구나. 어서 안으로 들어오려무나. 이제 앞으로는 우리 집에서 집안일도 돕고 지내라."

"정말 고맙습니다."

루 정승에게는 아들이 없었고 다만 눈에 넣어도 안 아플 아리따운 딸 흐엉이 있었습니다. 정승은 두 형제 가운데 한 명과 자기 딸을 혼인시키려고 했습니다. 사이좋던 두 형제는 예쁘고 마음씨 착한 흐엉 아가씨를 남몰래 은애했어요. 아우는 흐엉을 사랑하는 형의 마음을 잘 알았기에 형에게 정승의 딸과 혼인하라고 했습니다. 정승의 딸은 두 형제가 너무나 비슷하기 때문에 신랑감으로 어느 쪽을 고르기가 몹시 어려웠습니다. 루 정승은 누가 형이고 아우인가를 알기 위하여 두 형제에게 특별한 음식을 마련해주었습니다. 밥은 두 그릇인데 젓가락은 한 쌍밖에 놓지 않았습니다. 랑은 지체 없이 젓가락을 집어 들고 공손하게 탄에게 건넸지요.

"형이 먼저 식사를 해. 그럼 나도 먹을게."

"네가 먼저 먹어라. 나는 천천히 먹어도 된다."

이윽고 탄은 자연스럽게 젓가락을 받아들었고, 이를 본 루 정승은 형을 사위로 삼았습니다. 흐엉은 이제 탄의 부인이 되었으나, 흐엉은 남편과 시동생 랑을 구별하기가 어려웠지요. 언제나 남편이 먼저 집으로 들어와서 식사를 하는 걸 보고 그제서 구별을 할 수 있었죠.

예기치 않았던 불행의 먹구름이 덮쳤습니다. 날은 저물고 일을 하다가 시동생인 랑이 먼저 집에 들어왔습니다. 흐엉은 반가운 생각에 시동생을 남편이라고 생각한 나머지 입을 맞추었습니다. 탄도 바로 그때 집에 돌아왔고 그 광경을 보게 되었습니다. 탄은 아우가 자기를 속이고 아내를 빼앗으려 했다고 하면서 그 어떤 핑계도 듣지 않았습니다.

“네 이야기는 더 이상 들을 수가 없다. 네놈이 그렇게 음큼 맞은지 정말 몰랐다.”

“형, 그게 아니고. 형수가 나를 형인 줄 알고 그런 거야. 이제 그만해.”

“야. 이 도둑놈아. 내 앞에서 썩 물러가라.”

아우인 랑은 그 길로 집을 나가버렸지요. 달도 없는 어두운 밤길을 무작정 걸어가다가 숲속에서 길을 잃은 채 정처 없이 떠돌게 되었습니다. 마침내 랑은 너무 지치고 속이 상해서 강변에 쓰러져 허둥거리다가 그만 숨을 거두고 말았습니다. 이를 본 숲속의 정령이 랑을 단단하고 흰 바위로 만들어주었습니다. 그들의 형제애만큼이나 단단한 바위로….

탄은 자신의 지나친 오해였음을 알게 되었고, 집을 나간 아우에게 너무나 부끄럽기 짝이 없었습니다. 애가 탔습니다. 무슨 얼굴로 아버지 어머니 영령에 말씀을 드릴 수가…. 가슴을 짓누르는 양심의 가책으로 탄은 아우를 찾으러 나섰습니다. 내를 건너 언덕을 넘고, 아우가 간 숲을 지나 강변에 자리한 바위를 보았습니다. 허기지고 가슴 아픈 나머지 흰 바위에 주저앉아서 울다 지쳐서 그만 죽고 말았습니다. 숲속의 신은 탄을 바위 옆에다 크고 훤칠한 한 그루의 빈랑나무로 만들어주었습니다. 형제의 사랑은 영원하여라. 영원하여라고 하면서.

흐엉이 몇 날 며칠을 기다렸지만 두 형제는 돌아오지 않았습니다. 드디어 흐엉은 두 사람을 찾으러 무작정 길을 나섰어요. 부모는 말렸습니다.

“흐엉아. 좀 더 기다려보렴. 두 사람이 돌아오겠지. 어디 갔으려고?”

“꿈에 두 사람이 강을 건너 멀리 안개 속으로 사라져가는 것을 보았습니다. 이대로 앉아서 기다릴 수는 없습니다.”

흐엉은 형제가 간 길을 되밟아서 숲을 지나 흰 바위와 빈랑나무가 서 있는 곳으로 갔습니다. 흐엉은 너무도 지치고 쓰라린 가슴을 안고 남편을 부르며 울다가 죽고 말았습니다. 이를 본 숲의 정령은 다시 흐엉을 빈랑 덩굴로 만들어주었습니다. 빈랑 덩굴은 바위며 빈랑나무를 휘감고 위로 올라갔습니다. 살아생전에 못다 한 사랑을 가슴에 품듯이….

그래서 이 지역의 사람들은 꿈의 계시를 받고 불운한 형제와 아가씨의 불운했던 사랑을 기념하며 그들의 명복을 빌기 위하여 절을 지었습니다. 절에는 다음과 같은 글이 새겨졌습니다.

"남다른 우애의 형제와 찐더운 반려자"

4대 훙 브엉 왕 말기가 되자 온 대지가 타들어가는 가뭄이 들었습니다. 그러나 이상하게도 빈랑나무와 덩굴은 홀로 푸르렀습니다. 온 나라에서 순례자들이 찾아왔습니다. 훙 브엉 임금 또한 빈랑나무와 덩굴에 얽힌 사연을 촌로들로부터 듣고 사실일까 의심스러워하면서도 경의를 표했다고 합니다. 슬기롭고 나이 지긋한 법무 대신이 임금에게 고했습니다.

"전하, 형제자매와 부모자식 간에 피를 나눈 것을 알려면 한 그릇에 그네들의 피를 모아보면 됩니다. 그릇의 피가 서로 엉기면 두 사람은 형제이고 부모와 자식 사이가 됩니다. 빈랑 덩굴 의 잎과 빈랑나무 열매와 바위 가루를 섞어보면 이들이 피를 나누었는지를 알 수 있을 것입니다."

임금은 그의 말대로 시행했습니다. 바위를 불에 달구어 가루를 내고 거기에 열매와 잎을 섞으니 붉은색을 드러냈습니다. 증거는 확실했습니다. 임금은 곰곰이 생각하더니 말했습니다.

"이로써 참된 형제애와 부부간의 깊은 사랑을 알 수가 있다. 이 아름다운 이야기를 기리기 위해 나무와 덩굴이 잘 자라게 하라."

그 뒤로 형제자매들은 우애를, 신혼부부들은 그들의 사랑을 마음에 새기기 위하여 빈랑 덩굴 잎사귀를 씹게 되었다고 합니다. 바야흐로 하나의 전통이 되었습니다. 마침내 서로 간의 속살 깊은 사랑을 이어가기 위하여 여러 모임에서 빈랑 잎사귀를 씹는 풍속으로 자리 잡게 되었습니다. 설이 되면 차례상에 빈랑 잎사귀를 올려놓고 찾아오는 손님들도 빈랑 잎을 버릇처럼 즐겨 씹게 되었습니다. 천신에 올리는 제수로서도 반드시 상에 올리게 되었습니다. 보이지 않는 손이 알게 모르게, 애틋한 마음을.

10. 코리아타운의 밑그림

우리는 관계 속에서 살아간다. 인간관계는 언제나 상대가 있는 법이다. 지금 한국의 경상도 봉화마을에서는 나라 차원에서 지원을 받아 베트남 마을의 구상을 현실화하고 있다. 이씨 왕조의 왕손인 이용상(李龍祥)을 머리로 하는 화산이씨 집성촌을 중심으로 한 역사테마파크를 만들고 있다. 화산군의 고향 마을인 딘방에서는 무슨 문화 사업에 대한 계획이 있는가를 퀴엣 선생에게 물어보았다. 딘방은 그의 고향 마을이기에 그러했다. 모르고 그런 이야기를 들은 바가 없다고 했다. 나그네와 퀴엣은 두서없이 말을 주고받았다.

"만일 제 고향인 딘방마을에 코리아타운을 만든다면 어떤 내용이 들어가야 할까요."

"좋은 생각이 있으면 말해보세요."

"딘방의 덴도(Điendo, 殿堂, 祠堂) 내력을 바탕으로 하면서 봉화의 베트남타운을 참고로 해야겠지요?"

"좋은 생각입니다. 역사와 문화는 인문학의 기초이니까요. 거기다가 문학적인 요소와 철학적인 가치의 요소가 스토리텔링으로 재구성하여 정보통신 기술(IT)과 융합함으로써 가상현실(VR)이나 증강현실(AR) 같은 문화기술(CT)의 구성을 하고 이를 바탕으로 지식 맵(knowledge map)을 만든다면, 정보통신시대에 걸맞은 완성도를 갖추게 된다고 봅니다."

간략하지만, 나그네가 준비해간 자료를 보여주었다. 봉화군에서 베트남타운 자료를 참고로 한 것이다.

1) 기획의도

수요가 있는 곳에 공급이 따른다. 1992년 한국과 베트남이 수교한 이래 줄기찬 교류와 역사의 격랑 속에서 밀접한 국제관계를 이어왔다. 2018년 현재 봉화군에서 추진하는 베트남타운과 관련한 화산군 이용상(李龍祥) 왕자의 고향이 박닌성의 딘방현이다. 화산군 이용상은 고려가 몽고의 침략으로 어려웠을 때 외세의 침략을 물리치는 데 큰 공을 세웠다. 이로써 조려 조정에서는 화산군이라는 작호를 내리고 식읍을 주었다. 상호주의 관점에서 베트남타운과 함께 여건을 보아 연차적으로 딘방현 화산군 조상들의 덴도(Diendo, 殿堂), 곧 사당을 중심으로 코리아타운을 구축할 필요가 있다. 손뼉도 마주쳐야 소리가 나듯이 역사문화교류의 소중한 인프라가 될 수 있다고 본다. 하노이의 뿌리가 딘방이다. 이용상의 조상인 이태조 이공온(李公蘊)이 고향인 딘방에서 당시 탕롱(昇龍), 지금의 하노이로 수도를 옮겼기에 딘방과 하노이는 역사문화적으로 하나의 흐름으로 이해할 수 있다. 지리적으로도 같은 홍강 유역에 발달한 삼각주 평야이기도 하다. 말하자면 홍강은 베트남의 한강(韓江)인 셈이다. 딘방에서 약 20㎞ 인근에 베트남의 수도 하노이가 있기에 앞으로 그 문화수요는 더욱 크다고 하겠다.

현재 4,500개가 넘는 한국기업이 베트남에 진출해 있다. 하노이 북부 약 80㎞ 떨어진 타이응웬의 삼성전자(三星電子)가 한국 기업의 얼굴이다. 이와 함께 교육과 문화 교류의 수요가 한 해가 다르게 발전하고 있다. 한국의 월남전 참전이라는 아픈 상처의 기억과 교훈이 있었다. 역사와 문화는 지속과 변화라는 두 축으로 발전한다. 현재 베트남 소재 25개 대학에 한국어과가 개설되어 있다. 한국어능력시험(TOPIK)을 준비하는 어학당이 우후죽순으로 늘어나고 있다. 대학의 한국어 교육현장에서는 학생들의 장래 희망이 졸업한 뒤 한국기업에 취업하고 싶다는 글을 쉽게 찾아볼 수 있다. 음악과 영화 등 이름하여 한류(韓流)가 문화의 한 흐름을 형성하고 있다. 베트남타운의 건립과 함께 코리아타운이 추진된다면 두 나라의 역사와 문화를 잇는 무지개의 역할 기대를 충족할 것이다.

2) 코리아타운의 밑그림(안)

<table>
<tr><th></th><th>베트남타운(봉화)</th><th>코리아타운(딘방)</th><th>범주</th></tr>
<tr><td>1</td><td>8황제 사당(李公蘊 이후)</td><td>충효당(忠孝堂)</td><td rowspan="3">역사(VR)</td></tr>
<tr><td>2</td><td>이태조 가승</td><td>화산군(花山君) 가보</td></tr>
<tr><td>3</td><td>베트남 문화관-화산군 기념관</td><td>코리아문화관-리왕소 기념관</td></tr>
<tr><td>4</td><td>독립기념시비(南國山下南帝居) / 천도조(遷都詔)/ 충효당 순절시</td><td>덴도의 시문/이장발(李長發)순절시, 꼼수의 빈랑</td><td>문학(AR)</td></tr>
<tr><td>5</td><td>조상 숭배(제사 모시기)</td><td>조상 숭배(제사 모시기)</td><td>철학-유교(AR)</td></tr>
<tr><td>6</td><td>콴호(觀胡,Quanho) 전수관 -청량문화제-림(Lim)축제, 베트남 노래부르기/영화 등</td><td>아리랑 전수관/ 한국노래 부르기 /림(Lim) 축제-청량문화제</td><td rowspan="2">문화체험(AR)</td></tr>
<tr><td>7</td><td>베트남 음식 만들기
한국어 말하기</td><td>한국 음식 만들기
베트남어 말하기</td></tr>
</table>

(AR: 증강현실, VR: 가상현실)

3) 코리아타운의 인프라 개요

코리아타운의 건립을 위하여 어떠한 기반시설들이 필요할까. 역사와 문학과 철학, 곧 인문학적인 역사테마파크를 세우려면 우선 종묘를 중심으로 한 제의공간을 최대한 살리면서 효과적인 디자인을 해야 한다. 이를 기반으로 한 교육문화 공간을 설정해야 한다. 콴호 음악을 비롯한 림 축제를 아우르는 둘레길과 이 지역의 문화적인 모꼬지라 할 박닌성 박물관과 연계하여 코리아타운을 만들어가면 현장성과 현재성을 조화롭게 접목할 수 있을 것이다. 특히 정보 영상 기술을 연계하여 과거와 현재가 함께 공존하며 현대인의 눈높이에 맞게 운영할 수 있을 것으로 본다. 이제 이를 위한 구체적인 공간과 구축되어야 할 시설의 개요를 세목화하면 아래와 같다.

① 코리아문화관: 베트남타운에 건립되는 콘텐츠와 이공온 리타이또(李太祖) 덴도와의 역사성을 최대한 살린다. 현재 덴도 안에 작으나마 기념공간을 확장하여 문화관의 기초 자료로 활용한다.

② 문화예술회관: 2009년 유네스코 무형문화로 지정된 콴호(Quanho, 觀胡) 음악을 보전하고 후계자를 기를 수 있는 교육과정과 이를 홍보할 수 있는 단기 혹은 장기 교육프로그램을 운영한다. 전국적으로 한-베 상호 간 또는 국제적으로 연차적으로 분기별로 순회공연을 할 수 있는 공간을 구축한다.

③ 역사 교육문화관: 박닌성 박물관과 연계하는 교육과정을 기반으로 하여 리 왕조(Ly dynasty, 李王朝)와 화산군 이용상(李龍祥)의 가계를 중심으로 한 베트남의 근현대 교육의 공간으로 활용한다.

④ 둘레길 조성: 리 왕조의 종묘와 림(Lim) 축제가 열리는 림 언덕이 자리한 마을을 잇고 나아가 박닌성박물관과 이어지는 시가행진으로 이어질 수 있는 둘레길을 조성한다.

⑤ 재원의 조달: 코리아타운 구축에 소요되는 공간이나 기초 시설은 박닌성에서 공급하고, 건립비용은 베트남 정부에서 주관하며, 베트남타운을 조성하는 경상북도 봉화군과 상호 간 협력하여 연차적으로 공급한다.

4) 기대 효과

역사문화의 지속과 변화라는 관점에서 봉화군의 베트남타운의 건립과 그 궤를 같이하여 화산군 이용상 왕손의 고향 마을이며 이태종의 사당을 모신 박닌성 딘방현에 코리라타운을 만든다면 한-베 문화교류는 물론이고 문화산업의 상당한 시너지 효과가 있을 것으로 본다.

앞에서 살펴본 콘텐츠에 기반을 둔 기대 효과를 정리하면 다음과 같다.

(1) 한·베 문화교류의 역사문화적인 가교가 형상화될 것이다.

(2) 한·베 상호 간 문화관광산업의 성취동기가 강해질 것이다.

(3) 화산군 이용상의 고향인 딘방은 하노이의 역사문화적인 모태로서 코리아타운은 기대 역할을 할 것이다.

(4) 베트남의 수도인 하노이 800만 인구와 하롱베이를 비롯한 문화관광의 네트워크를 형성할 수 있게 된다. 숙박시설이나 문화시설은 수도인 하노이를 활용할 수 있다.

(5) 기존의 문화재를 활용함으로써 건립비용이 상대적으로 절감하게 될 것이다.

(6) 한 · 베 문화교류와 함께 삼성전자를 비롯한 경제 및 문화산업의 일자리가 창출될 것이다. 정보영상 시대를 맞아 지식(知識) 맵을 구축하여 가상현실(VR)이나 증강현실(AR)을 최대한 활용하여 역사와 교육 문화의 효과를 강화할 수 있다.

저자 소개

정호완
대구대학교 명예교수. 길림대학교와 장춘 화교외국어대학교 초빙교수를 역임했으며, 현재 세종대왕기념회 이사, 삼국유사사업추진회와 삼성현연구소, 한국어문학회 대표이다. 시조문학 작가상, 삼국유사 학술상, 경상북도 문화상를 수상했으며, 홍조근정 훈장을 받았다. 『우리말의 상상력』 등 40여 권의 저서가 있는데, 최근 정년퇴직 후 지난 10여 년의 각고 끝에 국내 최초로 『삼국유사사전』(서울 지문당, 700여 쪽)을 발간했다.
이메일: hwjeong322@daum.net